狀元實業家

張謇的一生

張孝若 著

商務印書館

狀元實業家

張謇的一生

狀元實業家 —— 張謇的一生

作　　者：張孝若
責任編輯：黃振威
封面設計：涂　慧
出　　版：商務印書館 (香港) 有限公司
　　　　　香港筲箕灣耀興道 3 號東滙廣場 8 樓
　　　　　http://www.commercialpress.com.hk
發　　行：香港聯合書刊物流有限公司
　　　　　香港新界荃灣德士古道 220－248 號荃灣工業中心 16 樓
印　　刷：美雅印刷製本有限公司
　　　　　九龍觀塘榮業街 6 號海濱工業大廈 4 樓 A 室
版　　次：2022 年 3 月第 1 版第 1 次印刷
　　　　　© 2022 商務印書館 (香港) 有限公司
　　　　　ISBN 978 962 07 4627 7
　　　　　Printed in Hong Kong

目 錄

第一編　清咸豐三年癸丑 (1853)　
　　　　——光緒二十四戊戌 (1898)

第一章　導言及先世

第二章　誕生

第三章　科舉

第二編　光緒二十五年己亥 (1899) —— 宣統三年辛亥 (1911)

第一章　創辦紗廠及墾牧公司

第二章　庚子事變

第十一章 住宅及師友親屬

第十二章 家書

第十三章 逝世

附錄

出版說明

　　本書原名為《南通張季直先生傳記》，由張謇（1853-1926）子張孝若（1898-1935）所撰。此書既是一部狀元實業家的傳記，也是一部近代史的重要著作，全方位紀錄了晚清民國時期政治和社會的變遷，有永恆的價值。現重新整理、標點出版，除統一用字、校正別字外，編者亦加入了西式年份及註釋，以便讀者閱讀。為保留原書面貌，其他一仍其舊。

商務印書館編輯部　謹識

胡適序

　　傳記是中國文學裏最不發達的一門，這大概有三種原因：第一是沒有崇拜偉大人物的風氣，第二是多忌諱，第三是文字的障礙。

　　傳記起於紀念偉大的英雄豪傑。故柏拉圖與謝諾芳念念不忘他們那位身殉真理的先師，乃有梭格拉底的傳記和對話集。故布魯塔奇追念古昔的大英雄，乃有他的《英雄傳》。在中國文學史上，所有的幾篇稍稍可讀的傳記，都含有崇拜英雄意義，如司馬遷的〈項羽本紀〉，便是一例。唐朝的和尚崇拜那十七年求經的玄奘，故〈慈恩法師傳〉為中古最詳細的傳記。南宋的的理學家崇拜那死在黨禁之中的道學領袖朱熹，故朱子的《年譜》成為最早的詳細年譜。

　　但崇拜英雄的風氣在中國實在最不發達。我們對於死去的偉大人物，當他剛死的時候，也許送一副輓聯，也許謅一篇祭文，不久便都忘了！另有新貴人應該逢迎、另有新上司應該巴結，何必去替死人算爛帳呢？所以無論多麼偉大的人物，死後要求一篇傳記碑誌，只好出重價向那些專做諛墓文章的書生去購買！傳記的文章不出於愛敬崇拜，而出於金錢的買賣，如何會有真切感人的作品呢？

　　傳記的最重要條件是紀實傳真，而我們中國的文人卻是缺乏說老實話的習慣。對於政治有忌諱，對於時人有忌諱，對於死者本人也有

忌諱。聖人作史，尚且有甚麼為尊者諱、為親者諱、為賢者諱的謬例，何況後代的諛墓小儒呢！故〈檀弓〉記孔氏出妻，記孔子不知父墓，《論語》記孔子欲赴佛肸之召，這都還有直書事實的意味，而後人一定要想出話來替孔子洗刷。後來的碑傳文章，忌諱更多，阿諛更甚，只有歌頌之辭，從無失德可記。偶有毀謗，又多出於仇敵之口，如宋儒詆誣王安石，甚至作〈辨姦論〉。這種小人的行為，其弊等於隱惡而揚善。故幾千年的傳記文章，不失於諛頌，便失於詆誣，同為忌諱，同是不能紀實傳信。

傳記寫所傳的人最要能寫出他的實在身份、實在神情、實在口吻，要使讀者如見其人，要使讀者感覺真可以尚友其人，但中國的死文字卻不能負這種傳神寫生的工作。我近年研究佛教史料，讀了六朝唐人的無數和尚碑傳，其中百分之九十八、九都是滿紙駢儷對偶，讀了不知道說的是甚麼東西。直到李華、獨孤及以下，始稍稍有可讀的碑傳。但後來的「古文」家又中了「義法」之說的遺毒，講求字句之古，而不注重事實之真，往往寧可犧牲事實以求某句某字之似韓似歐；硬把活跳的人，裝進死板板的古文義法的爛套裏去。於是只有爛古文，而決沒有活傳記了。

因為這幾種原因，二千年來，幾乎沒有一篇可讀的傳記。因為沒有一篇真能寫生傳神的傳記，所以二千年中竟沒有一個可以叫人愛敬崇拜感發興起的大人物！並不是真沒有可歌可泣的事業，只都被那些諛墓的死古文、駢文埋沒了；並不是真沒有可以叫人愛敬崇拜感慨奮發的偉大人物，只都被那些爛調的文人活生生地殺死了。

近代中國歷史上有幾個重要人物，很可以做新體傳記的資料。遠一點的如洪秀全、胡林翼、曾國藩、郭嵩燾、李鴻章、俞樾；近一點如孫文、張之洞、張謇、嚴復、袁世凱、盛宣懷、康有為、梁啟超……這些人關係一國的生命，都應該有寫生傳神的大手筆來記載他們的生平，用繡花針的細密工夫來搜求考證他們的事實，用大刀闊斧的遠大識見來評判他們在歷史上的地位。許多大學的史學教授和學生為甚麼

不來這裏得點實地訓練，做點實際的史學工夫呢？是畏難嗎？是缺乏崇拜大人物的心理嗎？還是缺乏史才呢？

張季直先生在近代中國史上是一個很偉大的失敗的英雄，這是誰都不能否認的。他獨力開闢了無數新路，做了三十年的開路先鋒，養活了幾百萬人，造福於一方，而影響及於全國。終於因為他開闢的路子太多、擔負的事業過於偉大，他不能不抱着許多未完的志願而死。這樣的一個人，是值得一部，以至於許多部詳細傳記的。

他的兒子孝若先生，近年發誓用全副精力做季直先生的傳記。他已費了幾年工夫編輯季直先生的全部著作，自己親手整理點讀。這部全集便是絕大的史料。還有季直的朋友的書信，保存在南通的，也有近萬封之多，這也是重要史料。季直先生自己又編有年譜，到七十歲為止，此外還有日記，這都是絕可寶貴的材料。有了這些材料做底子，孝若做先傳的工作，便有了穩固的基礎和堅實的間架了。

孝若做先傳，還有幾樁很重要的資格：第一，他一生最愛敬崇拜他的先人，所以他的工作便成了「愛的工作」、便成了宗教的工作。第二，他生在這個新史學萌芽的時代，受了近代學者的影響，知道愛真理，知道做家傳便是供國史的材料，知道愛先人莫過於說真話，而為先人忌諱便是玷辱先人，所以他曾對我說，他做先傳要努力做到紀實傳真的境界。第三，他這回決定用白話做先傳，決定打破一切古文家的碑傳義法，決定採用王懋竑《朱子年譜》和我的《章實齋先生年譜》的方法，充分引用季直先生的著作、文牘來做傳記的材料，總期於充分表現出他的偉大的父親的人格和志願。

有了這幾種資格，我們可以相信，孝若這篇先傳一定可以開兒子做家傳的新紀元，可以使我們愛敬季直先生的人，添不少的了解和崇敬。

胡適

十八年十二月十四夜

復胡適之先生信

適之先生：

前天接到你的信並傳序，我真銘刻心骨了！

這一回我求你作序，論理極應該將傳記全稿送上請教，等你看後做序。但是我已將全稿付去排印，所以只好先將目錄送上。難得你看了目錄就給我做序，越發可感了！

你這篇序，關於傳記在文學上的價值和努力做傳記的途徑，儘量發揮，周詳指示，我很得到不少的啓發。你問我有沒有不可用之處，格外見得你的謙量，叫我佩服！

你說從前沒有紀實傳信的碑傳，其根本原因，不失於諛頌，便失於詆誣，這種見解，確是定論。

我想從前碑傳所以不能紀實傳真，專說假話：第一，因為本人沒有甚麼可說，只好想出話來湊成文章。第二，因為世間都認碑傳是一種虛榮，只要好看，不管虛實。第三，因為文人做買賣式的文章，只要湊成繳卷，也不管所做的人是否符合。我還覺得中國文學上碑誌還有好的，講到傳記，除掉你所舉的二、三種外，簡直找不出好的了。最大的原因，還是文體的障礙。

古今中外凡成為偉大人物的，本來一個人同時總有幾種特長：有

的是文學家兼政治家，有的是科學家兼哲學家，也有的是軍事家兼文學家，這些人着實不少。譬如我父是個文人，但同時有事業、有政見，所以他的著作不是單純的文集，他的傳記也不是單純的家傳。我這回做傳記，抱定一個主意，就是對於我父一生主張的變遷、出處的關係、他的人格、他的志事，連他所交的朋友，和遊宴的瑣事；只要是我父親口說的話、親手做的事，只要能表現他的個性，不問他怎樣尋常，不管他有無忌諱，我都盡力竭思，信筆直寫。總想從各方面襯托放射出一個真的我父、活的我父。我希望讀了我父的傳記，就好像見了我父其人。話雖這樣講、這樣設計，可是我的能力，哪配做這個工作、達這個目的呀？

你稱我父為失敗的英雄，這話確當得很，就是我父本人也承認的。因為他生平志事沒有實現的，何止百分之八、九十，只遺留了許多實地測驗的具體計劃。數十年來，他想辦地方普及教育和民兵制度，沒有成功；他想辦通海一帶大電力廠、大紡織染廠，沒有成功；他想墾闢沿海幾百萬畝的荒田，沒有成功；他想疏治淮、運、江、湖、松、遼諸水道，沒有成功；他想實現棉鐵政策，改革鹽法，和劃一度量衡，沒有成功——沒有成功，不是失敗嗎？你的眼光看到我父一生的成功，只是一小部分、只是引路發端，距離他的志願抱負，還遠得很呢。到他瞑目，終於是個失敗的英雄。這種評論，豈是尋常的頌揚？不是你說不出，不是我父當不起。

你說我做我父的傳記，是「愛的工作」，我讀到這裏，不覺淚下了。自從我父逝世以後，我好譬一隻失巢的小鳥、好譬一片離樹的秋葉，多麼的孤苦飄零，父子之愛，人生只有一回，地久天長，終身惘惘，從不作飛傍青雲再上高枝之想。加之中國的社會環境所給予我們青年走的路，太狹仄了；前面高山要攀爬，後面大海要墜落。所以我發誓關着門埋着頭編理父書；今日以後，還是死心塌地做這個工作。我希望你永遠做我的監誓人。

你所說做傳記該用的繡花針和大刀潤斧，我這回都用的。可不知

道用得對不對、好不好。我父的身分神情，究竟寫出沒有寫出。等你看過我的書，再聽你的按語罷。我自己實在沒有多大把握。

　　你序內獎勉我的地方，真叫我汗流浹背、無地自容，惟有格外加鞭奮勉而已。

　　你病後幫我做傳序，這是永遠不會忘記的。

張孝若
十八年十二月十八日

自序

　　我父的傳記和年表，本來都為我父全集而作；我想擺在全集的前面，作為一個有系統的敍引，但是動筆一寫，寫成二十餘萬言，覺得太長了，不合於做敍引的體例。又因為二層原因，我就決定將傳記、年表及年譜先行付印單行本：

　　一、自從我父逝世以後，中外人士常常問我要我父的詳細歷史。三年以來，幾乎無月無之。所以我覺得我父的傳記既然已經寫成，就不必再躭擱時日了。

　　二、我父遺著門類很多，散在外邊的，一直到現今還沒有搜集齊全。就是關於編纂方面的許多工作，也很繁重。倘能給以充分時間，比可望少些遺漏，完整一點。

　　年譜本是我父自己編定的，只寫到七十歲為止，我現在幫他續編四年到他逝世，但是前面凡關重要的事情，我父一時遺忘沒有寫入的，我也添進去不少，所有體裁，仍舊照我父自定一樣，沒有變動。

　　我寫這篇傳記，很取法於胡適之先生所編的《章實齋先生年譜》。我認為凡可以表現一個人的思想主張行事的地方，在他的著作內，都擇要的摘錄出來，這個方法是締著傳記或年譜的一件極精妥極有心得的發明。我更覺得凡後人幫前人編著東西，在時事後加以追述記載，

無論怎樣詳盡周到，總不如直接引證那位本人當時當事的作品來得妥當。何況我父有許多實在的事業，他一生幾乎沒有一件事沒有一篇文字的。關於這傳記內一篇一篇的摘錄，因為既要摘出精采要點，又要連貫接氣，我着實也跟適之先生一樣，費了一點工夫。

我寫這傳記，是拿年代做經，事類做緯；可是有一、二處因為要歸納在一個相類的事的系統之內，所以年代和事類，有時難免不稍有先後。

譚組安[1]丈的題字，胡適之先生的序文，都給這本書以無上光榮，我實在感激得很。

還有許多朋友，幫助我查問事情、人名、時日。許文清、孔得天二君幫助我抄寫，中華書局印刷所諸君幫助我校對；在這裏也都得謝謝他們！

我寫這傳記，共費三個多月，時間異常匆促；加之我才力薄弱，不完妥的地方一定很不少；還希望讀者諸君加以原諒、指教。

民國十八年十一月張孝若時年三十二

1　即譚延闓 (1880–1930)，近代著名政治家、書法家。

第一編

清咸豐三年癸丑 (1853)
── 光緒二十四戊戌 (1898)

第一章　導言及先世

第一節　導言

　　我構思設計，要作我父的傳記，轉眼將近二年了。有時候已經要動筆；但想到寫我父一生，不是一件容易的事。寫得不妥當，反而失掉我做傳記的本意。又想到，我父生我很晚，早年的事，不能親知親見；到了後來，我在國內外，遊學遊歷，又離開了我父好幾年。一來是我的識見和觀察，不足了解我父的一生；二來是我的思想力和文筆，也不足傳寫我父的一生。所以二年來，雖是幾次三番想動筆，終久動不來。可是現在，我整理我父的遺著及創辦事業歷史，不久都將完成付印了。想到傳記，是個需要的東西；既然需要，那我就不能過於遲疑審慎了。

　　等到我決定要動起筆來；又想起做傳記應用文言，還是應用白話的一個問題；因此我着實又考慮了不少時候。用文言吧，有時敘述起來，恐怕不能宣暢自然。加之我的古文程度，沒有根柢，恐怕畫虎不成，弄巧反拙。最後，我才決定用白話寫。同時，又覺得用白話，做一篇很尊嚴莊重的東西，難免當世沒有懷疑責備我的人，不覺又為難起來，忽然想到古人一句話，「至親無文」，說得很有道理。我既然替我父做傳記，當然是最「至親」也沒有了；用白話寫傳記，是再「無文」

也沒有了。幸虧有這一層，還或者可以承當世的原諒。我於是立刻放膽動筆寫起來。

我做這篇傳記所依據的東西：不是我親見親聞的，就是見於我父著作，或親友傳述的。我必誠誠懇懇、原原本本寫出來，沒有一句假造粉飾的話，也沒有一件靠不住鋪張的事。我對於我父，雖然有骨肉天倫的恩情；但是向來做傳記的人，應該有的坦白無隱的精神，和可以備史家正確立論的信條。我必自始至終，從我的思想，到我的筆尖，牢牢的抱住，決不因父子的關係，而有所違背和遷就。美國魯濱孫博士（Dr. J.H. Robinson）的《新史學》上說過，「實在說起來，歷史家最重要的職務，在於記載實在的事體，不問他怎樣平常。」我並不是歷史家，但是我敍述我父的為人行事，也一定着重很實在很平常的事體。所以我的文字，或者有不完美的地方；而我這種時時刻刻，要將我父一生的真面目，寫出來的誠實的心意，可以自信，可以求諒於當世，還可以使我父心靈上得多少的安慰。

第二節　先世

要寫我父，不能不將我家族先世的淵源，敍述一番。

據《通州張氏宗譜》上所載，我們張氏，本來是江南常熟縣的人氏。約在六百餘年以前，適當元朝的末代，有一位名建隱字惟賢的，因躲避兵亂，從常熟名叫土竹山的地方，渡江遷移到通州的金沙場住下來。他就是我們第一世的遷祖。後來人丁一代比一代繁盛，散居到四處，宗族以內又分出許多支脈來，漸漸弄不分清。我們這支人丁，回溯上去，可以稽考的，只有第十一世祖以下一直到我。（第十七世）算來，他又是我們這分支的開山老祖了。

我現在詳細分列一世系表如下：

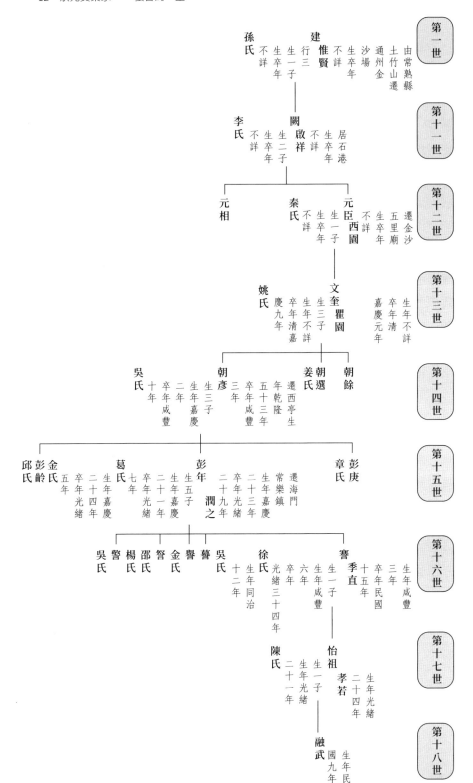

　　我的高祖以上，都是鄉農。到了高祖，(第十四世朝彥公) 在嘉慶初年，仍舊是種田過活；但是有了很少的家產。當他逝世的時候，我的曾祖，才只八歲，而我的伯曾祖，年紀比曾祖大得多，不曉得稼穡的艱難，時常出外遊蕩，很不為母親姚夫人所喜。姚夫人有點積蓄，本想等曾祖長大成人後，私給與他。不料姚夫人在嘉慶九年 (1804) 二月間，忽得急病而亡，來不及料理打算要做的事。但是伯曾祖也在外游蕩得不回家裏了。哪裏曉得，嫁到邱氏去的一位曾祖姑，疑心曾祖得了母親的遺蓄錢財，於是不存好心，特地叫他夫家的姪，去引誘他賭博。賭具是一種本地紙牌，名叫「十張麻雀」。他想，只有這種做法，可以蕩兄弟的家財，從中漁利。果然不到兩年，甚麼都輸光了。那時候，鄉間的人，有幾句嘲笑曾祖的歌謠，說：「張三麻雀輸不足，今年賣田，明年賣屋。」哪曉得這歌謠慢慢又應了事實。到第三年，果然將房屋賣掉了，是一位姓瞿的買了去。到了道光二十九年 (1849) 春，瞿姓忽然在竈下掘出姚夫人從前所藏匿的窖銀，在二個瓦罐裏，上面還蓋了幾層銅錢，瞿姓得了這筆橫財，自然就暴富起來。那時候，我的曾祖已經遷往西亭去了。有許多人告訴他，並且勸他，去要還他母親所藏匿的銀錢。那知道，他慷慨得很，說道：「銀子上並沒有我張家的記號，銀子也不認識人。瞿姓發財是命，我守我的窮，也是命。」他的為人，性質非常的耿介。子女一多，更加窘迫。有一天，有位鄰居李老太，看見曾祖母在河邊淘很少的米；於是就拿他的米，約一斗光景，傾在祖母的淘籮裏。後來曾祖曉得了，就節省了兩個月的米，照數的還了他。還告誡祖父，不要忘記李老太的恩惠。等到老太的兒子死了，祖父每年必定拿一斗米送給她，一直送到老太去世。我所以要寫這一段故實，因為要表示我祖父、我父一生不愛私財，和不取非分的財，實在有點得之歷代遺傳的天性和家教。

第三節　祖父母

我先前不是說過我曾祖以上都是種田的人家麼？一直到祖父，方才識字讀書。我祖父（第十五世彭年公）小時候很聰明，願意讀書。私塾裏的丁姓先生很喜歡他。曾祖常常要叫祖父，到田裏邊去做生活，而祖父不願，總是走到私塾去。曾祖很發怒說道：「家裏窮，人口多，不種田，哪裏來得吃？父親在田裏曬太陽，兒子倒在屋子裏乘風涼，哪是道理？」丁先生總是幫祖父說好話。最後才決定，半天讀書，半天種田，等讀完了《詩經》，能做七言對就停止。從此，我家也是讀書人了。

我曾祖曾經有一回，借了李姓的錢，沒有還他就去世了。去世後，李姓迫不及待，就向祖父大索其債，十分橫蠻，不講情理。祖父忍不下去，憤憤的說道：「父親欠人債，兒子應該還，沒有話說，但是不能受人家無理的侮辱。」於是即刻設法，當的當，借的借，湊成整數，請了許多戚友，當了眾人面，還給李姓。到後來，祖父請了通州宋蓬山先生在家處館。李姓要叫他的兒子來附讀，請人來疏通。祖父說：「從前的事，大家已經了結。兒子附學，是現在的事，有何不可？」

那時鄉里中，不時發生吵鬧的事，大家曉得祖父長厚，很有點公道，常常不約而同的跑到我家，請祖父評理處斷。祖父總是細心體會，事的來由，理的是非，心平氣和，幫雙方判斷曲直，排難解紛，大家都是心悅誠服，就此相安無事。祖父常說：「我用口舌誠意，來保全鄉里的和平，良心上很安逸的事。可是後輩子孫，萬萬學不得。」這是祖父的意量和識見。

咸豐三、四年（1853–1854）間，通州、海門一帶，旱災蝗害，遍地皆是；糧食一貴，窮人更多，求借討飯，跑上門來，一天總有十幾起。祖父及祖母，常常節省飯食，分給大家，個個歡天喜地。

有一年，我父出痘，鄰居范姓子也出痘。粗父憐他窮苦無告，拿了一條棉被，當了四百錢，幫他延醫生買藥物，和照應自己兒子的病一樣。

平常祖父坐小車出門，要過橋的時候，必定預先下車，自己走一段路，再坐上去。告訴人說：「這一來，不但沒有危險，還可活動筋骨，讓車夫舒一舒氣，省一省力。」這是祖父的仁慈和恕道。

我現在再摘錄一、二段我父做的祖父的墓誌銘，更可以看出祖父的生平了。

> ……府君督翏兄弟讀書力田……曰：『從古無窮人之天也；人而惰，則天窮之。』每作一事，必具首尾；每論一事，必詳其表裏。雖倉卒小札、鹽米計簿，字必完整，語必謹備，亦往往以此教子。而觀人，曰：『輕重者，植骨貴賤之徵，人莫賤於輕，莫貴於重。』藝蔬種樹，橫縱成列，位器疏密，皆有尺寸。傭或偷貳不如約，不厭再三勗，曰：『凡事，有度有當而後安也。』雖貧，不求援於富室；雖為農，不降詘於有勢力之人。曰：『同戴三光，吾任吾力；吾不違天，而誰吾詘也？』……方翏之甫登朝籍也，倭氛日棘，戚友賀者，數翏歸期。府君曰：『丈夫之仕，猶女子之嫁也，子尚為吾有乎？』病亟，……或問思翏否？府君曰：『渠[1]不當歸。』……

我曾祖雖然不識字，然而有他卓絕的天性，耐得窮苦，有骨氣。所以教導祖父，極為嚴正不苟。而祖父居心的仁慈，克己的勤苦，愛惜物力，無微不全。最難得是以窮苦的人，救濟窮苦的人，這是何等的人格！還靠着他個人的誠意口舌，幫鄉里解紛爭，保和平；但又極不願子孫去學他管閒事。這是何等遠大的識見！兒子既然為國服務，就立刻以子許國，不再以私人家庭的分際，分散兒子忠君奉公的責任，直到病危，依然不改。一旦見兒子貴了，名氣大了，心裏邊也不覺得

1　編者按，即他。

有甚麼兩樣的地方，總是牢牢的不脫鄉農的本色。這是何等恢宏的意量！甚至收拾一塊地方，修訂一本書冊，都是極潔淨，極有條理。這些事，看看不算稀奇，做做就很不容易了。所以我家的一種安貧樂道、獨立自重的家風，我曾祖傳之祖父，祖父再傳之我父，真所謂「水有源，木有根」。

　　我現在要一述祖母了。我祖母姓金氏，是東台金氏長女，在張濂亭裕釗[2]先生所做的墓誌銘，和我父的行述裏邊，說他的為人，都很詳細：

> ……謇兄弟甫四、五齡，母夜篝燈，教識字，益擁絮，手衣履箴作，且作且覆問謇等。深宵寒風凜烈，室中蕭然，顧視謇兄弟，輒淚下，蓋其悲苦有不可道者。……其平居訓迪謇兄弟，必以遠大中正，無世俗之言。諸子有過，痛笞楚不少貸。所與遊，必問其何人，近者察視，遠者參詢，輒能決。是其賢也，則喜，至必加敬禮；不賢邪，戒勿與近，而其人後果往往敗。……（〈張先生通州張生母金孺人墓誌銘〉）

> ……母病，謇侍，叩所欲言；曰：『勉為好人，孝汝父。吾平時所言所為，汝曹所悉者，謹記之，一生學不盡也。有不諱，勿營佛事；有錢，以償夙負，振貧乏。汝曹有賢師友，乞數言，以永吾生平之苦，如是而已。』……（〈我父行述〉）

　　平常的人家；大半父親是嚴厲的，母親是寬縱的。為兒女的，當然怕懼嚴厲，喜歡寬縱。自古及今，母教嚴厲，毫不假借的，兒女多半不會走上壞路。譬如許多人家的母親，總沒有希望兒女不做好人而

2　張裕釗（1823–1894）字廉卿，號濂亭，湖北武昌人。清末著名書法家。

墮落的道理；但是愛之不以其道，不問情由，瞞了父親給錢兒女用，造成兒女的邪惡，世間多得很！我祖母卻大不然，他管教兒子，嚴厲的程度，或者比祖父還要加一點。我父的成立，得之祖母義方之教，不在少處。還有一件，也很難能，就是祖母很相信唸佛，平日供奉朝拜，誠虔異常；不管寒暑早晚，在起睡的前後，必定要跑到佛堂，去唸幾卷經。可是臨危的時候，告誡家人說：「我去世以後，不要請和尚做佛事，有錢要還債，周濟窮人。」信佛，而不一味愚佞，與尋常婦女的識見，確有不同的地方了！

　　我曾祖父先後為祖父娶祖母興化葛氏、東台金氏二人。葛太夫人先後生大伯父（名譽）及五叔父（名警）二人。說到祖父娶金太夫人，內中還有一段很曲折的故實：先是外高祖東台吳聖揆公，開了一爿小瓷貨店在通州金沙的地方。他沒有兒子，只有一個女兒。曉得曾祖是個有志氣的人，上了人當，才傾家敗產，很加憐憫。於是就請人做媒，招曾祖做女婿，說定曾祖養了兒子，要兼祧吳氏的。不到幾年，曾祖陸續生了兒女，人口日繁，恐怕牽累外家，於是就移居到西亭。後來，外高祖從金沙遷到海門常樂鎮，接種一點田。曾祖每隔一月，必定叫祖父從西亭走七十里路到常樂鎮去省視他的丈人。有起事來，少則住五六天，多則半月一月。那曉得二叔祖忽遭橫禍。於是三叔祖遷到通州住，祖父就奉了曾祖也遷到常樂去住。等到外高祖去世了，外高祖母孤單一個人，年紀又很老了，聽說同鄉中有一位金氏女，很賢孝，於是告知曾祖父，幫祖父娶來，一面侍奉他，一面鄭重聲明，要履行婿家生子兼祧吳氏的前約。祖母太夫人來歸後，先後生二伯父（名暮）、三伯父（名詧）及我父（謇）三人。

第二章　誕生

第一節　入書塾

　　我父生於咸豐三年（1853）五月二十五日卯時，是生在海門常樂鎮敦裕堂內。四歲時候，海門還鬧着旱炎，蝗蟲一陣飛起來，看不見天日，落到地上，有二、三寸厚。我父聽說牠是吃田禾的害人東西，於是爬上門檻，拾起小木棒來，將蝗蟲打個不休。這年，祖父已經教父識《千字文》。到了第二年，三叔祖從通州來，叫我父背唸《千字文》，那曉得從頭至尾，竟沒有一個錯字。祖父母和叔祖，自然都歡喜得很，就叫父跟了阿哥等，進鄰居邱家的書房。第一件事，是起一個學名。邱先生就替我父起，叫吳起元，這就因為曾祖和祖父曾經答應過外高祖父母，等到祖母金太夫人生子，就兼桃吳氏。所以這時候，我父姓吳不姓張。到八歲時候，我父跟着父母到西亭。有一天，有位族兄帶了我父去遊城隍廟，一跑跑到後殿，天井裏樹木森森，陰邃得很。佛龕中，坐了神夫婦二人，高高在上，族兄叫父作揖拜神，我父剛剛彎了腰作揖下去，忽然聽得上邊的筆筒籤筒，一齊翻倒下來。我父一嚇，哭起來了。回去後，祖母說：「下回不要逛廟了。」到了十一歲，《三字經》、《百家姓》、《神童詩》、《孝經》、《學》、《庸》、《論》、《孟》都唸完了。正開始唸《詩經·國風》的時候，先生出了一個「月沉水底」的四字對，我父立刻就對「日懸天上」。這年江南還有兵亂，許多人到

江北來逃難。有一天，我父在街上，聽見一個衣裳襤褸的外鄉人，高聲大唸其〈滕王閣序〉，假此募一點錢。我父聽了一二遍，記在心上，回得家來，告訴祖父說：「這個人是不是拿『關山難越』的四句話，來訴他的苦境麼？」到了第二年，有一天，祖父也在書房裏和先生閒談，看見一個武官，騎了一匹白馬，從大門外走過。先生乃隨口出一個「人騎白馬門前去」的七字對，我父不待思索，就對了「我踏金鰲海上來」的七個字。祖父和先生聽了，很為高興。在這時候，幾位伯伯叔叔，讀書沒有我父那樣好，受了祖父的責罰，我父必定也在旁邊帶哭帶求，一定要等到祖父消怒停罰，方才走開去。我父在十三、四、五歲的三年間，應該讀的書如《爾雅》、《禮記》、《左傳》、《儀禮》等，都已依次的讀完，能做八韻詩，制藝也能成篇了。大凡讀書人家，所最隆重的第一關「科名」，工具的「考」，我父現在已經漸漸走進這一步了。

第二節　奮勉

我父小時候，天分極高，對父母極知孝順，對兄弟處處友愛。好學向上的念頭，不要父母師長的督責，總是天天自己加鞭，努力奮發。向來一個種田人家，看了讀書人家，正如看天上神仙，何等光榮，好不羨慕？所以只要能有一個希望，自己家裏可以培植一二個讀書子弟趕上前程，就是吃盡千辛萬苦，也是值得的，也要耐守的。我家當時的觀念，何嘗不是這般情狀。我父也就成了一家心目中所希望的人了。所幸他完全能了解這情形，並且還明白一家的父母兄弟，不顧生計的壓迫、環境的艱困，個個咬緊牙根，忍窮耐苦，都是等他讀成功書，趕上去考，一層一層的順利，總有一天來補償這個代價的。比不得富厚人家，看待子弟的讀書，可以「但問耕耘不問收穫」的。果然，我張家前途的光明燦爛；已隨着我父的天才，堅忍努力，好像錢塘江八月十八的潮，浩蕩奔騰而來。可是，我父無窮的周折、痛苦、恐怖、冤仇，也跟着這潮打進來了！

第三章　科舉

第一節　誤入族籍始末

　　講到中國從前階級制度的專橫惡劣，豈但官民有階級、富貧有階級、士農工商有階級，就是靠着真才實學，硬碰硬的考試制度，都排佈着一種周密的羅網，擁護保持那特殊的階級。譬如一座極富麗堂皇的宅子，專供給一班公子王孫，在裏邊逍遙自在，假使有一個平常人要進去享受，也未始不可。但是要恭恭敬敬，有代價的請宅裏邊的人，介紹一下，方才有可以進得去的希望。那介紹的人，還是有操縱的權能。天下事，這可算得頂不自由不平等的了！然而不自由不平等，也得要去試一試，就弄到焦頭爛額、進退維谷。幸虧有一班鋤強扶弱、打抱不平的朋友去指導他、援助他，我父自己到了這條叉路上，也懸崖勒馬，回頭得快。終久靠了自己的本領，打開了這個宅門，大搖大擺的走進去了。這件事，非但在我父歷史上，佔了很重要的一頁，在科舉時代，也是一樁「習非成是」的功令。現在我要講本文了。

　　從前科舉，最初一步的考試，叫「小考」。大凡一個人，他的三代，沒有做過學官，或者沒有進過學，那麼，他的子弟，就不能隨便去考，叫做「冷籍」。假使他希望去應考，必定要找同族中有這資格的人，或是廩生去承認，叫做「認保」。同時學使又怕發生弊端，再由

同縣廩生，連環出保，叫做「派保」。其實這二層關鍵，就是限制。當然有許多人，就假此留難，弄錢行賄不端的事，一件一件的生出來。我父十四、五歲的時候，遠近同族中，大家曉得他讀書讀得好，必定要去考，必定要人保，於是認定機會來了，不約而同，都視為俎上之肉。當時族中也有比較人品高一點的一兩家，要來「認保」，可是祖父對於我父的教讀先生，向來事事尊敬，言聽計從，總要和他商量一下，他都沒有贊成。其原因，是不是已蓄有作用愚弄的心意，無從曉得。但是後來他所自動介紹的人和所指示的路，已經陷我父於很深酷的窖中，幾乎爬不上來！他所介紹的，是如皋專門招搖不務正業的人，名叫張駒（字名鎔）。他和張氏講好價錢，叫我父認他為一族，到如皋去考。那曉得我父到如皋以後，強逼我父改名叫張育才（我父十歲後，祖父母因五叔已生，父讀書又好，不願再為吳氏後，仍還姓張），認駒作祖。縣州院各試，我父先後都考取了。其時祖父和父，已經漸漸明白，走入叉路了。本來冒頂的考，是很不妥當的事，立刻要想更正。不料張駒父子，大為居奇，百番敲詐，勒索巨款。不能如願，就一面寫了不少豈有此理的信，威嚇我家；一面控告我父是逆子於學院。種種壓迫荒謬的舉動，不一而足。當時也有一兩個壞官劣紳，替他作倀，壯他的膽，所以他才敢猖狂到這種地步。最後，祖父忍無可忍，乃上呈學官，詳敘被騙、被逼、被辱種種事實和苦衷，請求矜憐成全。當時幸虧得到許多學使知州師友族人的援助，主張公道，竭力維護幫忙，一層一節的呈核、咨轉、疏釋、證明，於是我父乃得仍歸本籍。從同治七年（1868）到十二年（1873）前後五年，我父奔走四方，所耗費差不多已經要傾家了！但是精神雖然受盡了侮辱和痛苦，身體受盡了奔波和艱險，可是志氣和人格，卻得到不少的奮發和勇敢的經歷。關於這件歸籍的事，我父著有專記（在《全集》中），說得極詳盡。我現在摘錄幾段：

　　……四月初，與叔往如皋謁學官。……差旋至，……

蓋學官董事輩，關通知縣為之，必制余無他遁之途，而後
可押而縶之也。差索歇保，隨時聽傳。時日向曛矣，大風
密雨。上燈後，計不如叔留而余回通。乃藏釘鞵衣底，躧
敝鞋，籠燈獨出。……旋念出北門，必經縣署，不便。折
出東門，過橋驟風滅燈，時甫浚城河，緣河，泥掉深二三
尺，連屬不絕。雖雨勢稍細，而雲黯如墨，立橋下久之，
易釘鞵而藏鞵，棄燈持蓋柄為杖，蹲地定瞬，辨路有高下
險易，行數步，輒一蹲，足陷泥淖及踝，釘鞵屢墮，揩杖
起之而行。是時忿火中燒，更不知有何畏怖，亦輒作挾利
刃砍仇人頭之想。又念父母在，此身事大，不值與鼠頭並
碎，且自解且行。……外雨內汗，襺袴盡濕，足疱纍纍，
遂坐而待旦。日甫出，乘小車亟走百三十里，一日而至
通……

我們僅僅讀這一段文字，就可以想像到我父當時受盡變幻流離、
走投無路的苦楚。完全憑着他堅定的毅力，百折不回，在荊天棘地
中，向勢不兩立的惡魔進攻奮鬥，求一個最後的勝利。讀到「亦輒作
挾利刃砍仇人頭之想」二句，悲壯激昂，斬釘截鐵。這種深切沉痛的
豪俠氣概，和古時荊軻高歌易水一去不復還的決心沒有兩樣。我父雖
然一腔憤激，視死如歸，可是再仔細一想，擔負一家的責任和前途的
光榮，還有不得不降志辱身的情勢，吃得苦中苦，方為人上人，也只
得忍一忍「袴下之辱」了。還有一首詩，那時正在是悔恨傷痛交迫的
時光：

絲麻經綜更誰尤，大錯從來鑄六州。白日驚看魑魅
走，靈氛不告蕙荪愁。高堂華髮摧明鏡，署路凋顏送客
舟。惆悵隨身三尺劍，男兒今日有恩讎！（〈佔籍被訟將
之如皋〉）

第二節　苦學

講到我父苦功讀書，真是不容易呀！我父十六歲起去考州試，名次取在一百以外。同時有一范先生當世，是我父的朋友，取在第二名。回書塾以後，先生大為呵責，說：「假使有一千人去考，要取九百九十九人，只有一個人不取，就是你！」我父聽了，非常的難過。於是在塾中窗格上、帳頂上，沒一處不寫「九百九十九」五個字。睡的時候，並且用二根短青竹頭，拿辮子夾住了，只要頭一動，身子一翻轉，辮子牽動頭皮，立刻就醒了。一醒以後，不管天亮不天亮，就爬起來讀書，又處處看見五個大字，不由得不感傷落淚，也不覺甚麼疲倦了。到了第二年，十七歲去考，我父名次取在前列，范倒反落後了。

塾中一到夏天，蚊子多得很。我父每夜點了一盞油燈，寫字讀書，桌子底下的兩隻腳，差不多做了蚊子的飯菜，個個不住咀的大吃特吃，我父弄得苦不勝言。後來想得一法，搬了兩隻空罎子，擺在桌子底下，拿兩隻腳伸進罎裏去，蚊子就沒法來侵擾了。

科舉的時代，城裏人總是看不起鄉下人。等到學使臨試時候，五屬的士子，都雲集城中。有錢紳士的子弟預試，及已充廩生的，沒有一個不是華服翩翩，自顧不凡。我父夏天只有一件舊沉香繭袍、羽毛青套，冬天只有一件棉套，也不覺得難為情。進場的時候，常常立在試院門外石獅子前，不輕與人談笑。我父心裏想：「穿的綢兒緞兒，有甚麼用處？要考得好，才算得光榮得意。」每回發榜，我父總是第一名。

有一天，經古試題出來，大家多瞠目相對，莫名其妙。有的因為看夾帶，就曉得了。於是交頭接耳，奇貨可居。我父看了，不耐煩起來，就將題解的出處，大書特書，黏在場屋的柱子當中，大家都看得了。那帶夾帶的人，反不高興，起來質問我父。我父說：「就是大家做『學而時習之』的題目，做起文章來，也有好壞。」

我父歸籍以後，換了名考試，大家都不曉得。考試完畢，那許多妒忌的人，看見榜發，大家都拍手得意的說道：「這一回不是張育才了。」那曉得張謇就是張育才，名字雖然換了，還是一個人。

第三節　主試師知遇

我父在三十歲前後，名氣已經漸漸大起來。大凡主考的人，一來替國家皇上識拔人才，二來希望將來有名的人，收在門下。所以每逢到考試的時候，必定要格外留心，憑着自己的眼力，將心中要取的人，取在自己手裏。（因而科舉考試的卷子，恐怕各阿所好，生出弊端，所以是謄錄代為抄寫的，不到看定了拆開卷子的時候，一輩子不會曉得誰是誰的。這叫作「彌封」。）所以那幾年主考的總裁，最著名的大臣，是吳縣潘公祖蔭[1]、常熟翁公同龢[2]，都是認準了我父，打算要中他，收在自己門下的。雖然如此想，可是和打燈謎沒有二樣，有時也會弄出李代桃僵，張冠李戴的事情來。這些事實，非但有關我父一生所受的知遇，也是極有趣味的掌故。我約略的寫幾件：

我父先前在光緒五年（1879）的科試，優行試，都取得第一名，當拜見學使夏公同善[3]的時候，夏公說：「我初到江陰，就叮囑幕僚，要留心觀摩前任林公校試的卷子。他們看到你從前的文字，大家就傳看讚賞起來。剛剛我走進門口，問是甚麼姓名？他們說叫張育才。（我父在光緒三年〔1877〕二十五歲的十一月，就具呈學官改名謇。）於是我方才告訴他們，在前任林學使病危的時候，親手寫過一張優生的名單，很嚴密鄭重的交給家人，叫他們等到交印的時候，送到新任學使的手內；我一看，你的張育才名字，在頭一名。等到我到通州臨考試

1　潘祖蔭 (1830−1890)，字伯寅，江蘇蘇州人，曾任晚清高官。
2　翁同龢 (1830−1904)，字叔平，號松禪，江蘇常熟人，清末大臣、書法家、狀元，是同治帝和光緒帝的老師。
3　夏同善 (1831−1880)，字舜樂，號子松，浙江仁和人，是晚清政治人物。

的前頭，查看名冊，怎樣也找不到「張育才」三個字。我當時就疑心你有事沒有到，萬萬想不到你已經改了名來考的，總算暗中還是摸索到你。」

還有這年八月的總督、巡撫、學政三院會考，我父也是名列第一。放榜的時候，總督沈公葆楨[4]已經病重，不能會客，叫人告訴我父說：「做文章不可只學班書[5]，要着重看《史記》。」到十二月沈公幕戊陳部郎宗濂告訴我父，沈公臨終時遺命，身後要我父幫他做一文。可見看重我父到極點了。

光緒十五年 (1889) 我父三十七歲的會試，總裁是潘公，他滿意要中我父，那曉得無端的誤中了無錫的孫叔和，當時懊喪得了不得。

到了第二年光緒十六年 (1890) 的會試。房考是雲南高蔚光，曾經將我父的卷子薦上去，場中又誤以陶世鳳的卷子，當作我父的，中了陶的會元。等到翁公曉得弄錯了，竭力留我父考學正官，我父不願在京久住，就回南邊了。

到了光緒十八年 (1892) 四十歲的會試，錯得越發曲折離奇了。當時場闈中的總裁房考，幾乎沒一個不尋覓我父的卷子。翁公在江蘇卷子上堂的時候，沒有一刻不告訴同考的人，要細心校閱。先得到袁公爽秋[6]所薦的施啟宇的卷子。袁公說：「像是有點像，但是不一定拿得穩。」等到看見內中有「聲氣潛通於宮掖」的句子，更游移起來。後來四川人施某薦劉可毅的卷子，翁公起初也很懷疑。但是既不能確定我父的卷子是那一本，所以施某竭力說：「這確是張季直的卷子。」翁公也有點相信起來，而且看到策問第四篇中間，有「歷箕子之封」的句子，更證實了這是到過高麗的人的口氣，就立刻問袁公。袁公覺得文

4　沈葆楨 (1820–1879)，榜名振宗，字翰宇，謚文肅，福建侯官人，晚清重臣、林則徐 (1785–1850) 女婿。

5　按，即指《漢書》。

6　即袁昶 (1846–1900)。袁昶字爽秋，號重黎，浙江桐廬人。清朝官員，官至太常寺卿。庚子事變時，因進諫為慈禧太后所斬殺。

氣跳蕩，恐怕有點不對。填榜的前頭，沈公子封[7]要求看一看卷子。等到看到內中的制藝及詩秦字韻，就竭力說：「決定不是。」但到了這時候，已經來不及了。一到拆封的時候，在紅號內，方才曉得是常州劉可毅的卷子，果然不是我父的。於是翁公、孫公家鼐[8]、沈公，大家都四處找我父的卷子，方才曉得在第三房馮金鑑那裏。第一房是朱桂卿，第二房是袁爽秋。堂薦送江蘇卷子的時候，朱已因病撤任，袁公和馮金鑑住在隔房，常常叮囑他，遇到江蘇的卷子，要格外觀摩，不要大意。那曉得馮吃鴉片的時候多，我父的卷子，早早因為詞意寬泛，被他斥落了。翁公本來想中我父，等到曉得錯誤了，急得眼淚望下直滴，孫公和其他的總裁考官，也個個都陪了歎息。其實劉可毅並沒有到過高麗。後來袁公、沈公、翁公甥甫[9]，都將這內中的詳情告訴我父，外間也傳說都遍了。潘、翁二公愛重我父的才名，識拔我父的懇摯，可算得以國士相待的知己了。這幾位名公鉅卿，對我父的情義，直到現在我們後人，還是刻刻感念不忘！

第四節　大魁到京

光緒二十年（1894），慈禧太后六十萬壽，舉行恩科會試；那年我父已經四十二歲了，祖父也年近八十，所以科名的念頭，已漸漸淡薄下來。那時三伯父在江西，由知縣奉委做慶典隨員，於是寫信給祖父，要我父也借此機會到京一趟。祖父就答應了，命我父再去應試一回。到了北京以後，考試應用的文具，還是向朋友借湊而來；放榜的時候，也沒有去聽錄。可見我父那時功名得失心，確是淡薄了。先中了六十名貢士，覆試中了第十名，殿試中了一甲第一名（狀元）。那年閱卷大

7　沈子封即沈曾培，沈曾植 (1850–1922) 之弟，浙江嘉興人。
8　孫家鼐 (1827–1909)，字燮臣，號容卿、蟄生，安徽壽州人，晚清著名政治家。
9　翁同龢姪翁斌孫 (1860–1922)。

臣中，有翁同龢、李鴻藻[10]二公，向來都是很推重我父的。我父中元的時候，在日記上寫着：

四月二十二日，殿試。第一策河渠，次經籍，次選舉，次鹽鐵；酉正納卷，歸已戌正。……策全引《朱子》。

二十四日，五更，乾清門外聽宣，以一甲一名引見。先是錢丈令新甫見告，繼又見嘉定（徐郙）於乾清門丹墀上探望；旋鐵珊告以嘉定云云：而南皮（張之萬[11]）、長白（志銳[12]）、常熟（翁公）、高陽（李公）、錢塘（汪鳴鑾）八人，立墀上傳宣矣。棲門海鳥，本無鐘鼓之心；伏櫪轅駒，久倦風塵之想；一旦予以非分，事類無端矣。

二十五日，卯正。皇上御太和殿傳臚，百官雍雍，禮樂畢備，授翰林院修撰。伏考國家授官之禮，無逾於一甲三人者，小臣德薄能淺，據非所任，其何以副上心忠孝之求乎？內省悚然，不敢不勉也！翟、王二公，為治歸第事。

我再查看翁公那時的日記，也是連日的寫着：

四月二十日，晴。丑正，即赴朝房聽宣，張相國遣蘇拉來請，知派讀卷。遂入至南書房，葷公次第集。擬題八道，（兩字）有引摺，圈出四道。擬策問，皆李、汪二公底[13]。

二十二日，晴熱，午後風。寅正三刻，入殿監試收掌皆在，諸公亦集，分卷陸續送來，每人三十九本，首次二公四十本，共三百十四本，自卯抵酉正始散。閱本分卷

10　李鴻藻（1820–1897），字季雲，號石孫，直隸高陽人，晚清政治人物，。

11　張之萬（1811–1897），字子青，號鑾坡，直隸南皮人，晚清政治人物。

12　志銳（1852–1911），滿洲人。光緒帝珍妃的堂兄。

13　即的。

畢，又轉四桌，力不支矣。得一卷，文氣甚老，字亦雅，非常手也！

二十三日，晨，訪高陽。卯初一刻，入殿轉三桌畢，將本桌圈盡點次序，先理一過，遂定前十卷。蘭翁、柳門、伯遇皆以余處一卷為最，惟南皮不謂然。已而仍定余處第一，徐二，張三，志四，李五，薛六，唐七，汪八，麟九，唐十。

二十四日，晴，寅正。八人集景運門外，朝房起下，回到南書房。卯正，上御乾清宮西暖閣，臣等捧卷入，上諦視第一名，問誰所取？張公以臣對，麟公以次拆封，一一奏名訖，又奉題語，臣以張謇江南名士，且孝子也。上甚喜。退至南齋，寫名單，一面遞上，一面持名單出乾清門宣呼，良久始齊，遂帶引見訖。後至南齋，以硃筆標十本，柳門書之，捧卷出，至養心殿飯，蘭翁作東。飲畢，同至功閣，標二、三甲，觀者如牆，汗流幾暈倒。三刻許畢，遂歸。

二十五日，晴暖，無風。寅正入。卯初，上御太和殿傳臚，讀卷官八人，另班行禮，禮部堂官捧榜出，乃退。……午正，出城賀新鼎甲歸第。先至湖廣館，次至江蘇館。楊莘伯自南來，晤之。腹泄，頭暈。

鼎甲，張謇、尹銘綬、鄭沅。傳臚，吳筠孫。

我父幾十年辛苦攻讀，潔身成名，得此結果，總算不負親師友好的期望了。不到多時，祖父病重，我父接到電報，也就立刻回家了。

第五節　考試經過

我父是十六歲進的學，得到的秀才。那時是被愚冒頂族籍，去應縣州院試的。前後被逼，冒充了五年，等到歸籍事弄妥當後，他越

發發奮用功，出全力望考試科名上趕。一年一考，考取再考。好像上五六層的寶塔，從平地跑上去，先上一層，再上二層，三、四層，趕緊向上跑。有時樓梯不開闊，前面有人擋路，有時自己氣力用盡了，也跑不上。遇到了這幾種難關，都是白用氣力，白跑一頓。當然也有人用盡平生的力量往上跑，居然一層一層跑到最高一層的塔頂。望下邊一看，自然好不有趣；立在平地的人，抬頭上望，當然更有趣。我父從秀才考到狀元，也是一步一層好像登寶塔一樣，走走等等，終究跑到了塔頂。我現在分列一表，看起來，容易醒目點。

年歲	考試名稱	主試官	名次
清同治七年（1868）戊辰十六歲	二月如皋縣試	縣令貴州周際霖	取第二百餘名
	四月通州州試	知州合肥梁悅馨	取第二百餘名
	十月院試	侍郎鄞縣童華	取第二十六名附學生員
清同治九年（1870）庚午十八歲	六月科試	侍郎鄞縣童華	取一等第十六名
	七月鄉試		不中
清同治十年（1871）辛未十九歲	十一月院試	侍郎江夏彭九餘	取一等第十一名
清同治十二年（1873）癸酉二十一歲	六月科試	侍郎江夏彭九餘	取一等第十五名
	八月鄉試		不中
清同治十三年（1874）甲戌二十二歲	南京惜陰書院	院長全椒薛時雨	取第一名
	南京鍾山書院	院長臨川李聯琇	取第一名
	十月歲試	侍郎江夏彭九餘	取第一等第四名補增廣生
清光緒元年（1875）乙亥二十三歲	八月恩科鄉試		不中
清光緒二年（1876）丙子二十四歲	四月科試	翰林院侍講學士長樂林天齡	取第一名補廩膳生
	七月鄉試		不中

續前表

年歲	考試名稱	主試官	名次
清光緒三年（1877）丁丑二十五歲	九月歲試 學院橄學官慎舉優行學官首應	翰林院侍講學士長樂林天齡	取第一名
清光緒五年（1879）己卯二十七歲	五月科試	侍郎仁和夏同善	取第一名優行試 亦第一名（貢元）
	八月 總督巡撫學政三院會考優行生試	總督侯官沈葆楨 巡撫固始吳元炳 學使仁和夏同善	取第一名
	九月鄉試		不中
清光緒十一年（1885）乙酉三十三歲	六月國子監考到	祭酒宗室盛昱	取第一名
	九月順天鄉試	總裁尚書吳縣潘祖蔭、常熟翁同龢、左都御史宗室奎潤、侍郎童華、同考官編修商城黃彝年	中第二名（南元）
清光緒十二年（1886）丙戌三十四歲	二月禮部會試		不中
清光緒十五年（1889）己丑三十七歲	正月禮部會試	同考官內閣侍讀長白熙齡	挑取謄錄四十名
清光緒十六年（1890）庚寅三十八歲	二月禮部會試		不中
清光緒十八年（1892）壬辰四十歲	二月禮部會試		不中
清光緒二十年（1894）甲午四十二歲	二月禮部會試	總裁尚書李鴻藻、總憲徐郙、侍郎汪鳴鑾、副憲楊頤、同考官編修高熙	中第六十名貢士
	三月禮部覆試		取一等第十名
	殿試	開卷大臣相國張之萬、協揆麟書、尚書李鴻藻、翁同龢、薛允升、侍郎唐景崇、汪鳴鑾、志銳。	中一甲第一名賜進士及第（狀元）
	六月翰林院大課		取第一名
清光緒廿四年（1898）甲午四十六歲	四月保和殿試散館		取二等三十七名
	七月以經濟特科薦	侍郎唐景崇	

我父從小考到大魁，共總經過縣、州、院試，歲科試、優行試，考到、錄科等試，以及鄉試六次、會試五次、殿試一次。（各處考書院，還不在內。）一齊算起來，在場屋裏有一百六十天。凡考取的不算外，考到第一名共有九次。（光緒十一年（1885）中南元，雖然是第二名，但是南邊人，算第一名。）考在前十名上下，有七次。時間不可算不長，而苦功也用得着實不少。雖然科舉功名的得失，不一定是貨真價實；然而有一分本事出一分貨，還是考試制度的長處！

第六節　對科舉觀念

我父對於科舉，向來有一種很徹底的見解，認為歷代皇帝，壓百姓保帝位的惟一妙法，要叫百姓將所有的心思才力，都用到科舉的功名上去，免掉思想溢出範圍，言動離開軌道。惟一的目的，是要消滅人民的志氣，壓迫人民的活動。從小到老，從讀書到做官，埋了頭，捧了書，執了筆，只是為了趕考。先關在家裏，再關到場裏，拿一個人的活氣靈氣，都斷喪完了。要這樣才不會想別的心事去造反。所以從前中國人，除掉了讀死書的本職以外，沒有發揚志氣，做實事的趨向。就是有人，用一點實用的學問功夫，也決不是科舉制度的養成，實在是靠着個人的抱負，跳出了牢籠。所以要國家發展，人民解放，得到思想的創造，走上着實的道路，必定要推翻那科舉的惡制度，還給讀書人的自由。

我父做八股，是用過苦功的。他的觀念，本來認科舉制度所造成的結果，不是出循規蹈矩的臣子，就是出迂而且腐書獃子。凡治國大計，做事道理，在這裏邊決找不出來，也生不出來。但是他看到世人那樣的尊重寶貴這狀元的頭銜，所以他立志要拿到自己的手裏。可是這隻手拿到，那隻手就丟掉了。完全是拿他當一個做事對外的招牌，不是拿他當一種職業。

　　科舉時代，還有一種積習相沿極惡劣的風氣，叫作「送硃卷」，其實就是「打把勢」。等到考中了以後，將卷子刻印好，回到家鄉，逢人便送，人家接到了，就看戚族的遠近，交情的厚薄，定送錢的多寡。（聽說廣東這種風氣更屬害，單說一個秀才，弄得好，竟有鉅萬的收入。）習非成是，不這樣做，反像自己荷包裏的錢丟掉了。我父生平，極恨這種行為。歷次的卷子，除送給極少數的親友外，一概不發，連發帖開賀等事，都是人家替他高興去忙。還聽說我父中了狀元以後，去拜見一位總裁。他是當朝的閣相；他竟拿我父當作眾人一樣，表示好意，問道：「你這回回到南邊去，要不要幾封八行？」（其意就是拿了去「打把勢」用。）那曉得我父不是這種人，聽了頓時正色的回答道：「老師看待門生，是這樣的人麼？門生向來沒有這種打算。」這位相爺聽了，知道有點冒失，乃顧左右而言他。在光緒三十二年（1906）秋間，通、如本地，還有一類不肖的人，冒名騙錢，無惡不作。茲摘錄我父致如皋龍縣令一信，就曉得我父無往而不保持他的清白了。

　　　　……謇家世力農，荷先澤之遺，廁名朝籍，其為非分，實越等倫。而夙夜兢兢，不敢稍有取戻之心，重蒙貽玷門基之辱。惟自去歲以來，假託招搖之事，時有所聞，或分送報帖於素不通弔慶之家，或構設機阱而為自作威風之事，或居間偏袒而取盈於索謝，或乘危徼利而受略於立談。甚至偽託本家，冒充威好，驅遣地甲，投謁衙門，大駴聽聞，都非意料。是以迭經懇請王海門、汪通州分別示禁。乃近復聞有人自稱寒族，甚盛排場，在如境、岔河、雙甸、馬塘、掘港、白蒲、林梓一帶，兜攬閒事，因以為利。此非有土人為伥，必與點蠹為緣，謗議所騰，遂及下走，毛羽之愛，能不懸惶？然謇能自勉，不為灌氏之門，而不能保世無黎邱之鬼。用敢函請示諭雙甸、岔河、馬塘、掘港、白蒲、林梓等處，此後設有假託姓名，招搖网

利者，許受禍之家，認明指控，仍乞隨時訪查懲辦，以儆
效尤，而安鄉里，以消指摘，而福寒門，無任幸甚。

我父的科舉功名，雖然吃了不少苦，磨了不少年，總算最後登峯
造極。可是我父自己，毫不覺得有甚麼希罕在哪裏。現在我將我父改
題公園「果然亭」為「適然亭」的跋語和聯語抄在這裏，結束這科舉的
記述。一看就曉得我父當時並沒有拿他當一件大不了的事。

　　余以甲午成進士，州牧邦人，擷唐盧肇詩語為「果然
亭」。世間萬事，得喪適然耳？丁巳，余修此亭，不敢承
前意也。適然之事，以適然觀之。適得涪翁書，遂以易牓。

還有一副對聯，掛在亭子內：

　世間科第與風漢　　檻外雲山是故人

第四章　客幕

第一節　入吳武壯軍幕

　　光緒二年（1876），我父二十四歲，因為家況艱難，很想出外謀食，一時又不容易得到相當的事，很為躊躇。我父的老師孫公雲錦曉得這種情形，乃竭力推薦我父於慶軍統領廬江吳提督長慶[1]的軍中做幕友。我父就離家去了。

　　有一首別母的詩：

> 　　北風動庭樹，落葉浩如雪。遊子身覺單，檢衣輒鳴咽。遊子還家時，襦袴垢且裂。垢者忽以澣，裂者忽以綴。擗斯復綴斯，不聞慈母說。遊子計出門，終歲十常七。還家慈母劬，出門慈母慽。念此心孔傷，淚下不可掇。遊子眼中淚，慈母心上血。（〈去家檢衣〉）

　　還有一首別兄的詩：

1　吳長慶（1829–1884），字筱軒，安徽廬江人，淮軍名將，曾往朝鮮平亂。

　　風吹百草迴青黃，遊子攬轡臨康莊。弟兄相送遠於
野，行行且止心徬徨。阿兄嗟曰季：行役休悲傷，家貧猶
足具稻粱，爺娘雖老身其康。鍼芥磁珀視所引，結交毋結
聲氣場。憂患古來重骨肉，季汝甘苦將誰商？題彼鶺鴒鳴
將將，嗟哉有兄隻身翔，遊子行矣思故鄉。（〈思故鄉〉）

　　吳公雖然是帶兵的武人，但是很看重文人。自從我父到他的軍幕
以後，相待的情意和禮貌，非常的優厚誠摯。曉得我父家裏窮，不時
送錢用。到了冬天，寒風飄雪，就送皮袍穿。而且特為我父在軍營旁
邊，造了幾間房屋，讓我父辦公事以外，可以在他的營中，靜心讀書。
常常還要保舉我父的功名，我父總是感謝不肯，情願從科舉考試方面
求出路。吳公越發器重，主客處得十分和好，不覺已有三四年了。
　　我選幾首在軍幕的詩，可以看出我父那時的感想和交遊：

　　峨峨高節擁轅門，拂拂朱旂絳陣雲。難得名公趨趙
壹，況容摛客重將軍。明珠卻聘寧無意，寶劍銜知昔所
聞。駿骨從來能得馬，好收駃騠共殊勛。（〈奉呈吳提督〉）

　　掘罍越岡瓛，驚轂轟春雷。馳驅下平陸，颭颭飄黃
埃。我僕既云痡，我馬良虺隤。男兒志萬里，晏佚驫精骸。
蓼蟲自習苦，寧為將軍來。將軍自英邁，遠略高世儔。藹
藹穆生醴，峨峨燕昭台。舉世重金玉，婉孌期龍駬。束縛
報知己，吾生焉可哀！

　　昀昀夏禹甸，奕奕青齊疆。職貢重筐筥，大利在農
桑。《管子》天下才，謀國富以彊。如何千載還，迺令行
役傷。圮穢莽塗畛，輸漑湮陂塘。村女抱長瑟，班白無褌
裳。天子有命吏，催科亦何良。大官事軍國，牙纛殊煌煌。
嗟哉一生拙，隱憂動無方。憑軾寄短夢，熙熙遊陶唐。
（〈軍中長清曉發〉）

在這裏，我要帶敍一個人。這人很和後來中國的政局，有重大的關係。這人就是項城袁世凱。這時吳公的大本營，已經從浦口移到山東的登州。在光緒七年（1881）的四月。有一天，袁忽然來到登州，求見吳公想謀事。吳公因為從前他的先人和袁的嗣父篤臣是換帖的兄弟，有這個交情，就答應留他在營中候事，並且招呼我父，替他改改文章。有一天，在吃中飯的時候，他忽然神色張惶的告訴我父，說：「我有一件不得了的事，要求先生想一個法子，幫幫忙。」我父問：「是甚麼事？」他說：「我來的時候，帶了幾十個家中的舊部，一時不好和大帥說起；而他們住在外邊的破廟裏，等候得連飯都沒有得吃了，先生看怎樣好？」我父聽了，就幫他和吳公說情，拿了錢，替他分給這些人，遣散他們回家鄉了。袁雖然是河南秀才，但是文理不太好，我父替他改文章，總是不很客氣，塗改得一塌糊塗。同時周公家祿[2]也替他改文章，就比我父客氣點，加些圈兒了。所以袁很畏憚我父，而喜近周公。

第二節　征韓始末

到了光緒八年（1882），朝鮮的兵變亂起來，燒糧房，殺官吏，並且殺了日本的練兵教師。其實內中是國王的生父李昰應[3]要想乘機攘奪政權，弄到日本借起題目來干涉朝鮮的內政。中國朝廷得了消息，就立刻派水師丁提督汝昌[4]帶了兵船，和吳公帶了全部兵馬去協助定亂。那時吳公幕中人才，卻也濟濟，但是重要機密和筆墨的事，吳公卻是信託我父，完全責成他去主持辦理。朝命下來，急於星火，差不多立刻就要出發。但是所有的準備，都要交我父一人擔當處理，而且限期

2　周家祿（1846–1909），字彥升，江蘇海門人，晚清著名文人。
3　李昰應（1820–1898），即大院君。
4　丁汝昌（1836–1895），原名先達，字禹廷，生於安徽廬江縣。北洋海軍水師提督。1895年北洋水師全軍覆沒前吞鴉片自盡。

既非常迫促，應佈置的事，又一件也不能耽誤。所以我父計劃出發和
前敵的軍事，寫奏摺，辦公事，實在忙得不得開交。咀裏說，手裏寫，
白天忙不了，夜間接續辦，實在是煩苦得很。在這時適當鄉試的時候，
吳公叫袁世凱去考舉人，袁心裏實在不情願，咀裏又不好意思回。我
父當時一個人對付內外各事，實在也忙不了，就對吳公說：「大帥不要
叫慰庭[5]去考了，就讓他幫我辦辦出發的軍事罷。」我父這樣一說，吳
公自然立刻就答應了，於是我父就派袁趕辦行軍應用的各種物件。那
曉得限他五六天辦好的事，他不到三天，就辦得很為妥當齊備，我父
很稱讚他有幹才。出發時，就接下來派他執行前敵營務處的差使。大
凡古往今來能成就功名的人，大半要靠着機會。但是也要有人用當其
才，方能顯得出人的才能。到了七月初四的未刻，就拔隊出發，坐的
是威遠、鎮東、日新三隻兵船，從登州出發動身。行到煙台，就加上
了泰安、拱北二隻兵船。我父在船上，就做了一篇曉諭朝鮮的檄文。
當時有一位朝鮮派來的領選使參判（就是侍郎）金允植[6]，陪着同行。初
七辰刻，到了朝鮮，停泊在南陽府境的海邊。第二天夜間，開進內港
馬山。我父就立刻決定平亂的策略。初九上岸，住在馬山。十一日到
果山住下。王生父李昰應就派了大將軍載冕來晤。十三日與吳公同到
京城就去拜會昰應。到申刻，昰應出城答拜，吳公乃立刻宣示中朝諭
旨，拘押起來，送他到靠在南陽的兵船，開往天津去了。到十五夜，
接到國王來信，說亂軍還要在枉尋里、利泰院二處暴動。我父就決定
了攻剿的計劃。到十六的寅刻，吳公親自率隊攻利泰院，另外派一支
分隊攻枉尋里。到辰刻收陣，官兵死傷幾十人。一共捉到亂兵二百多
人，我父一看內中有許多父子兄弟的親屬，言語又不通，殺也殺不完，
倒生了惻隱之心，就請吳公商准國王，下令先斬了幾個首要，派了司
法判書（就是尚書）到軍中分別審判，犯重罪的又殺了十個，其餘的都

5　即袁世凱。

6　金允植（1835–1922）字洵卿，京畿道廣州府人，朝鮮李朝末年政治家、漢學家。

釋放了。到二十四,我父隨同吳公謁見國王李熙[7]。王宴待我父及袁世
凱,禮節很隆重,還送了我父一套三品冠服。(我父因為可以供考古
冠服的沿革,已送入南通博物苑陳列。)至此一場亂事,總算平定。
吳公固然沒有辱朝命,我父也沒有辱吳公的知遇。那時主持機要的,
我父以外,還有薛公福成[8]、何公嗣焜[9]二人。事定以後,吳公論功行賞,
要專摺特保我父和薛公、何公二人,哪曉得三人都竭力辭謝不受。但
是援救朝鮮的時候,吳公曾經懸過賞格,何人能夠想一計策定亂的,
就賞三千金。吳公因為這個緣故,所以我父既然不要特保,他就不讓
我父曉得,直接寄了一千金到我父家裏。不久李相鴻章,將慶軍改令
馬建忠[10]統率,我父也就離開朝鮮了。

第三節　韓事文件

　　我現在擇抄四件東西。第一件,是當時中國兵船沒有到朝鮮以前,
吳公在船上和金參判筆談的問答的原文,也有點關係當時朝鮮軍政民
情的掌故。第二件,是吳公與朝鮮承旨(就是軍機大臣)嚴世榮筆談的
問話。至於嚴世榮筆談的答話,據我父日記上說,當日由嚴自行檢收
拿去了。第三件,是光緒十年(1884)十月我父的一封信。那時距吳武
壯軍往韓平亂,不到兩年。吳公早已身故,我父亦已歸田。在韓京駐
防執掌軍權的,是吳公舊部吳兆有孝亭、張光前仲明、袁世凱慰庭三
人。我父那時在家聽到韓亂復起、閔妃遇難、中日鬨戰、事變愈烈的
種種消息,就立刻寫了一信給吳、張、袁三公,信中料事的明決、策
劃的周備、憂國傷時的憤慨,此時讀之還令人迴腸盪氣!在壬午平亂

7　李熙(1852–1919)為朝鮮李朝高宗。

8　薛福成(1838–1894),字叔耘,號庸庵,江蘇無錫人。晚清著名外交官、文人,長期擔
　　任幕僚工作。著有《庸庵筆記》等書。

9　何嗣焜(1843–1901),字梅生,江蘇武進人。晚清官僚、教育家。

10　馬建忠(1845–1900),字眉叔,江蘇丹徒人,來自一個天主教徒家庭。清末著名官員、
　　外交家、語言學家,著有《馬氏文通》一書。

以後，我父所定對日處韓善後方策，如果朝內重臣，都予以容納，次
第見之實行，那麼今天鴨綠江東、金剛山上，哪裏會飄揚着炫眼驚心
的旭日旗嗬！第四件，是宣統三年（1911）我父復人論及東三省和朝鮮
事的一封信，雖然時隔多年，但是當光緒壬午間處置朝鮮善後的辦法，
追說得極徹底，於後來中日外交，和日本併吞朝鮮的舉動，很有點
關係。

第一件，是光緒八年（1882）七月初五日，吳公在兵船上，和朝鮮
領選使金允植的筆談。

（吳）貴國現在人才，有可稱舉者否？（金）鄙人本無
藻鑑，不敢妄對，亦不無翹楚者，未知此次得免亂鋒否
也？（吳）現在仁川府使任榮鎬亦有才略否？（金）未之
聞也。前任府使，以議約時地方官之罪，已經賜死，想任
榮鎬是一邊親信之人也。（吳）各道不聞有義師，是懼李
昰應之威，抑果無其人也？（金）興宣十年秉政，餘威尚
存，且彼據私親之位，名曰輔政；在敝邦之人，實難舉兵
相向，此非上國不能辦也。（吳）所論亦是，但既圖危宗
社，即是祖宗罪人，現在為其脅從者，是否為其所驅逼，
抑見理不明？（金）敝邦之人，苦無此識見，惟以絕和閉
門，為安宗社之至計，彼所以能做此事者，亦順人心也。
（吳）大兵越境問罪，必先正名，如《春秋》書子突救衛；
前日作檄文一首，豫備將來之用，須先生米審定，以先生
能熟貴國情事也。緩急總須到彼，相機裁度；急固恐有他
變，緩亦恐不濟事。（金）先不必聲討，須好言誘之，以
安其心。然後圖之，似好。（吳）本如此辦。但恐昰應未
即至耳。（金）以勢言之，現今日人滋事，彼不得不款附
中國也。（吳）由仁川至王京有星峴山，是否險要？（金）
星峴山不甚險，但比中國道路不平。（吳）然則由仁川至

京可以為中權策應之地，何處？（吳）弟未詳此處形勝，
另有地圖帶來者，請試一閱。（吳）貴國向來兵額多少，
兵制若何？（金）敝邦京城宿衞五營，僅萬餘名，多老弱
虛冒，名存實無。兵制，則在高麗時用唐朝府兵之制。入
本朝，昇平日久，兵制漸壞。至前明萬曆年間，有日本之
亂，自是改用戚南宮[11]《紀效新書》法，今所用者，即其遺
制。今亦具文而已。（吳）各道有知兵者，有應亂者否？
（金）各道也沒有。凡才須養成，事必經熟，敝邦五百年
無事，不能養，才需用久矣。山澤間或有志氣不碌碌者，
亦無從而得開聞見。但懸空說去，不中實用，且或以役
畏推欸等左道，煽惑愚民，自謂知兵，無不如愚魯無識之
人。（吳）由漢江水路至王京，路程若何？（金）輪船，可
由江華再抵鹽倉頭，距王京不遠，而但孫、梁項有石，兩
岸極狹，輪船難以通行。若潮盛時，可以駕過。往在丙寅
年，法國兵船亦入江華至鹽倉頭，此次亦可測水前行，較
仁川旱路為便。（吳）日本通商口岸，有三處，此外兩處，
較仁川遠近？（金）雖仁川水路未詳，距王京、德源、元
山（日本人謂之鸕山）五百里、東萊、釜山一千里。（吳）
亂首萬一他竄，能策其所向否？（金）若至他竄，更須費
力；所竄地方，雖不能逆料，敝邦有南漢、北漢，俱有山
城，極陡絕難上。北漢在王京後二十里，南漢在王京東南
五十里，如竄他兩處，不足深慮。若東走江原道、南走忠
清、全羅、慶尚道等地，不可一定。愚意慶尚道近日本，
全羅道三面接海，必不敢竄向此地。忠清道公州有雙樹
山，城在三南之衝，或者暫避此處也。西北兩路近上國，
若知兵自上國，必不敢走西北也。（吳）亂首既有權略，

11　即戚繼光（1528–1588）。戚繼光字元敬，山東登州人，明朝名將。

恐其事急，反走通日本耳。（金）緩則不無是慮，急則造次，恐不能辦。（吳）軍中帶去餉銀，如何用法？銀價是否七百文，有錢鋪兌換否？（金）敝邦不用銀子，無有換錢之鋪。惟用以首飾器皿，或買用銀子。大約一兩換六、七百文不等，近日敝邦錢貴，想銀價隨而低也。（吳）米價若何？（金）平年一斗，敝邦銅錢百文，中國錢二百文，較中國稍似小，米則好矣。但此時民皆竄匿，市不出米。（吳）如定要買，當如何設法？（金）仁川小港僻村，本無儲米之家。王京外，漢江沿村，漕米在倉；又江村富民，亦有貿米積置之處。此時雖散避，必不能盡載而去。若近到王京，合有買米之道。（吳）木柴、煤炭等，易辦否？（金）煤炭本無，惟有木炭，木柴亦可貿用。並聞日本公使花房義質[12]進見國王，以七件事為請：一則日人死者為十三，亦賠給銀五萬元。一（則）日人動兵之費，至回兵時，計量賠給。一，三處開港之地四面百里以內，定租界。一（則）內地無礙往來。以下二條，傳者忘之，亦不打緊云。

朝鮮雖然也是用漢文。然而他們的文法，已經歷代相沿逐漸的變化。看金允植的答語，覺得不很通順，其實就是朝鮮號稱有名的漢學家的文章，也是脫不了佶屈聱牙的文氣。

第二件，是七月十四日吳公在漢城和朝鮮左承旨嚴世榮的筆談問語：

頃刻復書於國王，弟等奉命而來。一為貴國討亂，非僅為和約巳也。名不正，則禍靡有已；亂不討，則日人籍

12　花房義質 (1842–1917)，生於日本岡山藩，是近代日本著名外交官。

復仇為要挾之計，呶呶不休。此弟等稟承於樞廷之大旨。
方貴國亂作之始，朝廷未得其魁，又聞國太公（即國王生
父李昰應）為眾心所附，皇帝欲進而問其事狀，冀望特
切。臣子之義，惟有奉行。故昨日國太公來營，即偕丁軍
門（即丁提督汝昌）詣闕。我皇上以孝治天下，豈有為其
子而失其父者。況太公於國王則父子，於中朝則人臣。有
此一行而全父子之恩，定君臣之分，我輩同寅協恭之誼，
亦交盡而無憾。今日丁軍門與太公早至海邊，不日即可抵
津，我朝素行寬大，篤倫盡恩，必能兩全而無敝，請國王
萬萬放心。是日嚴世榮筆談，自行檢去，故未錄。

第三件，是光緒十年（1884）甲申十月我父寫給中國駐防軍將領
吳、張、袁三公的信：

　　……敬承治軍賢勞，以為跂頌。項《申報》載十月
十七、十八日朝鮮復有內亂，……華兵與日兵戰於宮門，
王為我軍護居營中，亂黨尚踞王宮云云。東事之不可為而
禍懸眉睫。謇在壬午八月即歷歷言之，今其國中尚有謇所
作〈朝鮮善後六策〉可證。（記得京師尚有數本。）然亦
初不意所謂近而三四年禍且踵至者，今不幸而吾言之偶中
也。彼時武壯公言於朝，朝臣或是之或非之。言與東人，
東人或是之或非之。言於吾軍，吾軍中是非之聲，時時相
出入。言於北洋，北洋則悍然斥之；今果何如耶？以閔妃
及外務諸臣，恣意妄為，得禍固當，惟所傳起釁之由，言
人人殊。且亂之方作，吾軍未發，何以便有華弁三人？日
兵阻吾衛王之軍，有所說否？曲直何似？日兵駐入王宮，
在今春，彼時何無一人極力爭之，為曲突徙薪之計，是皆
不解。就時勢情事而論，日與法通，日之搆釁必有為法牽

制吾軍之謀。（觀超武、揚威援台之船，調赴高麗，亦可少見日之所以為法，蓋即為此，非如《申報》所謂緩北圻之救也。）必更有藉端干預要索兵費之事。閣下及仲明、慰庭處彼雖僅典兵，然實難處其間，誠不易明言。清卿之為人，乃今天下所謂功名中人，胸中也無一定識見，左右又無一人，恐也是糊塗了事。然卻不可再賠兵費於日，以蹈從前四足之覆轍。此事似不必待日本向我説，我即先須向日本理論曲直。此次進兵不可由馬山，當即先據仁川至王京形勝之地，連絡屯紮。兵輪分佈口門，為先聲奪人建威銷萌之舉方好。若計不出此，恐事將有不可問者。騫於公及仲明、慰庭有休戚相關，故為局外之妄言，想公等必有奇謀勝算出我意表者也。……天下事成敗在人，而所以成敗者天，公等和衷戮力，不倖功，不委過，思武壯當日何以從容而佈置，聲施而至今，則思過半矣。公三思鄙言為幸。並乞將所以起釁、所以入衛、目前所以辦理情形，一一見告。或者有稍稍足以為公等贊益者，未可知也！伏冀勛名慎處，為賤子榮。

第四件，是宣統三年（1911）二月我父復吉林省交涉使韓國鈞[13]的信：

奉二月二十三日手書，並東三省地圖一幅，反覆覽誦，愾然永歎！方壬午、癸未之間，下走參預吳武壯公援護朝鮮，即上書直督，請達政府，於朝鮮則有援漢玄菟、樂浪郡例廢為郡縣。援周例，置監國，或置重兵守其海口，而改革其內政；或令自改，而為練新軍；聯我東三省

13　韓國鈞（1857-1942），字紫石，江蘇海安人，晚清、民國官僚。

為一氣。於日本則三道出師，規復流虬。⋯⋯李直督擱置
不議。⋯⋯當時即不規復流虬，而於中朝創業之大計，稍
稍措意；於朝鮮行我之第三、四策，（詳我父〈條陳朝鮮
事宜疏〉，原文載在《全集》中。）而因以經營東三省，安
有日俄之爭，安有立韓覆韓之事，安有東三省今日之危？
屈指是説，近三十年矣。今之後生，固無知者。即當時士
大夫，知之者曾有幾人？⋯⋯今言之亦無益，然下走固不
能不痛心切齒於吾亡國之庸奴也！⋯⋯

第四節　吳長慶祠

　　從前我聽說在韓京，有一個吳武壯祠。祠內有一塊〈去思碑〉，本
想設法去查問碑文。適見到黃君炎培[14]新著《朝鮮》裏邊，有一篇關於
這祠和碑的記載，很詳細。我就抄在這裏：

　　　　朝鮮壬午，中國政府調廣東水師提督吳長慶，率登州
兵以七月渡韓鎮懾。亂既定，韓人倚若長城。居三年，
移駐金州，旋卒於軍，謚曰武壯。韓王李熙，於漢城建祠
曰「靖武祠」，歲時致祭。嗣日本統監府欲廢止之，華僑
力爭，乃移歸華總領事管理。明治四十二年（1909）四月
六日，府與總領事換文，載明祠在京城南明哲坊訓練洞，
地六百九十坪五合，保管修繕，由管理者任費，所屬地及
屋，不徵稅金及使用費。祠有光緒十一年金尚鉉撰，金允
植、沈履澤書〈去思碑〉。附光緒八年隨征將士賓吏題名：
首列幕賓，優貢江蘇通州張謇。第五名，訓導江蘇海門廳

14　黃炎培（1878–1965），字任之，江蘇川沙人，曾為同盟會會員。中國著名教育家、政治
　　家，是中國民主同盟的發起人之一。

周家祿。第十名，舉人江蘇泰興縣朱銘盤。皆以文學著稱者。第二十一名，為營務處同知河南項城縣袁世凱。

不久又見到民國十九年(1930)三月十一日《新聞報》載，關於武壯祠近事一則，我摘抄下來，很可見到吳公在韓遺愛入人之深，也可推想當時我父佐贊之辛勞，定策之功績：

　　……吳長慶駐節朝鮮，平定內亂，厥功甚偉。韓國朝野，一致崇拜。……春秋二祭，非常隆重。……近總領事張維城以此祠關係史跡，應予保存，呈請國民政府題給匾額。……國府頗為嘉許，特用主席名義，題給「箕封遺愛」四字，飭該領事擇期懸建，並行紀念式，以維史跡。

第五章　家居

第一節　卻聘

我父從朝鮮回來以後，就此家居，奉養父母，沒有用世的念頭了。有幾首詩，可以看出這時候的懷抱！

少壯事行役，悠悠十餘載。患難亮非一，奔走亦云殆。北尋微閭山，東汎渠斞海。之罘碣石間，風濤去來每。陳軍箕子國，玉劍夏犀鎧。當其壯往時，盛氣輒百倍。束縛報恩私，功名置有待。風雲一朝變，苦心聽功罪。浩然歸滄洲，徘徊惜文彩。皓鶴乘戎軒，置身已凡猥。況與雞鶩爭，但見鷗鳧餒。往計真自疏，來轍庶幾改。有宅一區存，有田一壜在。農桑世所業，茶薺吾可采。撫今春疇昔，慷慨有餘悔。（〈昔悔〉）

杖策昔從軍，東登箕子台。君從敠木下，弄摩日珠回。當時一張口，氣尚凌八垓。風輪儵旦暮，親見揚塵埃。蓬萊已陵陸，滄溟何有哉！

沉沉久雨雲，混混下江水。水去不復回，雲開故有
俟。坐憐浩蕩中，萬億流離子。盧望將焉酬，空悲亦可
恥。天地有端倪，俯仰究終始。及時且寧靜，丈夫要如此。

云有汲汲志，盡日常閉關。遂謂嘒嘒人，開門容荊
菅。羣詆理孤笑，時復相往還。臨流弄清泚，憂來替以歡。
君其理漁具，我亦投朝冠。明年富春渚，一路尋黃山。（與
太夷故有此約）（〈題太夷濠堂〉）

我父三十歲以後的才名，就一年一年的大起來。當時的督撫名公，
沒有一個不想羅致他到幕府中，引為自重的。大家也曉得，我父才調
出眾，做敍事論理的文章，在其時很出名。加之替府主辦事策劃，非
常的忠勤刻苦。所以名氣一大，交相延譽的人就多，大有一得我父，
身價頓增的光景。但是我父家雖窮困，急於謀事，而他的本性，不同
流俗，常常孤高自賞。「良禽擇木而棲」的念頭，也持之很堅。加之祖
父母的家教，對於我父的交友投幕，都主張十分的嚴擇慎始，絲毫不
能遷就。這一來，越發加足了我父一種激戇的脾氣。一家的人，都抱
着寧可窮守，不能隨便向人低首折腰的家風。所以一切非分意外的出
路，就斬釘截鐵的不能通融。我父還有一種不願趨炎附勢的抱負，凡
名氣官職不很大的人，誠誠心心來招延，我父或者可以欣然接受。假
使官爵過於崇隆，聲勢十分煊赫的人，雖然表示倒屣相迎的意思，我
父倒反斟酌審慎起來，卻顧不前。這並不是我父故意要裝腔做態、沽
名釣譽，實在是他的天性、他的家風，都是冷峻的。不願有絲毫熱中
的趨奉。譬如吳公先要代我父出錢捐部郎，後來又要專摺特保我父，
都是一面感激，一面謝絕；就是朝鮮的亂事平定以後，朝鮮的宮庭社
會，都耳聞我父的才學，並且明白吳公定亂的功勞，是出之於我父的
策劃，於是朝臣進言李王，想以賓師的禮遇，留我父在朝鮮住下來。
我父怕的「名高易謗」，立時辭謝。不久回到天津，李公鴻章、張公樹

聲[1]（署理北洋大臣）及吳公三人，又要會摺特薦。我父當時曾經有一信，致何公嗣焜，竭力辭謝。

> ……閻丹書欲為彭雪琴[2]，而終不免向紗帽下求生活。吾輩如處女，豈可不擇媒妁，草草字人？令海內知吾兩人者，引閻、彭近事，笑張季直不若枚生賢哉，幸為清河，說此至悃。

到了光緒十年（1884）七月，張公樹聲在粵督任內，一面叫蔡提督綏庭請我父去，一面又致電李公轉邀，其時李公自己也叫袁觀察子九來請我父。我父當時都回謝沒有去，而且到了次年的四月，還將粵督的聘金四十兩，原封請周觀察馥[3]帶交袁觀察轉還不受。當時我父曾經有「南不拜張，北不投李」的豪語。到了十月，我父在京，宗室準仲萊庶常請我父教他的兄弟，而他的兄弟是我父的本科同榜，也就沒有答應。到了光緒十二年（1886）潘公祖蔭也延我父課授其弟，我父也辭去了。到了光緒十六年（1890）八月安徽巡撫沈公秉成，又延我父課教其子，我父當時有一封駢體的辭謝信，意思很誠，文詞很美。我現在摘錄幾段，也可以看出這時候我父的意趣：

> ……自昔京師應舉，孤進見收，直明公以宏獎之風，進賤子於著錄之列，眄睞矜寵，殊違等夷，顧維庸散，有何足錄？剋乃進取不達，志業無成，外瘝身世之憂，內懼日月之邁，江海自翳，庸知人間，曾何意頹風弱羽，復假以吹噓，窮谷朽株，更魆以華葉，明公相藉，有如此哉！

1　張樹聲（1824–1884），字振軒，安徽合肥人。清末淮軍名將。
2　彭雪琴即彭玉麟（1816–1890），字雪琴，湖南衡陽人。清末湘軍名將。
3　周馥（1837–1921），字玉山，安徽建德人，晚清高級官員。歷史學家周一良（1913–2001）祖父。

弱歲貧苦，東西旅食，二親之養，多所闕違。近時老父又
年七十三矣，潛測神明，日以耗減。……是以前答王令，
意尚徘徊，以言夫今，忍更決去。休父有言：「後差不及前
差，後劇必勝前劇」，然則過此以往，雖疾痛平復，千里
之遊，殆非敢言也。……迹使心疎，事與境奪，不能一日
侍坐，少酬獎掖，循涯則分，感增累息！……

到了光緒十八年（1892）我父應禮會試不中；翁公惋惜愛重之餘，
想竭力安慰我父，叫他的姪孫斌孫來挽留我父，管國子監南學。次日
盛祭酒昱[4]也來訪我父說：「南學的諸生，都願意為你損納學正官，留管
學事。」他們的情意，實在懇摯。於是我父親自拜訪翁、盛二公，堅
決說明不肯答應的理由。在那年，我父的日記寫着這一件事的經過：

> 四月二十一日詣謝常熟及意園（盛公齋名）師，辭留
> 南學。常熟師謂：『我固知子必不就也，徇諸生之請，重
> 以意園之說，故令斌孫一詣，不就至佳。今亦非勸人仕進
> 之時也！』……詣意園不值。是日阮申仲引傅復率李洛才
> 智儔再來說留，未晤。晚間洛才又來信，遂峻詞謝之。

同日，我父有一信回復李洛才，就是所謂「峻詞」的表示：

> ……甲申以後，盤旋閭里，不能遠客，非獨橫覽九
> 州，無可適足之地，亦躬耕養親，其素志也。報罷，而因
> 人之貲以為官，非獨名義有所不可，將從軍時之不受保
> 舉，己丑、庚寅之不考中書學正，區區微悎，亦無以自明
> 於天下。人之立身行己，當使本末校然，豈可苟簡？今早

4　盛昱（1850-1900）字伯希、伯羲，室名鬱華閣。晚清著名學者。

謁謝常熟師，師真知我。謁意園不值，而歸後見留札。南
學諸君，情施於過當，勢近於劫持，申仲初交，或不能見
諒，足下當通兩家之驛，何可復有兩可之言。且人相處，
當使彼此寬然得以自見。親在而望中進士，不成進士，依
舊歸去。生平志事，即此較然，毫髮不可自昧，幸為堅謝
申仲，轉告諸君，以君子愛人，容匹夫之立志，設使強而
為之，將來下走除官不拜，成何事體耶？⋯⋯

當時翁、盛二公，都存了慰藉我父的真情，所以容納南學諸君推
重的誠意，而諸君打算代我父捐學正官，又完全出於好意。那曉得我
父堅執不肯，竟說到他的生平志事連「毫髮」也不能遷就，更拿了南學
諸君相待的情意，說到「情施於過當，勢近於劫持」。「過當」和「劫持」
的四個字，分量用得何等的重，這又可證明我父的戇性。說到「不成
進士，依舊歸去」的幾句話，何等的光明磊落！一來可見我父之考試
功名，完全為安慰體貼父母的希望；二來可見我父對於科舉功名，完
全沒有得失榮辱的觀感，就單看這封信，就可以曉得我父早年自視和
出處的人格了！

到了光緒二十一年（1895）十一月，總督張公之洞請我父擔任江寧
書局總校。我父因為兩層原因，沒有肯就。第一，因為書局並不刻書，
似乎為人擇事，只算乾修。第二，因為其時張公已奉朝命轉調兩湖總
督。當日我父有一封致張公的辭信，表示他始終是一塵不染！

　　⋯⋯前輩以風義介恤後進之士，可隨地而用情；總
督為官書求校刊之人，必計功而授食。較量二者，名義判
然。一昨入謁，具陳微悃，未蒙鑒許，重荷縶維，謂有待
輯之書，俾異無處之饋，心知其意，感不可忘，斯須徘徊，
蓋惟公故。今公且去食武昌之魚，賤子何堪索胡奴之米。
照會修金，已還韋道；造次申謝，伏維諒察。

第二節　盡力鄉事

我父四十歲前後，雖然不做官，但是回到家鄉，未嘗不做事。他的大舉辦地方事，雖然在四十四歲以後。然而此數年中，已經有了發端。本來祖父就一向很着重在鄉里的和平和福利。所以我父覺得一個人為甚麼要有名？因為有了名，人家方才看得起，做起事來，消極沒有阻礙，積極可得幫忙，便能順利的做去。人要求名，決不是完全為個人升官發財着想，更不是我父求名得名的本心，所以我父一有了名，就立刻想做一點地方的實事；方才不辜負自己的名，和人家看得重的名。

通海一帶農產是棉，鄉民全靠織布謀生。當時捐稅，異常的繁重。加之光緒九年（1883）八月後通海荒年；所以就和沈公變均竭力設法，謀減花布捐稅，以紓民困。

到了光緒十年（1884）正月地方災象更屬害起來。四甲壩一帶，災民結隊，常常有幾千人。我父很為擔心，恐怕鬧出大事，就和秦劉諸鄉老集議。散賑平糶的辦法，我父從煙台友人處借了四百元，來助平糶，也奔走了好多時才有頭緒。

其時通海一帶，海盜出沒無定。沿海的百姓，不得安居樂業。我父乃領導舉辦沿海漁團。

到了春間三月災荒以後，災民人心惶惶，總不能高枕無憂。我父乃發起立社倉於常樂鎮，平時堆積米糧，遇有非常的災難，可以緩急有點解救，直到現今還是存在。

海門在科舉時代，秀才名額很少，而且沒有拔貢。同治年間，地方人士呈請部院增設，未得照准。我父在數年間，先後屢次和江蘇督學黃公體芳、宗室侍郎傅良才，商准了增學額定拔貢的案子。

通海農田，土質很肥腴；假使種桑育蠶，也可為鄉人闢一新生計。我父集了款到湖州去買桑秧，賒於鄉農，並帶送《蠶桑輯要》一本書，教以種植的方法。

　　海門本有溥善堂，是一種慈善機關，救濟孤苦無告的人。到光緒十四年（1888）七月我父乃往見護院藩司貴筑黃公子壽、臬司湘鄉陳公湜商請恢復舊時辦法。後來在我父年譜上有關於這件事的記載：

　　　　……至海門溥善堂開會，海人之復溥善堂，自清光緒
　　十一年始議，十三年始請於總督，梗於吏胥，屢進屢止。
　　旋以屬余，復前松巡撫批駁了案，蓋黃貴筑護撫之力；
　　成矣，與胥吏戰，又數年，惟楊梅汀是賴，至光緒二十年
　　而定，廿三年而大定。專制時代，成地方自衛事之難如
　　是……（民國十二年六月）

　　到光緒二十一年（1895）正月，總督張公之洞奏派我父總辦通海團練。我父因為是地方的事，沒有辭。但是從前老輩辦團練，募捐籌款的弊端很大，很足騷擾地方。於是我父決計典質自家的書籍二十四箱，得款一千元開辦。

　　到十二月因為通海花布向來由厘卡收捐，重牀疊被，弊害百出，農商很為痛苦。我父乃竭力設法，改辦認捐，希望統一辦理，可紓農商的大困。乃分向總督張公以次各官員口舌辯難，公文呈述，不止幾十次幾十天，最後仍為司局酷議所阻撓，沒有成功。

　　到了光緒二十二年（1896）二月，我父想復通州孔廟樂舞，設采芹會，並議定海、通、如、泰合習廟樂。乃請學院龍侍郎湛霖，延聘瀏陽唐某等為樂舞教員。我父當日有一篇海、通、如、泰合習樂舞議。計議舉辦的辦法和需要的各項預算，很為周到完密。我抄在下邊，也可以看出我父做事的條理、用心的精細。

　　　　聚海、通、如、泰四廳州縣童生各二十人於通州學
　　宮，十人亦可，但多則觀摩尤廣，且歸後易於傳習，延
　　瀏陽樂舞師三人，教習三個月，每教習一人束修三個月

二百番，計三人三個月六百番，將來酬勞在外。校瀏陽
來訊，教習兩處四個月三百番者，核計其數，已不為少，
亦省奔走。且十一月初來，二月初回，本有之館，可以請
人權攝。每僕從一人，工資三個月十二元，計三人三個
月三十六元，川資上下，六人由瀏陽至九江或漢口，每人
約八番，由九江或漢口至通州輪船價，每人約六番，計水
陸來往一百六十八番，伙食上下六人，上三人每人每日
八十文，下三人每人每日六十文，每月計十二千六百文，
三個月計三十七千八百文。每學二十人合八十人，每人
每日七十文，每月一百六十八千文，三個月計五百四千，
總計應須洋錢八百四番，每番作錢九百三十文，計錢
七百四十七千七百二十文，錢五百四十一千八百文，合計
一千二百八十九千五百二十文，再加三百十千四百八十
文，合計錢一千六百千，可以補意外之費，不足之用。四
分約派，通當五百二十千，海、泰、如各當三百六十千；
其一切提調照料員役，由通主持，通州近輪船便於教
習來往，亦海、泰、如之中也。是否可行？候酌定速
復。若每一教習送二百，減一百二十千；通、海兩學
各二十人，伙食減二百二千，共減三百二十二千，止須
一千二百七十八千，作一千三百千計，通當八百，海當
五百亦可辦。（〈海、通、泰、如合習樂舞議〉）

　　我們看完了上邊我父幾年間在家鄉所做的事，大要不外慈善、農
業、文化、自衛四件。我就生出幾種深切的觀感來。大凡老百姓的本
性，當然是很順良和服從的。但是到了沒有飯吃，就會鋌而走險，甚
麼也不顧，在歷史上一羣饑民，可以鬧出大事。像明末的李自成、張
獻忠都是榜樣。為甚麼那些人這樣的容易聚眾號召呢？因為當日陝、
川一帶都感受了饑荒的壓迫，才激而生變的。所以我父一看地方有這

種險象，就放賑平糶，立社倉，沒有一件不是因勢利導，幫他們想一條比較可以溫飽的出路。講到提倡一件事，尤其是感導鄉農，第一要完全幫他們的利益着想，第二要讓他們享過了現成的利益，然後他們才相信你，自動的來效法。至於自衛團練，要有組織，而且要人民本身有力量。那時組織及物質雖不能盡善盡美，然而意思卻很對。再則我父不問賑災辦團練，沒有一件採用募捐派費的方法，全是以身作則，自己拿出錢來，當然很能感動人。大凡慷他人之慨的事情，固然不一定弄得好，倒反將自己的人格先低落了。講到中國厘捐的積弊，直到現今依然如故，總成了一個很重大沒辦法的問題。要徹底的革除，只有希望：第一要政治上軌道，第二財政要實行預算制度。科舉時代，各州縣加一學額、增一拔貢，都是很尊嚴而難辦到的事。我父事事想他人比自己，所以對於這件事，也異常幫海門出力。要在孔廟恢復樂舞，是讀書舉子份所當為的事。孔門六藝為儒教立教的根本科目，禮樂居首，最所重視。後來漸漸廢止，視為官樣文章，而我父總想回復一點雍雍穆穆的氣象。可是辦一件事，總要有組織、有預算。在那時候，哪曉得我父已經有合乎科學原則的精神了。

在光緒二十三年（1897）冬天，德國忽借了傷害教士的題目，硬要強佔膠州。那時朝臣很懦弱也就屈服了。我父那時，雖然居家在野，也很關心國事。聽到這事，憤恨得很，做了一首詩：

> 作噩之歲膠澳陸，盲風忽卓單鷹旗。碧瞳睒睒羣麕麕，毀摧聖象成雛嬉。此語一日聞京師，諸儒訟請責問辭。內木曰咄外木哈，盜鐘掩耳騰其欺。憨山老人奮直筆，家父凡伯攀周詩。傳聞歐美尚教化，畢斯麥亦首之者。此舉毋乃類盜賊，治兵無律猶吾崔。固知天心未厭亂，羣教混混陽陰疑。終有一是定百非，六經大道天綱維。仲尼日月何傷夷，尊奉原不到狗鷄，吾將刺彼畢斯麥，彼二木者惡當之。（〈奉和瑞安先生二木歎〉）

第六章　甲午中日戰事及戊戌變政

第一節　中日戰事

　　我現在要大着膽、細着心的來敍述光緒二十四年（1898）前後我父和朝局的關係了。要講到我父和朝局的關係，當然是脫不了翁公當日政治的地位。我敍述以前，先拿個人對於當時政治內幕，從想像和引證方面，來觀察評論一下。大凡歷史上，尤其是在吾國，凡帝后同持有相互起落執掌政權的可能局勢，那麼，朝臣必定有二派的分黨，公例如此，不能避免。但是這種情形，最容易引起一種政局暴發的變動，其結果，雙方固然不利，與國家尤有莫大的禍害。本來一國最高政治的原動力，是政府；政府以內，決不怕同時有若干政見互異的黨派。在政見上，各有信仰和主張；爭奪政權，也可以各出花樣，劇烈競爭，就是鬧得天翻地覆，也是合乎政權興仆應有的現象。（歐、美、日各國政權的移替，也有這種實際情形。）大凡政治界的推動轉移，都有二黨的起落。今天甲在朝，乙在野，明天乙又在朝，甲再在野，與國家根本的立腳點，不會搖惑。但是一旦國家發生了重大對外的問題，那二黨就應該立刻拿整個的國家，做一個共同的目標，就應該一齊羣策羣力，不分彼此的來對付，就應該犧牲平時黨派的見解異同，

更應該大家超出二黨競爭的政權的範圍以上，一致來應付國家緊急存亡的事變。我說完了這一段話，現在我要回到本題，說當時內外朝局的情形了。

那時慈禧太后和光緒帝，表面上雖大家還能保持相當的禮貌，可是實際上的朝局，已分出帝、后二黨，各有水火不能相容的局勢。太后本是一個很能幹厲害的人，到了政權不能不交還光緒帝時候，心裏本不願意，很是勉強，存了一種試不好再來垂簾不遲的想頭。光緒帝人是好人，可惜沒有多大才幹，一到執到了政權，就非閑散時可比。好像鳥出了籠、魚得了水，很想做出一點驚天動地的事來。其時外邊政局的重心，完全集中於北洋大臣李鴻章，而帝則惟師傅翁公之言聽計從，翁、李隱然是二派的首領，後面是帝后的背景，而二派的謀臣策士，更推波助瀾，各擁其主，愈趨愈異，愈爭愈烈。這時李公掌握兵馬大權，本人很曉得丁汝昌的海軍不中用，和日本人不能戰。假使戰敗了下來的議和外交，又要他去當衝。有這幾層原故，所以他不主張決戰，而咀裏的理由說法，又不能拿心事和盤托出。翁公一方面是清流的領袖，看日本人凶蠻驕橫，憤恨得很，一點也不能再忍，但是海軍有點靠不住能戰勝的見解，也是有的。可是兵是李公帶的，兵船也是他管的，那麼，他應該負起這種絕大的戰的責任，和戰勝的責任。所以當時一定要戰的權，操之朝內，而一戰決不討好的事實，李公看得最清楚。二派既然各趨極端，所以一戰的結果，是喪師賠款割地，所有戰敗國的羞辱，沒有一件不完全了。本來一國內不能相容的二派，拿對外的出入，來做政爭的工具和認為絕好的機會，是一件再危險也沒有的事。如果二派當時都有了近代政治上的常識，碰到國家這種重大的事變，大家拿向來惡感衝突的地方，擺在一邊，推開誠心，權衡事實，以整個國家利害為前提，那結果決不會糟到這地步。其時日本對外，何嘗不曉得朝局有帝、后兩派的意見各歧，兩不相下；對內又很明瞭自家的兵力，一定拿得穩來戰敗中國，所以我們的敵人，倒反得到了「知己知彼百戰百勝」的把握。那時候朝內外很傳說光緒帝決心

要戰的意思，是出於翁公；而翁公決心要戰的意思，是出於我父。譬如羅君惇曧的《中日兵事本末》就寫着：「……樞臣翁同龢握大政，修撰張謇其門生最親者也，力主戰……乃決備戰。……」不錯，當那年的夏天，我父在京，確是常常和翁公見面和通信，而翁公其時，確已十分的愛重我父，可是我父對於日本和戰的問題，決不是籠統的主張要戰，更不是一味的主張沒準備的盲戰。我查閱我父那年從四月到九月的日記，是記着六月初六、十三、十七、廿七、廿八；七月初二；九月十六的七天，都有信給翁公的。六月廿一；七月初九、十八；八月廿二；九月十五的五天，都和翁公見面的。（九月十七日，我父接到祖父病危的電報，立刻就回南了。）可是這十二天，只記會見和通信，而會見的時候，講些甚麼？通信的裏邊，寫些甚麼？一個字都沒有記載，但是在那時候我父曾經做過幾首詩，送給翁公，很有無窮感知遇憂國事的情意，流露出來。

　　少小盛氣志，頗亦羞羣狙。家世服農畝，不眩車輪朱。上稟二人訓，下規千載圖。江河絕東寫，日月駸西徂。中間氣振蕩，萬物飛蓬俱。常恐願力薄，墮此禮義軀。悠悠迫中歲，四顧增踟躕。踟躕思古人，遙遙唐與虞。

　　寸志不可遂，萬事皆塵埃。猶是中國民，帝京時一來。昔歲荷推舉，冥冥如天開。公今再薦士，隔絕中路霾。由來得喪際，出入材不材。公心照四海，涕泗生枯荄。不遇故細事，纏綿惻中懷。丈夫尚施報，所舉安恃哉？

我再來查閱翁公的這幾個月的日記，對於我父關連到時局的話，我抄在下邊：

　　六月十四日……張季直函，論東事。……
　　六月十九日……得張季直函，論東事。……

七月初五日……張季直函，送地圖。……

七月初九日……張季直來談時事，激昂感慨，留飯而去。

七月十二日……得張季直函。……

七月十八日……歸後張季直來談時事，可怕也！然聳人骨。抵晚始去。……

七月廿四日……又覆張季直昨日書。此時清議大約責我不能博採羣言，移時局，然非我所能及也。……

八月初八日……晚張季直來談。……

九月初七日……張季直摺參合肥。……

九月十四日……張季直來，危言聳論，聲淚交下矣。……

九月十七日……張季直送陳芥滷，飲少許，似好。……

　　看完以上翁公的記載，也並沒有我父力主要戰的話。翁公為人謹飭異常，下筆很有分寸，處處慎保人臣慄慄恐懼的品性。（看了翁公幾十年的日記，就曉得他就是遭逢極憤慨艱險的境地，也還是「天王明聖臣罪當誅』的口吻。）大約我父所談，必定不外國勢岌危、和戰兩難的話，所謂「激昂慷慨」、「聳人骨」、「危言聳論，聲淚交下」大概都是幫翁公設身處地着急。當時朝中的真相，蘊釀到一定要開戰，決不是翁公一個人的主張，更不是他一個人所能主張。事實如此，不能抹煞。看了翁公六月十三、十四二天的日記，有「……是日奏派曾議朝鮮事。……（十三日）……上意一力主戰，並傳懿旨亦主戰……（十四日）」的記載，就可以曉得當時光緒帝自己有要戰的決心，連太后也是竭力的要戰。主戰的原動和慫恿，決不是出之翁公，更不是出之我父。可是我父當日對於朝局關於和戰的貢獻和主張，究竟怎麼呢？那麼，我可以摘錄幾段我父呈劾大學士李鴻章的奏疏一看，就可以徹底的明瞭了。

　　……直隸總督李鴻章，自任北洋大臣以來，凡遇外洋侵侮中國之事，無一不堅持和議，天下之人，以是集其詬病，以為李鴻章主和誤國，而竊綜其前後心跡觀之，則二十年來壞和局者，李鴻章一人而已。台灣之事、越南之事，其既往者，始置不論。請就今日日人搆釁朝鮮之事為我皇上陳之……方光緒八年春間李鴻章令丁汝昌、馬建忠前往朝鮮，與英、美各國立約，許朝鮮為自主之國。……朝鮮與東三省唇齒相依，奉中朝正朔。……於理於勢，可半主而不得自主也，聽其自主，既失之矣。……推李鴻章之意，不過年老耽逸，朝鮮如一贅，委諸各國之喙，冀其斷斷相持，而得我袖手偷安於旦夕，而於朝鮮關於中國之利害不暇計也。我有自腐之機，敵乃有可乘之隙。……盟血未乾，日乘韓亂，故廣東水師提督吳長慶以六營東援。亂定後，再三以朝鮮政敝民窮，兵單地要，函請李鴻章及早為之修政，練兵、興利、備患。李鴻章怪其多事，痛斥其非。……若非吳長慶尚有三營移防，駐守金州，掎拄其間，則今日之事，早見於十年以前，而李鴻章則又於十一年將駐韓三營全數撤回，並罷吳長慶所定教練韓兵之事。……堅日必得朝鮮之志，長日輕量中國之心，謂非李鴻章誰執其咎？……自來中外論兵，戰和相濟，西洋各國，惟無一日不存必戰之心，故無一人敢敗已和之局，李鴻章兼任軍務洋務三十餘年，豈不知之？……本年五月間日釁已見，使李鴻章得袁世凱數十密電之後，援十一年第三條約，詰以派兵何不先行知照，則日謀可伐，不至於戰，……即得汪鳳藻電復之後，其時日兵尚不甚多，佈置尚不甚密，使派葉志超、聶士成率一、二十營，如吳長慶迳入漢京，挾王歸我，易客為主，徐待理論，亦尚不礙於和。……朝鮮弊政，本應中國早為酌改，日既以是為詞，

我何妨令袁世凱興議，折日惠韓之計，收我撫字屬國之
權。……李鴻章則始終執其決棄朝鮮之意，……而貽日人
以華斥不顧，勢難中已之言；卒釀兵端，一敗塗地。……
試問以四元老，籌三省之海防，統勝兵精卒五十營，……
用財數千萬之多，一旦有事，……曾無一端立於可戰之
地，以善可和之局，稍有人理，能無痛心？李鴻章之非特
敗戰，並且敗和。……

　　光緒八年（1882）四月朝鮮內亂，我國派兵將它很迅速的平定了以
後，我父當時很看出日本的野心和佈置，一定要逐步的把朝鮮脫離中
國，收併到日本的版圖以內。所以我國要立刻拿定主意，振作起來，
做到釜底抽薪的地步，自然一勞永逸，再無後患。那時我父對於朝鮮
應該怎樣善後的徹底辦法，曾經很痛切的上了一個條陳給北洋大臣。
當時朝中的潘祖蔭、翁同龢二公聽見了，很以為然，就和李公商量去
辦，那曉得李公反認為杞人憂天，不必着慌，對於我父條陳，一點沒
有容納。直到甲午我父所猜慮的件件都成了事實。日本當然是躊躇滿
志，我國反失敗到手足無措。我父回想到以前李公輕忽他的忠告，才
弄這種進退失據的情狀，自然是憤恨到極點了。「自來中外論兵，戰和
相濟，西洋各國，惟無一日不存必戰之心，故無一人敢敗已和之局。」
不是很中肯的名言麼？

第二節　戊戌變政

　　我上邊不是說過當時的朝局，有帝后二派麼？在光緒二十四年
（1898）以前，這種精形，雖然看得很明白，但是翁公還是個老成持重
的人，表面上還可以維持相安的局面。等到恭王一死，小人漸漸出頭
擅起權來，在太后那一方面，就要排拆翁公，使帝黨孤立。在帝這一
方面，此時已經懷了變政的決心，覺得翁公過於持重，常常掣他的肘，

心上也不願意。所以太后既要去翁，他也無可無不可。那曉得翁公一走，太后防範進攻的計劃，愈加的周密，而帝的左右一班想用激烈雷霆式的手段來變法的人，也一天一天緊緊的包圍上來，還進一步離間人家的母子。帝見了這班忠心耿耿的人，新奇有膽的條陳，不知不覺就捲到漩渦裏邊。那班變法的人，又沒有審慎的考慮，究竟當時的實權在哪裏？拿兵權的重臣，究竟信從哪一邊？也等不及佈置周妥，專仗了意氣用事，那結果是殺的殺，逃的逃，還幽禁了光緒帝，造成了太后求之不得的二次垂簾。這種犧牲，真不值得！本來后方的人，都是一班權奸大猾；帝方的人，都是一班魯莽率真的新官。那成敗的結果，早就可以料到。那時候頗傳說康有為是翁公引進的，其實完全不對。我們看翁公當時及後來的兩段日記，都可以證明了。

　　……上命臣索康有為所進書，令再寫一分遞進。臣對：『與康不往來。』上問：『何也？』對：『以此人居心叵測。』（戊戌四月初七日）

　　《新聞報》記十八日諭旨挐康、梁二逆，並及康逆為翁同龢引薦，有其才百倍於臣之語；伏讀悚惕，竊念康逆進身之日，已微臣去國之後。……厥後臣若在列，必不任此逆猖狂至此，而轉以此獲罪，惟有自艾而已。（己亥十一月廿一日）

　　據說當光緒帝向翁公索康書的時候，光緒帝聽到翁公「此人居心叵測」一句話，就問道：「何謂叵測？」翁公答：「叵測即不可測也。」這情形是翁公親告我父，我父親告我的。

　　看這二段的記載，就曉得翁公對康著實不滿，已決無引進的道理。那時又傳說我父是預聞康等變法的舉動，其實也不然。在光緒十五年（1889）我父到京的時候，康也在京，其時相識，很有往來，康並且還做了好幾首詩送給我父，表示他的欽遲。但是我父看了康的居處見客，

排場很大，意氣過嫌豪放，不太平正，心裏不很贊成。所以他儘管送詩，我父都沒有回答。到了光緒二十一年（1895）的十月，我父在通接到梁公鼎芬從南京發來一個電報，因為組織強學會，要我父加入，強學會是中國第一個公開的集會。那個電文是：

> 南通州張狀元，現與中弢、長素諸君子在滬開強學會，講中國自強之學，南皮主之。刊佈公啓，必欲得大名，共辦此事，以雪國恥。望速覆。鼎芬蒸。（十月十九夜九時到）

我查看光緒二十四年（1898）我父在京的日記。那時候在京，已經聽說康等有不很審慎的變法，我父不贊同這種輕舉，所以見面也曾經竭力勸過。既然勸過，自然不會預聞他們的策劃，他們也當然不引我父為同志。當時恭王一死，我父即料定朝局將大變。等到翁公開缺回籍的上諭下來以後，更覺得大難立至，就去見翁公引了朱子答廖子晦的話，勸他趕速的走；我父所以引朱子這段話的意思，指些甚麼人，當然很容易明白。這幾個月翁公的日記，關於我父的記戴，抄在下邊。看了，也可以曉得當時一來沒有談到計劃變法，二來談的大半是他新開創的事。

> 四月朔……張季直殿元服闋來散館，晤談。言：『江北紗布局及鹽灘荒地兩事，皆伊所創也。』……
>
> 十三日……看張季直各種說帖，大旨辦江北花布事，欲辦認捐及減捐二端。又欲立農務會，又海門因積穀滋事，欲重懲阻撓者。此君是霸才。……
>
> 二十日……晚約張季直小飲，直談至暮。畢竟奇才。
>
> 二十四日……申初二張季直來，談至暮，益無所不談矣。……

五月初八日……張季直來，留麵長談。……

（十三日翁公即起行回南。我父於六月初七亦南歸。）

　　翁公在那月十三日就動身回老家，我父六月初七也跟了回通州。以後幾個月的離奇變幻的朝局，事實上與他二人毫不相關。並且大家曉得翁公是痛恨康等的人，我父與康也並不是志同道合的朋友。然而到了十月間還故意辦翁公革職永不敍用的罪名。後來也還有人要將我父攀誣在內。這不是「君子不失為君子，小人枉自為小人」麼？這也可見得當時朝局只管排斥異己，暗無天日了！後來我父有一篇詩序，講到那時的情況，和後來的感慨：

　　　文恭公與侍郎皆制舉時座師，文字因緣，進於道義，期待之深，良非恆泛，海內多知之者。剛毅當光緒之季，兩宮失歡，時以翁、汪為帝黨，力主仇外，結連端、榮，假勢匪團，駢誅徐、聯、袁、許諸人，後又造為翁門六子之謠，冀以盡除異己；六子以侍郎為首，中有志銳、文廷式、某某，余最後。誣余雖不在京，而隱為敵，且與康有為、梁啟超有關也。自京而鄂而蘇，謠頗盛，會聯軍入，剛毅輦伏法而熄。今手札中似隱語者，亦見當時二公抑畏之甚也。

　　　翁門六子眈亭首，傳者或云殿者走。流言洶洶朝野間，熒惑小兒蔓菲口。兩部盡錮陳劉先，一網欲打袁許後。妖旗突起狐鳴噭，雷雨戰罷虎豹逃。天子西走咸陽皋，佞頭濺血過必刀。皇天佑善不終醉，洪爐飛出騫鴻毛。當時緹騎動四海，逐臣竄伏鬼神駭。至今遺札落人間，淚語淋浪卷中灑。鴿峯雲，鱮谿水，朝看靉靆暮清泚，頭白空山哀老子。（〈觀汪氏所藏翁文恭與眈亭侍郎手札並序〉）

第二編

光緒二十五年己亥 (1899) —— 宣統三年辛亥 (1911)

第一章　創辦紗廠及墾牧公司

第一節　投身實業

　　中國人自古以來，有二條路應該走的。第一條路是科舉，科舉最高的目的是狀元。第二條路是做官，做官最高的目的是宰相，所以在中國有一個最隆重的聯屬名詞叫「狀元宰相」。大凡人走完了第一條路，就該趕緊走第二條路，假使第二條路再走完了，那就名滿天下榮宗耀祖了。我父點了狀元以後，論理他該照歷代相沿的足跡走，努力再走完這第二條路，豈不是好？可是他竟沒有去走，偏偏要去開闢另一條新路走。其中有許多原因，也就是開闢這新路的動機。第一，我父在光緒三十年[1]點元以後，不到幾時祖父就去世了。那時我父精神上感受了異常的刺激，對於名場的慾望，自然就低下來。第二，看看中國國勢，一天比一天的危迫下去，朝局用人政事，也是一天比一天的紊亂黑暗起來，就想到日本是一個小國，何以反走到中國前面去？他怎樣強的？怎樣救貧救弱？因此就推想到要中國不貧不弱，救醒他起來，除掉振興工商業，決沒有第二樣辦法。

1　編者按，應是光緒二十年 (1894)。

恰好通州家鄉是個出產好棉花的地方，鄉下人又是靠紡紗織布謀生過活的，就想到去開紗廠，既可以幫鄉人想一條謀生的路，更可以自己紡紗抵制外貨進來。第三，大凡讀書人，人家叫他是「書獃子」、「書蠹頭」都是形容讀書人不靈巧不會做事的名稱。我父一想偏偏不相信，一定要做一個能夠自立能夠做事的讀書人，替向來的讀書人出出氣，爭爭面子。第四，因為甲午那一年，我父在京好幾個月。有一回看見太后從頤和園回到京城裏，適逢大暴雨，地上的水積深了一二尺。大小文武百官，也有七八十歲年紀的老臣子，都跪在水裏邊接駕。上面的雨，先落到帽子上邊的紅緯纓，再從那裏滴下來，滴到袍掛上，一個個都成了落湯雞，還好像染了鮮紅的顏色。那邊太后坐在轎子裏，連頭回都不回。我父一看，心上就難過起來，覺得這種官，是有志氣的人該做的麼？還是回轉去做老百姓吧！因為這幾層緣故，所以我父就下了決心，不要做官了。就振作他的精神，來開闢他的第三條新路。

第二節　經營紗廠

我先前曾經說過，有了名的人要做事。甲午以後，我父有了大名，還沒有改變他最初的宗旨，反而堅定了自己的決心和打算。但是在中國的社會，要做事就和官脫離不了關係。他能夠幫助你，也能夠破壞你。如果民間做事，能得官力幫助，那自然就事半功倍了。那個時候恰逢着張公之洞做兩江總督，他向來對我父很信重，先就請我父總辦通海團練，結束撤防後接下來，就和我父說到振興商務等事。我父本來認定這條路走，所以一談就談得很投機很融洽。到光緒二十二年（1896）張公調任兩湖總督，兩江總督換了劉公坤一。到任後，我父就和劉公商議實行辦通州紗廠。本來張公在南京時，因為中日訂了《馬關和約》，內中有允許日本人在內地設工廠的一條，就想自己捷足先登去辦廠，不要等日人藉口。就計議在長江口的南北，蘇州、通州二處，

各辦一廠。蘇州廠請陸公潤庠[2]辦，通州廠請我父辦。我父因為和他的本意非常適合，而且希望國強，一定要着實做到普及教育和地方自治的二件事。然而沒有錢是辦不成功的，於是就決定先辦實業。有了錢以後，再辦教育和地方自治，就立刻答應了去興辦這件事。當時有沈燮均、潘鶴琴、劉桂馨、郭茂之諸人，都一齊來贊助，（本有陳維鏞、樊時勛，二人後來退出。）就開始接洽招股本、訂章程等事，而沈公其時尤異常出力。直到九月二十七日才決定選擇通州唐家閘的陶朱壩做廠基。因為唐家閘離城只有十五里，出長江港口很近，水道也便利。到十月十八又決定股分由官商各任其半。到光緒二十三年（1897）二月二十四才決定三個月內集三十萬造廠屋。但是機器一層還是沒有着落，就想到蘇省款買來擱置在黃浦灘上的機器。這副機器，本來是湖北省買的，運到上海後，張公已到兩江，因為江蘇要辦廠，就用籌防局款子，向鄂省轉買。雖然買了來，還擱在黃埔灘，有蘆蓆蓋在上邊，日曬夜露，漸漸上起銹來。我父就再三和總督商量，拿這副機器作為五十萬官股，搬到通州廠用。到光緒二十五年（1899）四月才開了車，出了紗。那時我父定過一個廠約，關於權限的分配、辦事的責任、成事的要素，都說得明明白白：

> ……通州之設紗廠，為通州民生計，亦為中國利源計。通產之棉，……為日廠之所必需，……捐我之產以資人，人即用資於我之貨以售我，無異瀝血肥虎而袒肉以繼之。利之不保，我民日貧，國於何賴？……是以二十一年冬，南皮督部既奏以下走經理其事，……千磨百折，……幸未終潰。今廠工已畢，紗機已開。凡我共事之人，既各任其事，以專責成。……與諸君約……章程未善，舉措不當，進退未公，功過未確，賞罰未平，諸君皆可隨時見教，

2　陸潤庠（1841–1915），字鳳石，江蘇元和人，清末民初政治人物。

下走當拜聞過之賜。……察歲收，權市價，審棧廠磅秤之
出入，較花衣乾濕之盈虧，慎防火險，稽查偷弊，進貨出
貨，董事之事也。……考機器之堅窳滑澀，糾人工之勤惰
精粗，審儲備物料之緩急多寡，明勻整綿卷紗絞之得失輕
重，慎防火險，稽查偷弊，廠工董事之事也。……理行廠
房屋船車橋路港岸門柵之工程，督廠行晝夜巡防火險爭鬥
之警察，以及一切支分酬應，雜務董事之事也。……入儲
賣紗之款，出供買花之款，備給工料，備支雜務，籌調匯
劃，稽查披單，考核用度，管理股票公文函牘，接應賓客，
銀錢帳目董事之事也。……年終核明結總，開具清摺，
另刊帳略，分別咨商務局，寄各股東。……凡行廠及各帳
房棧所，應如何明定章程，便於辦事、便於查察，由各董
詳思博採，與各執事約。各執事詳思博採自為約，擬約核
定，書揭於板懸各處。……行廠執事，……皆須取保薦
書，如有私弊虧空，惟各董向原保薦人追理。……至平常
辦事，或被外人疑議，所用之人，或有意外過差，各董休
戚相關，即直言舉告。即執事人等有所抨彈，果不為私，
亦所樂聞，各董亦宜隨時採聽，以資省察。臧孫有言：『美
疢不如惡石。』……一年進花衣，分斤重，有贏無絀。一
年出紗，磅數成色，有廉無絀。一年考工精進，備料應需，
調款便宜，及弭險勤勇利益全局者，為上等功；一年辦事
平穩者，次之；得失並見者又次之。無心之錯，牽連之咎，
及求好而反壞者為公過；營私舞弊，虧空犯規，及偷惰誤
事者，為私過。每日兩下鐘，各董事及總辦事處，考論花
紗工料出入，利弊得失，酌定因革損益，由總帳房撮記大
略，編為廠要日記，以備存核。……繙譯事簡，設譯學堂，
選教學徒中聰穎者。……右約十六條，略以己意裁定，
不盡合於他廠。通廠之艱苦，亦他廠所必無之境。下走處

羣喙摧撼之中、風氣盲塞之地，拮据卒瘏，屢進屢窮而成
此舉。其非為一身一家之計，諸君之所知也。堅苦奮勵，
則雖敗可成；佻怠任私，則雖成可敗。其成其敗，豈惟下
走一人之榮辱，繩以大義，即職事百工與有責矣。同志君
子，尚慎旃哉！……（〈大生紗廠廠約〉）

我父那時還集了一副對子，請翁公寫的，掛在廠廳上。

　　　　樞機之發動乎天地　　　衣被所及遍我東南

從光緒二十二年（1896）三月到二十五年（1899），這四年間，我
父奔走南京、湖北、通、滬各處，白天談論寫信籌劃得手口不停，夜
間又苦心焦思，翻來覆去，寢不安枕。官紳的接洽說話，一天幾變，
捉摸不定。有錢人的面孔，更是難看，推三阻四。上面的總督雖然贊
助，而底下的官員沒有一個不拆台。旁人也沒有一個不是看好看。所
謂人情冷暖，世態變幻，我父是親嚐而身受了，又是氣憤，又怕辦不
成功。在集股籌款的時候，以一個窮讀書人，雖然有了名，但是名不
能當錢用。試問從哪裏能夠叫人家相信呢？而且這邊籌到款用，那邊
又不夠了；今天籌到款用，明天又不夠了。天天過年三十夜，弄到萬
無法想的時候，常常跑到黃浦灘對天長歎，看江也是長歎，眼睛裏的
淚同潮水一樣湧出來。有時候旅費不夠，也賣過好幾回的字，廠款分
文不去動用。所以我父最初最大的成功，是完全建築在堅忍的勤儉的
毅力上邊。從此以後，中國的工業，才因為我父有了一個光明的開始。
我現在摘錄我父光緒二十五年（1899）九月年譜上的一段：

　　　……九月紗廠以售值日起，輾轉買棉供紡，得不停
　　輳。至江寧，新寧拱手稱慶，對之曰：『棉好，地也；轉機，
　　天也；人無與焉。』曰：『是皆君之功！』曰：『事賴眾舉，

一人何功？』曰：『苦則君所受。』曰：『苦乃自取，孰怨？』
曰：『但成，折本亦無妨。」曰：『成，便無折本可言。』曰：
『無他，時時存必成之心，時時作可敗之計。』曰：『可敗，
何計？』對曰：『先後五年，生計賴書院月俸百金，未支廠
一錢，全廠上下內外數十人，除洋工師外，一切俸給食用
開支，未滿萬金耳。』新寧俛首拊掌嗟歎久之！……

看了這一段記載，就可以想見當時我父是何等的下決心吃辛苦。
只要抱定這種精神去幹事，那裏有辦不成辦不好的道理？無怪劉公一
見面，就表示很歡欣佩服的誠意。所謂「必成」就是用盡心費盡力拿心
和力來和困難危疑相爭搏。所謂「可敗」就是絲毫不存私心，倘若辦不
成，人家可以原諒的。我再抄幾段〈大生紗廠章程書後〉：

　　嗟乎！士欲有濟於世而獲目勉，難矣。……匹夫之
名，一掛朝籍，曾不日月，退屏江湖；私以為菲材薄植，
未庇於潛遯，而策中國者，首務救貧，救貧之方，首在塞
漏。……洋紗故中國漏巵大宗，通州為亞洲產棉勝處。南
皮、新寧以謇家在焉，屬治紡廠。謇不自量，輒亦毅然自
任以必成。……五年以來，蒙世疑謗，不可窮詰。綜其大
要，亦判始終，始終二途，略有五變。窮子羾財不量其不
來則駭，豎儒賓賈不慮其弗伍則鹵，屢敗屢進羣鼻嗤而不
省則蠢，不賕市而蘄通，不彪外而暴窮，則又頼而侗，此
自其未成而肖之也。幾乎成，則財之羾於窮子也，賈之賓
於豎儒也，屢敗而屢進也，不阻於蘄通而不病於暴窮也，
又舉足為罪也。罪之有名，好利得徵，紡廠賈事，若非賈
人，一吠而百和，煙影而霧形，循是以往，可以張吻觸牙
戟，舉足里榛荊矣。……今夫天之有日星雲月風雨晴陰也，
時之有溫涼暑寒晝夜晦明也，地之有山川陵谷原隰歐菲美

也。至不同也，其不同不相知，卒莫能相假也。……有不
同於我者則相疑之相非之，此莊生之所謂是非也。不相
知卒莫能相假也。……不相知，故有天界，有時界，有地
界。……有界故爭，有界故可不爭。……次第廠事百分之
一二，以諗四方朋好，庶知謇之所遭與其本心所在。……

　　看了這幾段，就曉得我父當時親身經歷的情形。他形容窮讀書人
辦事的困難、受人輕視，和有錢商人的偏劣意量，真形容到毫髮無遺
了。而我父的一種抑鬱牢騷不平慨歎的氣憤，也充滿了字裏行間。這
一個過渡，可不是我父臥薪嘗膽的時代麼？當時還造了工房，工人可
以住；學校，工人和子弟可以求學；醫院公園，工人可以享受；儲蓄
處，工人可以儲工資生利息。凡關工人的生活樂利，我父想得周到，
也辦得周到。大生廠辦有成效以後，又陸續辦了油廠、麪廠、鐵廠、
絲廠、輪船公司。凡適合於通州農產工業的製造和利用，及增加人民
地方的便利和幸福。無不一一依次着手，這都算是大生紗廠的兒孫了。

第三節　　經營墾牧

　　我國從古以來是以農立國的。大凡世界上土地廣大的國家，沒有
一個不是以農立國的。在中國，不要說十八省以外有待墾闢的荒地，
就是江浙一帶人煙最稠密的地方，也到處可以找得到沒有墾殖過的荒
土。我父等到大生紗廠辦到根基漸漸穩固，營業也漸漸有了起色，於
是就立刻拿眼光轉射到農墾上邊去。就想到光緒二十一年（1895）的
夏天，因為辦團練到過東海邊，看見通海二境交界的沿海邊的地方，
有一大片的荒灘，荒棄可惜，就想用那片灘地，去實行他第二步的農
墾事業。本來自從雍正初年起，一直到光緒中季，常常有很多的上
諭，叫人民去開闢荒地，為國家興利益。我父就認為極好的機會可以
着手進行，於是就和劉公坤一經過好幾次的接洽商量，並且替他做好

〈擬變通開墾海門荒灘奏略〉上到政府以後，就奉旨批准了。到了光緒二十六年（1900）的秋天，乃決定着手興辦，定名「通海墾牧公司」，乃派了陸師學堂的畢業生江導岷、章亮元、洪杰諸君，携帶應用的儀器，到那邊去測量，等到全部的圖繪成以後，就訂定公司各項章程及招佃章程，一共改了六七次方才定局。本來是一片荒灘，擺在那裏甚麼人也不管，但是等到有人來開墾，大家就都眼紅起來了。內中的產權，有官產，有營產，也有民產、灶產等；名目繁多，疑難糾紛，自然不少。經過部省督藩州廳各處疊次派委員來清查，剔理、作價。關於灶產，當時鹽運使還不肯讓售，我父還和他打了一場轟轟烈烈的官司，最後拿了事實來證明，才折服了他。其時當地的士紳李審之、張雲梯二公都很贊助。我父經營計劃，經過不少時候，才拿產權確定統一起來。又經過不少時候，才分期招足股本。不久又有蕩棍搗亂劫草的事變。一波未平，一波又起，都靠着我父的毅力一一戰勝了。開辦以後，就定了一個辦事日課表。

　　……各隄明年之事，諸君既為分任，則日行之事，須照日課時間表切實力行，即如晨興夜寢，亦須有一定之時間。今定春冬晨以六點鐘興，夏秋以五點鐘興，寢以十點鐘為定，至遲不得過十一點。墾牧本勸苦之事，迭經風潮，尤困阨之時，全賴辦事人振奮精神，團結心志，力圖進步，方有自立之一日。今人言義務權利為相對之名詞。義務云者，辦事不取薪水之謂，若辦事本有薪水，而無酬勞，即不得為義務。惟墾牧事，心力兼用，方能有效。……願諸君更耐一二年共奮心力，下走必有以酬，不使諸君有徒勞之歎也。各處學生，須令學習，須令曉事。……所記日記及一覽表，各經理須時時察看，務期周詳，若字句不通不妥者，須為改正，……成就一人，非獨公司得一人之用，亦為人家成一子弟，皆公德也。切禱切禱！

〈日課時間表〉

春季

黎明	即起
六點三十分	早膳
七點三十分	任事
十一點三十分	在工者，回局。
十二點	午膳
十二點三十分	小息
一點	任事
五點	在工者，回局。
六點	晚膳
七點	完結今日事，預備明日事。
九點	寢

〈通海墾牧公司丙午年事例及日課時間表〉

　　我父在光緒二十七年（1901）的一年，終天的手披口答，內部忙籌款立刻要開工，外邊又要抵禦外侮，第一件最緊要的根本工程，就是趕築沿海的大隄，隄一天不成，甚麼事都不能着手。當時招工二、三千人，連日帶夜的趕築，不到一個月就依次完成了。哪裏曉得到了光緒二十八年（1902）的秋天，幾回的大風潮，拿新隄打得零零碎碎破壞不堪。在最緊急的當兒，我父在天地昏黑的夜間，帶了江君等到海邊，露立在破隄上，督工拼命的將隄岸加高趕築。我父和他們說：「我們要拿所有的血汗來和大風潮奮抗，看看究竟我勝他，還是他勝我？」於是大家鼓起膽，用盡力，不到幾天就修補好了。那時我父巡視規劃，都是坐的小車，在蘆葦裏邊行，有時下得車來，走來走去，衣裳弄得透濕，衣上的水和身上出的汗，也分不出來。有時離開公司到別處去，夜間一聽見風聲，就想到潮水必大，不要沖壞了我的隄岸，通宵就不能合眼。當時集了一副莊子、韓文的對子，也是我父辛苦中自己的解慰：

莊周以至人自居，乃謂遊逍遙之墟，食苟簡之田，立不貸之國。

韓愈為天下所笑，獨將求國家之事，耕寬閒之野，釣寂寞之濱。

到了第十年，公司的經營漸入成功的境地。我父在股東會曾有一篇公司成立經過的歷史，說得十分詳盡：

通海墾牧公司自光緒二十七年冬開辦至今，足十年矣。以地之僻而工程中阻而未完，遲至十年，始開股東會。……鄙人義當臚序本末，為各股東陳述……中日馬關約成，國勢日蹙，私憂竊歎，以為政府不足恃，非人民有知識，必不足以自強。知識之本，基於教育，然非先興實業，則教育無所資以措手，故目營心計；從通海最優勝之棉產始，從事紗廠，自二十二年至二十五年，千艱萬險，幸底於成。……因念紗廠工商之事也，不兼事農，本末不備，輒毅然擔任。期闢此地廣植棉產，以厚紗廠自助之力，但其地兼鹽、營、民、灶四種之糾紛……其時所用測繪及各委員臨勘駐督之費，皆鄙人獨任籌墊，圖成估工，擬章集股，……此為創辦墾牧公司之緣起。……此一片荒灘，似多無主，可以任我開墾；然按地求之，有官、有營、有民、有灶，又有坍戶、酬戶、批戶，官又有為民買含糊之地，營又有蘇狼糾葛之地，民有違章佔買灶業之地，灶有照案未分補給之地，甚至民業錯介於兵田之內，海民報地於通界之中，幾無一寸無主，亦無一絲不紛，非本地人無由知披卻導窾之處，此則理紛之法，由委員定之，而理紛之事，惟李君、張君二人是賴。……歷八年之久，官民之紛，始能理竟，其難蓋可知矣。……今各股東所見各隉

之內，棲人有屋，待客有堂，儲物有倉，種蔬有圃，佃有
廬舍，商有廛市，行有塗梁，若成一小世界矣。而十年以
前，地或並草不生，人亦鷄棲蜷息，種種艱苦之狀，未之
見也。鄙人所以陳述者，欲為營業投資之股東與實業目
的之辦事人有休戚相關之意，即不共甘苦，亦不可不知其
甘苦耳。夫辦事之難，豈惟一端，今世言實業者，立一公
司，無不有預算。……鄙人嘗謂辦一業，預算與決算，能
合十之六七者，實業家之上上乘也，得半者上乘也，今如
公司開辦時之預算，蓋亦周咨博訪熟思審度而成，然而一
事局之變更、一工作之因革，……凡開辦後歷年之規劃，
與預算不同者甚夥矣。此其故關於中國今日之政府，今日
之社會者正亦不少。鄙人心知其煩苦耳，不能一一盡言之
也。雖然鄙人當三十一年大風潮後，謂江君等：『毋餒，
以辦事人之心血，士夫之肩皮，與海潮相搏戰。』又言：
『毋躁，須十年規模乃粗定，更五年規模備，更五年功效
成。』當時或以為此不過慰辦事人之心而堅其氣，鄙人則
信辦事人之能信吾言。今既十年，隄成者十之九五，地墾
者十之三有奇，以後兩次五年之進行，與前言當不甚遠，
此則預算之大要，可不至空言貽各股東之憂者也。夫天下
無速成之事，亦無見小之功。論前此十年則經營成立之事
為多，若後此十年，則保守險行之方不可不講，不獨為股
東資本積累之數，計其數至巨須講，即為地方自治之要，
計其責之重亦須講。……事雖艱，工雖巨，固當籌之。籌
之之法，因時度勢，歲月規劃而已。……言乎地方自治，
則以股東會議決提存之公產，舉辦公司界內次第應辦之教
育慈善，預算出入相抵，雖尚不敷，然規模不大，度尚易
及。凡鄙人之為是不憚煩者，欲使所營有利，副各股東營
業之心，而即藉各股東資本之力，以成鄙人建設一新世界

雛型之志，以雪中國地方不能自治之恥，雖牛馬於社會而
不辭也，各股東鑒之！

等到公司辦有成效以後；田是田，家是家，成了一個東海邊的新
村落。我父又次第辦了幾個小學校，就做了一隻〈墾牧鄉歌〉：

> 海之門兮芒洋，受有百兮谷王，輔南通兮江沄沄而淮
> 湯湯，崒嵂起兮墾牧之鄉。我田，我稼，我牛，我羊；我
> 有子弟，亦耒亦耜，而冠而裳；億萬兮井里，百年兮洪荒，
> 誰其闢者南通張！

第四節　辭官不去

在光緒二十三年（1897）二月，我父先後接到翰林院掌院和顧公聘
耆連電，催促我父去京到院，一連有三四次函電。我父那時已經投身
實業，豈能再變宗旨？當時有一封信致沈公子培，說他所以不能去的
緣故，很詳細誠切：

> ……謇天與野性，本無宦情。自甲、乙、丙三載，
> 通籍奉諱治喪營葬，重之以團練工振，加之以家廟義莊，
> 負累已逾萬數。……以勢度之，非兄弟忍苦作客十年，殆
> 不能了。又加以搏合通州紗廠屢蹶屢振之餘，可成可敗之
> 際，益不可以舍之而去。是以去冬抵書顧、戴二君，託其
> 代向本衙門起復請假。……二月初聘耆同年電促入都，
> 謂不可代假，即時電屬其暫緩起復。……而復電則謂已經
> 呈報，仍相督促，比即具以必不能入都之故，詳悉函白，
> 並告以如其與假乖違，合有處分，如罰俸之類，心願受
> 之。……願為小民盡稍有知見之心，不願廁貴人更不值計

較之氣，願成一分一毫有用之事，不願居八命九命可恥之
官，此謇之素志也。比常讀《日知錄》、《明夷待訪錄》，
矢願益堅，植氣彌峻；輒欲以區區之願力，與二三同志播
種九幽之下，策效百歲而遙。以為士生今日，固宜如此，
事成不成命也，無可怨者。足下知我，謂何如耶？恆齋即
昨來訊，頗相規切。……抑恆齋期我猶在人世迹象之間
矣。往者穆琴入都，為之不樂者累日，誠傷夫士大夫不能
自存，而令不知之人眼中時見其屑屑道路也。……

　　看了這封信，就曉得我父對於官不官的問題，已經拋之九霄雲外，
絲毫沒有顧戀不拾的意思。覺得既然改途，開兩新路，就是受盡困難
彎曲的痛苦，立志總得堅定。「願成一分一毫有用之事，不願居八命
九命可恥之官。」說得何等堅決。因為那時候國家是漸漸的危迫了，
以為讀書人報國的地方，應該在這裏。

第二章　庚子事變

第一節　為劉坤一定策

　　韓愈做的〈上于襄陽書〉裏邊有幾句文:「士之能享大名顯當世者,莫不有先達之士,負天下之望者,為之前焉。」我讀到這裏,就想到我父一生所以能享大名顯當世,何嘗不靠着二位「先達之士,負天下之望者,為之前焉」。這二位是誰呢?我父在光緒十一年(1885)以後,翁公處處以國士相待,言聽計從。等到光緒二十四年(1898)以後,我父回到南通決心開闢他的新路,又碰到兩江總督劉公坤一。劉公當時也是一朝重望,齒德俱尊,好像中流的砥柱;對於我父,又是一樣以國士相待,言聽計從。興辦紗廠,雖然是和張公之洞開其端緒,然而竭力的促成,全仗着劉公推心置腹。後來繼續興辦墾牧公司,又是他一手幫助成功。我父先前沒有翁公,成名沒得這樣大。後來沒有劉公,成事沒得這樣快。翁、劉二公着實是我父的真實知己了!等到光緒二十六年(1900)的夏天北京一帶的拳匪,如火如荼的暴動起來,來勢洶洶,不可遏止。本來朝局經過戊戌的事變,光緒帝已被軟禁,名存實亡。太后已抱了惟我欲為莫再予壽的觀念,廢立的進行,一天急迫一天。當朝一班昏庸宵小,長逢的伎倆,愈出愈奇,

學識既然不懂得，政治方針又沒有，哪裏會有甚麼世界的眼光？所以拳匪的發動如此順利，可以說，是應着那時候那輩人的潮流，也是「種瓜得瓜種豆得豆」應該發現的一種歸束。在這裏我要說一說袁世凱，袁其時何嘗不是背君賣友的人？何嘗不是太后黨的保鏢？然而對於拳匪的舉動，料其敗事有餘成事不足的見解，比一班人看得清楚，所以拿定主意，不捲入漩渦；這何嘗不是他的眼光銳遠昵？可惜天才不用在正路上！

　　到六七月間，北方拳匪的聲勢，已風起雲湧的鼓蕩蔓延起來，殺使臣、圍使館，開場鑼鼓正敲得好鬧熱。東南長江一帶，情勢亦岌岌可危，大有同歸於盡的趨勢。劉公到沒法的時候，每每找到我父和陳三立[1]、湯壽潛、沈曾植、何嗣焜諸公去商量應付內外大局的辦法。我父在這幾個月裏，在南京的時候很多，一回到通滬，劉公催促之電又同雪片而至。我父幫他策劃種種，先定保衛東南的大計，再商公推李相統兵入衛的辦法。當時曾經有一封信致劉公：

　　　　……比上一牋，乞公與南中疆帥公推合肥總統各路
　　勤王之師，入衛兩宮。其時德使雖被匪戕，聶提督一軍
　　無恙，私心竊計，以張魏公戡定苗劉之功，望之合肥也。
　　（張魏公戡定苗劉事，實為今日定亂之圭臬，惜內無朱勝
　　非，外無呂頤浩、韓世忠、劉光世諸人耳。）事會蹉跎，
　　聶公死敵，殲我良將，諸軍奪氣，合肥駐節滬上，聞命徘
　　徊，若以朝局兵機，敵情賊勢，合參統計，未遂無辭，然
　　君父懸刀俎之上，生靈陷湯火之中，惟是逭暑避囂，散服
　　容與，雖充國之持重，亦高克之逍遙，以云忠愛，未敢深
　　信。……聞談北事者言，北倉楊村之戰，日兵率先驅犯，
　　陳進至蔡村，日兵無一在者，以賽度之，殆已卷甲疾馳，

1　陳三立（1853−1937），字伯嚴，號散原，江西義寧人，晚清著名官員。

扼居庸、保定，斷塞西路，萬一金甌不守，萬乘播遷，車
駕趑趄於田中，兵鋒交午於輦側，南中聞警，伏莽騰謠，
揭竿之徒，在所可慮，東南為朝廷他日興復之資，誠不可
不為之早計也。行台承制，晉代有之（《通鑑》晉永嘉五年
又後梁平開二年）。蓋申朝命以繫人心，保疆土而重臣節，
非獨反經合道之權宜，亦扶危定傾之至計也。公忠勳著
於王室，信義孚於列強，伏願堅持初計，慨然自任，以待
不測之變，堅明約束，以固東南之疆宇，呂忠穆、于忠肅
去人不遠也。合肥儻旦夕北上，公亦宜具安摺，專差一道
員隨行。即昨與各國訂保護長江之約，湖北派陶，江南派
沈，固名臣之後，亦藉與陶見都人士陳說保護訂約之本末
也。若獲入覲上陳，尤可消弭讒慝。……

在我父為劉公決東南自保之策的當口，真所謂千鈞一髮，稍縱即
逝，豈料當時幕客，還生異議，劉公卻能堅持，毫不為動，魄力也不
小。我父年譜上有一段記載：

　　……與眉孫、愛蒼、蟄先、伯嚴、施理卿議合劉、張
二督保衛東南。余詣劉陳說後，其幕客有沮者，劉猶豫，
復問余，……後劉蹶然曰：『吾決矣。』告某客曰：『頭是
姓劉物』，即定議。電鄂約張，張應。……

後來我父輓施理卿的詩，前面有幾句序言，還回說到劉公：

　　……光緒庚子拳匪之亂，東南互保，議倡於江南，兩
湖應焉。歐人稱劉總督有斷，如鐵塔然，雖不可登眺，而
巍巍屹立，不容褻視，亦人物也。施君佐劉幕久，是役助
余為劉決策，尤有功。……

　　我現在看到德人瓦德西（Waldersee）將軍《拳亂筆記》，裏邊有幾段，說到當時南京劉總督、湖北張總督、山東袁巡撫三人有意識的措置應付，和保持該省不加入騷亂的實力。那時候在瓦德西心目中，也覺得有點驚愕佩服，因此長江一帶沒有牽入漩渦。我父定策保全之功，可不在小處了。

　　　　……余並相信管轄該地（指南京武昌）之兩位中國總督，頗欲壓制民眾暴動之舉。……（一九〇〇年九月二十五日）

　　　　……我們與南京、武昌、山東三位督撫，不在交戰狀態之中。此三位先生，頗能於中國皇帝及聯軍之間，設法應付，極為機敏，形成雙方以外之第三勢方，使人必須加以顧慮尊重，由此而產生一種極為奇特之現象。（一九〇一年正月六日）

第二節　拒簽俄約

　　到七月底各國聯軍已攻入北京，帝后均倉皇退避陝西。我父主張先設法退在京的外兵，迎還帝后。再議除匪定約的善後。遷延太久，恐釀其他枝節和事變。即請劉公切商李、張二公會奏，罷斥載漪、剛毅諸禍首，以平中外的氣憤，其時德帥有分兵侵犯江海的傳聞，乃和劉公商定先事防止消患的策略。

　　到光緒二十七年（1901）的正月，俄兵盤踞東三省各處不肯撤退，並且要全權駐使簽訂密約。因為二十二年（1896）李公到俄，曾允訂秘約十二條，內有允許俄人在東三省建築鐵路開礦山的權利，並且允許駐兵膠州灣、旅大口，而有保護權，到此時俄人利用機會，單獨進行密約，我父和陳、湯、沈、何諸公，一體主張勸江鄂各督全力抗爭。當時我父代劉、張二公，一面擬電致其他各國政府，求外交間接上的

援助；原電如下：

　　……拳匪之亂，中國辦理不善，重貽各國之憂，各國不咎已往，留將來振作之基。凡在臣人，同心感奮，方謀和約定後，即日興革各事，以副各國之望。適有俄國東三省十二條之約，各國因將京約停議，某等以為東省召釁各員開罪俄人，猶北京之開罪各國；中國無以謝各國，更何以解免於俄人。我全權大臣暨出使俄國大臣極力磋磨，俄人雖勉予通融，而兵權財政未允轉圜，且刻期逼令全權畫約。東三省為我國家發祥之地，主權旁落，何以自立於環球之上？且尤慮權勢偏重，東方大局或因此猜疑牽掣，不獲永享和平，愈以重敝國之罪。從前京約十二條，貴政府尚許江、鄂參酌，此次僅將中俄相持不下之約十二條，交呈貴政府；務求各國政府與俄國妥商，秉公斷結，與京約同日畫押。總以無傷主權，則環球之福，亦敝國之幸，望即日電復，不勝切盼。……

一面再代劉、張二公致電樞府，堅執不能畫約的重要理由。原電如下：

　　……俄限初七畫約，逼迫全權已緊，全權殆不能支。畫約後七國必決裂，決裂後京畿無交收之日，而聯軍西進，兵鋒所向，不能知其所極矣。此時全權已在俄掌握之中，無可商量；政府不可不亟為自存之計，全權允而政府未允，我亦有辭以對七國也。應請嚴飭全權，速將十二條公示各國，務使請其居間助我爭持，某等既奉旨預議，不能不力籌補救，俄既有此約將刊官報之說，某等現將十二條先行電達各國政府，更得朝廷嚴飭全權立案，彌為

結實。存亡呼吸，所爭止在一押之間，務乞力持，勿稍鬆動。總之前此俄允交還東三省，我不能不感其仁，不能不派全權與之立約。現在盡奪我兵政之權，名為交還，實則佔據，且要約逼索，欲藉一紙條約為永遠佔據之憑，我不能受其愚，更不能徇俄意怒聯軍以自棄其國。事至今日，似不妨以為難情狀，直告俄廷，望以此意電達楊使，不必更搓磨於字句之間，墮俄狡計，千萬千萬。

二電發出以後，英、日各國果然嚴重表示，不能聽令俄人強橫，加以阻難。我國樞府接電後，亦決定堅持，不能屈服。駐使楊公儒亦竭力抗爭，以未奉政府明旨，決然不簽，將要斷送主權的一幕，就此終結。

第三節　招撫徐寶山

庚子的五月，適當北方匪警，東南牽累，一日數驚。其時徐寶山（原名懷禮）在長江一帶，很有羽黨數千人，潛勢力不在小處。我父竭力主張招撫，以減防範內部的憂慮，劉公當時也照辦了。其時我父有一封信致劉公，詳論招撫善後辦法：

……撫徐之說，荷賜施行，內患苟弭，可專意外應矣。此輩如亂柴，徐則約柴之繩也，引繩太急，繩將不堪；太鬆且枝梧，宜得有大度而小心之統將處之，俾不猜而生嫌，不輕而生玩。若予編伍，饟額宜檄統將發原封，令徐自給，但給銜不可踰守備以上，不可便單紮，且令一善言語有計略之道員，前往宣示誠信，以開諭之；令專鎮緝沿江諸匪，若請來謁，宜即聽許，不請勿遽強。此人聞頗以膽決重於其黨，控馭得宜，安知不有異日之效。……抑

有請者，尅餉缺額，近二十餘軍營之通病，兵疾其將，奚
能用命？願宮保嚴勅諸將，痛滌積習，戮力時艱，較量二
弊，則尅餉之患，尤甚於缺額也。一得之愚，陳備採擇；
惶恐惶恐，京師日內慮已有變，如何如何。……

第三章　創辦師範學校及
　　　　地方自治事業

第一節　創辦師範

　　我父光緒二十年（1894）回南以後的幾年，辦廠辦墾。好像一個人種果樹，拿秧苗插到地上，經過愛護培植，居然漸漸長大發育起來，青枝綠葉，也婆婆娑娑的四面放開；既然看他開了很美麗的花，就盼望他再結很鮮甜的果。本來我父辦廠辦墾的情狀，比起種樹，才算得是開花。那進一步結果的希冀，上面也說過，是我父最後的目的，就是教育。那時候國事亂到這般光景，國勢頹唐到這般神氣，好比一個病人請了醫生治病，決不會一張方子一劑藥就看得好吃得好的，必定要分一個治療先後的次序，讓那個病人慢慢的得力起來。我父認為辦廠辦墾已經漸漸有了成效以後，就該換一張藥方子，着重在培植元氣，灌輸智識。這最後的一個目的，就是教育事業，我父辦教育，要先着重小學的根基。要辦小學，就得先養成很多的師資。這先非辦師範學堂不可。小學是教育之母，而師範又是小學之母。在光緒二十一年（1895）的夏天，就和張公之洞談到辦學的初步，要先結個講論的團體，再實地做去。

　　那時我父做了一篇〈變法平議〉，內中關於培養有用的人才，要先

多開學堂。說也奇怪，我父中了狀元，倒反主張廢科舉辦學堂，當時大家很覺得駭人聽聞，我父反處之泰然。先後和張、劉二公談到儘先創立小學的計劃。到了光緒二十八年（1902）的夏天，並代劉公定了興學的次序。先定師範和中小學的課程，劉公很以為然，而藩司巡道等頑固得很，都不贊成。我父在日記上，有一段記載很有趣：

> 二月十九日……與叔蘊謁新寧，定先立師範中小學議。議上，新寧甚韙之。越日，藩司吳重熹、巡道徐樹鈞、鹽道胡延同詞以阻。胡道言曰：『中國他事不如人，何至讀書亦向人求法，此張季直過信羅叔蘊，叔蘊過信東人之過也。』吳藩司亦贊之。新寧復語我，此事難辦，歎息不已。乃謀自立師範學校，計所儲任辦紗廠以來不用之公費五年，本息環生可及二萬元，加以勸集，或可成也。後之人知中國師範之自通州始，必不知自二道一司激成之也，故補記之。

當時我父以為官府既然懷疑阻難，不能貫徹主張，就決定自己去辦。想到紗廠方面五年來的公費沒有動，連本息共有二萬金，加之沈公爕均等的贊助，財力方面，也可以一辦。回通以前，還幫劉公擬定了學制的奏略，並且勸劉公，省會應該辦高等師範，使得學生升學的線索，一層一節的能接氣。於是我父就和羅公振玉[1]、沙公元炳商訂私立初等師範和女子師範的各項章程。回了通州以後，就約同沈公、范公當世、李公審之先看延壽閣規劃小學堂。又擇定了南門外的千佛寺做師範校址，關於千佛寺的歷史，日記上有一段記載：

1　羅振玉（1866–1940），字式如、叔蘊、叔言，號雪堂，晚號貞松老人，江蘇淮安人，祖籍浙江上虞，祖籍浙江虞，晚清時期教育家，中國甲骨學家。晚年附日。

四月二十六日……看《石圃集》。考知千佛寺建於明萬曆二十七年己亥，至順治四年戊子重修。建者，僧順庵，燕人；修者其弟子卓然。石圃，崇禎癸未進士，（萬曆乙卯舉人）官工部主事，甲申南歸，歸時雖不可考，然明社之屋以三月十八日，意石圃之歸或在三月歟？夏之蓉歸作傳，言：國變欲殉，家人防救不死，不知所謂防救者，在京師，抑在通州？相傳清兵至揚，通之官紳初納款，石圃、范異羽並與焉。後民殺新知州，則一明姓舉人，自認主使，檻致軍前就戮，以紓一州之難。集於此等大事都不載，意其中心之懟矣。石圃死於順治十二年丙申，其作募疏則順治四年戊子也，夏傳言石圃通籍後，見諸臣泄泄，掛冠歸，似歸在癸未，不知是年會試是秋間舉行，及成進士官工部，已逼殘年，歸已不得，又以募修千佛寺疏語證之，言甲申由天津南歸，夢見順公則極早亦在正二月，傳固未確，千佛寺自萬曆己亥至光緒壬寅三百五年。……

經過了好幾個月，才把校址整理好、校舍改造好，當時連極瑣細的事，都是我父親手辦理的。在開學的前一個晚上，我父還和庶務宋先生在學生寢室外邊。宋拿起了蠟燭照着，我父拿了鎚子，在房門上邊敲着掛名籌的釘，一直到下半夜才弄好。並且還親自佈置廚房和廁所。他說：「辦學堂，要注意這二處的清潔；看學堂，先要看這二處是不是能清潔？還做了三副對聯，一副掛在禮堂，一副掛在教員室，還有一副掛在會議廳。這三副對聯，可表示我父辦師範的宗旨和來歷：

極東西萬國推崇為教育大家，先聖亦云，吾學不厭，誨不倦。合周秦諸子受裁於狂狷一體，後生有志，各尊所聞，行所知。（禮堂聯）

求於五州合智育體育。願為諸子得經師人師（教員室聯）

疆勉學問，疆勉行道。（董策）

其所憑依，其所自為。（韓文）（會議廳聯）

到了光緒二十九年（1903）的春天，就請定了王先生國維[2]和日人等十多人做教員。還招考了一班學生，在四月初一就正式開了學。這是中國第一個師範學堂。有二篇演說詞：一篇是第一次開學；一篇是第一次放學。我每篇抄幾段在下邊，可以看出我父辦師範的宗旨和希望，及訓練學生人格和本能的熱切。

這是開學演說詞：

……今日是通州師範學校落成，與諸君協興普及國民教育造端之第一日。諸君既來學，志趣已自嚮明。願以下走創立此校之宗旨，與諸君言之：

中國今日國勢，衰弱極矣；國望，虧損極矣。國者，民之積，民之中各有一身在焉，國弱望虧，其害之究竟，直中於人人之一身。環顧五洲，彼所稱強大文明之國，猶是人也。以我中國黃帝堯舜神明之胄，退化不振，猥處人下，至有以奴隸目我者，諸君以為可恥否乎？……欲雪其恥，而不講求學問，則無資；欲求學問而不求普及國民之教育，則無與；欲教育普及國民，而不求師，則無導；故立學校，須從小學始，尤須從師範始。我中國二千年前教育與各國師範義法近者，獨《禮記‧學記》一篇；然沉晦久矣，管理衛生，亦不及各國之詳；各國師範，皆國家建立。七八年來無所希冀，然與二三同志圖之而又無資，遂有從事實業之想。數年以來，竭蹶經營，薄有基礎，益見

2　王國維（1877–1927），字靜安，晚號觀堂，浙江海寧人，國學大師。1927 年自溺而死。

實業、教育二事有至密至親之關係，勉強圖之；然智淺能薄，唯恐有誤，教育之心，不敢斯須忘也。……下走生平及數年以來所與二三同志摩屬而夾持者，以忠實不欺、堅苦自立為宗旨。今日建立此校，所願為諸君相期者，亦唯此忠實不欺、堅苦自立二語，為諸君摩屬夾持之助。……諸君諸君，須是將「天下一家，中國一人」、「民吾同胞，物吾與也」之道理；人人胸中，各自理會。須是將先知覺後知，先覺覺後覺之責任，人人擔起。肯理會，肯擔任，自然不憚煩瑣，不逞意氣，成己成物，一以貫之。孟子曰：『人皆可以為堯舜』，願諸君開拓胸襟，立定志願，求人之長，成己之用。不妄自菲薄，自然不妄自尊大。忠實不欺，堅苦自立，成我通州之學員。庶幾實業教育，擴而日新，佐下走不逮；豈惟下走之幸，亦諸君之榮也。（四月初一師範第一次開學演說詞）

這是放學演說：

　　……凡此半年以來，全校辦事之精神，與諸生學行之程級，下走熟察而默識之，不能已於言：年假將近，特為筆演印佈，庶諸生得時時省覽。諸生知教育何義乎？以教為育，便是干涉，而非放任；放任者，野蠻之事；干涉者，文明之事。天何為而測其躔度，地何為而闢以河渠，此干涉之大者。生鐵之必數煉而為鋼也；生棉之必層製而為布也，此干涉之繁者。反是而思之，孰為野蠻？孰為文明？既干涉便有約束之事、有服從之事。今甫讀譯書者，喜談自由，喜說平等，此為自便放任則可耳。須知西儒說自由甚多，加爾來言：『不服從規則，不能自由。』士遮夫言：『真自由，以法律整理。』博爾克言：『成自由，在秩序。』

畢達哥來斯言：『不能制己，不能自由。』語皆精粹。平等，
則義根《內典》，以鐵滔所謂雖奴隸人不可忘其為同胞，
是說平等之最善處。若如浮囂之士，所喜談者，推之一家
之中，父母兄弟夫婦子女，人人如所說之有自由平等，能
有一日相安乎？能自安乎？願諸生一己則思盡秩序之義為
自由，對大眾則思能普及教育為平等，毋沿口口相傳之謬
說。諸生亦曾思師範學校之義乎？範者，法也，模也；學
為人師，而不可不法不模；諸生其知之矣。……校章者，
管理法也；監理能行，諸生能守，是為範之正軌；今日能
行，異日能守，是為範之結果。若為一時自便，而執流俗
相傳自由之說相抵制，是以自甘放任之人，而處願受干涉
之地；非獨人與地悖，亦行與願乖；天下可放任處至多，
何為相溷。……諸生知無古今無中外，人人所重者何等人
乎？明公理修公德之人，則人重之；有禮法不苟簡之人，
則人重之；能成一業之人，則人重之；必有積累，乃有人
格。須先從自重起，遽求之人不效也。下走自弱冠至今，
三十餘年中；所受人事輕侮之事，何止千百；未嘗一動色
發聲以修報復；惟受人輕侮一次，則努力自克一次，以是
至今日。諸生諸生，自重則明公理也，修公德也；有禮法
不苟簡也；能成一業也；毋以為小積則大，毋以為微積則
顯。……（十一月十六日師範第一次年假放學演說詞）

以後幾十年，凡開學放學，或者遇到別的機會，假使我父在通州
到校，沒有一回不是很痛切的、詳盡的有一篇演說；都是講辦學的意
義，和國家需要教育的迫切；要養成學生的高尚純潔的人格，和訓練
學生堅苦有用的本能。我在這裏，不能一一的摘錄了。開學以後第三
年，我父還親自率領了學生到軍山、劍山種樹，稱為「學校林」；一來
可以歷練農事上勞苦的經驗，二來可以使荒山變成有用的林場。

　　師範辦成以後，一年一年所畢業的學生，人數雖也不少，然尚不能應全邑小學教師的需要。他省像山西、甘肅、陝西都曾經派過多數學生來學師範，畢業回去以後，總能立在各省教育重心的一部分。我父辦學的教澤和影響，總算得很遠了。

　　師範本來還分本科講習簡易各科；後來還陸續添辦測繪科、農科、蠶桑科、工科，和全縣的小學多處，和女師範一處。對於社會地方的需要和應用，都很有成效。至於我父對於小學教育，尤其很着重，是拿全縣的方里和人口作標準，來計算分配的。我在各種文字裏邊，摘錄幾段，也可概其餘了。

　　　　……昔按縣方里策南通教育，必小學校七百餘所，校均計必凡六十人，識字之人乃略當人口今數二十餘分一；如鑑，九年度為三百十五所，五年以來裁增十六，不足當九年中一年之半，所策亦且半，進行之遲可知。……（《南通教育年鑑》序）

　　　　……梁任公昔在南通，嘗問鄙人，可辦民兵否？鄙人答以須待教育普及以後。南通現有初級小學校三百五十餘所，欲為普及計，須達千數，極少亦當倍今之數為七百餘校；培護學生之正當本能，使成人以後均為良民，將來民兵之制，豈必讓瑞士專美於前？……（〈師範附屬小學二十週紀念會演說詞〉）

　　　　……故謇預計凡一隄之中，（墾牧鄉一隄約一萬二、三千畝）佃戶滿二百至三百，視學齡兒童之多寡，即設一國民小學校；視國民校與鄰近國民校升學人數漸增，足設高等小學校時；則設高等小學校，以為次第之序。……（〈墾牧鄉高等小學開校演說詞〉）

　　我父認為應用的國文，在學校中有另設專科造就人才的必要。

就請了常州屠先生寄 [3] 到通州，在中學校內創辦了一個國文專修科，課目都是我父手訂的。後來畢業出來的學生，很多到官私機關當筆墨的事。

又因為國內經濟制度漸趨革進，銀行人才很感缺乏。於是又辦了銀行專修科，畢業後的學生，到各處去辦事，很得用。

第二節　掌教文正書院

我父從光緒十四年（1888）到二十七年（1901）的十餘年中，曾經先後擔任贛榆選青書院、太倉婁江書院、崇明瀛州書院、南京文正書院、安慶京古書院等處的院長。除掉在文正書院五年餘時間算最長外，其餘少則二三月，多則年餘，我父認為書院雖屬官辦官命，但是有關一地方作育教化的榜樣，所以就是後來三、五年已經創辦通州實業的時光，還是依舊帶做着文正院長。當時住院的學生，共有九人，為江謙、江導岷、束日琯、陸宗輿、郭文徹、郭文儀、潘世杰、沈書升諸君，和從兄亮祖。其餘還有不少的投考生，都是按着院規定期前來應考卷子的。聽說當時我父的教法，除應該攻求的文事外，最着重箚記，每天叫他們在看誦的書籍裏邊，格外注意有沒有疑問？有沒有心得？一齊都記下來，送呈我父看，為之一條一條的講究指示。一到吃過飯，大家就環立而侍，一點聲息也沒有。我父背着手，在室中踱來踱去，逢着事和評論人，便隨口引述經史各書，原原本本，旁敲側擊，儘量的證說伸解。有時二三刻鐘，也有二三點鐘。其時學生對於我父這種誨入不倦的講授方法，得益進境都很大。我父有篇〈文正書院丙庚課藝錄敍〉，讓我摘錄幾段，就能明白文正書院的歷史和當時設教講學的途徑了。

3　屠寄（1856–1921），字敬山，江蘇武進人。清末民初官員、學者。著作有《蒙兀兒史記》等。

　　……自布政使奉新許公以湘鄉曾文正公再造江南，
而在江寧尤久。建立書院，俾邦人士永無窮之謳思，於
是江寧有文正書院。……二十二年謇承瑞安黃先生後為
院都講，……前後凡五年，夫文與學同途而殊軌者也。
文為道華，而學為事幹，華甚美弗實，而幹雖小無虛，漢
之射策，唐之詩賦，宋之策論，明之制藝，各適乎時，以
因取士之術，其為文一也。三代取士則有德有行有藝，
孔子之門高第弟子之科，有德行、言路、政事、文學，徒
用文而已，……學不一途，文亦不一家，……人亦有言，
制藝驗其所學，而非所以為學；夫誠使上之於士，自其鄉
學之年，即各責以頀家之業，而又有文焉，而試士者誠知
文，……國家功令，縣府鄉、會、殿、廷諸試，兼制藝
策論詩賦命題，而以制藝之文，演程朱而尊孔孟，視之尤
重，而試之尤數，自非英絕瑰偉瓌異之才，得老師之傳，
銳精十年，其必不能一一開其藩閫，審矣。……江寧人
士被文正公澤，而薰其風教，久矣……而前馬之導，謇又
弗勝，徒於風晨月夕，登饗公之堂，慨然思公生平閎量通
識，高睨而深慮，曠乎不得復見其人也。……

第三節　創辦地方自治

　　我父既然將廠墾教育，都辦得井井有條，頭頭是道，又立刻將眼
光轉到地方自治的幾件重要事上去。他認定一個人要忠愛國家，先要
忠愛地方，如果希望把國家弄好，要得先把地方弄好。而且人民是下
一層的基礎，國家是上一層的結頂。地方又夾着在兩層的中間，所以
關係極為重要。但是要整理興辦地方事，先要曉得地方面積多少大？
多少人？要有了一張完全的興圖，然後才能就圖上計劃，哪裏幾處應
設學堂，分劃村區？從哪裏到哪裏，應開闢道路，疏通水道？地方上

有了一張圖，好像讀書人有了字典，老年人有了拐杖，是一樣的應用和重要。所以我父一講到地方自治，就立刻規劃測繪全境的輿圖，他有一篇〈南通縣測繪全境圖序〉：

> ……近者，國家大治陸軍，軍用有圖矣，然其幅員大，而比例小，固不適於地方自治之用。地方自治，則山林川澤邱陵墳衍原隰宜辨也，都鄙封洫宜辨也，墟落市鎮道路廬舍宜辨也。舊時方志之圖不足據，軍用之圖又不能容，然欲求自治，則必自有輿圖始。欲有輿圖，則必自測繪始。……通州之言地方自治……其時廳州縣城鎮鄉自治章程，猶未及頒，鄙人慮無測繪之人才也，附師範校，延日本工程教授而養成焉。……就舊時貢院設局以總持焉，比例用五千分之一，以求其詳，……凡實測之日，……總四百日。凡實繪之日，總二百四十日，凡州境面積，為七千四百三十五方里有奇，凡原田、沙田、灶田、沙地面積，為六千四百七十八方里有奇，凡灶蕩、民蕩面積八百三十四方里有奇，凡荒地面積一方里有奇，凡基地面積十一方里有奇，凡山面積二方里有奇，凡河渠溝洫面積五百四方里有奇，凡山面積二方里有奇。夫然後自治區、學區、警區可得而分，田賦可得而釐，戶口可得而查，農田水利可得而修，工商業可得而計矣。

地方上的監獄雖是拘留犯人的，但是一講地方自治，也得要注意改良，講求管理清潔感化的方法。舊時中國監獄的內容，黑暗污糟，簡直是地獄，犯人弄到和鬼一樣；又加以獄官貪狠沒有人道的待遇，所以我父和督臬諸官商妥，由地方籌款來一齊翻造，也是他處所沒有的。還記得那時候我父和許多地方人士談論，怎樣改造能算完善？旁邊一個人插咀說道：「造成這樣好的地方，大家都願意做犯人了。」我

父回答道:「那麼,就請你先提倡,進去住住好不好?」

通州的狼山鎮營房,地勢低下,房屋倒敗,實在不成樣子。我父因要講地方自治,不能聽他這樣下去。到宣統二年(1910)就和江督商妥,另外選擇高爽的地點,造了適宜的營房。

又拿通州衙門改造一新,在進大門的地方,朝南對着狼山,造了很高的鐘樓。從英國買來一架大鐘,還在上邊設了瞭望台和報火警的鐘,到民國元年(1912)才落成,我父寫了一付對,刻在鐘樓上邊:

疇昔是州今是縣　　江淮之委海之端

那時舊式的育嬰堂,也辦得一塌污糟。我父抱着人道和慈善主義,也搬移了地方,起蓋了房子,很合於衛生管理,又訂了許多規則。後來還設了幼稚園,到經費萬分困難時候,我父自己就賣了好幾回字。得了錢,就給育嬰堂用。

通州本來在長江口的北岸,在三十年以前,因為江流的異常重大的變遷,通州江岸一帶,每年總要塌去十丈八丈不等,假使逢到春秋二季,有幾陣狂吼的風,暴急的潮,海動山搖的撥來,一夜裏,就會一塌幾十丈幾百丈。這樣的塌法,塌了三十年,一共塌去五千餘畝的田地,真是桑田變了滄海。我父有一篇文章,裏邊說到沿江的塌狀,也就十分可驚異了。

　　……余年二十許時,知馬鞍山西港曰蘆涇者,村農家畔有巨石,若臥牛偃蹇其溝中。當是時,江在石之南數里,未幾江圯,益徙益北,是巨石者入於江,航行者於石上置燈,植竿為水道標準,又久之遇江而南,至於今所謂文星沙上陸,暱於虞(對江常熟境)矣。……(〈馬鞍山年尼閣記〉)

我父一看這種塌法，很為擔心，於是領着地方人民，和總督再三請求，援照江南塘工例，由國庫提出經費，做江岸保塌的工程，費了不少的口舌筆墨，周折困難，才派了工程師來勘視計劃，勉強的籌劃到經費，先辦了一個隄工事務所，後來正式成立了一個保塀會。經費總是枝枝節節，不能大舉的做。但是地方人民，卻萬眾一心，和那無情的滄海，爭保大好的農田。我父有一篇〈保塀會紀念扇題詞〉：

> ……五代前不可知，揚吳之時通五山固在江中，北宋元豐間山跗於陸，明季清初……則山又入江，今山之南皆陸。不知何時始漲，無可徵信。……洲漲而南則山跗陸，洲坍而北則山跗江，此其大凡矣。……江岸之最近州城者，自東南迤而西北；……凡長二十五里許。光緒初城去四港遠者二十餘里，近亦十五六里，現數年來，……去城近者準鳥道僅五里許，遠者十七八里耳。……然州之民不能斯須忘坍之患，與所以保坍之計也，則合四港人民設保塀會。……州今分自治區二十矣，坍岸第一區之岸也，而城非獨第一區之城也，城齒而岸脣，忍脣之亡，何以不寒其齒。……將州之人，亦絕不自顧也乎？……

通州既然有工商業的建設，當然有輪舶運輸往來的必需。到光緒三十二年（1906），我父和江督商定，開闢天生港為起卸貨物不通商的口岸，就是中國自己開闢的商埠，外輪外商不能夠和通商口岸　例看待。不久就籌款將關棧薑船碼頭依次辦成，地方和實業都很覺得便利。

第四章　遊歷日本

第一節　動機

　　我父開闢他的新路，果然一開就通順。可是當時人家看起來，總有一點覺得新奇。讚美的人，和譏謗的人，卻是旗鼓相當。我父聽見譽，果然不曾高興；聽見毀，也並不曾灰心。他總是握緊了兩個拳頭，抱定了一個主義，認準了一個方向，只是望前走，總想打通這條路，去造一個新世界。但是所辦的許多事業，因為中國從前都沒有過，所以找不到參證的榜樣，總想去請教先進國，弄一點效法的資料；所以就有意思到日本去走一趟。恰好光緒二十九年（1903）夏天，日本第五次國內勸業博覽會開幕，日本的駐寧領事天野君請徐公乃昌[1]轉送了一份請帖，我父以為有這個機會去考察一下，是一件極便利的事，就立刻答應了欣然就道。從四月二十五從上海動身到了六月初四，方才事畢回國，總共費了七十天。參觀教育各機關共有三十五處，農工商各機關共有三十處，我父在沒有起程以前，先下了一種決心。第一，把向來自尊自大的牌子和成見，仍舊擱在老大帝國，只準備虛着心、快

1　徐乃昌（1869−1946），字積餘，安徽南陵人，清末著名藏書家。

着眼、動着筆，去看人家的東西到底怎樣？第二，人家的外面固然要看，裏面更要看。大的地方要看，小的地方更要看，拿了「觀人於微」的方法，去「觀其所由察其所安」用一般橫攛進去的工夫。所以我父當時的考察，不重空論，專去考究他的歷史和實事；很看重各項數目字，隨時都記下來，所以我父這一回考察的結果，帶回來的用處，很多很大。果然回來以後，他的事業越加放大許多，越發加足了氣力，向前猛進。我常常感覺到不論到哪一國去遊歷或遊學，總得要拿人家的長處帶回來，可萬不要先送掉自家的長處，再學上了人家的短處。這十幾年來的中國吃這個虧，可不在小處！

第二節　考察所得

我父回來後，就寫了一本《癸卯東遊日記》（在《全集》中）。我現在只能夠擇要的點錄出來，就可以推想當時考察評論的心得，和兩國優劣相形的迹象了。

> 四月二十九日……日人治國若治圃，又若點綴盆供，寸石點苔，皆有佈置。老子言『治大國若烹小鮮』，日人知烹小鮮之精意矣。

> 五月初四日……北海道開墾圖最詳，與通海墾牧公司規劃有同者。……有不同者。……伊達邦成、黑田清隆之致力於北海道也，最有名。然極其經營之理想，勞其攘剔之精神而已。國家以全力圖之，何施不可。寧若我墾牧公司之初建也，……有疑謗之人，有抵拒撓亂之人，消弭捍圉，艱苦尤甚。是則伊達邦成、黑田清隆之福命為不可及矣。……

> 五月初五日……冒雨觀大阪市小學校創立三十年紀念會。……學童之集者四萬人，風雨交作，而學生行列不

亂，三十年之成效也。……藤澤南岳遣其子元造來，願為遍觀各學校之導，日人之於華人之來觀實業教育者，固不殷勤指示。……皆可感。所願華人虛往實歸，無小大各成一績，不負此行也。

日人治工業，其最得要，在知以予為取而導源於歐，暢流於華，遂足分歐之利而興其國。然大概工價則過或倍或二倍。我政府而有意於通商惠工也，利過於日有五說焉：一、原料繁富。二、穀足工廉。三、仿各國之長，使利不泄。四、壓民生之好，使不願外。五、與世界爭進文明，其要則以予為取一語賅之。日本凡工業製造品運往各國，出口時，海關率不徵稅，轉運則以鐵道就工廠，又不給則補助之，國家勸工之勤如是。然地少穀貴，工費與製作之工並增均長，而言工業者，猶務進不已也。與世界競爭文明，不進即退，更無中立，日人知之矣。……

五月初十日……西村小池導觀製幣局。……歷其地金鎔解伸延極印精製諸場。其貨幣分金、銀、銅三種，而以金為本位。……華人苦貨幣之困久矣，近行銅元以濟銀窮，然不造金幣則金日流於外而日貴，且無本位則代本位者勢必有窮，非計也。我政治家之性質習慣，有一大病，則將舉一事先自糾纏於防弊。……天下無無弊之法，見有弊則易之，……而我之有立法權者，未更未見弊之法，先護己無法之弊，慎已！東西各國辦事人，……特造止法度，大段公平，劃一立法行法司法，人同在法度之內，雖事有小弊，不足害法 。是說也，嘗與沈子培、鄭蘇堪[2]相發明之。

今則每府縣各建一師範學校，又增建女子師範學校，……教科書已屢修屢改。凡事人手有次第，未有不奏

2　編者按，即鄭孝胥 (1860–1938)。

成績者。其命脈在政府有知識，能定趨嚮，士大夫能擔任
贊成。故上下同心以有今日，不似一室之中胡越異懷，一
日之中朝暮異趣者，徒誤國民有為之時日也。……

五月十二日……至博覽會，……觀通運館，舟車法度
咸備，最精者環球航路之標本。……台灣模型極精審。可
異者乃並我福建諸海口繪入，其誌以黃色亦與台灣同，振
貝子[3]、那侍郎[4]或未之見耶？（時二人遊日）

五月十四日……回經安治川，觀範多隆太郎所有之鐵
工所，……能造汽船及浚渫機船，匠目無歐洲人。……我
思上海製造局規模之大，經費之宏，幾幾十倍於此，曾未
為農工實業造一船、製一械，以市於民而收其利，以助農
商之業，而分人以利；彼此相較，何如也？

五月十五日……日本士大夫為官商，聽其人之志願；
方為官則一意官之事，及為商，則一意商之事；華士大夫
則方官而有商略，方商而有官式。

日本產鹽不足供民食，比藉台灣運入以贍之。方庚子
後訂各國商約，有洋鹽進口之請，其時華之鹽商大譁，余
謂劉忠誠公[5]是無妨，不過私橐中多一洋旗而已。若以設
廠造鹽之新法，行就場徵稅之名言，橐且化為商，何有於
洋人。余意許洋鹽入口，宜增華鹽入各國口一條以抵其利
益。忠誠公謝言無此氣魄。……

五月十六日……午後詣三十四銀行，……紙幣與實銀
並藏一庫，……扃鍵甚牢，云防盜。余問：『警察甚周尚
患盜乎？』小山言：『警察愈密盜亦愈巧。』……日人不因

3　編者按，即載振 (1876–1947)。

4　編者按，即那桐 (1857–1925)。

5　編者按，即劉坤一。

盜不消滅而非議警察，知其民智之程度進矣。其銀行自明
治十一年始，本為國立，後屬之商，……工商之業，官為
民倡，有利則付之商，不止不奪也而維護之，以是知其官
智之程度高矣。

　　從市上度量衡器販賣所，買度量衡各一器。……往持
同度量衡之說久矣，以為是國權之所寄也。今始準日制贏
縮平均通計之，每度器一稅二十五文，量器一稅四百文，
衡器一稅七百五十文。華人四萬萬，以一萬人人用度量衡
各一器，初年亦可得錢一萬萬圓，以後每歲按三成計，亦
得三千萬圓，即使省之以倍，數亦匪細，不猶愈於他捐之
擾擾乎？此其道有三：一則有所附而取，一反是；一則商
失其暫時自便漲縮之利，而士農工得永久共便劃一之利，
一反是；一則證萬國之通例，復三代之舊規，合於公理，
一反是。利弊得失，寧不較然，願聞吾言者，更平心而計
之也。

　　五月十七日……侯實甫來，……擬遣金生至西京染織
學校、徐生至大阪有機紙業……工場，次第學習，為農商
之介。……執筆論事，而悔讀書之少；臨事需人，而悔儲
才之遲。舉世所同，余尤引疚。

　　五月二十日……觀島津所製村田槍，云：凡中學校以
上，皆用以習操。……民間獵戶買槍，先至警察署報明，
請給槍照，不聞其民有揭竿事也。華民禁藏軍火，本是舊
令，然大梟強盜，所用皆新式快槍，每一肆虐，即綠營之
老兵銹槍尚不能敵，何況徒手漢。……

　　閏五月初三日……中國人留學外洋者，多喜就政治法
律。二者之成效近官，而其從事也空言而易為力。若農工
實業皆有實習，皆須致力理化，而收效之榮不逮仕宦，國
家又無以鼓舞之，宜其舍此而趨彼也。

閏五月初五日……囑聚卿從長岡護美子爵求明治初年至二十五年各教科書，云：『文部尚有之，可以取觀。』

閏五月初六日……至鞠町區訪竹添嘉納，竹添自朝鮮歸後即辭職。……方壬午、癸未間，在朝鮮時與竹添往還。……歲月駸駸，已二十年，彼時余方三十，馬山、水原行軍之旌旗，南壇、漢城駐節之幕府，閉目凝思，猶若見之，而國勢反覆，殆如麻姑三見東海為桑田矣，可勝慨哉！……詢余東來調查宗旨，余告之曰：『學校形式不請觀大者，請觀小者；教科書不請觀新者，請觀舊者；學風不請詢都城者，請詢市町村者；經驗不請詢已完全時者，請詢未完全時者；經濟不請詢政府及地方官優給補助者，請詢地方人民拮据自立者。』……

閏五月初九日……四時荻洲與諸華商置酒。……因勸合力創汽船自運。各商逡巡遜謝，言先恐華官不許，即許亦不保護。日本郵船會社開創至今，國家補助未絕也。嗟乎！畏虎者談虎而色變，孰使吾海外辛苦之民變色至於此。……

閏五月二十二日……十時赴嘉納約，觀其高等師範學校。……尋常師範學校，及中學校，……高等小學校，及單級小學校。……脈絡貫通，義類周匝，可謂有本末表裏者矣。師範者，興學之本。我國民而有幸福也，戊戌後宜有官立師範學校。否則庚子後必有之。何至使我二十二省之人上者有七聖迷方之歎，下者有聾盲揣日之誚？略觀其明治五年至十二年文部省審定之教科書五六種。……

這一年的春天，日本發生了一件教科書之獄。法庭將和這案件有關係的許多校長教授，分別的定了罪，輕的都停職閒居。我父東遊，正要訪求這種人才。於是就請定了其中好多位到通州各學校、工廠

去擔任教師和技師。當時東京教育界很歌誦我父，說是這一班人的救星！我父還有許多詩，我揀了一首，題目叫〈人心〉。

> 一人有一心，一家有一主。東家暴富貴，西家舊門户。東家負債廣田園，西家傾家永歌舞。一家嘻嘻一嘻嘻，一龍而魚一鼠虎。空中但見白日俄，海水掀天作風雨。

一看這首詩，就明白是拿東家比日本，西家比中國。形容歌詠得很確當有趣。細細的體會末了二句「空中但見白日俄，海水掀天作風雨」的寓意，尤其深遠。想不到我現在寫這傳記時，恰逢中俄東鐵的交涉異常嚴重的時候，正是那位東家在裏邊變那「掀天作風雨」的把戲。怎會料到我父二十六年以前的一首詩，竟成了今天的預言了。

第五章　籌劃助成全國及 蘇省各事業

第一節　注重漁業海權

我父在光緒二十九年（1903）遊日以後，就感覺到一國漁業和航政的重要。漁業和航政的範圍到哪裏，就是國家的領海主權在哪裏。假使只有海而沒有漁業航政，試問主權從哪裏表現出來，等於空談。我國政府和人民都極應該注意，一致挽回已失的權利和發展沿海的漁航業。海岸線雖是很長，但是向來聽其自生自滅，人民沒有力量去問，政府也沒有決心和計劃去辦。我父在七月間先在通州呂四沿海辦了一個漁業公司，規模很小，宗旨是把當地漁人和漁商團結起來，改良他們的用具及方法。到了年底就和總督魏公光燾[1]、滬道袁公樹勳[2]商計創辦全國漁業公司，預備大規模的聯合南北洋着手興辦。如果一時不能實現，就先從南洋做起，定了計劃，成立了一個江浙漁業公司。同時還請了魏公奏設南洋漁政專員，做提綱挈領的機關。不久我父又認為維護領海主權，要先造就航政人才，大則可以建設海

1　魏光燾（1837–1916），字午莊，湖南寶慶人。晚清高級官員。
2　袁樹勳（1847–1915），字海觀，湖南湘潭人。晚清高級官員。

軍，小則可以駕駛商船。就和魏、袁二公商定在吳淞辦了一個商船
學校，找地點造房屋，着實也忙了一年多，我父就推薦薩公鎮冰[3]做
校長。雖然後來不久就停辦，但是畢業出來的學生，直到現在在海
軍、商船方面服務的，還很不少。到了光緒三十二年（1906）意大利
在秘拉諾開博覽會，要請中國加入，政府就通知各省商人公司籌備一
切，因而想到我父正在經營江浙漁業公司，如果也同意加入去會陳
列，一定辦得出色當行。我父也打算趁此機會，盡力宣揚中國漁業歷
史和注重海權的現況於國外，也很準備了許久，弄好了表冊漁具，派
了幾個有才幹的人去。這一回，比從前幾次去外賽會，經費用得少而
成績很大。可見從前總有不實不盡官樣文章的地方。我父在年譜上
記這件事：

> ……規劃意大利秘拉諾賽會，以中國東南海漁界圖往
> 與會。漁界所至，海權所在也。圖據《海國圖志》、《瀛寰
> 志略》為之。中國之預各國賽會也，自維也納、費爾特爾、
> 巴黎、倫敦、大阪、安南、散路易斯七會之後，至是乃第
> 八次。略有可考者，巴黎之會，戶部費十五萬；大阪之會，
> 各省費十萬。散路易斯之會，戶部費七十五萬。此次合沿
> 海七省，僅費二萬五千金耳。以海產品物，中國漁具漁史，
> 縢我東南海漁界圖而去。彰我古昔領海之權，本為我有之
> 目的。賽會之第一次，各省分任會費二萬五千金外，悉責
> 江浙漁業公司任之，公司未可云完全能自立時也。

等博覽會完畢，派去的郭君漱霞做了一部書，很為詳盡有用。我
父幫他做了一篇序，說興辦漁業、航政的意義，和這次赴賽的目的。

---

3 薩鎮冰（1859–1952），字鼎銘，福建閩縣人。中國海軍名將。

　　光緒三十有二年丙午，意大利國為通義瑞鐵道鑿新
彼阿納山洞工成，特開博覽會於秘拉諾以為紀念。朝廷
重意公使之請，詔各省工商人等備品赴賽，商部以賽方經
營江浙漁業公司，令以漁事往。……我士大夫夙習閉關
主義，其稍聞大勢者亦惟海疆是保，而不知何者為海線，
海之失權也殆數千年於茲。賽之始白於商部，非笑之聲
騰都下，或且詆海權何與若事。刊章集資，應者闃寂，困
難錯迕，不可殫說。……詔既下，部臣復咨商沿海七省督
撫，彙籌赴賽之資，……僅釀銀二萬五千兩。……賽既
重請於南洋大臣，摹繪吾國漁界所及為海圖，復與公司董
事樊太守萊備運賽品以賸之。……先是求能明漁業之才，
得寧波陳秀才巨綱，至是得郭生漱霞。兩生者，皆目能
辨魚類，口能說漁具，而手能紀漁事，與之談漁業，淵然
瑩然未有如兩生者也，而郭生尤勇於遠行可喜。賽事藏，
郭生裒示《賽會紀略》及《調查紀要》各一冊，瀏閱再四，
益愀然於吾國實業之前途。夫秘拉諾東西會場合計方
八十三萬邁當弱，而中國商品陳設僅漁業佔其方四百邁
當，工藝佔方八十邁當又四十邁當，無論其相形而絀矣，
又所陳列，惟賽創設之鹽業公司呂四場鹽得頭等獎，釀造
公司之酒、頤生公司之罐食得獎金牌，與溫州之罐詰同，
其在吾國如張單弦而適曠野，固未有屑聽而憫我一日之
勞者也。夫賽會云者，各競其長，而短者取人之長而自
益。今以我親同列於會場之國，未暇論長短而當論有無，
則是我國實業尚在胚胎，未可遽言幼稚也。雖然，歷次賽
會固有陳設偶像婦女窅屨，而會所且演吸食鴉片，供外人
諧笑，以播我近世之穨俗者矣。……

既然講到領海主權，漁業航政固然要緊。可是海軍尤其應該着

重，因為和日本甲午的一戰，打到七零八落，真成了落花流水。假使
中國還想立國雪恥，就得急起直追向前。我父官雖不做，而愛國的觀
念沒有一刻忘記。在這時候，曾經有一篇〈規復海軍奏疏〉，說得很
透徹痛切。關於養成人才，製造械艦，籌劃經費種種問題，都計劃得
井井有條。我現在摘錄幾段。一看就曉得在二十餘年前的中國，並
不是沒有人注意、條陳這件事，實在是當時的政府不中用不聽話
罷了。

　　……竊自環海交通，五洲萬國，非海陸軍相輔而強，
不能立國，而海軍與敵相見尤先。其關係較陸軍為尤重，
籌辦亦視陸軍為尤難。邇來外交益棘，國勢益危，……造
端閎大，又莫不視為艱鉅之問題矣。夫所謂艱鉅者，將士
之人才，艦炮之製造，籌備之經費，三者而已。……臣見
報載海軍大臣之分年計劃，亦自條分縷析，然以三者之事
實計之，尚慮其陵節而施，終於欲速不達也。……甲午一
役，一敗塗地，堅艦利械，轉為敵資。推求其故，則……
在艦之士卒不盡學生，是正犯兵法所謂將不得人以兵予
敵，兵不夙習以國予敵之戒也。……請先言將士……根本
之圖，教育為亟，為海軍教育計，宜分三等：一沿海七省
先設海軍中學，……選各高等小學畢業者為學生，酌參高
等學課而延長其學期，俾畢業後得入海軍大學。……一沿
海七省，廣設初、高兩等小學，蓋將弁之數少，而士卒之
數多。……使將弁有學而士卒無學，必不能收指臂之效，
是非使士卒同受教育不可。……以內地人民與海濱子弟
較，其狃習風濤海濱必勝於內地，可以斷言。因地制宜，
因人施教，是非就奉、直、東、江、浙、閩、粵七省瀕
海之地，多設初、高兩等小學不可。……一沿海七省，
酌設商船專學，蓋……畢業雖有中學為遞升之階，如其資

性體格，不宜軍學，……但於駕駛管理諸法，稍有根抵，亦足供將來之需。……注重於駕駛，三年畢業後，復加考察。如是則進可令為兵，退亦可聽為商，亦猶陸軍之後備矣。……綜計以上兩端教育費建設費，三百三十一萬；常年經費，一千七百九十五萬。統凡二千餘萬。製造費，分十五年規劃。凡集建船廠，湖北、上海槍廠擴充費，約須二三百萬。擴充所須常年費，約二百萬；工科大學設備費，約須三十萬，每年經費約須十餘萬，十五年約須一百六七十萬；徐州、山西開礦以提倡補助法行之，約須二三百萬，計亦達一千萬之外，合共須三千數百萬元。……以十八行省平均計，每省歲籌二百萬兩，臣所擬者，十五年以十八行省平均計，每省歲籌二百萬兩。力以分多而見輕，事以預久而益立，此籌備經費之計也。……外侮之來日劇，協謀之患孔多，不有海軍，不可為國。十五年之預備，為時太迂，臣之愚，則以為惟其劇也，尤不可不鞏固其基，惟其多也，尤不可不厚其備。……

第二節　徐州建省

在光緒三十年（1904）前後，我父因為豫、東、蘇、皖四省交界的地方，異常遼闊，地勢在中原，很為重要。但是盜匪盤踞，無人過問，四省確也有鞭長莫及的形勢。青島方面德人，時時刻刻轉海州的念頭，所以我父為四省邊地治安計，和振興中原一帶商務工業計，就有在徐州建立行省的計劃，和督撫等籌商，上之政府，政府當時也答應，就定名為江淮省，以漕督為巡撫，後來又裁去巡撫而設提督，又以提督兼兵部侍郎銜，節制鎮道以下，弄到朝令夕改，非驢非馬，絲毫不得要領，和我父初意，完全不對。我因為這事有關國家設省的掌故，所以摘錄幾段我父當時的一篇文章〈徐州應建行省議〉：

……控淮海之襟喉，兼戰守之形便，殖原陸之物產，富士馬之資材，……平原蕩蕩，千里無垠，俗儉民儳，強而無教，犯法殺人，盜劫亡命，梟桀之徒，前駢死而後踵起者，大都以徐為稱首。……將欲因時制宜，變散地為要害，莫如建徐州為行省。……以輿圖分率準望約略計之，徐州府領銅山、蕭、碭山、豐、沛、邳、宿遷、睢寧一州七縣，益以海州之沭陽、贛榆，淮安之安東、桃源，安徽鳳陽之宿、靈璧，潁州之蒙城、渦陽，亳州、泗州之五河、盱眙、天長，山東沂州之蘭山、郯城、費、莒、沂水、蒙陰、日照，兗州之滕嶧，濟寧之魚台、金鄉，曹州之曹、單、城武，河南歸德之商邱、虞城、寧陵、鹿邑、夏邑、永城、睢、考城、拓城凡四十五州縣。惟沂州、泗州、歸德全析，餘皆分析，與曾國藩駁陳廷經請江南北分省不同。……大抵建徐州為行省，有二便四要。海運通，鐵路即達，輸輓不絕；漕督可裁，未盡事宜，以徐州巡撫兼之。……便一。徐、海、淮、泗、沂、濟、鳳、潁民氣，……樸嗇勁悍，苟就募萬人，簡而練之，作為游擊，步隊六千、馬隊四千，……訓練有方，比及三年，……足資防禦，便二。廣種薄收，農惰成習，……大開農場，示以試驗，人歆於利，效法必多，故訓農為一要。農既生物，待工而成，徒恃舊工，不可以盡物利，……或自無而有，或自粗而精，俱可相度土宜，生財利用，原料成熟，人漸於勤，故勤工為一要。無水利，無以利農，則湖河宜闢。……無運道，無以利工商，則鐵路宜築，輪船宜行。……無資本，無以利工商，亦無以利農，則銀行宜大小貫輸，故通商為一要。農工商兵，皆資學問，……宜省先立一師範學校，縣各立一高初等小學校，……興學為要中之尤要。……

第三節　籌計教育實業各事

　　我父認定教育是比甚麼事都應重要，所以他就在通州依了程序，一年一年一椿一椿的辦去。可是同時我父對於別處地方，或關於全省全國沒有不是一樣的提倡鼓吹，希望人家也辦。只要請教到他，要他幫助，他無不是很詳細認真的代為籌劃，只要他的能力能辦，沒有不看同自己的事一樣。在光緒三十年（1904）的冬天，就聯合了通州五屬的人士，設了一個學務處；公同籌劃、合辦或分辦的事，不久就辦了一個五屬中學校。到了光緒三十一年（1905）春天，和江淮巡撫商定，辦了一個淮屬師範學校。又設法在揚州辦了一個兩淮自立兩等小學，一個中學，和一個師範。到冬天全省就合設了一個江蘇學會，大家就推我父做會長。當時開通風氣，辦理很有成績，各省都奉為榜樣。

　　光緒戊戌在京的時候，曾經替翁公擬了一個大學堂的辦法，我父的日記上大致記着：

　　　　四月二十五日為虞山師擬大學堂辦法：宜分內外院，內院已仕，外院未仕，宜分初、中、上三等，宜有植物動物苑，宜有博學院，宜分類設堂，宜參延東西洋教習，宜定學生膏火，宜於盛大理允籌十萬外，酌量寬備。宜就南苑擇地，宜即用南苑工費，宜派大臣，宜先畫圖。⋯⋯

　　到了六月京師大學堂要開辦了，尚書孫公家鼐[4]就奏派我父做大學堂教習，沒有就。

　　到光緒三十一年，我父看到中國要謀富強，須從工藝科學事業入手，而造就此項人才，尤為急迫的需要。他就聯合了同志，寫了一封信給兩江總督，請政府趕早創辦工科大學。

4　孫家鼐（1827-1909），字燮臣，安徽鳳陽人，是晚清狀元和高級官員。

　　……歐美各國，工列專科；日本崛興，先圖工業。轉換生熟之貨，溝通農商之郵，合古今之政書，證中外之學說，未有不致力於工而能國者也。……我之出口，但有生貨，偶興製造，則化學分析而成之資料，又無一不購自外洋。由是以推，工苟不興，國終無不貧之期，民永無不困之望，可以斷言矣。苟欲興工，必先興學。前此南皮相國督兩江時，謇曾以工場機械之富，江海交通之利，教員易致，學生易於參觀之便，陳請就上海製造局附近，建設一完全高等工學，相國難之。嗣議移製造局於皖南，久而未果，計其時日，又七八年。設使當時采議即行，工學生徒去畢業不遠矣。官愁民歎，窮且踰前。……頃聞學部有南北兩大學之議。……顧大學全備六科，科目既繁，規模至大，言乎建設，非百萬不可；言乎歲支，非數十萬不可；言乎學額，非數千不可；言乎秩序，非各省先有中等、高等之卒業生數百不可。碁劫將窮，河清難俟，權衡形勢，而先其所至急，莫若仍就上海製造局相近，先建工科大學，即以已成之中國工學，為高等工學預備，次第經營，四五年後即可希望成效之發生，有完全之工學。……

　　光緒三十二年（1906），端總督方因為創辦南洋大學，徵詢我父意見。我父很加以考慮，回答了一封很詳細切實的信：

　　……奉侵電。南洋大學日內具奏，命名之義，廣大無垠，甚盛甚盛！惟次序界說，理有所在。謹條於後，乞公省察。……

　　一，次序：……大學之預備在分科高等，高等之預備在中學。今即以兩江論，各府中學有甫建設者，有已建設而徒有其名者，何論分科高等。……若必待數省中學

一一完備，學生畢業升入……大學之時，始設大學，較量歲月，恐須十年……又非所宜。無已，惟有策各方面之預備，為名同時之設施。

甲、經費：大學雖名南洋，其籌劃建設補助資本之母，必先從兩江始，建設約需一百餘萬，每歲補助約需三五十萬，……舍自籌自辦，……無可着手。自籌之法，舍治淮泂湖開墾濱海，不礙鹽業，及皖省荒地，清理衛田；亦無三五年內，可得大宗資本之法。誠能以此數項，劃為學田，藉國家所收繳價之款為建段，藉各地所納每歲之租為補助。……

乙、校地：大學六科，分科八九十；每科每年約以五十人計；學期三年，約一萬二三千人，非得宏敞爽塏之地不足以容。以鄙見論，江寧有二處：一，靈谷寺山門以內可為宿舍。自誌公塔前至五百羅漢堂等處可為教室；浚山中八功德水可為飲料；廣興林木可適衛生。……一，明故宮。

丙，編科學書：文科方言以外，皆須本國自編。……理、工、農、醫四科，則無一不須改良，無一不須輸入智識。……前陳鄙意，請延傅蘭雅[5]譯農、工、商、學，延洛丙生譯理化學，延蘭姆彭譯重學。遴選本國文筆優長、能通科學、外國語者，分門隨同筆譯。醫學另延日本或德國名家。……

一、界說：大學之預備在高等，目前只宜設法次第先立各科高等，不宜於高等之外，更有大學之預備。……學生試中學而不取者，或試而取於高等……之觀念，則以為中學、高等固無區別，可以科舉時代之幸運得之，其下者

5　傅蘭雅（John Fryer, 1839–1928），英國人，晚清科技書翻譯者。

或且得以請託亂視聽而開僥倖，損壞學風，將必由之，不可不慎。……

甲、分設高等：就江蘇論江陰南菁學校性質近文科，宜改設文科；舊學政衙門，廢棄可惜，宜改設理科；江寧宜就製造局左近設工科，特設法科；蘇州宜就崑山、新陽有荒地處所，設農科；就上海設醫科；至安徽、江西亦宜各設一文科，或更量設法、理、高等一二科，以備三四年後升入大學。

乙、催設中學：依舊制一府或一直隸州所轄之州縣合建一中學，一府不能，或合兩府建一中學。……

丙、定籌學費法：……實行興學，……應請奏明飭下州縣。凡一地方，就現在情形，酌分學區，除私立外，凡公立、官立各學校，應酌訂學額若干、建築費若干、原有地方經費若干，應增籌若干，一一預計出示，並召集紳富，詳明曉諭，確查某紳某富財產若干，應捐若干，公同酌定，捐助建設，以為國民資格之據。……往時蒯觀察為言大學與政界相近，必先有大學乃得有多數政界之人。其意以大學為科舉時代舉人進士之階梯而已。鄙意所謂政界之人者，官也。所謂大學者，養成可以為官之國民，不必盡為官也，無國民之知識而為官，今天下之官若是其多矣，其有益於國否乎？與其得多數無意識之官，不如得少數有意識之民，此則方圓之見各殊，不能苟於求同者矣。謹並陳之。

這一年我父又被推為寧屬學務議長，和教育會會長。到了宣統元年（1909），我父又被任為江寧商業高中兩等學校監督，後來出來的商業人才也不少。就是外人在中國辦的學堂像震旦學院等，都借重我父為院董，也答應了。

在光緒三十三年（1907）中國留學生在日本因事罷學決裂，遣送回國。我父和趙公竹君、曾公少卿等設法派輪接回，幫他們在吳淞開了中國公學，以免四散失學。

到了宣統三年（1911）的四月，我父到了北京。學部奏設中央教育會，各省派有代表到京。打算集議解決關於各項教育上的重大問題，就請我父為會長，也議了好多時候，雖然議決了幾件改革學制、推廣教育、籌劃經費、確立宗旨的議案。但是政府已漸入紛亂狀態，終久成了紙上談兵的一幕。

先在光緒二十五年（1899），總督劉坤一因滬寧一帶商務繁盛，地居衝要，乃奏設商務局商會機關，以資表率提倡，再四請我父擔任總理一職。中國商務結合團體，從這時候起。

我父對於別處創辦實業也是出心出力的贊助。光緒三十一年（1905）我父就幫助許公鼎霖計劃興辦了耀徐玻璃公司。宣統元年又幫助江西瓷業公司。這二件事在中國卻是利用礦產抵制外貨的基本實業。可惜技師技術不精，和其他困難，都沒有多大成效就停歇了。

宣統二年（1910）四月，南洋勸業會成立開幕。這件事，本來是端方[6]在總督任內和我父主張創辦，使得農工技藝可以因展覽而得到觀摩仿傚的進步。到了六月，我父還發起設立了一個全國農業聯合會。有甚麼問題，大家可以一堂討論；有甚麼妨害，大家可以一致對付。

第四節　蘇省鐵路

在光緒三十一年（1905）的前後，外人的經濟侵略，已經漸漸深入中國，各國還不願意破壞佔領土地的均勢，所以只着重在攘奪操縱血脈的鐵路。當時政府實在沒有人才，很容易上外人的當，莫名其妙

6　端方（1861–1911），字午橋，號匋齋，滿洲人。清末政治家。1911 年被新軍軍官斬首而亡。

的斷送主權。也並不是有心賣國,實在是昏昏沉沉,不知不覺的葬送了。那時英國人態度最強硬,定要借錢予中國造路。江蘇人民雖然猛烈的反對,但是只爭到滬嘉和江北二段南北線。至於滬寧路,並沒有爭得回來,只有條件上爭一點算一點。政府就和英銀公司定了約,到了次年閏四月政府方才正式允許蘇路商辦,派了我父和王公清穆主持一切。既然爭得回來,就不能空言搪塞,貽笑外人,一定要實實在在的辦去。於是就議定招股章程,和創辦鐵路學堂。到了五月廿五,英人代造的滬寧路開車。我父在日記上記了一段,很憤慨:

> ……滬寧鐵路行開車禮。九時自滬行,十一時半至蘇。適大雨,席棚注漏,彩紅淋漓,染衣如桃花片片。入坐之客,多不成禮。京來鄉人某,猶靦顏宣頌辭也。全球路價之貴,無踰江蘇者。即江蘇人之受累,踰於全球。然則是日之舉,獨銀公司受賀,而江蘇人應受弔。

還有六月初九日記的一段,關於滬寧路地價事,因為和江蘇鐵路歷史有點關係,順帶抄在這裏:

> 與施、鍾、王議滬寧路地價事。價由江蘇擔任二十五萬磅,餘十萬磅,官認補足;二十五萬磅,即二百五十萬圓。任地價,則地主之權猶在蘇也,是亦不得不爾之勢。其款則由盛借萍醴款,索還凡本息一百四十餘萬兩。

到了光緒三十三年(1907)八月,外部又允許英人強硬借款辦蘇浙路。這消息傳出後,我父和湯公壽潛函電交馳,竭力抗爭。並推了許公鼎霖、張公元濟[7]到北京力爭,結果仍歸商辦,不借外債。到宣統元

7　張元濟(1867-1959),字筱齋,號菊生,浙江海鹽人,長期經營商務印書館。

年（1909）的夏天，南線滬嘉一段，北線清江一段，均開車。這幾年內，
我父規擇路線，督造工程，奔走於江南江北。夏天的炎風烈日，冬天
的雨雪冰凍，都是在外邊來往察看，沒有停息。加之各種的呈報、接
洽、主持、照料，又要對內對外的應付措置，口舌手腕，一刻不停。
因為中國人既然爭回自辦，大家就不能不任勞任怨，百折不回，做點
樣子，讓外人和政府看看。雖然後來鐵路收歸國有，但是這一段經過
事實，卻有追述的價值。

第六章　治水及改革鹽法

第一節　鄭州決口河工

　　我父一生有幾件很有研究、很有心得的大政策。河工水利，是內中的一件。他三十歲以後，就留心實用的學問，很看了許多講河工水利的書籍，自己也十分用心領悟體會，逢到出門作客，南北奔走的時候，更到處實地留心山川起伏的形勢，和他平時所看的書籍，加以融會貫通，漸漸有了心得。他以為治國福民的事，河工水利是第一件。天下惟水的這樣東西，不能為利，就要為害！不絕對有利，即絕對有害，沒有徘徊中途的道理。所以將水道疏濬得法，不但水旱之災可以免掉，而且輪運交通，都有很大的利益。我父在光緒十三年（1887）五月，跟了孫公雲錦到開封作幕。孫公是去做開封知府的，那曉得一到那裏，就撞着黃河在鄭州一帶決口，幾天功夫，一連決了二三百丈。百姓呼號逃難，都有「為魚」的情狀。當時倪巡撫文蔚、孫知府等，都曉得我父向來對於河工很有講究，於是會同推舉我父主持河工計劃，擬一個疏濬的綱要。我父一面去視察實地情勢，一面再覆看潘、靳講河工的書，和考究宋、明史。很辛苦了幾時，決定先要測量，再用西法機器疏濬施工。那時候我父就痛恨舊河工的習慣和舊法，認定都有一併拋棄的必要。其時巡撫、河督等，都還沒有這樣識見和膽

量。於是我父曉得照舊敷衍，於事無濟，乃離開了。當時我父很有許多發表的文件。我現在摘錄一封〈與倪中丞論河工〉的信，也就可概其餘了。

　　……繹公昨諭，頗以引河未能定局為慮。……昨日約同劉瀛賓詣決口壩頭及河身涸墊處，周歷詳視，復用望遠鏡憑高望測。……揆公所慮，引河不得地，枉費工力，夫施工之人應賑之人也。無論河身何處，今日去土一尺，將來即受水一尺，不得為枉。……請為按圖言之：河自鄭州五堡中阻一灘，南北分流，南支今自十堡以東，會北支入決口矣。而北支未灣處河身，距今決口以下，公所謂北岸老灘下河槽，較今所開引河形勢便利者，中阻嫩灘，裁十六七里。據董慶恩述洋匠加海之言，用機器船十五施工，一月可得長百六十里寬二丈餘深一丈餘之河一道；需船價運腳四十萬，兩月可至。蓋以煤炭人工，一月之久，一二萬金足矣；需運土之船二三百號，則明歲南糟不運，天津、通州粮駁悉可借調，其機船未來之兩月中，儘可移就北岸老灘下河槽，併力開闢，逐漸向東；機船一來，從此接辦。考鄭州九堡至祥符、中南二十堡，當河之中，切灘取直，只六十九里。……即並中間有水易疏者四五里計之，凡一百四里耳。……十五船不及四日竣事，有一丈餘深、二丈餘寬之河。無論水勢如何，斷無不順軌而趨之理。……且所費視河員所估引河不及一半，何憚不為。請公即電託合肥迅速定議定約，事機之來，如箭筈、如刃鋒，少遲即逝，少頓即鈍也，塞決告功，恐須三月，此河之成，當在其前，願公圖之。……

我父還有一篇〈鄭州決口記〉，記載當時的各種情形，十分的詳

盡。中有一段，述及災民流離的慘狀，和河官奢侈荒謬顢頇的怪狀，
很為痛切：

> ……中牟、尉氏城浸水中，溺死之人，蔽空四下，若
> 鳧鷗之出沒，或一長繩繫老弱婦稚七八人，而縲犬於末，
> 或綳嬰或湊尸樹杪，或累累着牛車傍，隨波翻覆，如是者
> 十餘日，日不一聞。近決口八九里，災民緣隄營窟，採蒿
> 梗柳枝自芘者，河道李正榮猶示禁焉。詢之曾官河防若土
> 人自榮澤決至今二十年，余璜官上南廳同知且十三四年，
> 余璜平時溲便用銀器，姬妾幸者，房櫳窗壁，往往用黃金
> 釘，地重繡罽。凡村寺演劇，無不至，至則先期戒治，幄幔
> 如天官。隄防之費，歲領十二三萬，一委外工司事。……

第二節　導淮

中國最大最重要的水，一共三條本幹，黃河居北，淮水居東南，
長江居中。三條水，歷久不治，時見災害，都有疏濬的必要。本來天
下的變遷，沒有比水流再快再離奇的。那時的河官，又大都尸位素餐，
官樣文章，聽他自然。民間只恨水災水患，也沒有徹底的注意而去講
求治理。我父積了不少年的研究和心得，看了淮水和江蘇有切膚的關
涉，比較長江弊害更多。他就先從小部分着手規劃淮河的支流的運河，
讓他到呂四的大刀壩入海。到了宣統元年（1909）方才做好了呂四的
十七八總船閘，有了宣泄的功用，就開了墾牧公司第一隄的地，通淮
委河。這一來淮水的尾流，方才有了經過裏運河入海的歸納。我父認
為導治淮水，非先大舉測量不可，於是這幾年中和總督官紳社會常常
說到這事的重要，和導治以後的利益。聽的人雖也表示同情，而事實
上仍然沒有辦。我父對此事發表的文件多得很，我現在摘錄幾段〈代
江督擬設導淮公司疏〉，大致可以明瞭一點。

……竊自上年臣到任後，即訪知淮北災情重要。……災民流亡至清江浦者五十餘萬口，揚州、鎮江、江寧三處亦十餘萬口，顧念大局，非常危急。……江蘇、徐、淮、海十七州縣災區，……平均以二十萬計，已三百四十餘萬。……安徽最為災重之宿、泗二州，五河、靈壁二縣不與焉。……淮水成災原於入海路絕，僅恃經過洪澤、高寶、邵伯等湖，一路南下入江，而洪澤湖底自黃河北流三十餘年，日淤日淺，至光緒二十五年河決鄭州，黃水停瀦淮北者年餘，淤墊益甚，高寶、邵伯湖因被連及，……而遭大旱，非橫流千里，即赤地千里，咄嗟五六百萬賑施之事，豈堪常有，欲抉去其病根，勢非合淮水所經項腹尾之地而大治之不可。……臣查同治初導淮估費近一百二十萬，專為闢張福口引淮經舊黃河入海而言，而鄭州河決以後，情形不同。……淮水正幹長已五六百里，節流疏導，已覺地大役眾，時久費繁；其入江支流，仍應就涸出湖地，量闢水道，接通運河，以期分泄。……外人查看災狀者，已謂我不應棄可理之地，戕有用之民，其意蓋謂治淮泄湖，則湖之涸地可田，利之興可操券而獲，反是不治，則患且日滋，隱憂甚大。……臣意為民興利除害，本國家應盡之義務，而因時推行通變，為今日應審之機宜，害苟當除，利苟當興，淮自不得不導。擬請飭下農工商部、度支部會議，設能由國家借款，專派大臣，分年舉辦，則次第涸出之田，當時有繳價，常年有增賦，可備抵償之一端。設一時格礙難行，擬請由臣敦勸紳商設立公司，擔任借款還款。……

光緒三十二（1906）、三年（1907）間，總督端方也曾經容納我父的意見辦測量局。哪曉得辦事的人完全外行，用了三四百萬而成績毫無，圖亦繪得不全。到了宣統元年（1909）方才由我父主持，辦了江淮水利

公司。先就清江浦成立了一個測量局，派了通州師範附設測繪科的畢業生，去分班開測。這件事方才算有了一個交代，立了一點根基。

第三節　改革鹽法

改革鹽法，也是我父大政策中的一件。他認為鹽法在中國，從各方面立場看起來，根本上極不平等，極多弊害。相沿下來一千多年，雖然也有許多人主張改革，但是結果仍然落空辦不通。鹽法的歷史內容和組織，十分的複雜，簡單說起來，就是煎鹽的灶丁站在最下一層，而商人、官員都壓在他的上上層。雖然，鹽是甚麼時代甚麼人類日常必需的物品，而灶丁又是煎鹽的主人翁，但是因為鹽是國家專營專利的東西，所以灶丁應得絕對的受支配。幾百年幾十年以來，甚麼東西和工資都漲起價來了，獨獨灶丁血汗的報酬，還依舊絲毫不加。這就曉得有一種特殊階級，狼狽的勾結起來，拿國家利益的招牌，做他們的護身符，來壓迫最勞苦無告的灶丁，叫他們一輩子不能透氣翻身，一面把持幾百年來最低微的價錢，怎樣都不願意拿這殘忍不近情理的舊法變動打破。這種現象，豈但在人道上說不過去，就是國家治安上最大危害的梟匪，也是這種極壞的制度的產物。我父生長在通洲一帶，又向來留心國家應興應革的大政，更有一種幫窮苦無告的人打抱不平的天性，所以就不能坐視，發表他改革的主張。但是他曉得政治上的改革，尤其是在中國那時的政府和社會，一定要替上上下下幾方面都設身處地的想個大家不吃虧方法，才能辦得通。他有好多關於改革鹽法的文字，我只好在一篇〈衛國郵民化梟弭盜均宜變鹽法議〉當中，摘出幾段來：

> ……法無行之百年而不弊者，況歷一千二百餘年之久，弊有不可勝者乎？……由今觀之，舍就場抽稅外無善法。然則鹽終不可治乎？曰可，請仍用劉晏就場抽稅之

法，……用晏之法當補其所未及，凡各場產鹽之地，當漸約之使聚於一、二適宜之處，而其尤要者，則鹽價與凡工商所出之貨物買賣同例，官不定價，鹽固工商兼具之事也。給於工者，必使足償其勞而養其生；鬻於商者，必使得和其市而均其利。……足償其勞而養其生，則煎曬之人樂於從事，而鹽之出也多，多則價不期平而自平，且價不死，則可按民生日用所需之物價，為鹽價之準，價既無大小，彼煎曬丁何必不歸鹽於商，則鹽無官私矣。得和其市而均其利，則場運商同業一業，利害可以相通，肥瘠可以相劑。……誠如此，則凡食鹽者皆有稅，凡買鹽者皆為商。……昔之商固商也，昔之梟亦可商也。有國家者，將使民為商乎？抑為梟乎？或梟化而為盜乎？故欲利民利商，宜復晏法而不定價。……雖然，固有以為大不利之官在。……商與民去政府遠，官去政府近，近者以為不便，又居多數，政府耳有聞，聞官之言，目有睹，睹官之牘，奈何？曰：我固為憂國忘家深明公理之政府及度支部大臣言之也，若為運司以下之官言，則是與狐謀皮，與兔謀脯耳。……

灶丁的苦況，和受驅迫可慘的情狀；我再在〈改革全國鹽法意見書〉裏邊，摘下幾段：

　　……中國舊時專制政治之毒，最為滅絕人道者，無過鹽法。……今姑以淮論，……淮南商埠場分煎丁著籍，或自前明官定壓制之法，迫作苦工，令場商以賤價收，令運商以貴價賣，因而重徵商稅以為利。……丁如不服，笞杖枷鎖之刑立隨其後，如或逃亡，則罰其子而役之，無子則役其孫，並無孫則役其女之夫與外孫，非親屬盡絕不已。……其視人民生命，幾於牛馬之不如！……

　　我父東遊回來，認為改革鹽法也要從自己的力量可以辦得到的地方，來試一試改良的製造，拿事實來證明他一部分的主張對不對、能行不能行。光緒二十九（1903）、三十二年（1906）間，就在呂四招集了資本，買了鹽垣，好容易在官府立了案，成立一個同仁泰鹽業公司。最先延聘日技師倣東法製鹽，而被阨官定的價格。繼改海州及浙東的池曬，又被阨於天時地質的不宜。最後試驗松江板曬，始獲成效，直到現今。通屬各場出數，還推呂四最多。去年淮南各場因草價日貴，都改煎為曬。豈知二十餘年前，我父眼光早見及此。當公司創辦之初，遇事棘手，艱困萬分，資本和技術人才都不應手。到了後來，才渡過了難關，漸入佳境。當時我父所定鹽公司整頓章程第一條就寫着：「……一、鹽業為商務之一，凡執事人概稱先生，不得沿老爺舊稱。……」可見鹽業向來重階級的積習，非常惡劣。我現在再在我父關於改革鹽法的著作裏邊，摘出他所主張變鹽法的條件大綱一看，較為醒目：

　　　　然則變鹽法而但變為官專賣，寧非所謂知二五而不知十，知蛇蠍之傷人而不知豺虎傷人之尤劇也。……故推論事實，斟酌公理，竊以為變鹽法之大綱有七。大綱維何？曰，設廠聚製，就場徵稅。曰，合場運之力以設廠，分場運之界以任稅。曰，去官價，革丁籍，破引地。曰，減課之額，以增收之數。曰，度支部平均鹽課之高下，統計收入之盈虛。曰，改散駐防緝私鹽場警察。曰，裁監督無實之司道，留稽徵切近之鹽官。……

第七章　立憲運動及諮議局成立

第一節　變法平議

　　我父從光緒二十年（1894）以後，雖然沒有做官，但是沒有不辦事。外表看起來，不站在政治的舞台上，而實際無時不抱着「國家興亡，匹夫有責」的責任心；一種盡忠竭愛希望改進政治、人民得到幸福的熱忱，或者比別的人還要加上幾倍。我父雖然對於戊戌那樣辦法的變法，始終不表同情，但是看了當時宮廷的紛亂、親貴的昏憒、內政處處腐敗、外交斷送權利，越看越痛心，也認為非改革變法不可。所以他回到南邊以後，就立刻發表他理想上應該怎樣變法的主張和辦法，做了一本《變法平議》，拿六部做個分項的總目，很仔細的斟酌中國的歷史習慣，參以人家君主立憲國可以取法的地方，主張在不流血不紛爭的狀態範圍以內，循序改進。這本書出來以後，當時的朝野人士，雖然是很注重的瀏覽傳閱，而依然不能感動當朝樞臣頑固的習性。即此平和中正漸變的改進，總算替他們設身處地計策萬全，也都沒有見迫諸實行，完全成了紙上空談的泡影。我父個人，固然是異常的失望，而滿清的運命，也就和秋後的殘葉一般，漸漸的離開本枝了。我現在將《變法平議》內的立論和項目，擇要的摘錄如下：

……乘積弊之後，挾至銳之氣，取一切之法而更張之，上疑其專而下不喻其意。伊古以來，變法固未有不致亂者矣。……戊戌、庚子變亂迭興，新黨舊黨之爭，衍為南北，支離變幻，不可窮詰。斷以一言，則均之有詬罵而無商量，有意氣而無條理。……則意行百里而阻於五十，何如日行二三十里者之不至於阻而猶可達也。……約分三端，以歸一致。……

凡吏部之事十：

一、置議政院。……一、設課吏館。……一、停捐納。……一、改外部。……一、分職以專職。……一、省官以益官。……一、長官任辟僚屬。……一、胥吏必用士人。……一、優官吏俸祿。……設府縣議會。……

凡戶部之事十二：

一、徵地丁圖籍。……一、頒權度法式。……一、行金磅，改錢法。……一、立銀行，用鈔幣。……一、行預計。……一、訂稅目。……一、改鹽法。……一、定折漕。……一、行印稅而裁厘金。……一、集公司而興農業。……一、清屯衛田。……一、收僧道稅。……

凡禮部之事八：

一、普興學校。……一、酌變科舉。……一、學堂先學畫圖。……一、譯書分省設局。……一、權設文部總裁。一、明定學生出身。……一、派親貴遊歷。……一、省官府儀衛。……

凡兵部之事四：

一，抽制兵衛役，練警察部隊。……一、為武科將領設武備外院。……一、別立畢業生練營。……一、劃一製造廠槍炮。

凡刑部之事四：

一、增現行章程。……一、增輕罪條目。……一、清監獄。……一、行訟稅。……

凡工部之事四：

一、開工藝院，兼博覽所。……一、行補助法，廣助力機。……一、勸集礦路公司。……一、講求河防新法。……

以上事散見於六部者四十二篇，其施行之次第：則第一，請設議政院，各府州縣城設中學堂，……各省設局，編小學堂中學堂課本書，譯各史及各學科書，戶部及各省布政使各府、州、縣行預計表。第二，分職省官定体，各府州縣實行測繪、警察、訂稅目、增法律章程、罷厘金、停捐納、變科舉、行決算法。第三：合各府州縣分設各鄉小學堂、興農工商業、抽練營兵、減官府儀衛。而一事也，或以事理階級定分數，或以省分財力定分數。分數既定，分年可辦，由督撫自定，而六部課之。……

第二節　運動立憲經過

自從光緒二十九年（1903）我父東遊回來。覺得立憲固然要政府先有感悟，主持實施，然而人民也得要一齊起來發動，先用一般團結研究的工夫。所以這一年內，見到官員友人，遇到談論通信，沒有不勸解磋摩各種立憲的問題。到光緒三十年（1904）的四月，就代張公之洞、魏公光燾做了一篇〈擬請立憲奏稿〉。這篇文章，曾經聚集了四五個朋友，斟酌了六七次，方才定稿。其時別省的督撫，也漸漸有人同樣的奏請。到了六月，就和趙公鳳昌[1]送到內庭，聽說太后看了，很為動心，我父年譜上有一段記着：

1　趙鳳昌（1856–1938），字竹君，晚號惜陰老人，江蘇武進人，清末著名幕僚。

　　……六月刻《日本憲法》成，以十二冊，由趙竹君鳳
昌寄趙小山慶寬徑達內庭。此書入覽後，孝欽太后於召見
樞臣時，諭曰：『日本有憲法，於國家甚好。』樞臣相顧，
不知所對，唯唯而已。瞿鴻機旋命其七弟來滬，託鳳昌選
購憲法各書，不知趙故預刻憲法之人也，舉告為笑。樞臣
奉職，不識古義；涖政，不知今情，以是謀人家國，寧有
幸乎？

　　到了光緒三十一年（1905）的八月，五大臣奉旨出洋考察憲法，動
身的時候，被人放炸彈，沒有走得成。到十一月又派第二回，乃走成
了。當時我父有關於這三年以內謀劃立憲的經過，在日記上記了一段
〈立憲近況紀略〉。我抄下來，可以明白當時的真情實況：

　　立憲之動機於鐵、徐之入政府，端之入朝，振貝子又
助之陳於兩宮，慈聖大悟，乃有五大臣考察政治之命。既
盛宣懷[2]於召見時首倡異議，袁世凱亦依違持兩可。會八
月二十六日車駕炸彈事發，慈聖大震，而小人得乘勢以搖
之，然五大臣之命不可遽收，故反復延宕至三月之久。徐
入政府，袁所薦也。聞於此事，不甚附袁，既又留徐紹而
易以尚其亨[3]。李盛鐸[4]佐澤公西行，李頗有自命為憲政黨之
意，亦時時示異於袁，蓋善占氣候人也。然又貳於端，殊
自表襮。觀其戊戌之己事、性質手段，略同於袁而地位不
同，所已成就者亦遂小異。留學生歸國事，李頗採余說，
而又忌余之親端，乃略解之。要之憲政之果行與否，非我

2　盛宣懷（1844–1916），字杏蓀，江蘇武進人，清末巨宦、企業家。
3　尚其亨（1859–1920），字惠丞，奉天海城人，漢軍旗人，進士、清末政治人物。
4　李盛鐸（1859–1937），字嶬樵，號木齋，江西德化人。清末政治人物和著名藏書家。

所敢知，而為中國計，則稍有人心者，不可一日忘此事，
將於明年秋冬之際卜之。

　　光緒三十二年（1905）的五月底，端方、戴鴻慈[5]從外洋考察回來，
我父會見他們，竭力勸其速奏立憲，不可再推宕。其時我父和鄭公孝
胥、湯公壽潛、曾公少卿，已經組織成立了預備立憲公會。我父在年
譜上有一段表示，很着重在人民的自治基礎，可見我父的立憲運動，
全然為人民本身幸福着想。

　　　……鄭孝胥同議設預備立憲公會。會成，主急主緩，
　　議論極紛駁。余謂立憲大本在政府，人民則宜各任實業教
　　育為自治基礎。與其多言，不如人人實行。得尺則尺，得
　　寸則寸。……

第三節　諮議局成立經過

　　光緒三十四年（1907）秋下了上諭，叫各省諮議局預備立憲。江蘇
一向文化是優先、地位是衝要，各省都奉為榜樣。我父在江蘇又居眾
望所推的地位，雖然那時候各省對於預備立憲，都惟江蘇的馬首是瞻，
但是諮議局是初創的機關，一點依傍都沒有，所以蘇人那時候就先在
南京碑亭巷設立了一個籌備處，集議研究，調查各項辦法。到了次年
二月，我父就選定了鼓樓東北的地方，做諮議局。那裏地點很為壙爽，
風景亦佳。隨即派了人到日本去參觀國會議院，採訪了許多建築的圖
案回來。到了三月，等圖樣計劃一定，就立刻趕做工程。（就是現在
首都的國民黨中央黨部）到三月下旬，還是在籌備處開會，公決了田
賦、徵銀、解銀，銅圓流弊，和籌集地方自治經費的三件事。到了九

5　戴鴻慈（1853–1910），字少懷，廣東南海人。清末高級官員，支持立憲。

月，議決了聯合各省請願速開國會，組織責任內閣的案件。到宣統二年（1910）二月，又議決了預計地方自治經費，釐訂地方稅界限，應請開國會的條件。到了八月，我父以議長的地位，領導招待美國遊華實業團於新建的局所，團長為舊金山鉅商大賫陸白脫君（Captain Robert Dollar），團員都是各邦重要工商界人。我父與談中美聯合興辦銀行航業公司事很融洽，定了草議，並且還答應他，我們中國不久也組織報聘團去答訪。這回是中國國民外交的開始。到了十月各種重要議決案件漸多，而尤重要的是議決彈劾總督違法案二件、全省的預算案一件。諮議局在中國，本來是破題兒的第一個創局。當時，雖處於君主專制之下，然因為屬於立憲的初步建設，所以當時民氣很是激昂一致，抱負亦很不凡，有幾點直到現在，還有追述的價值，已經成了歷史上的想望了。

第一，當時議員從各地當選，差不多完全是人民的意志自動的認為優秀可靠，就選他出來，拿最重大的代表責任和地位，加在他的身上；勢力和金錢的作用的運動，在那時竟沒有人利用，也沒有受利用的人。那當選的議員，也人人自命不凡，為代表民意力爭立憲而來；拿所有的心思才力，都用在這帶來的責任上邊。所以彼此的交接，和自處的來路，都是極純正清白，大家都沒有一點含糊。所以觀念和動作，自然而然和後來完全兩樣。而且我父曾經發起利用諮議局四圍的餘地，依蘇省十一個府州屬的範圍，分建了十一個議員公寓，希望造成獨立寧靜的環境，在開會期間，外物不相侵擾，自然能安心盡職，努力服務。

第二，開會以後，就推出各課的審查員和常駐員，有了一件請願或者交議審查的案件，不是大家詳盡的討論，就是各去看有關涉的書本，再不然到實地上去考究，大家都認認真真當一件事做，總得要商找出一個相當妥善的結果，才算有交代。在開議的時候，陳述理由，滔滔不絕，大家都息心靜聽；一到辯論的時候，各逞詞鋒，好像臨陣殺敵，你一刀我一槍，毫不退讓，完全在正理和事實的範圍以內，爭

論出一個真理性來。到了議決了以後，大家就拋棄我見，服從多數，就是遇到了不能立時解決的爭執，只要議長一聲停止，或是休會，那全場就立刻收起陣來，鴉雀無聲。這才叫表示議員本身的人格、議長領導的重望，和議會地位的尊嚴。

　　第三，那時雖然還是帝制，還有總督，可是已經訂定賦予諮議局的職權，那是神聖得很。遇到總督有違法的地方，也就毫不客氣、毫無忌憚的提出彈劾。當時的政府，似乎還說諮議局不錯，判斷總督的不是。天下的事，要先能自重，才能叫人重，可不是麼？其時已距辛亥沒有多時，湖南譚公延闓、湖北湯公化龍等，都是諮議局的議長，所以各省諮議局的結合，已漸漸做了擁護辛亥革命的中心人物了。

　　這時候各省諮議局已先後組織成立起來，上諭上本來叫各省先成立諮議局，任籌備立憲的事，這千呼萬喚、聊勝於無的立憲籌備，都是人民方面的熱血決心，奔走呼號所激成的。雖然也弄個有名無實，而當時人民的苦心孤詣，與夫我父領導愛國的懇摯，我們一看我父的〈送十六省議員詣闕上書序〉就明白了。

　　　　宣統元年九月朔日，……詔令二十二行省諮議局同時成立。……即聞東三省……警告。於是交通較便之省凡十有六，其議員函電諮詢，交馳午錯，痛外侮之劇、部臣之失策，……不介而孚，萬聲一語。於是合謀上書，請速開國會，建立責任內閣，……各推代表，集於上海，先後來者凡三十餘人，就預備立憲公會，日共討論，謀所以紓國家之難，而稱先帝明詔立憲使人民參予政權之盛恉。……謇既設祖帳餞行，……而致詞曰：……今世界列強之亡人國，託於文明之說，因時消息，攘人之疆域財政而尸其權，而並不為一切殘殺橫暴之勞擾。使亡國之民，魂魄不驚，而讋服於其威權之下。故無形之亡國，國不必遽亡而民亡。至於民亡，而邱墟宗社之悲，且將無所於託。此其

禍視我昔時一姓覆亡之史何如？諸君則既心知之矣。幸
而先帝……詔定國是，更立憲法，進我人民於參預政權之
地，而使之共負國家之責任。……聞諸立憲國之得有國會
也；人民或以身命相搏，事雖過激，而其意則誠。……但
深明乎匹夫有責之言，而鑒於亡國無形之禍。……設不得
請，而至於三至於四至於無盡，誠不已，則請亦不已；未
見朝廷之必忍負我人民也。即使誠終不達，不得請而至於
不忍言之一日，亦足使天下後世，知此時代人民，固無負
於國家，而傳此意於將來，或尚有絕而復蘇之一日。是則
今日之請，迫於含創茹痛，就使得請，無所為榮，得請且
不足榮，則不得請之不得為辱，可以釋然矣。……

第八章 辛亥革命前後

第一節 入京

　　我現在又要說到我父的一個極重要時期，也是國家的一個非常變局，就是辛亥的一年。這一年的變局，千頭萬緒，很不容易梳爬出一條理路。約略說起來，於國家於個人，總逃不了有的是造因，有的是結果，有的還蘊釀轉變，更脫不了起伏循環的公例。加之私人的恩怨好惡，參雜利用其間，就造了一個極為複雜離奇的現象。那一年的四月，我父被上海、天津、廣州、漢口四處總商會公推到北京陳請中美報聘團，合組航業銀行和其他各事。我父那時對於政府的感想，已覺危乎其危，在年譜上寫着一段：

　　　　政府以海陸軍政權及各部主要均任親貴，非祖制也。
　　復不更事，舉措乖張，全國為之解體，至滬合湯壽潛、沈
　　曾植、趙鳳昌諸君公函監國切箴之，更引咸、同間故事，
　　當重用漢大臣之有學問閱歷者。趙慶寬為醇邸舊人，適自
　　滬回京，屬其痛切密陳，勿以國為孤注。是時舉國騷然，
　　朝野上下，不啻加離心力百倍，可懼也！

　　我父既然被國內最重要的商會推舉，又是陳請本人曾經參加的外交上的商業事件，所以就應允一行。由漢口乘京漢路車進京，經過彰德的辰光，就和二十八年以來分道揚鑣、疏隔已久的袁世凱會面，那知道這無意中的一見，就和下半年的變局引起了很重大的關係。我父和袁談了以後，日記上有一段記載，就曉得我父這時候對袁和二十八年以前隔絕以後觀念的不同。

　　　　十一日午後五時至彰德訪袁慰庭於洹上村，道故論時。覺其意度視廿八年前大進，遠在碌碌諸公之上。其論淮水事，謂不自治則人將以是為問罪之詞。又云，此等事乃國家應做之事，不當論有利無利；人民能安業即國家之利，尤令人心目一開。夜十二時回車宿，倪某自京來，持久香書；京師人士輩以余前電久香十三日至京，各團體將於車站歡迎，余不願為此標榜聲華之事，故以十三日至京告久香，而必以十二日到。慰庭留住，未之許也。

　　到了北京以後，清攝政王和滿朝親貴尊賢禮士的風氣，都還做得十足。就是談到正經事體，仍舊口是心非，當作耳邊風一樣。我父那時一看國勢衰弱，江河日下，只是瞄準了走上那頹敗的道兒，絲毫沒有因為籌備立憲開國會的新局面，大家有了一點覺悟，振作起來；依然是敷衍顢頇，蠹國病民，自家拼命的自殺自亡，他人是救不來的！但是我父這次到京，還抱着極興奮誠摯的心意，想打一針最後強心的忠言，來救醒親貴的沉迷，來保住那將倒的大廈。看了我父年譜上所載和攝政王載灃、慶親王奕劻二人的談話，也總算是暮鼓晨鐘的意味了，多麼的痛切誠懇呀！

　　　　十七日八時，引見於勤政殿，王命坐云：汝十餘年不到京，國事益艱難矣。對：丁憂出京，已十四年，先帝

改革政治，始於戊戌，中更庚子，至於西狩回鑾，皆先帝
艱貞蒙難之日。今世界知中國立憲，重視人民，皆先帝之
賜。王語，甚嘉獎。對：自見乙未馬關訂約，不勝憤恥，
即注意實業、教育二事，後因國家新政，須人奉行，故又
注意地方自治之事。雖不做官，未嘗不做事。此所以報先
帝拔擢之知。此次因中國報聘美國事，又有上年美商與
華商所訂中美銀行航業二事，被滬、粵、津、漢商會公
推到京陳請政府，蒙上召見，深感攝政王延納之宏，求治
之殷。今國勢危急，極願攝政王周咨博訪，以求治安之進
行。王云：汝在外辦事多，閱歷亦不少，有話儘可說。對：
謇所欲陳者，外交有三大危險期，內政有三大重要事。三
期者：一、今年中俄伊犁條約。二、宣統五年英日同盟約
滿期。三、美巴拿馬運河告成，恐有變故。三事者：一、
外省災患迭見，民生困苦；朝廷須知民隱，諮議局為溝通
上下輔導行政之機關。二、商業困難，朝廷須設法振作，
金融機關須活。三、中美人民聯合。王云：都是緊要，汝
說極是，可與澤公商量辦去。又說：四川鐵路收歸國有，
須寬卹民隱，餘說尚多。計時逾三刻。

　　謁慶王於其邸，極陳東三省之重要危迫，亟宜疆力自
營，不當聽人久久鼾睡。趙督所請二千萬，實至少而至不
可已之數，王但應課其用之得當覈實與否，不可掣其肘。
復為言國民疾苦之甚，黨人隱忿之深，王處高危滿溢之
地，丁主少國疑之會，誠宜公誠虛受，惕屬憂勸，不宜菲
薄自待，失人望，負祖業。語多而摯。王為掩面大哭，於
此見此公非甚昏愚，特在廷阿諛者眾，致成其闒茸之過，
貪黷之名，可閔哉。（辛亥四月）

那時候朝中有人提議，我父如果願意留在京內，就任以賓師之

位。假使要到外邊，就去做黑龍江巡撫和籌邊大臣。我父一聽，當然只有搖頭，所以有「此行以公推而來必不可得官而去」的說法。不久還跑到東三省視察一趟，對於開發整治林墾圤航各事，很詳盡的策劃，定了許多政策，可惜還是落了空。本來在光緒末年請求立憲開國會斥親貴的聲勢，在南邊一天鬧得比一天大。就有人在太后面前說過：「這些亂子都是張季直幾個人在那裏鬧的，只要對他們不問軟硬有一個辦法，就沒得事了。」可見當時我父很為朝內所注目。我父自光緒二十年（1894）以後，雖然在野，與官職久久隔絕，可是對於光緒帝的一般知遇，有機會還要盡那款款的忠忱。所以許多年來，每逢會見了封疆督撫和出京的親貴，都還舌敝唇焦的進了不少的忠言和挽救的策劃。

第二節　擁護革命

到了宣統三年（1911）八月，武漢革命的旗幟一豎，頓時全國鼎沸起來，獨立的省份，好像正月元旦的鞭炮，連續的不斷。江蘇向來站在衝要的地位，尤其風聲鶴唳，草木皆兵。到了這時候我父應付各方的自處地位，煞費深長的斟酌，最終決定，一面保持清室的安全，下場善後；一面擁護革命，改國體為民主。認為公私進退最光明正大的腳跟，只有立到走一條大路上去。本來像我父這樣高超的人格、凌空的志氣、堅強的魄力、純厚的心田，決不能拿一孔之見的小忠小信，來拘束他、範圍他。他是中國的人民，不是清室的私臣，對於清室也盡過孟子所謂「諫則不行，言則不聽，膏澤不下於民」的責任，面且革命一發，立即成功的起因，是滿清親貴昏庸自作的結果。所以我父根本的見解，就覺得無論怎樣，總不能再保持那腐敗蛀爛不堪收拾的老根，去撲滅剷除這清新俊美、有希望的嫩芽。就是替清室方面着想，「星星之火已經燎原」也決不是一杯水、幾個電報、幾個上諭可以消滅

的，除掉幫他想一個很光明的下場、完妥的後來，是沒有第二個法子的。可是在另一方面看起來，這舊房子是一定就要倒毀了，那新房子用甚麼方法一步一步來造成呢？那時候，一天星斗、羣龍無首的現象，大家已經有點害怕，想到這篇文章怎樣才能做下去？怎樣才能結局完篇呢？

第一，就想到袁世凱的才能可以有為，就是為人有點難測；加之北方新軍在他掌提之中，稍一顛倒，根本就要搖動。就立刻函電交馳，派人前往勸他不要再去捧持落日，要來扶起朝陽。當時很有許多來往的電報，極有關係，我摘幾件：

先對清室勸告：

> 內閣歌電敬悉。自武漢事起即持非從政治根本改革，不能救亂之義。……民主共和，最宜於國土寥廓、種族不一、風俗各殊之民族。……今共和主義之號召，甫及一月，而全國風靡，徵之人心，尤為沛然莫遏，激烈急進之人民，至流血以為要求，喁喁望治之情，可憐尤復可敬。今為滿計、為漢計，為蒙、藏、回計，無不以歸納共和為福利。惟北方少數官吏，戀一身之私計，忘全國之大危，尚保持君主立憲耳。然此等謬論，舉國非之，不能解紛，而徒以延禍。竊謂宜以此時順天人之歸，謝帝王之位，俯從羣願，許認共和，……推遜大位，公之國民，為中國開億萬年進化之新基，為祖宗留二百載不刊之遺愛，關係之鉅、榮譽之美，比諸堯舜，抑又過之。……至於皇室之優待，滿人之保護，成閣臣提議，國會贊成，立為適宜之辦法，揆之人道，無不同情。以上所陳，討論至悉，籌念至深，時機已迫，不及赴議。懇求代奏，速降明諭，以安大局，而慰人心。……（〈辛亥九月致內閣書〉）

再對袁世凱勸告：

> ……甲日滿退，乙日擁公，東南諸方一切通過。昨由中山[1]、少川[2]先後電達。茲距停戰期止十餘小時矣。南勸北懷，未可得志，俄、蒙、英、藏圖我日彰，即公所處，亦日加危。久延不斷，殊與公平昔不類，竊所不解。願公奮其英略，旦夕之間，戡定大局，為人民無疆之休，亦即為公身名俱泰，無窮之利。……（〈致袁內閣〉）

我父發出幾個勸告的電報以後，接到袁世凱的復電，還有推宕的語意。

> ……凱衰病斷無非分之想，惟望大局早定，使生民少遭塗炭。但在北不易言共和，猶之在南不易言君主。近日反對極多，情形危險，稍涉孟浪，秩序必亂，外人乘之，益難收拾；困難萬分，筆難罄述，非好為延緩，力實不足，請公諒之。……

等到灤州將領有重要勸告表示以後，時局就急轉直下，我父和湯公壽潛就去電，一面讚賀他們有膽識，一面希望他們能自重。

> ……南北一致趨向共和，適見諸公連章，不啻雙方代表。和平解決，已可繼葡萄牙之功，統一維持，尚望作華盛頓之助，人民有希望於正當之軍隊，而軍隊重；軍隊能以正當慰人民之希望，而軍隊愈重。全國之福，不世之勳，惟諸公圖之。謀以公民資格，遙致歡忱，並以為祝。……（〈與湯壽潛合致北方將領〉）

1　孫中山（1866–1925），名文，廣東香山人，中國近代最重要的政治家之一。
2　唐紹儀（1862–1938），字少川，廣東香山人。清末民初著名政治人物和外交家。1938年被暗殺而死。

在那個時候，我父惟恐袁別有懷抱，對滿清是不利，對共和也是看相，五年以後的那篇壞文章，這時候就動筆。所以想到共和的局面基礎沒有成就，不能不遷就鼓起他的興致，果然他贊成新局面了。然而弄兵躍馬到漢口示一示威的玩意兒，終久要做一做。

第二，想到共和團體的範圍，是五族的結合；內外蒙古地面過大，介乎強鄰，關係很重要，惟恐被人利用，走入歧途，如果一有異樣的說法，我的共和聲勢，就要受莫大的影響。所以立刻去電，曉以利害，結果也如願以償。這一段事，和中國改建共和的歷史，不是極有關係的一頁麼？

我父等蒙人贊助共和以後，又去了一個電報：

> ……聞蒙、漢同胞均贊成共和，諸公提倡熱誠，曷勝欽佩。滿清之待蒙人，束縛箝制，視待漢人更酷。……況俄人垂涎蒙古非止一日。為今之計，惟有蒙、漢合力，推誠佈公，結合共和政治。……南方民軍對於蒙族視如同胞，絕無絲毫外視之意。滿清退位，即在目前，共和政治成立，人人平等。大總統由人民公舉，漢、滿、蒙、回、藏五族皆有選舉大總統之權，皆有被選為大總統之資格。較之坐受滿清抑制者大不相同。請諸公將此意宣告蒙族，並居庫滿人，務各同心協力，一致進行。蒙漢同胞，並受其福，竚盼佳音。……（復庫倫各法團電）

那時清室請了袁世凱出來收拾大局，他裝腔做勢方才出來，一到北京就組織責任內閣，請了一班很有名望而和他要好的人加入。於是請我父擔任農工商部大臣兼江蘇宣慰使，函電交馳，並派人再三請我父去就職，我父那時候斷無答應的理性。然而又假了這個機會，發表了一個電報，總算進了最後五分鐘的忠告。說得也很徹底懇切。

　　報載二十三日諭旨張謇派為江蘇宣慰使二十八日奉儉電任謇為農工商大臣，無任惶悚。自庚子禍作，怨嘆雷動，謇時奔走江鄂條陳利害，須亟改革政體，未獲採陳。乃專意於實業、教育二事，迭有陳說，十不行者五六。……三年以來，內而樞密，外而疆吏，凡所為違拂輿情，摧抑士論，剝害實業，損失國防之事，專制且視前益劇。……人民求護礦權路權無效，求保國體無效，求速開國會無效，甚至求救災患亦無效。謇在江蘇輒忝代表，瞠目撟舌為社會詬責，無可解免。雖曰持國運非收拾人心，無可挽回；人心非實行憲法，無可收拾之說，達之疆吏，而陳之樞密者無濟也。諫行言聽之無期，而猶大聲疾呼之不已，誠愚且妄。……謇今年由社會公推入都，晤閣部臣時，復進最後之忠告：謂實業須扶，國防須重，輿情非可迫壓，愈壓則反激愈烈。士論非可摧殘，愈摧則憤變愈捷；一再披瀝，不留餘蓄。……而川省之事，趙爾豐[3]之焰頓橫。謇復電端方，告瑞澂[4]，為進治本須疏通，治標須撫慰之策，而鄂難作矣。……曾未彌月，而影響已十二三省；人心決去，大事可知。……今則兵禍已開，郡縣瓦解，環觀世界，默察人心，舍共和無可為和平之結果者，趨勢然也。……且罪己之詔方下，而廕昌[5]漢口兵隊於交綏之外，奸淫焚掠屠戮居民數萬於前。張勳江寧駐兵不在戰期閉城淫掠屠戮五六百人於後，……尚有何情可慰？尚有何詞可宣？……無已，再進終後之忠告：與其殄生靈以鋒鏑交爭之慘，毋寧納民族於共和主義之中，必如

3　趙爾豐（1845–1911），字季和，漢軍旗人。辛亥革命時被革命黨斬頭而亡。
4　瑞澂（1863–1915），字莘儒，號心如，滿洲人，清末政治家。
5　廕昌（1862–1928）字午樓，滿洲人，清末政治家。

是乃稍為皇室留百世禋祀之愛根，乃不為人民遺二次革命
之種子。如翻然降諭，許認共和，使蹇憑藉有詞，庶可竭
誠宣慰。……至於政體未改，大信已漓，人民託庇無方，
實業何以興起，農工商大臣之命，並不敢拜。謹請代奏辭
職。……（〈致袁內閣代辭宣慰使〉）

第三，還要幫清室善後，計策萬全。要明白這回的變局是革專制
國體的命，而改建共和國體，不是種族間狹義的報復那屠城肆殺的前
仇，也不是叫滿洲人離開帝位，讓我漢人走上帝位。非但沒有這種心
理，並且還要拿共和國體做一個大帽子，拿漢人並且連滿人以至回、
蒙、藏人都平等的容在一起。既然不記滿人入關時候種種苛虐漢人的
仇恨，再來演一下殺人屠城的慘劇，也就不能再流四萬萬人的血，來
殉滿洲一家的帝位。各種族在國體上，是地位平等，在政治上，是機
會平等。就是再進一步幫他想，與其用盡氣力保這已經搖動、沒有把
握的帝位，何不玉成他歷史上禪讓的美名，留一點情感來訂優待的條
件。所以我父用了不少的力，方才得各方的同情。不久內閣即日遜位
的復電，來到我父的手中了。

　　……前因民軍起事，各省響應，九夏沸騰，生靈塗
炭。特命袁世凱為全權大臣，遣派專使與民軍代表討論大
局，議開國民會議，公決政體。乃旬月以來，尚無確當辦
法。南北暌隔，彼此相持，商輟于塗，士露于野，徒以政
體一日不定，故民生一日不安。予惟全國人民心理，既已
趨向共和，……更何忍侈帝位一姓之尊榮，拂億兆國民之
好惡。予當即日率皇帝遜位，……聽我國民合滿、漢、蒙、
藏、回五族共同組織民主立憲政治。……務使全國一致
洽於大同，蔚成共和郅治，予與皇帝，有厚望焉。（內閣
覆電）

　　胡先生漢民[6]看到我父的傳記後，就寫了一封信給譚先生延闓，轉告我：「所謂內閣覆電，實出我父手筆」。這封信很有歷史價值，附抄於此：

　　　　組安先生惠鑒：季直先生《傳記》第八章文字，似有可補充者。清允退位，所謂內閣復電，實出季直先生手。是時優待條件已定，弟適至滬，共謂須為稿予清廷，不使措詞失當，弟遂請季直先生執筆，不移時脫稿交來，即示少川先生，亦以為甚善，照電表，原文確止如此，而袁至發表時，乃竄入授彼全權一筆，既為退位之文，等於遺囑，遂不可改。惟此事於季直先生無所庸其諱避。今云『來到手中』，頗為晦略，轉覺有美弗彰，豈孝若君尚未詳其事耶？有暇請試詢之。……（十九年二月十八日）

　　得此信不多日，又聽說我父此項親筆原稿，現存趙先生鳳昌處。辛亥前後，趙先生本參預大計及建立民主之役。那時我父到滬，也常住趙先生家，此電即在彼處屬稿，固意中事也。

　　我父向來有一種痛恨專制時代昏暴君主的心理，並不完全因為種族的界限。他認為專制時代人民的幸福，完全操之於君主的賢不賢。所以滿清前幾代的君主，提倡文化，勵精圖治，儘有比明朝幾個流氓壞皇帝好得萬倍，決不可因種族的成見，反置公道是非於不顧。可是我父有時候也感覺到自己是漢人，這回革命有「還我河山」的氣概。所以他民國元年所寫的住宅大門對，有「民時夏正月，國運漢元年」的句子（上聯指改用陽曆）。民國四年（1915）我行冠婚禮時，我父請客觀禮啟，有「漢威儀復見於今日」的文句。所以當時我父替漢人想，也就是替滿人想；替滿人的下場安全想，也就是替漢人的光復成功想。

6　胡漢民（1879-1936），原名衍鴻，字展堂，號不匱室主人，廣東番禺人。中國國民黨元老。

當其時，就是一直到現在，都還有人懷疑我父，一息主張立憲，一息擁護革命，變動得太快，卻不明白我父自有他變的理由和立腳點。在滿清當國時代，他所以贊成立憲，連戊戌那樣的變法他都不贊成，卻有他的理由。他在年譜的序言上，回述當時的感想和以後的現象。

　　……夫今之世，非中國上下五千年絕續之會乎？五帝以前，史所不能質言者，吾不敢知。由今日而企五帝之世，其國體為君主，則可斷言。……千萬人蒙其害而一二最強伯善爭者享其利，利至於無魘足而莫之止，乃復有爭。……民主啟於法於美，……辛我踵而行之十有四年矣。散一二人之專為千萬人所欲之專，而爭如故。……其故安在？一國之權猶鹿也，失而散於野則鹿無主，眾人皆得而有之而逐之而爭以劇。……自清光緒之季，……而立憲之說以起。立憲所以持私與公之平，納君與民於軌而安中國億兆人民於故有而不至顛覆眩亂者也。……謇當其間有一時一地一人一事之見端，而動關全局者，往往親見之親聞之。當時以為恨，後時且以為不足道，然而黃帝以來五千年君主之運於是終。自今而後百千萬年民主之運於是始矣。嗚呼，豈非人哉！豈非天哉！……

第三節　改建共和主張

到辛亥革命一起，全國人民都抱了一種非達光復的目的決不罷休的念頭。那時候局勢已成，不建共和，就要禍亂交至，水深火熱，一點辦法也沒有。就是在南北伍、唐代表議和的時候，還有一種君主立憲的運動。有人對我父說：「人民程度不夠，和土地太遼闊，都不宜共和，還是君主立憲罷。」我父立時有一篇東西，預備到會議時發表：

國民程度與共和政體之問題

國民程度，由一國之政治製造而成。國民程度製造品也，政治則機器。有共和政治，然後有共和程度之國民。美、法革命改建共和，皆為反抗壓制事實之結果，非先有共和程度而為之也。美苦戰八年而獨立，而其組織合眾國，亦獨立後屢經會議八年而成之，使其當日富有共和程度，不若是之困難矣。

觀此可知共和政體與君主立憲政體，不以國民程度之高下為衡，而以國民能脫離君主政府與不能脫離君主政府為適宜之取決。英之保存君主，以當日國民革命，貴族與有力焉。日本之尊王，所以覆幕，皆國勢事實上之問題，與國民程度無關也。是故國民未能脫離君主政府，只有立憲，請求共和不可得；既脫離君主政府，只有共和，號召君主立憲不可得；亦國勢事實為之也。

國土寥廓，種族不一，與共和政體之問題：

國土寥廓，最宜於共和分治。以理論證之，盧梭《民約論》謂：凡國土過大，則中央之支配力有鞭長莫及之虞，其勢宜於分治。歐美各國聯邦共和之制，實本盧氏。以事實證之，美之國土，廣袤不亞於中國，而共和之治最先，成績最美，其明徵也。

種族之繁雜，莫過於瑞士之聯邦。凡歐洲各國所有種族，瑞士殆皆有之，論者比為歐洲之縮圖，然共和政體之固、政績之良，而絕無渙散紛爭之慮者，怵於外患而團體愈堅也。中國雖並包滿、蒙、回、藏，而種族之繁已不如瑞士，且滿、回土地已改行省，同化於內地，其能同贊共和，固無疑義。惟蒙、藏二族，此時尚當酌宜制治，然由此破禁止交通之舊律，利用宗教政策、殖民政策；便之以

交通，新之以教育，十年以往，殆不難與今奉天、吉林、
黑龍江、新疆諸省並轡而齊驅。美國亦有新洲諸殖民地，
何嘗有礙於共和政治之進行也？

　　　且保全領土，尤為今日南北所當同心協力唯一無二之
問題。列邦對我條約，皆以『保全領土機會均等』為公認
之前提。要知此後中國，即死生存亡於此八字之中。中國
近二十年來一切進化之動機，皆發起於東南，而贊成於西
北。昔之推行新政，請求立憲，既已南北響應，一致而無
疑。今若南主共和，面北張君主，意見不一，領土以分，
外人公認保全，我乃自為破壞，生靈塗炭之餘，繼以外
患，瓜分之禍，即在目前。此真全國漢、滿、蒙、回、藏
五族死生存亡之機，所望於會議諸君熟察而深維之也。

　　當時我父主張共和的意志，異常的堅決，不願意再講立憲。譬如
有一個人家，住在一座舊房子裏邊，因為房子太舊，漏雨穿風，就要
倒壞，自然那一家人只有想法子去修理改好，不料起了一蓬火，把那
座舊房子燒去了，這人家就沒得住了，是不是只有趕緊蓋新房子的一
法。所以講到我父的為人，他的膽氣，着實不小，但是他不做冒險的
事。講到蓋房子的工作，他也是心心念念，願意做的，可是那放火去
燒房子的事，他是不情願做的。所以當袁氏要帝制自為時候，我父就
說：「袁世凱不但叛民國，並且叛清室。」後來又發生清室復辟的事變，
我父又說：「這班人不是愛人，實在是害人；優待條件，民國早無財力
去履行，假使本身還這樣的造口實，不怕人家整個的取消麼？」民國
以來的南北，歷次發生因政見而紛爭的內戰。有人詢我父有何意見？
我父說：「新造國家，政見紛爭是難免的。只要不鬧帝制復辟，都還可
以原諒。」所以我父在君主國體之下，不曾犯上作亂。到了共和國體
之下，反抗帝制和復辟；是一樣的忠國家，守本分，講人格。但是百
姓應該做的事，應該負起的責任，他是無論在甚麼境地，一刻也不變

他的本真。「殺吾君者，吾仇也；殺吾仇者，吾君也。」是皇帝換皇帝的話，雖然開脫得很巧妙，然而人格終久是墮落了。

第四節　對袁世凱之表示

到了共和政體大定以後，袁世凱電邀我父北去，我父謝絕不去，就回他一封信。

　　……承簡電屬即北行，此事為大局為公為下走，皆須斟酌。數月以來，海內稍有人心之士，皆以不忍全國人民糜爛之故，又以不共和不足以免人民糜爛之故，焦心瘁舌，幸底於成。然政體甫定，僅得半耳，亂機潛伏，觸處皆見。極簡言之，則生計問題，稍複言之，則權利思想。……比於南京之臨時政府，始則要約以最短之任期，繼則以爭漢冶萍事而辭職，所以示紛紛權利之中，我無與也。今若忽焉而北，則淺見者必以為有輕重向背於其間。……下走四十年一意孤行，不樂榮進之本懷，亦受累矣。此所謂皆須斟酌也。……凡公舊日信用之人，除軍隊外，願公勿盡置左右而擬以可遙為聲援之地，亦即此意。且願公合諸界一爐而冶，以示廓然之公，而又輾轉幹旋消釋最與同盟相嫌之人，贊助近與同盟切磋之會，以為公前驅。凡此者以為大局，非為公，益非為下走也。少川警敏縝密，能謀能斷，此行……必能應付。……政府尚在南方，……下走前此自陳，備公顧問。……以生平所知，拾遺補闕，自問尚有一日之長，若一處行政地位，儕於國務，則言論轉難發揮，而與社會亦易隔閡。……公如必強下走者，請專任改鹽法，疏浚淮河，擴充棉產紡織業三事。此三事粗有心得，不至茫無所措，且足迹可不出千里

之外，可以顧十餘年自營成之績，可以為範於他省。度此三事如其幸成，年且七十矣。以垂暮十年之心力，效於世界最有關係之事，當亦可以謝我故人。至於政府之地、國務之名，下走自愛，不願受。……

那時我父又派了一位親信，往京面陳種種，當時寫了幾條要講的事情，給他去逐條說明。文如下：

一時局震蕩，不必待國會取決政體，徒延時日，致南北人民實業俱受恐怖之損害。

一清帝遜位後，孫中山君亦言可去，此為孫君當眾發表之言，並有宣告北方將士書可證。

一清帝遜位後，即須與俄國妥辦外蒙古之交涉，以保完全領土。

一須嚴整東三省之軍備。

一守衛清帝軍隊第一鎮外，須另派一二鎮。

一須宣示謀增人民憲法內自由之幸福。

一須盡革專制之弊政。

一用人須寬，不拘一途；任人須嚴，必有一格。

臨時參議院舉出袁世凱做繼任的臨時總統以後，我父認為他這回組織內閣的人選，應該延致各派，遜位詔也應該趕速宣佈，又去了一個電報。

饒生當到。前以鄙意為公擬內閣組織之預備，頃有所見，更電請採擇。一、陸軍宜段而黃副。一、財政必熊[7]，熊

7　即熊希齡 (1870-1937) 字秉三，湖南鳳凰人，清末民初政治家、學者。

有遠略，有成績。一、實業周緝之[8]亦可。一、保皇黨人可
擇用，南方亦已疏通。一、張紹曾[9]已回北，可否仍令督率舊
部，移駐清江為預備簡練新軍之用。至遜位詔，宜速發表，
否則雙方財政皆受無數之影響。（〈致北京袁內閣〉）

當時就得到了袁氏的回電，也容納了。

……段、熊、黃位置，前經電知少川。世界實業，全
國首推我公，一時無兩，務乞同盡義務。融洽黨派，共趨
大同，合濟艱鉅，弟夙抱此願，既承疏解，梁卓如實其選
也。以上各節，乞就近商諸少川。張紹曾本弟舊部，如北
來，當必畀以兵事。年關伊邇，滿目瘡痍，稍有人心，思
之淚下。優待條件，如雙方允協，當可照簽。……

第五節　江浙局勢及政黨

辛亥冬天的幾個月，江蘇是恐慌到極點，大有朝不保夕的情狀。
如果本身沒有一種快刀斬亂麻立刻自決的辦法，秩序就要擾亂，財政
更要陷於困難。而且那時擁護革命的重心在上海，假使江蘇依違兩可
游移不定，沒有極堅決鮮明的表示，恐怕就要牽動大局，影響改建共
和的前途，這不是小事，哪可大意？恰好那時蘇撫程公德全[10]，為人忠
實，向來以民意為重，幕中又有許多識大體的江浙人才，代為策劃。
程公又處處推重我父，有封信寫着：「……昔子產治鄭，虎帥以行。全

8　周學熙（1866–1947），字緝之，號止庵，安徽至德人，清末民初實業家，政治家，舉人。
　　周馥之子。
9　張紹曾（1879–1928），字敬輿，直隸大城人。曾當中華民國總理。1928 年被暗殺。
10　程德全（1860–1930），字純如，號雪樓，四川雲陽人，清末民國政治家。

之視公，後先同軌……」的話。所以我父那時候將見得到的地方，和應付措置的計劃，儘量的向程公陳說，程公都容納了立時照辦，在革命風聲已經緊急的時候，程公電邀我父往蘇，還對清室有一篇極忠實的奏疏，那篇奏草是我父在蘇州客店裏一夜趕成的，有時還口授雷奮、揚廷棟二君筆寫。後來這篇原稿，楊君裝裱起來，還拿來請我父題一題。我父見了，很有深切的感慨！

純絃不能調，死灰不能藝。聾蟲不能聰，狂夫不能智。昔在光宣間，政墮乖所寄。天大軍國事，飄瓦供兒戲。酸聲仰天叫，天也奈何醉。臨危瞑眩藥，狼藉與覆地。爐燭累千言，滴滴銅人淚。

蜣蜋轉丸嬉，飛蛾附火熱。後人留後哀，相視一塗轍。蠛蠓與蠕蚗，等蟹髓略別。酒歟不解酒，楔也乃出楔。陽春忽云逝，風雨暗鵜鴂。蘭杜寂不芳，眾草生亦歇。可憐望帝魂，猶瀝枝頭血。（吳縣揚生以辛亥為雲陽中丞擬疏稿草裝卷見示，惝怳愴惻，不翅隔世矣。賦詩四章題其後歸之，亦以告後之論世者。）

那時維繫江蘇的局面，和一省支持接應新局面的困難，我父又和程公都認定國本民命比甚麼都重，所以程公還親自率領聯軍攻下寧城，我父代鎮蘇州，身當其衝，困頓萬狀。程公時時有求退的決心，當時一封信寄給我父，他感受異常痛苦，不能再耐了。

季公如見：弟勉力支撐，現已告竭。公遲遲其行，如有破裂，不敢任咎。祈速命駕前來，即日交代，得公鎮撫，不唯各方面疑團解決，且須速商各都督推舉臨時大統領，方於時局有裨。弟忍死以待，遲恐無及，不忍多言。弟全頓首九月廿一日。

那時候浙江都督湯公壽潛，也是和我父維持江蘇一樣的苦心孤詣，而應付的困難，求退的迫切，和程公在江蘇又感受同一痛苦。我也抄他一封信：

> 直老大鑒：初六教誦悉一一，固知公之愛我必有說以處此，何日可發表？下走儻焉不須臾矣。所恨者，為旆城而落水，此事仍不能圓滿，殊為耿耿！鄂電先聘舉多數者往，亦一機會也。南京下而未下，漢陽又挫，深恐臨時政府越急切越有變更，中國將無幸焉，公路可勝誅哉！政體已無可議，特利用以脫鞞殼，則公從滬地發起，假一絕大存亡問題，非各都督涖商不可，而後下走尚有可借箸。望公如歲，言不盡意，惟希葆衛。壽潛頓首。

這都可見得江蘇與民國的關係，和程公、湯公憂心焦慮的一般。我父辛亥幾個月的奔波焦慮，頭髮頓時都白遍了。這是一個很大的紀念！

那時候章公炳麟[11]在上海常與我父見面，會商民國成立以後的政治建設。一面謀鞏固民主根基，一面謀民權民氣在正當的軌道上發揚，尤其着重在政黨的建設。認為要促進政治上的演進，政見上的表現，必得有對待的二黨在同一國體之下，各自團結，拿政綱政見互相切磋，互相砥礪，使人民有從違擇捨的自由和信從。所以當時組織政團的意志，異常積極的進行，先組織了統一黨；不久又和民社、國民協進會、國民公黨、國民公會、共進會五個政團合併為「共和黨」。第二年共和黨又和其他幾個政黨合併起來叫「進步黨」。我父雖也被推為理事，可是並沒有答應去就。

11 章太炎（1869–1936），原名學乘，字枚叔，後易名炳麟，浙江餘杭人，清末民初著名經學家。

第三編

民國元年壬子 (1912)
—— 民國十五年丙寅 (1926)

第一章　南京政府成立

第一節　組織政府籌款及任職

革命發動以後，我父就在上海常常和黃興克強[1]、程德全雪樓、湯壽潛蟄仙、汪兆銘精衛[2]、陳其美英士[3]、章炳麟太炎諸公見面，會商組織政府，籌措款項，應付外交，聯絡蒙、回、藏等事。而湯壽潛、趙鳳昌竹君數人，尤朝夕和我父討論策劃，一意穩定國本，渡過難關。而當時大家所認為最關重要而不容一刻延誤的，是組織一臨時政府。因為對外的外交，尤重於對內，而一切軍事財政的進展籌劃，更要有一個提綱挈領的統一機關。武漢是起義的地方，就先和黎都督商計這件事，他立刻回信也贊同了。

季直、雪樓、蟄仙先生大人執事：敬覆者，莊君思緘臨鄂，奉讀賜書，備悉一一。仿照美國第一次會議，此一

1　黃興（1874-1916），原名軫，字廑午，後改名興，字克強，湖南長沙人，中國近代著名政治家。

2　汪兆銘（1883-1944），字季新，號精衛，中國政治領袖。1944 死於日本名古屋。

3　陳其美（1878-1916），字英士，浙江吳興人，民國早期政治人物。1916 年被暗殺身亡。

定不易之辦法，偉論卓識，極佩極佩。所議大綱三條，皆
係重要問題，敝處極表同情，前已電達左右。惟組織臨時
政府，為對外對內決不可緩之圖，敝處已於前月十九日，
即通電各省，嗣得廣州、桂林、長沙、南昌、九江等處覆
電，均已派遣代表首途，而湘贛代表均已先後到鄂，粵代
表黃君克強亦本在漢陽，故復電催各省迅即派員赴鄂，
以免兩歧。前派居、陶兩君赴滬時，亦囑請貴處速即派員
來鄂會議，早入清聽。想因蕪湖至九江電線損壞，交通阻
滯，故尚未獲覆電。昨日弟以茲事體大，尤以迅速集議為
急務，曾提議派員會同各代表赴滬會議，經議場議決，以
敝處曾經迭次通電，恐各省代表已經就道，致有兩歧，是
欲速而反遲誤。故擬仍懇尊處迅即派員臨鄂會議（會期定
本月初十日），以歸一致，是所叩禱。再昨正會議之際，
得俄領事照開，得北京外交團電開：漢口領袖領事敕康夫
鑒各國外交團代表，對於清國政府感情頗惡，因其殘殺無
辜，致令各國憤怨，觀各國代表擬請軍政府擔負漢口交涉
全權，並將與中國政府要求重大賠償等語。仔細研求，各
國外交視線，已漸集於民國臨時政府，如組織成立，通告
各國，當不難承認我為外交主體也。尊意以為何如？仍希
賜教，餘詳莊君口述，肅覆敬請勛安。伍[4]、溫[5]兩君乞為請
安，並道拳拳。愚弟黎元洪[6]頓首，十月初四日。

　　等到十一月，孫先生從歐洲返國，到了上海，我父即與相見，彼
此交換各項意見。各省代表就公推孫先生擔任臨時大總統，黃公興任

4　伍廷芳 (1842−1922) 本名叙，字文爵，號秩庸，廣東新會人，清末民初外交家。

5　溫宗堯 (1867−1947)，字欽甫，廣東台山人，清末民初外交家。晚年附日。

6　黎元洪 (1864−1928)，字宋卿，湖北黃陂人，民國政治家。

陸軍部長，建都於南京，本推我父任財政部，所以我父就發表他對於
理財籌款的意見：

　　　　……今欲設臨時政府之目的，在能使各國承認共和，各
　　國之能否承認，先視吾政府權力之鞏固與否。政府權力，首
　　在統一軍隊，次在支配財政，而軍隊之能否統一，尤視財力
　　之強弱為斷。今且置軍隊而專論財政：財政歲出大宗，曰賠
　　款、曰海陸軍費、曰行政費。賠款除鐵路抵借外，計每年需
　　四千萬至五千萬兩；……中央行政並外交費用，至少須每年
　　三千萬兩。如是估計，中央政府每年支出以極少之數核計，
　　須有一萬二千萬兩。……入款之可恃者，海關稅三千萬兩。
　　兩淮鹽務，約可得一千萬兩。……除此以外，無絲毫可恃之
　　款。……通計各省財力稍裕者，除江蘇外，惟浙江、廣東二
　　省，或可量為挹注。……然則此每年所短八千萬兩之款，
　　於何所求，將責之財政部長一人，……操何術以應付，將欲
　　息借外債，則政府初成立之時，無鞏固之權力，各國安肯承
　　借？……下走自審本無理財學識，況值此絕續之交，財政一
　　端，關繫重要。列強之能否承認，全視此為關鍵。……一身
　　名譽不足惜，因此而誤全局，……無以謝同胞，此不能不為
　　諸志士痛切言之也！……下走雖不能擔任財政，但有二問
　　題，可資研究。……一、各省代表均集南京，請將以上約計
　　數目，及每年所短八千萬兩，宣告各代表，詢問自明年起，
　　每省能擔任若干萬兩，務必確實答覆。……除該省行政及軍
　　隊費用外，能以若干供給中央。……一、孫中山先生久在外
　　洋，信用素著，……能否於新政府成立後，擔任募集外債一
　　萬萬兩或至少五千萬兩以上。兩問題如可立時解決，則無論
　　何人均可擔任臨時政府財政之職，不必下走。……（〈對於
　　南京新政府財政之意見書〉）

後來我父力辭財長轉任實業，孫總統有信給我父，請他到府就職。

季直先生大人大鑒：昨承允任維持實業，民國之慶
也。昨日晚間，陳瀾生（財政部）[7]、蔡民友[8]（教育部）俱已
到，王亮疇[9]（外交部）今日亦必來寧，惟內務程雪老有病、
司法秩公議和。弟擬於今日先行各部委任禮，請先生於午
後三時降府。幸甚。蟄老一信，請代致。孫文叩。元年元
月五日。

那時江蘇、江北、滬、鎮四都督推我父兼任兩淮鹽政總理，因為
充分籌措北伐軍費，及臨時政府政費。這時候秩序擾亂，金融恐慌，
需款的用途極多，籌款的方法極少。在最初最迫急的當兒，連幾十萬
元都難應手，待用急於星火，籌款難於登天。乃由黃公代表臨時政府
和我父出面，向日本三井洋行借款三十萬元。三井和大生向有往來，
當時有拿廠保證抵押的意味，不久就照數清還，這借據也就立時收回
了，現存我父遺物館中。那時候我父竭誠的紓國難，於此可見。

保證書

茲因黃君克強為中華民國組織臨時政府之費用，向貴
行借用上海通行銀元三十萬元。約定自交款日起一個月歸
還，並無抵押物。如還期不如約，惟保證人是問。除息率
及滙水，由黃君另訂條件外，特具此書。三井洋行鑒存。
張謇。黃帝紀元四千六百有九年十一月。

7　陳錦濤 (1871−1939) 字瀾生，廣東南海人，晚清民國財金官員、經濟學家。晚年附日。
8　蔡元培 (1868−1940) 字子民，浙江紹興人。中國近代著名教育家。
9　王寵惠 (1881−1958) 字亮疇，廣東東莞人。中國近代著名法學家。

後來我父擔任兩淮鹽政。因為軍事期間，不易統一，煞費經營，方才上路，才陸續的籌措接濟各項要需。次年宣佈改用陽曆，於一月一日新政府在南京成立，孫大總統宣誓就職的地方，就是我父所手創諮議局的新屋。其時篳路襤褸，創造新國，十分的艱難困苦，孫先生領導於上，我父和黃公等扶持追隨於後，卻竭盡心力。當時最困難沒有辦法的還是財政，因為需用浩繁，來源稀薄，而一般投機分子和貪妄的軍人，都不上軌道，霸佔一方，予取予求，毫無忌憚。我父在正月十四有一封信致黃公，敍述當時淆亂情狀及維繫大局和各派的苦心。聽說這信內所指的人，就是後來組織籌安會的一個分子。

> ……早車專人奉白李君云云，為公應付李君之備也。李君面說之言不止此；其言欲逕賣鹽而逕要鄙人之承諾。……又云：陸軍部止允北伐餉五萬，僅來一萬餘，其在寧之三營及總司令部開支無着，請於總統，總統委之陸軍部，陸軍部又不能應，軍隊乏餉即潰，到那時只好自由行動，莫怪對不住地方云云。鄙人答：以此言我所能答覆，君應以此告總統及陸軍部。……然問英士，言曾接濟其十餘萬，……且所收吳淞之雜款亦不少，究竟……有若干兵？用若干餉？無從而知。……比令人訪其代表梁君時，則房中方擁二妓；此等現狀，可以推見其餘矣！此不得不告公者。……鹽事……收入，尚不可知，約略各處所要求及公所汲汲待用，非於所籌償還三十萬借項外，更借一百萬不可。……此不得不告公者。總之軍事非亟統一不可，而統一最要之前提，則章太炎所主張銷去黨名為第一，此須公與中山先生籌計之，由孫先生與公正式宣佈，一則可融章太炎之見，一則可示天下以公誠，一則可免海陸軍行政上無數之障礙，願公熟思之；此為民國前

途計，絕無他意也。……今日復有函於中山先生，請通電各省軍政府，勿以嫌疑影響輕於拘人擊人。……此次顧鼇拘後，而北方代表中各人驚走，林長民擊後，而各省代表中有心人寒心，昨排秉三，又排寒季常，又擊羅傑，似此舉動，是諸公一片苦心為國民造福者，乃供一二人睚眥修怨之用。大小輕重之間，此一二個人者，亦太不審量矣。……危苦之言，出於愛國，公幸深諒。……（〈與黃克強〉）

那時財政最竭蹶沒有辦法，我們看了黃公一封信，就明瞭當時在在需款了。

示悉。援灤兵可即日出發，惟苦於無餉無械不能多派，接濟灤餉亦不可少，當力籌之，並望公有以助我。目下財政部初立，陳公雖去上海，恐外款非即日可能到手也。遣軍艦去煙台與援灤同一事，以海軍以煙台為根據地也。派人去天津之說亦是要事，刻惟苦無款耳。和靖居海軍處之說，雖無所聞，現已居兵輪中，即可想見，但觀彼似亦不願再鬧亂子者。如何措置之處，尚未得善法。季老大鑒。興頓首。初六晚。

我現在又接到陳挺秀先生抄來我父致黃公興的一封信，看信中語氣，當為民國五年（1916）袁氏逝世後所發。當時黃公遠在海外，而國內局勢紛擾，隱憂正大。所以我父想請他回來，大家協力同心來收拾穩定曾經一度動搖的國是。無限忠愛國家的誠慮，言外都流露出來。那曉得這封信寫後的十四五年，直到現今，我父信內所說的「最真確之發明」：「權術」和「專欲」，都還沒有絕跡於中國。這是多麼痛心的事呀！原信是民五（1916）六月十五日所發。摘錄如下：

前由竹君見示兩次手翰，愛國之誠，進德之猛，迴環展誦，無任欽遲。袁氏失德，亡也忽焉。彼其罪過，已隨生命俱盡。所留與吾人以最真確之發明者，則權術不可以為國，專欲必至於亡身。深欲吾黨之士，引為大鑒，非徒自警，兼以時時告語同志。橫流之禍，庶幾稍戢乎！先生去國稍久，志行彌堅。前此苦心已白於世。今時局粗定，各方意見未盡消融，儻能翻然歸來，力持正義，動以積誠，雖有糾紛，不難立解。下走自去秋回里，足跡不出里閈。西南義舉，曾不能為豪末之助。惟藉教育、慈善諸事以自遣。……

第二節　辭實業部長

後來因為北伐緊急，財源竭蹶實在到了山窮水盡的地步。孫、黃二公處於羅掘俱窮、困難萬狀的局境，萬不得已，將漢冶萍抵押於日人，救一時之急。我父在滬聞知，以日人存心不良，盤算已久，拿漢冶萍抵押借款，剛剛投其所好，深恐影響國權，竭力反對，並辭部職，表示堅決。孫、黃二公接電後，力加挽留，允即酌改條件，往來的函電，都十分懇摯感動，都是為國家着想，各有各的苦衷。

我父去函：

　　……前以借款及鹽事，羈留滬上。……聞精衛偕少川昨已去寧會商處置清室辦法，想此後不至再變動矣。項鄂人來書詰問漢冶萍與日人合辦事，鄙人前聞盛宣懷有以該公司抵借款項，轉借與政府之說。謂是仿蘇路辦法，亦不介意，乃今日聞集股三千萬元，中日各半，由公司轉借五百萬與政府等語。此事詳情，南公必豫知之，項有急電請出以慎重，想蒙察覽。漢冶萍之歷史，鄙人知之最詳，

綜要言之，凡他商業皆可與外入合資，惟鐵廠則不可；鐵廠容或可與他國合資，惟日人則萬不可。……全國三島，無一鐵礦，為日本一大憾事。而我則煤鐵之富，甲於五洲。鄙人常持一說，謂我國鐵業發達之日，即日本人降伏於我國旗之下之日，確有所見，非過論也。……今盛宣懷因內地產業為民軍所佔，又乘民國初立，軍需孔亟，巧出其平日老獪手段以相嘗試。吾政府不加深察，一受其餌，則於國防於外交，皆為大失敗。民國政府建立伊始，……何至因區區數百萬之借款，貽他日無窮之累，為萬國所譏笑？比來上海各西報對於吾政府，時有微詞，願兩公宏此遠謨，勿存見小欲速之見，致墮宵小奸慝之謀。……民國政府對於該公司，當始終扶助，不能因其為盛所經營而稍加摧抑。即盛宣懷之私產，亦當通飭保全，以昭大公。至中、日合辦之說，則萬不可行，未可因其以借款之故，稍予通融。……謇忝任實業，於此事負完全責任，既有所知，不敢不告。再招商局借款，聞已成就，合同內容如何，請於未簽字前見示，或有可以商酌之處。我中國航業，招商局乃碩果，且沿江繁盛處，可泊輪船者，已悉為外人佔去。惟招商局各碼頭頗佔優點，稍一不慎，並此挫失，則吾國商人在國內無商業之可言矣，何論國外。……（〈為漢冶萍借款致孫總統、黃總長函〉）

孫總統和胡秘書長漢民都很誠懇詳盡的回復：

　　……來教敬悉，鐵礦合辦誠有如所示之利害。惟度支困極，而民軍待哺，日有譁潰之虞，譬猶寒天解衣裳付質庫，急不能擇也。此事克強兄提議，伊欲奉教於先生，故曾屢次請駕返寧。……而該件急迫，已有成議，今追正無

及。……今日所見為獨佔無二者，他日當使競爭而併進。於眾多礦中，分一礦利與日人，未見大害，否則以一大資本家如盛氏者專之，其為弊亦大。輿論於此，未必深察，先生一言，重於九鼎，匡救維持，使國人縱目光於遠大，為將來計，而亦令政府迫於救患之苦衷，權宜之政策，免為眾矢之的，不勝厚望。……（〈孫總統復函〉）

……來教奉讀，併受孫先生屬意敬覆，此事弟未審其詳，但於成議之後，略知其概。自一月以來，見克強兄以空拳支拄多軍之餉食，……寢食俱廢，至於吐血，度其急不擇蔭，亦非不知，今已成事，惟祈先生曲諒。併於輿論不滿之點，稍予維持。顧界於生死存亡之際，所謂臨時政府，不過一革命稍大之機關。惟在察彼所為，是否私利。……其事非常，其咎或可恕耳。（〈胡秘書長函〉）

我父又去一辭電：

……漢冶萍事曾一再瀆陳，未蒙採納。在大總統自有為難，惟謇身任實業部長，事前不能參預，事後不能補救，實屬尸位溺職，大負委任。民國成立，豈容有溺職之人濫竽國務，謹自劾辭職，本日即歸鄉里。……

孫總統再復一電挽留：

……電悉。該件已具前函，現仍在設法中，比較利害，可改即改。直言文所深佩。時危拂衣，想非所忍，尚企為蒼生挽留，不勝盼切。……

我父再復一電，還是堅辭：

> ……奉電讀之慚汗，事能斡旋，勝於留騫。騫願我大
> 總統之令名，暨民國第一次政府之譽望，永永使全國國民
> 記憶弗衰，騫即不才，與有榮焉。任事之初，本約短期，
> 今清帝退位已經宣佈，大局指日即定，區區為國之心，可
> 以稍安。幸諒素志，許踐前約。……〈復南京孫總統電〉

　　我們在這來往的函電裏邊，可以看出建國時的領袖諸公，赤心為
國，大公無私的品格。第一，是孫先生能從善如流，禮賢下士。有這
種美德，才夠得上做一國元首。第二，是我父忠於職守，硜硜盡言，
有古大臣直諫之風，都很難能，都足為後世取法。而胡先生「察彼所
為是否私利」幾句話，可謂一言破的。凡古今中外執政的人，只要抱
定不為私利所驅使，那國家沒有治不好、人民沒有不信仰的。
　　到了臨時參議院舉出袁世凱繼任臨時大總統以後，南京政府即時
解散，孫公、黃公和我父都下野了。

第二章　農商水利及其他政務

第一節　任農商總長

　　各省正式選舉國會兩院議員，我父先後被推為眾議員、參議員。在本省議會、本縣議會又先後被推為省議員、縣議員，都辭卻沒有應選。

　　吳稚暉先生在民國元年(1912)正式國會兩院[1]，在北京召集，將要選舉正式大總統，在投票以前，就寫了一篇文章發表。他主要的意見，是絕對主張這回的正式候選總統，不要再推舉武人，要推舉文人出來幹。因為武人一拿到了這東西，恐怕因為地位和環境的誘惑，勢必引起其他不正當的野心，危害到民國的根本，就主張國民黨推蔡先生元培出來，進步黨推我父出來做正式總統的候選人。

　　不久袁世凱終久被舉了正式第一任大總統。唐內閣因事辭職以後，袁再三求我父同意，出來組織後繼內閣，我父怎樣也不肯，竭力推薦熊公希齡出來擔任艱鉅，後來袁氏也容納了。致熊公的正式徵求同意的電報，有「東海高臥，南通倦勤，默揣眾意，非公莫屬」的措詞。熊公應允組閣以後，就和袁氏疊電我父擔任工商農林部長；認為我父不願組閣就是怕當衝繁之任，假使找我父幫忙，擔任農商部分，還不

離我父本行，或者可以通融。所以，幾次三番的硬要我父擔任，情詞迫切，毫無商量退卻的餘地。我父一來怕個人的堅執，影響到組閣的不成，二來很想拿建立民國以後的工商法令訂定公佈，所以也就答應了。這時候中外都號稱第一流人才內閣，說拿我父做金字招牌。

在這時候，還有一段事實，間接促成我父的承認入閣，就是何海鳴離開南京，張勳軍隊入城後，擄掠燒殺，接連幾天，寧人痛苦到極點，蘇人也憤恨到極點。於是我父疊電袁世凱詰問，措詞十分嚴重迫切。袁復電說：北軍本分南路南下，令馮國璋走津浦鐵路，張勳走海道，誰先到誰督蘇，總以為鐵路比海道快得多，馮必先到。豈料鐵路方面在魯、徐間遇阻遲延，張由海道反順流直下，先馮到寧，只好以督給張。今張部既這樣凶殘不理人口，他准定容納我父和蘇人公意，即刻撤換。惟時勢艱迫如此，必須我父同意入閣，言外有交換撤張之意，於是我父很難再卻，就答應了。

我父應允入閣以後，總統就將全體國務員的名單交由兩院投票通過。那時兩院中的進步黨議員，當然一致同意，而國民黨議員也表同情，所以投票的結果，我父得到同意票最多，幾乎全體一致（兩院共到六百十九人，同意票五百九十八）。民國成立以後，國務員依法得到兩院投的同意票，沒有一回再比我父多的了。這種榮譽，在民國史上是不多見的。可見當時人人心目中都着重於實業的建設，而我父的長實業部，都認為最適當的人選。這種純然公心的真誠的表示，不獨我父私人的感奮了。

那時候我父出來擔任農林工商部的意義，實在有他很深遠偉大的希望。從前在專制國體之下，政局腐敗，不上軌道，民間的實業，非但不予以贊助推行，有時反加阻礙妨害，弄到已辦的風雨飄搖，未辦的不敢嘗試，民間興業生產的動機，天天的退縮，國力因此沒有振作的趨勢，何況我父當時身歷其境，很為痛心。一到民國，希望都來，想把以前的各種壓迫、侵犯的枷鎖，一掃而空，拿了個人向來講求計劃的實業建設，儘量的為國家效力，先着手創立各種農商法令，使神

聖的法律，能保障人民、扶導人民，上興業生產的大道。一個政府的施行政治，必得要先定一個政策。好比政府是一個人一輛車，政策是一條路一個目標，有了路和目標，這人和車才有認定目標去走路的把握，方才不失掉這人和車行動的意義。政府和政策連鎖的重要的關係，也何嘗不是這樣，所以我父那時一答應長部，就立刻找他應走的路和幾個認定的目標，認定政策和責任的權能的重大。到了北京，就立刻發表他的具體政策：

> ……謇此次出就部任，大懼無以應現世之所需，屢國人之屬望，……從諸君之後與聞政事，正在試驗時代，寧可自信。所可以告我國人者，惟矢此勤勤懇懇之心，與國務院交盡職責而已。……謇半生精力，耗於實業，……實業之命脈，無不繫於政治。閒嘗思就平日所受艱苦之點，求所以扶之植之防維之又涵濡而發育之，早夜以思，彷彿若有所得，而不敢謂其果可行也。……民國肇建，內亂外患，……借款累累，債權四壓，權政府度支之數，用之於軍政之消耗，猶恐不給，然亦當以十之四、十之三，謀生計之擴張，權人民漏卮之數，則增加熟貨之輸出，猶病未能，然亦當就千之一百之一求輸入之減低，……列舉方策，……蓋有四事：
>
> 　一、當乞靈於法律。法律作用，積極言，則有誘掖指導之功；以消極言，則有糾正制裁之力。……現在世界以大企業立國，而中國以公司法、破產法不備，故無公司法，則無以集厚資而鉅業為之不舉；無破產法則無以維信用，而私權於以重喪。……農林工商部第一計劃，即在立法。將來關於農工商法案、若耕地整理法、森林保護、工場法，及商人通則，及公司法、破產法，運輸保險等規則，尚望兩院平心審擇，迅予通過，用策進行。

一、當求助於金融。……近十年來商場之困頓，不可言喻，蓋以國家金融基礎不立，而民間錢莊票號等金融事業，……倒閉頻仍，信用墮地，於是一國現金，非遊蕩而無所歸，即窖藏而不敢出。總之金融家無吸收存款之機關，無以供市場之流轉，遂使利率騰貴，企業者望其束手。……為今之計，惟有確定中央銀行，以為金融基礎。又立地方銀行以為之輔，勵行銀行條例。……改定幣制，增加通貨，庶幾有實業之可言。……

一、當注意於稅則：農工商之政策，惟藉稅法為操縱，或輕減以獎勵之，或重徵以抑制之，蓋未有不顧農工商之痛苦，而純然以收入之目的為徵稅之標準。……釐金與常關皆為通過稅，世界皆目之為惡稅，徒以佔稅入之巨額忍不能捨。至國際貿易全視關稅為之損益，各國通例，出口貨多無稅。吾則……若絲若茶若棉若其他土貨，有國際之競爭者，莫不有稅，是抑制輸出，……是謂自敝政策。……

一、當致力於獎助：凡大企業資金鉅而得人難，實皆含有危險之性質，若航海洋漁業等，……各國皆有獎勵補助之法，……惟獎勵……須課其成效，補助則莫如保息！……

凡此四事，皆農工商行政範圍中應行之事，而以賽艱難困苦中經驗所得，尤視為一日不可緩。……賽對於實業上抱持一種主義，謂為棉鐵主義。以為今日國際貿易，大宗輸入品以棉為最，……鐵需用極大，而吾國鐵產極富。……惟有並力注重輸入額最高之物，為捍衛圖存之計，若推廣植棉地紡織廠，……開放鐵礦張製鐵廠，是惟為之左右為之前後者，尚宜有各種之規劃。……總之，政治能趨於軌道，則百事可為，不入正軌，則自今以後，可憂方大。……（〈就職政見宣言〉）

　　南京政府的實業部，袁氏因為要安置多人，就分開為工商、農林二部，到我父就職以後，再拿二部合併起來，名為農商部。部員裁去大半，使得人人有事做，不要讓國家養無用的冗員。對於部員有一篇告誡的文章，叫他們明白民國官吏的責任，和農商行政對於國家根本關係的重要。

> 　　……農林工商者，圖治之事，農林工商部者，為人民生利，供政府分利之地也。……當籌用於生活者十之四、十之三，權人民漏卮之數則增加熟貨輸出者，今茲未能也。當亟求抵減輸入者千之一百之一。……謇意自今以始，凡隸屬本部之官業，概行停罷，或予招商頂辦。惟擇一二大業，如絲茶改良製造之類，為一私人或一公司所不能舉辦而又確有關於社會農商業之進退者，酌量財力，規劃經營，以引起人民之興趣，餘悉聽之民辦。……至擴張民業之方針，……則仍不外余向所主張，……提倡則銀行之設置、幣制之改良、關稅之協商，釐捐之裁減，……餘如郵電航路之便利，灌輸學校學會之研究學理。……保護則商法未經編訂，……諸如此類，悉數難終。……謇於南洋勸業會時，即發現中國現時實業須用棉鐵政策之說，復着獎勵棉業之議，上之政府，彼時政府不之省也。今謇主張，無以易此。……鐵礦需本尤重，非用開放主義無可措手，但使條約正當，權限分明，既藉以發展地質之蘊藏，又可以瞻貧民之生活，其由鋼鐵而生之機械鐵工廠，亦可聽歐美人建設，於工業可省遠近之資，於工學尤得實習之地。……總之二十世紀之經濟問題，實有左右全球之價值。吾國疊經兵亂，國力益形疲敝，已陷入經濟之漩渦，設再玩愒數年，則有此廣土眾民，已無復自營之餘地。……（〈通告部員書〉）

　　我父農商政見發表以後，就着手編訂各項法令。第一，根據國內實際情形，參酌歐美、日本的成規，聘任專家精審的商定，依照程序，先提出國務會議，再提交國會通過。幾件農工商礦的基本法令，應着了國內的需要，都公佈出來，國內外都很讚美。到這時候，中國方才有了實業方面的法律，可以從保障的出發點，而漸進於發展的地步，現在我將法令的名稱和公佈的時日，列表如下：

工商保息法	民國二年 (1913) 十一月
礦法	民國二年十一月
變通廿區稅則	民國三年 (1914) 六月
商人通例施行細則	民國三年六月
公司條例施行細則	民國三年六月
商業註冊公司註冊規則	民國三年六月
墾荒暫行條例	民國三年七月
狩獵法	民國三年八月
商會法	民國三年八月
疏通溝洫植林木令	民國四年 (1915) 八月

　　其次，我父覺得棉、糖、林、牧四業，都是中國主要原料的出產品。但是農的種植、工的技術、商的運售，都有待於改進發展的講求和試驗；而這種責任，政府應該負起來，從試驗上豎起一個可以做人民效法的模範。所以立刻就着手創立各種試驗場，先訂立精審的預算，擇定國內主要產物最適宜的地點，延聘專家，分辦起來，着重在試驗的改良。

　　這是一篇籌辦各試驗場的呈文：

　　　　……竊以國用舒戚，關乎經濟；因時涵養，正自有方。若言財政者，但事取用而不及長養，則固有既窮，必至搜括，上愈搜括，下亦愈窮。……農工商業提倡教導保護，歲恆數百萬或至數千萬，將欲取之，必姑予之，治道

如此，我國今日自不能援以為說，即視百分數十分之一，亦恐未能實施，常此不已，勢將不國，謇備員農商，其咎安逃。今就收縮至小之棉牧試驗場規劃之。……一、棉業試驗場，約計直、鄂、蘇三場須用之地各三四百畝。……一、糖業試驗場，閩、贛糖日劣，消日減，稅亦日少。……一、林業試驗場，設立黃河、揚子江、珠江三大水源之上，於水道有關。……一、牧畜試驗場，擬設於近畿山場，便於本部專門技術之人可以任事。……（〈籌辦棉糖林牧等場列表預算經費呈〉）

度量衡在中國，也立刻有統一施行的必要。非政府先拿定主意，規定辦法，民間不易通行。所以我父一面考究中外度量衡沿革狀況，為精密的計算。一面就着手辦理權度製造所，製造各類器具，分發各省通行。

這是一篇擬定度量衡制度的呈文：

……查改革度量衡一事，發端於前清季年，由前農工商部……議定以營造尺為度之標準，漕斛為量之標準，庫平為衡之標準。……乃取前倉場衙門所存康熙年間之鐵斗，與《律呂正義》之尺圖，互相印證，因得一營造尺等於萬國度量衡通制三十二新分之比較。……前工商部繼續籌備，……節經擬具說明書，……提交前臨時參議院核議，……一面派員前赴東西洋各國調查，……專員陸續回國，復經謇督飭各員反復討論，僉以茲事體大，不厭求詳，外之須明日新之學說，內之須審本國習慣之民情，不順民情，則農田市物價格之爭，必擾及相安之生計；不參學說，則地球經線準據之用，無以希進化之大同。……茲將擬定大綱，先行呈報。一，當保存舊制之一

種，以萬國度量衡通制為折合之標準也。舊制……經國家
法律及國際條約所規定者，厥惟營造尺庫平與關尺關平二
種。……各國所希冀於我者，亦只求我之劃一。……現當
修改商約之時，正可由我提議改正關尺關平合於營造尺庫
平之數。……一、當並採萬國度量衡通制為法定之制度
也。……近數十年各國政府組織萬國度量衡公會，常川設
局董理其事，……現在釐定法規，自當以通制與舊制相輔
而行，庶數年後，風氣大開，科學日進，改從通制，推行
自易。……（〈擬定度量衡制度呈〉）

這是一篇規劃度量衡的說帖：

　　……度量衡用舊制通制並行，呈奉批准照辦。一面
已由部編擬度量衡條例，一面須籌備製造。查各國劃一度
量衡之法，蓋有二種。一為專賣制，一為檢定制。論收入
則專賣制為宜，論行政則檢定制為便，專賣非先籌有鉅貲
不辦，費用多而管理難，各國行之者甚鮮。似宜採用檢定
制，檢定制成本輕而比較利率則所得較優，……先設第一
廠，計……每年應需三十三萬九千餘元，……而延聘外
國技師，薪水或有增加，不能預定；……常年費以二年並
計，當以七十二萬元為度，再就分設第二廠言之，……則
並為一百四十四萬元。……又借款除去折扣若干，則籌借
自非以二百萬元為額，不易集事。……迨至十年本息清還
之日，吾國家吾人民，享受劃一度量衡之利已七八年，其
利不可謂不溥。……（〈規劃度量衡說帖〉）

東三省在中國為農林產最豐富的區域，有數百年未動的森林，和
肥腴的土質。在前清時代不知愛惜，實有「貨棄於地懷寶迷邦」的感

想，二面強鄰的覬覦，虎視眈眈，我棄人取，認為亞洲最有希望的產業。日俄幾條鐵路築成以後，東三省的血脈，已經操於日俄人之手，聽其所為。假使我國再袖手不理，勢必連肌肉脛骨一併跟了血脈奉送。前清末年我父即親至東三省實地觀察，並和總督趙爾巽等商量開發利源的計劃，結果認為當時總督所請二千萬元的經費，實在不能再短。民國以後國內移民殖邊的主張，已一天緊張一天，我父計劃開發東三省，先從農林業下手，而政府與人民非通力合作不可。有一篇規劃林墾的呈文：

　　……森林為東三省天然之物產，荒地為東三省未闢之富源。……吾國家具如此美利，而地方不能舉，中央……規劃國家政策，……茲分別條目如左：

　　一，林政統一之辦法：

　　（甲）國有公有問題：凡森林除私有林止歸國家監督，……及保安林、風致林不能作為經濟收入外，其餘則有國有、公有問題，而公有之中，又有省有、縣有、市鄉有之別，……則宜有分配之法，以若干面積以下者歸省有，若干面積以下者歸縣有或市鄉有。……

　　（乙）測量繪圖等費用問題：吾國林野向無正確之圖籍，以故一切規劃均無從着手，今欲求林政之統一，自非先測繪不可，……應歸中央設備，乃能統一。……

　　（丙）設局問題：應歸國有之林區，當然歸中央設局經理，……中央設局之外，各該省亦宜有管理機關，……是否可歸一局管理而平均分配其收入支出之數。……

　　（丁）收入問題：在國有公有未劃定以前，大小林區均有發放採伐之事時有收入，……或附加幾分之幾，資助地方行政經費，……應即明白規定。……

　　一、墾務進行之計劃：

（甲）徵收地價問題：考各國在偏遠地方開放荒地，令民承墾，皆不取地價，謂之無償主義。故在國家經濟政策上言之，人民能為國家開闢荒地，即為有功於國家，國家方……補助之……不暇，又何爭區區之地價。又在國民經濟上言之，則每年所產之農田物，可以生活無量數之人。……國家若以有償主義阻冒險承墾者之投資，則是抱持區區之地價忍不能捨，而絕無量數之人之生活也。農產物增多，則輸出貿易盛，而可以吸收外國之金錢，不數年間，荒寒無人跡之鄉，已易而為膏梁文繡之邦矣。又在國家財政上言之，拋棄區區之地價，每年不過數十萬元，至成熟之後，第一年之租稅，即可以抵償地價，……假如不徵地價，一年可放出百萬畝，各承墾者同時並舉，三年以後，可得百萬畝熟地之升科，徵收地價一元，……皆非取無償主義不可。加以國勢寖弱，強鄰窺伺，因利乘便，……無所不至，以吾之空虛，時時授與以利便。……古人常云實邊，吾乃以無人之境，委之於敵。……

（乙）收入問題：今各該省有以放荒地價充行政經費者，此在國家財務行政上不能認為正當，……即如放荒，中央採無償主義，而各該省以與其收入之源相抵觸則抗議，……本部自當思所以調劑之策，蓋就各該省平均數年所收之荒價，酌中定數，每年由中央按此數撥給，而中央仍取無償政策，歸統一……（〈東三省林墾計劃呈〉）

蒙古情形和東三省一樣，因為地勢的關係，還比東三省危迫幾倍。為國防計、農墾計，都有急切注意的必要，尤其要扶助蒙人，叫他安心不為敵用，計劃固然要新創，而處處要因勢利導，先堅其內向之決心，再引導他開闢土地，興農墾之大利。我父也有一篇關於蒙墾的呈文：

……東北西北，邊陲荒地，迤邐綿亙四五千里，格於前清苛禁，廢而不殖，為左右強鄰涎視久矣。……我之兵力不足以禦，外交勢不能強，……是欲保內地，不可不先保蒙邊。……謇於蒙荒雖向者亦嘗稍有所推究，而自上年冬季……又招五原縣董事王同春到京，詳論邊荒水利，旋以證諸在京蒙古王公之所述，乃知蒙人對我感情之變異，滋可懼也。查內蒙六盟；東四盟、西二盟，此外則西蒙、外蒙。……西蒙之舊土，爾扈特、和碩特等旗，其地即河源之星宿海隨處可以渠墾，寧夏一帶本有漢、唐渠跡，……宣統二年理藩院會同東督趙爾巽奏弛舊禁，……有放出荒地，而地價無著者。……有為官府強迫展放，至勒收其已墾之熟地，不給地價。……蒙民痛苦已極，故民國成立後，蒙古王公請求優待條件；第一條，即有勿以移民殖邊為詞之說。又聞蒙古王公在長春會盟，屢次提議，皆以不開放荒地為其重要條款，夫其所以斤斤抱持不肯開放，而又一再要約，若惟恐其或失者，則以歷年放出荒地，無利可獲，且將土地拱手讓人，故相戒以不放為保守之至計也。……凡留耕未去之漢民俱苦之，蒙民則聞漢官有言墾務者，洶懼如將奪之食，即蒙旗世爵一聞中央政府有欲致力於邊荒者，亦惶恐若將破其家。以是而言，蒙地安有可以經營之一日？……謇因益究如何解蒙人之恐惑，回蒙人之感情。竊謂蒙人自認為蒙地之主，本無疑義，因求生計而令人墾地，歲收其租，亦人道之公例，今乃惶懼若此，寧令荒棄而不肯開放，其意以為我但擁地主之名即相安於無事，至墾利之厚薄，與墾務相關利害之實際，皆非所計焉。是蒙人以名為主，以實為賓，我政府正可以反比例法行之。聲明蒙地當為蒙人世守，漢官不得侵奪；蒙地之願招人墾，與人民之願為墾地者，均聽其便，盡除前清理藩

院所施於蒙一切之苛例。予所欲而去所惡，藉以聯絡蒙使
不誘於外物。……我政府助其經營，使蒙人知感，足以收
共和統一之真際。……史遷論貨殖曰：『善者因之，其次利
導，其次教誨，其次整齊，最下者與之爭。』謇之為計，
如此……（〈條陳開放蒙地破除舊例另佈新規呈〉）

民國四年（1915）我父因巡閱淮水及植棉牧畜試驗場南下，到了南
京就到紫金山親自提倡植林。本來美人斐義禮教授（Prof.Bailey）在南
京創辦義農會，提倡種植農林，當我父親自種樹的那天，外人到場的
很多，我父因為要引起各省人民的注意，於是舉行了一個很隆重的典
禮，還演說森林和氣候水利種種重要的關係。後來又定了植樹節的法
令，叫各省利用清明一例，到荒山田地舉行種樹。

改革全國鹽法的計劃，是我父認為國利民福最大根本的一件事。
前清上下無遠大的眼光、強厚的魄力，所以不足與謀、不足成事。到
了民國，我父兼任過兩淮鹽政總理，實際方面，格外明白了許多內幕
情形，認為積弊叢污應該隨專制而消滅。一到民國，就應該創立革進
的途徑，於是就在南通設立了一個鹽場警察長尉教練所，養成一班適
當人選，預備等積弊叢生的緝私營裁撤以後服務的。到北京就成立了
一個鹽政討論會，出了雜誌，予社會以公開研究發表的機會，又規劃
了大改革的方案提交國會。豈料那種特殊階級，為維護私人的權利，
出其所有財力，妄肆反對；而當時財政當局，又狃於目前現狀之不願
立刻打破，結果仍成為我父的理論。當時有一篇改革宣言：

　　……下走懷改革鹽政之見者三十年，而正式發表政
策於全國者幾一年矣。以之貢獻於我政府社會，以待討論
之終局，為進行之方針者甚殷且切。……下走今仍欲問
我政府社會，是否真實不貳為國利民福乎？如其為國利民
福而真實不貳也，敢進問一言：為國是否以平均負擔增

加歲入為正？為民是否以貧民能謀生富民能安業為正？由
昔之鹽法言之，一國納稅之負擔，平乎均乎，歲入若何而
可以增加乎？說略具於前之改革計劃書及《鹽政雜誌》，
可平心而復按也。……雖然反對改革之最力者南商也，
南之運商第一在保票，既為計劃仍以商運俾之十年或十五
年，計其所得之息亦足以償其從前之票格，曷為而猶不足
而猶用其秘密運動之舊術。……今落外人監督之手矣，
設有更革，試問又如何運動？……改革計劃有鹽業銀行之
設備，運鹽公司，得以保證公債券向銀行貸款，所以為小
商計也；若力尚不薄者，亦有一言正告。專制鹽法之利，
一二人之私利也，必損極多數人之利以肥一二人，不仁之
事也。因肥一二人而留專制鹽法之毒，因留羣梟之毒，以
害極多數人，尤不仁之事也。世方崇尚人道，方進實業教
育，方策國家社會以圖治理維秩序，專制之鹽法能尚存在
者幾時。與其引繩而絕之時為世歸罪，曷若導川將潰之日
不致多傷。且有一言為政府告：則所謂青紅幫者數十百
萬，既不能為白起之於長平，並不能為項羽之於新安，而
又不能禁其不犯我法，則捨下走計劃化梟為商之策，尚有
何策？……及此三年以往，我果有改革之決心，則政權仍
操之在我，洋員但處贊助地位，亦或受其監督之益。我不
改革，恐有起而代謀者矣。政府寧必斷送之為快乎？……
（〈改善鹽法宣言〉）

後來我父在〈各國鹽法書〉序上，說到改革的無望，悲憤極了。

　　……我國鹽法之壞，鹽政之弊，今日而大極矣。寧
始今日，壞與弊各有漸焉。法壞故政弊，孳之政弊而法
壞益且固，固若不可革者。於是商資其饒以為富，官

資其便以為利，而製鹽者竈丁也，煎則火灼之瘁，曬則日
暴之酷，計其所得所成，則商貿於竈者幾何，民稅於官者
幾何，而國家之所得者又幾何？苦哉吾民，吁可痛矣。謇
於晚清鑒鹽法之壞，鹽政之弊，著說鹽之書，……書成
十五六年，而鹽法之壞之屬之固之不可革也猶昔。……嗚
呼！彼庸庸奴竈丁以自肥者，未足語此，而懵懵虐民以苛
稅者，又寧足語此乎哉。法之壞、政之弊，我國今日不寧
惟鹽，而鹽其一也。何日而新，何日而利，於民於國，吾
何從而知之？……（〈各國鹽法書序〉）

第二節　棉鐵政策

我父對於農商向來有棉鐵政策的抱負，認為基本農商在此二事。
國家富強，更在此二事。因我父在甲午中日戰爭以後，就曉得外貨天
天增加進口的數目，並且他們用了中國原料，製成各式貨品，運回中
國市場銷售圓利。因此中國漏卮日大，貧困愈甚。但是沒有一個實際
的統計和標準，還是茫然。我父就設法到海關搜集了歷年的海關貿易
冊，叫人編了一本很醒目的分類表，編好了一看，更堅定了他的棉鐵
救國主張。當時有一篇序言：

　　……自海禁開通，各國農工製作之貨，歲月輸入，我
之金錢日以漏出，國人皆知其病矣。顧其事箋於稅關出
入之數，惟箋其事者知之，而事付於僱用之外人。我之司
稅大臣，歲閱其報冊，不知偶一記其總數與否？至於利病
若何規劃，此應保之利應除之病若何，未嘗一措意，可斷
言也。光緒初年各通商海關，始有貿易冊之刊佈，人民略
覩其名矣，顧究心者尟，取而比較之者尤尟。……謇於其
時，不遑咎政府，咎我社會無世界之觀念而已，亦未能瞭

然於利害之大端。宣統二年南洋勸業會開幕，謇既與各
行省到會諸君子發起聯合研究會，乃裒光緒一朝之海關貿
易，參考其大略，如寐始覺，如割始痛。……則以我國實
業當從至柔至剛之兩物質，為應共同注意發揮之事，為預
會諸君子告。……謇之投身實業亦十五年矣。此十五年，
見一物焉輸入日增，則色然驚，瞿然思，諄諄然，勸人之
興其業，而塞其漏。……凡事不能通於齊民不能無阻，凡
利不能及於婦孺不能大有功，古今已事，豈不然哉。然謇
亦遲至今日而始能確定其說，……至柔惟棉，至剛惟鐵，
神明用之，外交內治裕如，豈惟實業？……（〈海關進出口
貨價比較表序〉）

我父對於國家興辦礦業，也有提綱挈領的通盤策劃，關係一國工
商軍事都很重大。我現在摘錄一篇，可概其餘了。

　　竊聞製造之業，莫重於鋼鐵；經濟之原，莫先於貨
幣。東西各國，靡不有煉鋼製幣之官廠，及金銀銅鐵諸官
礦。平時以供社會之要需，戰時以備國家之緩急。……我
國地大物博，號稱天府。新頒礦業條例，惟食鹽、煤油二
種定為國有。其他各礦，在國家方力持開放主義，原無與
民爭利之心。然如鐵如鉛，不特為輪軌機械之所必需，
亦實為槍炮彈藥之原料，而採煉費鉅，聽民自為，動多流
弊。似宜濟以官力，免蹈漢冶萍覆轍。……關於軍需之
鐵、鉛二種，及關於幣制之金、銀、銅、鎳四種，凡六
種，定為可以官營之業，仍不禁絕民間開採，以符條例而
順輿情。……查吾國鐵礦，……已由本部陸續派員調查。
大冶之鐵，最稱豐富。然有漢陽之廠、萍鄉之煤以為牽
制，經營失宜，耗資甚鉅，此後能否改歸官辦，官辦能否

挽救，未可逆覩。……至澤潞之鐵，……礦層尚嫌薄弱，恐不足供國家之用。永平之礦，有開灤公司之關係，不易着手。今日國家銅鐵業之有希望者，惟在安徽、江蘇、河南三數處而已。而安徽控長江之中堅，產鐵之區，又非軍事上必爭之地，如當塗、繁昌、銅陵、天長諸縣之礦，相距非遙，交通亦便，本年四五月間，經本部調查員梭爾格詳細查勘，……合數縣之礦，必足供一廠之用，而商民亦知該處礦地，交通便利，已紛紛稟請領辦。……資本在百萬下者，或能勉集股款之半，以符條例。至於鐵業則開採冶煉，動需數千百萬，勢必名為合辦，實則純係洋股，推其後患，必至為漢冶萍之續。為今之計，似亟宜明定官營鐵業之策，先將安徽鐵礦，定為國有。……將來官業果能發達，則江蘇、河南之礦，亦可連類而及。鈞意如以此策為不謬，敢祈迅賜核定，以憑籌備。明知值此財政困難之會，此策雖定，未必遽能實行。惟政策一定，即可拒商人之濫請，而杜無窮之後患。……至詳細辦法，此時本難預定，大約礦量豐饒之處，則就地設一鎔煉生鐵之廠，礦量稍遜之處，則就近聯合數處而設一廠。其煉鋼廠則擬設二處，以銷納各生鐵廠所出之生鐵。第一煉鋼廠，專供軍用，須擇地勢稍偏，戰時可期安全之處，交通或稍不便，在所不計。當會商陸軍、海軍二部呈請大總統核奪。第二煉鋼廠專煉商品，務求運輸便捷，期有贏利。……（〈擬具官營礦業辦法呈〉）

吳昌碩先生輓我父的聯語，還說到棉鐵政策：

許吾為金石精神，自媿衰年，有道乃先書墓碣。救世曰棉鐵政策，縱更世變，此語可長懸國門。

第三節　任全國水利總裁

　　導淮的偉大計劃，本是我父一生講求最有心得的一件事。在前清雖然想盡方法，只做到着手測量，而浩大的工程，有待於鉅款的籌措。民國基礎本來應該建築在人民的利益上，所以我父認定導淮是人民利益最偉大的一件事。淮水問題，關係沿淮流域的治亂，極為重大。淮如果治，國家沒有不民殷財足的；如果不治，那就沒有不亂象環生，匪患遍地的。千餘年來的歷史，記載得昭彰詳盡。我父以為時機既到，不可錯過。民元代江蘇程都督德全、安徽柏都督文蔚[2]計劃最近形勢的導治和開墾，政府又認為應辦，發表了我父督辦的任命。會辦蘇、皖各派一人，蘇為許鼎霖，皖為柏文蔚。到民國二年（1913）各省水災遍地，人民流離失所，中外都認治水為徹底救民除災的辦法，很表同情於我父治水的各種計劃。政府乃擴大導淮督辦的範圍，改設全國水利局，又任命我父為總裁，我父乃一面再重複審察他以前的計劃可否實施；一面延聘水利工程專家，很得到技術上的輔助和參考。依據全國最大次大的應治河道，分工程最要次要的分年計劃，我父當時發表的東西太多了，我揀二篇。

　　第一篇是疏濬全國水利的呈文：

> 　　……竊謇生長田間，習知水旱所關，河渠為重。四十年來，遊踪所及，輒就父老而諮詢。前在江蘇，有擬事導淮先事測量之規劃。民國二年三月，奉大總統令督辦導事宜，……十二月二十一日，復奉任命全國水利局總裁。……竊謂除害之大者，莫如導淮而兼治沂、泗二水。興利之大者，莫如穿遼河以達松、嫩二江。為其先者，在借異域之才，並設河海工程學校；濟其成者，在籌疏

2　柏文蔚（1876–1947），字烈武，安徽鳳陽人，清末民初軍事將領。

浚之款，並立農業地產銀行。……東三省為京師屏蔽，其原隰之沃厚，林礦之富饒，強隣眈眈涎視久矣，移民實邊之事，前睹泄沓弛而不行，民國初建，未暇遽及。近規農商政策，勸墾邊荒，雖主無償主義，然嘗周歷三省，察其農政，弊在號稱領荒之戶，不過囤地轉賣稗販漁利，其於大農小農之計劃，水勢地勢之經營，概未有聞，而原其缺憾，大端則尤在水利不興，地利亦因之而閟。三省天然水道，曰黑龍江、曰松花江、鴨綠江等。……今則俄之中東，日之南滿鐵道，所至一縱一橫。……為我興墾實邊保守主權計，非疏通遼河、嫩江或松花江不可。……農業銀行仿行日本年賦償還之法，許人民以不動產作抵押品，則農地改良之資本，人民得依賴此種銀行，作其保障，資其周轉，則關於水利之興造，即無官吏之督促，亦必百廢具舉矣。……（〈修議疏濬全國水利呈〉）

第二篇是溝通松、遼的呈文：

　　……竊查東三省農產甚富，即就大豆一項而論，每年輸出總額，其價值約達五千餘萬元以外；其次為高粱，聞每年產額……其值亦三千餘萬元，……自歐洲販運路既已開放，每年輸出，遞稱巨額，此誠可為我國農利之大宗。惟以遼河失修，航運不便，乃多改歸俄道運輸，運價增貴，且路權今為日、俄二國所佔有，而此項運輸之利，亦遂落其掌握操縱，……補救之計，惟有溝通松、遼而已。果使遼河與松、嫩二江，舟楫通行，則有志墾荒之人，可得移民之便，商民儎運貨物，必爭趨于航道，隱足以救路權之所失。況查東三省江河流域，可直通海口而完全屬於我國主權者，今止遼河一水。……且該三省地方森林礦

產，所在多有，一俟松、遼溝通，則交通事業既臻便利，
而林礦事業亦可繼為籌設，實於鞏固主權，振興物產，兩
有裨益。……（〈擬溝通松遼密呈〉）

當時江蘇的蘇北、安徽皖北的一帶區域，年年鬧着水災，人民損
失不可算計，一時的賑濟，決非根本解決的辦法。我父的導淮計劃，
漸能引起政府和中外人士深切的注意，都認為徹底有利益的事業。但
是舉辦疏濬工程的預算，不是中國財力所可擔負籌措，其勢是非向外
國借款不可。適逢美國紅十字會，因賑濟水災，派專家巡視災域的結
果，也認為實施導治工程，可以一勞永逸，並且諒解中國無此財力，乃
表示可以承借。我父呈准政府和美公使芮恩施博士[3]（Dr. Paul Reinsch）
經過不少接洽交涉，我父對於磋商條件的立場，完全根據保障主權維
繫人民利益的範圍，絲毫不能遷就。到民國三年正月，方簽定了草約，
後來因政局變動，我父也下野，無從繼續進行。當時我父關於導淮程
序歷史，對美人有一文發表：

　　……自中國有與美國借款導淮之議，美國政府與紅十
字會派工程師錫伯德等，遠涉重洋，冒暑親臨淮河上下游
勘視。……測較既竣，即須豫計。豫計之次第，先計淮、
沂、泗、沭如何泄瀉入海之路，路分幾道，方能有利無害。
次計每道長廣深度若干，乃能配定河底。次計人工土方之
價，及機船土方之價。……次計五年內河未全成，歲收於
得河利益各地賦稅之數，能否付息。五年後河成可增歲收
田賦及通行之租數能否付息，並分若干年還本，似亦一定
程序。尤有前提焉，則我四千年來關於淮河利害之歷史，
與三十餘萬方里內關於淮海利害相因之地理也。不研究歷

3　芮恩施（Paul Samuel Reinsch, 1869–1923）是美國外交官。

史，則與泗、沂、沭與黃河分合利害關係之成案，無由而知；不研究地理，則淮、沂、泗、沭昔何所憑而為分為合，今何所恃而或分或合，以及分之分數，合之遠近，亦無由而知。……中國地理但有平面開方圖，而無水準高下圖，河淮地勢之高下若干，言治水者，亦只憑流向之目驗以為準，自較儀器測量者精粗有別，然中國地勢無不西北高而東南下，……是則畫半分入江海，亦非絕不可行之策，而吾前所主張七分入海三分入江者，其理由……如左：甲、復淮、沂、泗三故道而使入海。……乙、定淮、沂、沭入海之支路。……丙、定淮水入江之支路。……丁、以上所言以治淮為重，故專就淮論。若逆泗而上（即今通山東之運河）過山東南旺鎮以達天津所謂元時會通河者，為腹地交通計，亦不可不治……昔之會通河為病於黃河，今即可因其病以為利，故雖不在導淮範圍以內，而實不出與淮關係之外。……中國河淮之歷史，年代既長，地理之更變，亦極複雜，古圖散失，無從取證，古書則多至千百卷，美工程師以三月最促之時期，無從盡知。……利害所關，則在我為主體，不敢不以夙昔研究所得百分之一二為美工程師討論之權輿，規劃之資料，是否適當，須更測淮與河地面河身之高下，通籌合較矣。……（〈關於導淮程序先宜注重淮河歷史地理說帖〉）

講到治水，當然最重要的第一步是測量。有了圖然後才能明白實地流量流速的形勢，才能有精密規計工程的根據。我父主張導淮，着手辦理測量，雖然經過很多的困難，可是用掉極少的經費，測成了淮、沂、泗各水全部實測的圖表。曾經有二次英、美工程師到實地去勘視，後來又查閱圖表，都認為十分完備精確。等到國家政治上路，建設起來，淮河總有一天要導的，這全部已測成的圖表，也總有一天要成用

的。看了這篇〈測量成績目錄〉的序文，就可見我父慨痛之深了。

　　……導淮測量處……以宣統三年二月迄民國十一
年十二月，測量所成之圖與表冊，凡三千五百有奇見
示。……成此事實之值，為三十餘萬元。此三十餘萬元之
費，屢給而屢輟，故圖與表冊之成，亦屢斷而屢續，費即
不輟，成即頻續，而甲年之測，必乙年而圖而表冊。……
謇於四十年前遊淮南，……謇即以為淮不治，江北且不
治。……端方督兩江，謇建復淮故道標本兼治之議，而
眙之端方，許設局測量而授監督權於淮揚道。……某希
恉，令圖淮底之高比真形加六密達。密達，歐記數度，
一密達，當我營造尺三尺一寸許也。加而高則浚治難，
難則寢而議果寢。及謇長江蘇諮議局，又提議導淮案，仍
事測量，設局於清江浦，既測比較水平，知淮底之高大，
率與兩岸地平面相等。間有十一、二高出地面者，其高
出之度，不過三尺耳。丙午江北大災，賑款報部過六百萬
元，實用於賑幾何不知，要無一元及於淮，可斷言也。辛
亥政變局停，癸丑乃續，後政變屢作，局亦屢停，先後蓋
六次。……中經歐美工程家憑圖審勘與實地檢查，證為可
信。……今所列者，計冊一千二百三十八，圖二十五卷，
又二千三百二十八幅。……（〈導淮測量處成績目錄序言〉）

　　民國三年（1914）四月初，我父親自巡視淮河流域。他是坐船去
的。聽說到了洪澤湖一帶，那坐船向東行，碰到西風；忽轉向南行，
立刻轉了北風；一會兒船回轉頭東行，又起了西風。一日之間，行來
行去，總碰到順風，這雖是一時的巧合，而人家都說是我父治河的誠
意，感動天心了。連同行的荷蘭工程師，也說「有點奇怪」。
　　我父癸卯東遊一次歸國以後，即將其考察心得的結果，猛進他的

實業教育的改進發展。可是到民國以後日本已不足盡資取法，而中國各項自強自治的策劃，在在要取法於人，而感覺到「取法乎上僅得乎中取法乎中僅得乎下」的理論，所以我父認為大規模的開墾，和治水計劃，惟有美國新創局面的設施，和工程技術上的成功，大足觀摩而資師法。適值美國有萬國水利會議的發起召集，我父接到請帖後，壯遊新大陸之意，油然而生，想親身去參加會議，實地考察，真所謂為國馳驅，老當益壯，那舟車海洋跋涉之苦，不足減我父愛國的忠勇和決心。當時即呈請政府要去，那曉得袁氏別有會心，沒有答應，於是我父遠遊的計劃，未能實現。當時有一篇呈文：

> ……美國本年九月……二十日為萬國水利會議之日，在金山會場舉行。擬請中國政府派員與會。……查美國萬國水利會議，係因巴拿馬運河告成而設，故其會場即設於舊金山，而中美邦交以淮災助賑之前事，淮工借款之新義，愈形國際親睦，實於水利至有關係，其他濬浦濬遼以及煙台海壩工程，皆以通商口岸為萬國所注視，即如今年各省告災，外人率以我國河利不修，橫加訾議。……謇雖衰庸，尚未昏耄，擬請親赴該會一行。……去國萬里，遠歷重洋，原非衰病之軀所能勝任。然該會既請派員蒞會，若以中國水利素未注意之人參列議席，誠恐貽誤機宜，無裨大局。昔趙充國請自將討羌，功成而當世服其壯；馬援自請討蠻，失利而後世譏其不知止。謇年去馬、趙尚遠，請行之事，又與軍旅有別，然世固未有不以成敗論人者，鑒於往史，未嘗不自懍懍也。……（〈自請遊美呈〉）

我父認為要整治水道，有二種要素：一是經費，二是人才，而技術人才的養成，尤為茲股切普通的需要，外國工程師固然要聘請，然而需要的地方既多，就應該在國內創辦河海工程學校，我父呈請政府，

籌措經費，選擇地點，訂定適宜中外水利工程的課程，煞費了許多心血，才能辦成。現在國內河海工程人才，大半都是南京河海工程學校畢業出來的人。

這是一篇請通令各省速設水利工校的呈文：

> ……本年入夏以來，雨量過於往歲，如粵、桂、湘、鄂、川、贛、江、浙各省，向恃江湖河流收交通灌溉之利者，災祲交乘，紛紛入告，上累公府提撫之憂勤，重念蒸黎昏墊之困厄。謇忝司水利，彌益旁皇，每一念及災區之廣、災狀之棘，長此不治，伊於胡底，即欲引罪自劾，亦恐無以謝天下。謇初見二十年內之水災，以淮為最著，故注重導淮，漸次推及於各省，而局居京師，限於經濟，不能多延外國河海工程專家分投測勘，即本國之能明新舊河海工程者，亦復散而不聚，故前此呈請設立各省水利委員會，為提挈討論機關，時越一年，各省報告該會成立者，僅有浙江、新疆、黑龍江等處。然就今年災狀而論，則各省緩視水利其害不彰，即今不圖，後將益困。本年春間，謇派諮詢工程師及僉事技正等員，分別前往奉、直、江、浙曾報工程之處勘視，然以三數人分赴各省，誠有不逮，而諮詢工程師甫測長江下游海口之流速流量，粗有梗概。又派勘直隸、北運、永定、山東、南運等河；專營既所不能，兼顧實又不及。查前請設立河海工程專門學校於江寧，校款由直、魯、蘇、浙四省認撥，其正科修業年限定為四年，特科修業年限定為二年。……總期該校早日成立，俾測繪人才足資應用，或於全國水利稍可致功效於萬一。蓋我國河渠溝洫之學日就荒失，由來久矣。所有各省水患，其大要在宣洩之失宜、淤窒之不治，或專恃堤防而致潰決，或貪填圩蕩而成漲溢。良以昔日之治水，多偏於

一隅，而在今日之治水，宜籌其全局。且西江暴漲，粵、桂均當其衝，洞庭失瀦，湘、鄂咸蒙其禍。故欲從事疏濬，非先加測繪，不能窮諸水之源流，祛積年之痼弊，若以普通測繪行之，於地面河身高下之比較，流速流量蓄泄之分數，未能精確，則於施工計劃，必有差失，糜款費工，勢所必致。及今儲材，則猶不失為七年之病，求三年之艾也。（〈擬請申令各省速設河海工程測繪養成所呈〉）

第四節　兩黨携手

民國成立後，政治上兩黨對峙的局面，異常的發展和典奮。然而我父一向抱定主張，認為二黨在政策上政略上，可以有異同左右的派別；二黨在國會兩院，也可以立於對待甚或相抗相搏的地位，都很有益於國家政治上的演進。可是對於國家根本大計，和防止政府專橫的舉動，極應該一德一心，拿全國人民的利益做一個公同的目標，盡其人民所賦予國會整個的權柄。在國會以內對於政見上的爭論辯難，二黨當然可分；而國會對待政府的地位和責任，二黨又應該絕對的合，打成一片，站在一起，叫政府絲毫不能離間利用，釀成二黨自相殘殺的私鬥、釀成政府毫無顧忌為所欲為的野心。當時我父認為離開政見上的黨爭的自殺，和袁氏分裂國會手段的猛進和險狠，非但能危害國家、搖動國會，並且於二黨自身的前途，也一定要弄到兩敗俱傷，利歸漁翁結果。我父看到這點，非常憂慮，很想盡其能力，調和其間。有一封致湯公化龍[4]的信：

　　……兩黨紛爭，致公與少川受擠，思之危慄。……但墊款雖可即定，而大借為吾國命脈所關，斷無中止之理。

4　湯化龍（1874–1918），字濟武。湖北蘄水人。晚清民國政治家。

大借條件，必更甚於墊款。……竊意此次共和黨之對待少川固由南京積怨，……但操之過急，其反動力乃全注射於公一人，此不能不為吾黨告也。謇意此時國家新創，斷不能再有搖動，前已電囑翼之加意匡助，今釁瑕已構，雖日言消融，終恐無效。日前黎宋卿[5]有電促謇入都，而黨中諸人亦有電來。……蓋一恐以運動借款之名相加，一恐以組織內閣之事相擬，故遲遲未決。謇若北行，必先與彼黨南中重要人物聯絡，表明此行專為調和黨見，與扶助現在內閣之意，使之不疑。到京後，亦必與彼黨款洽，並切囑吾黨，勿再有攻擊政府舉動。果能稍稍融洽，或於大借進行，免生障礙。……再吾黨中人多不滿於少川，少川固多可議處，但今日國務總理非渠更難怙服。……此款之使用夫豈得已，正其代項城受過也。吾輩多數人不明此中關鍵，迫之過甚，則鋌而走險，中國歷代黨禍，寧不如是，吾輩乃躬蹈之乎，公宜常以此意曉吾黨也！……（〈為調和黨爭致湯化龍〉）

民國二年（1913）南方二次革命失敗以後，袁氏藉口內亂罪，解散國民黨，及取消該黨國會議員的資格。我父聽得袁氏有此種斷然舉動，即進忠告，請其慎重考慮，袁氏並未容納。可是該項解散的命令，我父始終也沒有副署。當時還顧慮到國會或因此而無形渙散，於是向袁氏進維持國會之法，定分電各省速集候補議員。我父尊護民權的真誠，於斯可見。

5　黎元洪。

第五節　遊山度歲

我父任閣員，在京二年，很擔起責任，早作夜思，忠於職務，平時從不懈怠，從不請假，以身作則。每逢到了年假，就約了幾位友好，遊覽香山，住在那裏，休養幾時，談談天，做做詩，還弄牙牌接龍，有趣得很！我抄幾首詩，可以看出我父那時許多感想，和做官時的風趣，他不慣受北京的官僚生活，卻很愛北京郊外的幽美山水。

少陵度歲咸陽居，呼盧喝梟博塞娛。今來山中歲亦徂，堂空夜冷煨火爐。張秦許薛與老夫，相對寂寞語欲無。牙牌卅二引籤儲，用代卜玦非挎蒲。檢出幸有好事奴，分之五人六各殊。君子緩二二置隅，制自宣和或有圖。久佚不傳焉可誣，見首見尾龍伸舒。同數相應缺則逋，嬉戲習自兒時俱。心計亦到王桐盧，薛生黠捷銳兩臚。張叟答颯拈白鬚，老夫秦許季孟趨。不名一錢何贏輸，絜量劉毅抑已愚。淫淫蠟淚沒燭趺，推牌看起霜華敷。寒星在空牌聯珠，一笑高枕遊華胥。（〈民二守歲行〉）

京塵厭囂惡，歲除逃入山。去年有成例，襆被趨巉岏。馬（良）翁江海人，張（相文）孟能文翰。管（國柱）許（振）二生健，但覺從遊懽。盍戢有賢主，（英華）布榻恣盤桓。元辰陟眾囆，仰睇雲物斑。俯聽松壑泉，策杖窮林巒。坐笑人世忙，己亦殊未閒。今年得秦仲，（瑞玠）願與同躋攀。薛（弢）生興尤逸，凤戒親治餐。游侶益至七，數足成一班。長者命籃輿，少者聯轡鞍。楂餳既頗富，罌酒亦不單。談諧此守歲，何必具辛盤。谷鳥好毛羽，流音勝歌鬟。勝地得容樂，宇宙寧不寬。一年只一遊，糧盡方當還。（〈民三守歲行〉）

我父在香山過年休息的時候，還有一首小詩寄給我。

> 父學楹書年十三，賣錢買喫擔頭柑。兒今字解摹山
> 谷，父已官慵似劍南。（〈都門口占寄怡兒〉）

第六節　去職

到了民國三年（1914），熊公因行政棘手，辭總理之職，內閣立時分裂起來。教育汪公、司法梁公即聯帶出閣，照責任內閣的慣例，我父當然也應一同辭退。然而我父觀念認為農商和人民有直接的關係，而所要做的事，只有基本法令的發佈，和各處試驗場的成立，其他很重要待做的事還多得很，濬治水利的計劃，又剛才着手進行，不願拿政治上的習慣，來阻礙他政策的進展，所以當時不曾提出辭書，仍舊蟬聯他的政治責任。我父當時有一種表示：

> 楊士琦[6]來，問閣員與總理同進退之說。余曰：始來
> 以府院並有連電之約，就職之日，即當眾宣言，余本無仕
> 宦之志，此來不為總理，不為總統，為自己志願。志願
> 為何？即欲本平昔所讀之書，與向來究討之事，試效於政
> 事，志願能達則達，不能達即止，不因人也。……（《自定
> 年譜》）

袁世凱從前的出身和到朝鮮執掌兵權的發端，和我父的友誼，前面已經說過。等我父隨吳公離開朝鮮以後，他就漸漸的跋扈放肆起來。我父和朱公銘盤曾經有數千言的一封長信詰責他，信裏邊有一段說：「……司馬誠試思所說有處者否，有不是者否。願司馬息心靜

6　楊士琦（1862-1918），字杏城，安徽泗州人，袁世凱親信。

氣，一月不出門，將前勸讀之《呻吟語》、《近思錄》、《格言聯璧》諸書，字字細看，事事引鏡，勿謂天下人皆愚，勿謂天下人皆弱，腳踏實地，痛改前非，以副令叔祖、令堂叔及尊公之令名，以副筱公之知遇，則一切吉祥善事隨其後矣。此訊不照平日稱而稱司馬，司馬自思何以至此，若果然復三年前之面目，自當仍率三年前之交情，氣與詞涌，不覺刺刺，聽不聽其自酌之。……」那曉得這幾句話，就定了他的終身。從此以後，就絕交不通往來。對於戊戌政變的賣主求榮，尤為痛惡。但是他的官運亨通，一天一天的飛揚騰達起來，因為才幹不差，所以在北洋任內創興警政、學務、工藝各事，比別的總督着實多做幾件。清末運動立憲的時候，大家都責望我父蠲棄私嫌，寫一封信給他，勸他不要反對。到了辛亥年夏天進京，路過彰德垣上村的時候，去訪他一談，認為二十八年不曾晤見，他的識見增進了許多，在督撫中還算有點眼光，所以二人的感情又回復了，等革命發動，他也容納我父的勸告，贊助改建共和的策劃。可是他終久野心難忘，認為兵權在手，甚麼事都可辦到。到了民國四年（1915），叛國的行為，積極的暴露進行，一班趨炎附勢攀龍附鳳的人，想出了許多挖空心思強奸民意的計劃。我父曾經說過，他在朝鮮時有一天，忽然找了我父，放下了帳子和我父密談，說李王懦庸不足扶持，吳帥膽小也難圖大事。他的意思，想取韓王而代之，請我父謀劃主持。我父聽了，就竭力告誡他，不可輕動，又答應他決不告訴第三人。所以我父一向曉得他有非分的野心，他也向來曉得我父沒有野心。等到我父曉得籌安會已經發動，就要組織進行，就立刻進去和他痛切勸說，勸他做中國第一人的華盛頓，不要效法上斷頭台的路易。他一味不承認，並且說他自己怎樣也不願意做皇帝，可是美國人古德諾的共和政體不適宜於中國的提議，卻有討論的價值。將來或者讓朱明的後裔出來做皇帝，浙江的朱瑞也可以的。我父就笑着回說：「朱瑞可以做，難道唱戲的朱素雲不可做麼？」所以後來方惟一先生有一首詩給素雲，還提到這幾句趣語。

　　歷數陳苗到汝身，都城傳遍話清新。不須更説華胥
夢，漳水瀟瀟愁殺人。

　　我父和他翻來覆去講了二三個鐘點，結果看他不得醒悟，無可救藥，也就立刻拋棄他所有的政治職務，脫離了袁氏做領袖的政府，離開了北京。袁氏為人向來桀傲不馴，難於揣測，他辛亥年的贊同共和，本來不是真心誠意，完全假一種很巧妙的口實，實行他趕跑清室，讓他來坐這把金交椅的把戲。哪曉得國民黨幾回的革命，想防制他的叛逆，果然不錯。而他到這時候，也老實不客氣要嚐一嚐那個心想情願的皇帝夢的味兒。我父到了南邊以後，他叛國自帝的謀劃，也蓬蓬勃勃的發展起來，在封王賞爵以前，還恭維我父甚麼「嵩山四友」，我父也沒有理會他，就拿送來的嵩山圖本，交給南通博物苑陳列，已經當作古董了。那時民國的運命危險萬分，基礎已經搖動，我父還本了他一向「愛人以德」的本性，從南通寫了一封很長的信，向袁氏進了最後的忠告。袁氏當時哪裏會聽從，還是向着火裏攢。我父在京最初聽到袁氏的叛國行為，就斷定袁氏的帝制決不會做成功的。做不成功，一定也活不長。果然鬧了幾個月，譬如做了一場夢，他個人的生命，也就隨這個夢犧牲了。

　　我父在得到袁氏逝世的消息那一夜，就在日記上用又悲又恕又悼惜的口吻，寫着這麼一段話：

　　　　五月六日，……午後得季誠電，至夜復得厚生、公權，知洹上[7]以午前十時即世。三十年更事之才，三千年未有之會，可以成第一流人，而卒敗於羣小之手。謂天之訓迪吾民乎？抑人之自為而已！（民國五年）

　　我父致袁君克定[8]的唁電內有「以禮治典，以義教弟」兩句話。

7　袁世凱。
8　袁克定（1878–1958），字雲台，河南項城人，袁世凱長子。

第三章　經營村落

第一節　地方自治

　　我父脫離了政治舞台，立刻回復他的田野生活。他的精神上對於國家前途的失望，達到極點了。在前清時代，看了政治腐敗認為沒有希望。到了民國原想大家一反所為，勵精圖治，那曉得結果也仍然沒有希望。這當然不能怪共和國體仍舊不能有所作為，實在是袁氏的心地行為，完全仍是不脫專制官僚的習性，所以弄到政府依然和人民的利益隔絕得很疏遠。我父到北京二年多，回來以後，越發堅定了他經營村落的決心。認為做政府的官，不一定可以做事，倒還是回到田野，可以做一點實事。於是分門別類，格外積極的規劃起來，將已有的事業盡力的改進，應有而未有的建設，再努力的擴充，做到應有盡有的氣象。胡適之先生曾經在一篇〈非個人主義〉的新生活裏邊，說過幾句話：「我們的新村，就在我們自己的舊村裏。我們所要的新村，是要我們自己的舊村變成的新村。……」我父就是這個宗旨，這樣做法。

　　我父向來認定水利為各事的根本。水利有辦法，農田交通都能有利益，全國的計劃，既然難見實行，南通一地方全縣的水利，就應該着手興辦。一來可以做他處的榜樣，二來實際上可以免去水旱災的打

擊，也計劃了好多時。依次的開河、築壩、建閘。有一篇整治全縣水
利的計劃：

　　……本年六月、七月，雨量之大，為數年以來所未
見。河水暴溢，既不能容受，江潮猛詫，又不利宣洩，以
致運河西北之災象特重。……愚兄弟忝言水利已歷數年。
核其工程，約分兩類。一、曰建築涵閘。二、曰開濬港河。
雖照原定計劃，分東西進行，而未能盡弭此次之水患，實
深惶悚。惟此後之行水，有所取鑑，益當為求全之計，以
貫澈南通水利以人勝天之初旨。茲將已辦工程，及未來計
劃，撮要陳之：南通地勢，以西亭一區為河水分流之脊，
西入於江，東入於海，綜計面積入江者佔十之四，入海者
佔十之六，已辦涵閘工程之入江者：一、為民國七年二月
新建之龍潭壩利民閘。……二、為民國八年九月改建之唐
家閘。……其入海者：一、為民國七年一月新建之呂四、
東頭總雙門涵洞。……二、為民國八年十月新建之呂四廿
九總閘。……均以分洩淮委河之水，為運河東下之正幹設
計，以多其流量者也。三、為民國九年八月新建之遙望港
九孔大閘。……分洩……六區之水，每秒鐘能放一百二十
立方米達。四、為本年新建之騎岸鎮閘。……此以引……
四區之水，近道入遙望閘而分洩運河之流量也。其在原
定計劃之外者：為本年附設縣路幹支各線之涵洞一百餘
處。……此外按經水道經適之地域，……屬於中部者，
為民國六年開濬之小洋港、山港、褲子港。……屬於西部
者：為民國七年開濬平潮區之絲魚港東西捕魚港大小李家
港九圩港。屬於東部者：為民國六年開濬三樂、競化兩區
之三競官河；民國七年開濬餘西、餘中兩區之龍遊溝；民
國八年呂四區與海境合蒿枝河，餘東區與海境合開十三堆

河，三益區與海境合開新港、界牌港，餘中區與海境合開
實興河；民國九年開濬呂四區之南倒岸河，本年開濬餘西
區之十甲河，皆隨各區之水勢，順流疏導，以盡其宣洩之
利，而重大之工程，則以三合口東西兩港為最。……未來
之計劃，依民國六年公佈水利議案，尚須賡續舉辦者：應
建餘西新閘一座；移建餘東李灶河新閘一座，修餘東舊恩
濟閘一座；修呂四舊船閘一座；建陸洪新閘一座；修鹽倉
壩舊閘一座。……六涵亟須施工。茲特組織測量隊四班，
分道實測各涵閘之流量，統計每秒鐘能放水若干，俟得確
數，即以此項流量，乘核全縣河道之容量，及近三年平均
之雨量，為規定續建涵閘座數及口閘大小之標準；專重實
際，不敢空言；須費若增，貸款以繼。擬於民國十一年自
治報告會之前，擇其重要工程建設完竣，兼程赴事，限日
程功，以勉副地方父老兄弟之期望焉。……（〈南通水利
已辦工程及未來之計劃〉）

我父對地方自治的要素，認為便利的交通和文化實業治安，都有
很密切的關係。於是主張開造全縣能通行的道路，分主幹、支線二條，
計劃了多時，居然農人能夠了解我父經營自治的熱誠，凡新闢的道路
所用的田地，一概不索田價，並且都出來做工。這事我父感覺到異常
的欣慰，認為三十年謀自治的結果的最好氣象，直到現在，方才得到
鄉人徹底的諒解，拿產業勞力來助成交通。到民國十年（1921）方才全
部完成，有五百餘里能通行全縣的幹支各路。立時又叫警察局開辦了
交通警察養成所，連淺近的英文都講授，我父意思是要這這班警察有
應用的技能和常識。有一篇開闢全縣馬路的計劃：

　　……地方之實業教育，官廳之民政軍政，機紐全在
交通。……本縣僻處江北，向以實行自治被稱於世，稍負

虛聲。惟於交通一端，雖有片段之進行，尚無具體之計
劃。……亟應將全縣路線，統一規劃，以期支幹銜接，脈
絡貫通。……依據參酌本縣地勢，規定縣路，分為本幹、
支幹、正支、副支。甲等本幹，由城區直線向東，……
至墾牧區止；直線向北，經唐閘區至……如皋縣境止。乙
等支幹，向南由城區經競化區……至海壩……止。此為正
支。北由石港區……東接至甲幹線止，此為第一副支；更
東由餘中區……接至海門縣境止，此為第二副支；由餘東
區……接至甲線止，此為第三副支；由呂四區……接至海
門縣境止，此為第四副支；由劉橋區至……侯油榨止，此
為第五副支。其現已修築之唐閘路，城至天生港路，皆甲
等本幹內之直線。天生港至唐閘路，皆乙等支幹線。港至
城之列甲等者，為接江輪水道；港至閘山至城之列乙等者：
一為實業，一為風景，皆人行最多處也。……路身修築之
法，以砂石鋪壓為最固，煤屑鋪壓次之。……先擬修築
土路，墊高鋪平，為將來改築之基礎，即於本年同次第施
工。……附近農民讓地相助，此實吾南通急公好義真能共
同自治之氣象。……本無道路，所闢全是民田，自不能不
按公用徵收例收買。……（〈規劃縣路請公議即日興修案〉）

　　我曾經告訴我父，在美時福特向我說：「有了汽車，自然會造路。」
我父聽了就說：「這是汽車老闆的話。我以為一定要先有路，然後才想
去買汽車。」在那時候縣城有五百多里的馬路，一百多部的汽車，非
但江蘇沒有，恐怕全國其他內地也沒有第二個地方。

　　我父生平對於軍旅之事，向來沒有興味。惟獨對於地方自衛的力
量，異常重視。他本想在南通等普及舊辦有規模後試辦民兵制度，並
且主張沿江沿海一帶置辦淺水巡艦。雖有計劃，都未辦成。只在實業
方面自辦警衛團，地方方面竭力整頓警察及興辦警備隊。各處餉源都

有規定，操練異常認真，治安方面很得到維持防衛的功效。後來幾年，時局不靖，兵匪橫行，鄉村各處漸受影響，民不安枕，我父就叫各市鄉分合舉辦保衛團，就是守望相助之意。每回集合操演，他都親臨看操演說。他認為地方自治要義，第一要人民有自衛的能力。

第二節　教育慈善

我父在南通辦教育，最初只辦小學和養成師資的男女師範，不久又接續在師範附設了社會應用職業的農、工、測量、蠶桑谷科，畢業以後都有出路。等到後來，社會又進一步需要高等學識技術的地方，一天多一天。人才也一天缺乏一天。認為專門高等的教育，也應該應着潮流而設立。於是看到中國本是農國，南通棉產向來又很豐美，就經營推廣了很大墾地；關於種植的改良研究，病害蟲的預防驅除，很有講求指導的必要，就立了一個農學專門。地方各工廠、各醫院創辦以後，醫學的需要，疑難病症問題的診治和解決，都市衛生的改良和設備，在在非高等醫學不可，就設立了一個醫學專門。南通大生紗廠二、三等廠都繼一廠成立以後，技術上管理人才的需用，很多很殷。紡織染各科精進的技術，和合於科學管理方法，那一班普通職業人員，自然不足應付，就設立了一個紡織專門。辦理以後，極有成效，畢業後的出路，非但可以供南通實業的需要，並且走到各縣各省，都能獨當一面。到民國九年（1920），我父又將各專門學校程度提高，建築了宏大的校舍，添置了必要的設備，一齊合併起來，稱為南通大學。我父對於南通教育，向來主張嚴格，不主遷就，民國以後就有一種堅定的主意，一直沒有變動。我抄一篇主張嚴格教育的宣言：

　　……軍隊無共和，學校無共和，此今日世界各國之通例。軍隊共和，則將不能以令；學校共和，則師不能以教。將不能令，則軍敗；師不能教，則學校敗；其為國患，莫此

之尤。……近者，政體改革，趨向共和，而一般事理不明之學生，乃有誤解放任以為共和，等秩序於弁髦，病嚴師為專制者，竊竊私議，鄙人頗有所聞，不知歐美養成共和國民，惟以重公德、愛秩序為唯一之方法。若妨公德而害秩序，則謂之破壞共和。……凡教之道，以嚴為軾；凡學之道，以靜為軌；有害羣者，去之無姑息焉。鄙人誠重教育，誠愛學生，心所謂危，為此通告。……（〈論嚴格教育旨趣書〉）

南通師範本為中國第一個師範，畢業生的需要出路，一天多一天；來求學的，也一天擁擠一天，我父又添造了教室宿舍食堂，推廣了農事工事試驗場所。女師範也在城外特建了很宏敞適用的新校舍，佈置設備，非常完全，對女生有一篇訓話：

　　……今天是……本校十九週紀念日，我趁這個機會，和妳們講講：自從本校移到這邊以來，……校裏很安靜，這『安靜』二字，在女校是很重要的，於學生學業的進步，很有關係。假使學風不安靜，不但於一校不善，就是一家一地方也要受到不良的影響。……鄙人向來提倡教育，本希望人才輩出。但於用人一端，無論教育實業，不但打破地方觀念，並且打破國家界限。……只要哪個人能擔任，無論中國人外國人都行。不過……因為愛鄉土的關係，所以能在本地採取人才，是最好的事情。現在外邊的學風常常有變更，而本地卻沒有甚麼大變更。變動本來不是不好的事情，並且教育尤其宜有變動，不過必當顧及本地的需要。例如在南通講教育，先要想甚麼是南通需要的，甚麼是適合南通的。……主持校務的，也是這樣，要有方法，又要活動，而能合法；所謂合法，就是有尺寸，否則便不對了。……美國八分鐘能出一部汽車，他們是分工做的，

但是何以出品這樣快且好呢？就是他們分工的尺寸準，惟其各人尺寸相適，所以八分鐘就能成功一件極複雜的東西。學校也是配置尺寸的地方，和造車一樣，無論多少人，總要尺寸準，女校更宜注意。……試看各國教育，各有其特殊情狀，例如英國的教育很嚴重，美國最活動。他們的風俗，也是不同的，法國和美國比較奢侈些，英國最為嚴整。試把三國的教育方法，移到中國來，這好像拿他人的帽子，戴在自己身上，哪裏可以呢？譬如講到這邊校園裏改換佈置，就先當把地量一下，怎接做法才好？就是照西人的做法，心中也要有個斟酌，大抵歐美人注重「整齊潔淨」四字，而中國於這四字外，復注重天然。整齊是人工做成，可以同的；天然那就各自不同，你們看世界上的山水，有同的嗎？人有同的嗎？就我們中國講，拿人工做至天然，這在唐、宋的時候最為講究，中國的學業，本先於歐美。現在的人，反樣樣歡喜模仿歐美，即如園亭的建築，只模仿到整齊為止。「天然」二字，就不注意了，園亭的建築和佈置，本含有……工程美術研究的地方。例如堆一個土阜，就有算術與經濟在裏面，不是任意做的。……學問本來靠各人的才智而定，所以很願意已畢業的和在校求學的人，一樣對於學業的日進無疆。只要明白了做事都要有研究，然後就可以進取了。……（〈女師範演說辭〉）

我父對於社會教育及補助教育的事業和慈善，也依次的儘量興辦或擴充，沒有一件沒有宗旨、沒有心血。從起意到建築成立，我父的精神是一貫的。處處都有具體的規劃、深遠的意義。

從範圍很小的植物園，擴充辦了博物苑，讓地方人士和學生，有一個增長識見遊息的地方。

　　……南通昔一州耳，奚足以言博物，而苑，而自大。
始蓋嘗請於清學部建國立博物苑，議者格焉。……泰西諸
國博物苑之制，舉政府之力，傾一國人之輸向營之，費恆
數百萬千萬，如是其盛也。曾竇人子而不自量度，折脛摺
脅而舉烏獲之所勝，……無自小而憚矣，以是鍥而不捨
者亦且十年。國所獨有者，櫱古今之名；同於他國者，臚
中西之語。離合更辨，諮陬通人，亦有月日，凡以為學於
斯者，覗器而識其名，考文而知其物，縱之千載，遠之異
國者，而昭然近列於耳目之前。抑聞公法，戰所在地，圖
書館、博物苑之屬，不得侵損，損者得索償於其敵。世變
未有屆也，縷縷此心，貫於一草一樹之微，而悠悠者世，
不能無慮於數十百年之後。輯是品目，播諸中外，明是辛
苦，一士所積，薪得仁人君子矜惜而珍存之！……（〈南通
博物苑品目序〉）

　　我父在軍山頂上設立了一個氣象台。一方面為農事的測候預防，
一方面為農學生實習氣候的地方。

　　……氣象之理至賾，而測候之用至廣。歐美各國，皆
國家主之，地方輔之。總其本者一，而分台支所累而十而
百而至於千，此豈私家財力之所能充，亦非一二學者之所
能任。惟是我國政變疊起，人事之救不遑，而奚暇於天，
奚論於頡頏歐美，顧下走不自量，以為苟有所知，則必歸諸
用。雖邨落主義之可嗤，或亦模範小試之猶足自娛乎。比
者承乏農商，曾令各省設觀察分所矣，卒以費絀，甫張而旋
弛，然則茲台其千百縣之嚆矢歟，抑碩果歟，未可知也。今
緣海荒蕪之墾未有艾，航業亦有待於擴張矣，左右之，前後
之，茲編其庶為之助。……（〈軍山氣象台報告書序〉）

不久我父又將舊公園推廣經營，很花了許多錢、費了許多精神，方才完成。

> ……公園者，人情之囿，實業之華，而教育之圭表
> 也。人情罔不好逸、罔不好花木水石台榭之娛，好必欲
> 有之，而勢不能盡人而有。公園則不啻有於人人，囿之謂
> 也。……嗟夫，實業教育，勞苦事也；公園則逸而樂。償
> 勞以逸，償苦以樂者，人之情；得逸以勞，得樂以苦者，
> 人之理。以少少人之勞苦，成多多人之逸樂，不私而公
> 者，人之天；固多多人之逸樂，奮多多人之勞苦，以成無
> 量數人之逸且樂；進小公而大公者，天之人；尤騫所欲為
> 我父老兄弟誠告者也。……（〈南通公園記〉）

關於地方慈善，我父又先後創辦殘廢院、盲啞校。經費艱難，沒有來路，於是我父自己賣力寫字，得錢就來維持這二處。

> ……僕於前清光緒三十二年曾鬻字字嬰矣。鬻之二
> 年，人事大冗，乃輟。今殘廢院、盲啞院建築甫竣，而開
> 辦費絀。……而僕之力用於教育慈善事者，又以途多而
> 分。無已，惟再鬻字。有欲僕作字者，請必紙與錢俱，
> 當按先後為次。苟不病，當日以一二時給之，諸君雖略損
> 費，然不論何人，皆可牛馬役僕，又可助僕致愛於篤癃無
> 告之人，而勉效地方完全之自治，使城南山水勝處，不復
> 有沿途羣丐之惱人，倘亦諸君之所願聞乎。……（〈為殘
> 廢院、盲啞學校鬻字啟〉）

我父因為中國婦女沒有相當的職業，在社會和家庭方面，都有不善良的影響。貧者無從謀生過活，富者習為賭博暇逸，不做好事。又

因為中國的手工繡法，本是極有名的藝術，數百年前已經馳譽，後來無人傳授，漸漸失傳，成為粗率退化的手工。我父感覺到這種原由，就先辦了一個繡工科，附設在女師範內。後來又另建了完備的校舍，擴充為獨立學校，請了蘇州余沈壽[1] 女士來做校長，因為余沈女士是很有名的繡家，而且在北京曾經有辦過繡工科的經驗。創辦以後，南通婦女入學的異常踴躍，婦女社會生活的改進，有了極良好的趨勢。後來又附設了花邊織物髮網各科，規模都小一點，成效比不上繡科。

> ……古士庶服衣布帛而不華，大夫以上章服始有繡，則用繡之工少。……世俗日鶩文而趨於侈，……顧其時女子無獨以繡名者；有之，自王嘉《拾遺記》，記吳主趙夫人，……能於方帛之上，繡列國山川地勢軍陣之象。唐則有盧眉娘，能於尺絹繡《法華經》七卷。近代則松江顧氏露香園之繡稱最，世名「顧繡」。……吾南通之女子鄉居者，大抵能以耕織佐生計，城市則習於逸而愈貧，昔嘗憂之而未有策也。……江寧開南洋勸業會意，固將以國有一切農工商業與海外殊風異俗之倫相見，而因以通市，求一純百鍾之利。謇被推為總審查長，得見吳縣余沈女士所繡義國君后像之賽品，歎其精絕。當是時，女士方總教京師農工商部繡科，負盛名。……明年送邢、施兩女生就女士學，以傳其技。會民國成立，京師繡科解散，……乃特延之附於女師範學校，設所傳習。……五年九月，移所城南，增速成科，訂章加詳焉。（〈繡工傳習所章程序〉）

繡科班數既增，出品更湧，沈繡精美，本已馳名中外。加之髮網、花邊二科，又先後附設，招生工作，我父就想到這幾種貨品，美國市

1　沈壽（1874-1921），江蘇吳縣人，清末民初著名女刺繡家。

場需用數量很多，那時恰逢歐戰，歐貨斷絕，惟有中國一路，尚可運售供給。經過幾度調查，就找了一二個留美學生辦理此事，定名為「繡織局」。當時計劃很有條理，紐約開店佈置，也有聲有色。我父一向很注意發展海外直接貿易，本想拿這件事小試一下，等到辦有成效，再為推廣。不料歐戰停息以後，國際工商業情勢立刻變動，競爭既烈，售價飛跌，於是一蹶不振，竟不能支。許多人很怪辦事人計算不精穩，然而大勢交逼，也非人力所可挽回。可惜我父為女工關生計及發展海外貿易二事，未能達到目的。

余沈女士繡術很精，為人也有賢德，辦理學校，教授管理都極嚴肅、有條理，成績很優越。我父曾經推為各機關辦事人中最能負責忠實的一個人，很加以敬愛。後來我父恐怕繡工藝術，仍是不能傳下去，而且感到中國古時講工藝的書籍，像《考工記》都不曾記載圖式及數字，所以後人只當他文章讀，實在難找取法的依據，所以我父就想到請余沈女士將其數十年專習繡工的經驗心得，參以學校教授的方法，連一針一線和繡具的配置，都詳詳細細說出來。我父一面聽，一面寫下來，編成了一本《繡譜》。

……又明年辛亥京師繡科罷散，壽旋天津教繡自給。謇恐其藝之不果傳也，則於南通女師範學校附設繡工，延壽主任，始識其人。間叩所謂鍼法，紛紜連犿，猝不可曉。未幾壽病，病而劇，益懼其藝之不傳，而事之無終也，……則時時叩所謂法。壽之言曰：『我鍼法非有所受也，少而學焉，長而習焉，舊法而已。既悟繡以象物，物自有真，當放真。……神凝慮，以新意運舊法，漸有得。……遂覺天壤之間，千形萬態，但入吾目，無不可入吾鍼，即無不可入吾繡。』謇聞其言而善焉，……乃屬其自繡之始，迄於卒：一物、一事、一鍼、一法，審思詳語，為類別而記之，日或一二條，或二三日而竟一條，積數月而成此譜。且復問，

且加審，且易稿，如是者再三，無一字不自塞出，實無一語
不自壽出也。嗟夫！莽莽中國，獨闕工藝之書耳。……一
人絕藝，死便休息而泯然無傳者，豈不以是？……徒留其存
亡疑似之名，而終無以禪其深造自得之法，豈非生人之大
憾，而世之所謂至不幸，繡云乎哉！……（〈繡譜序〉）

　　余沈女士一梗針上的精絕藝術，用我父一支生花的筆尖去敍寫，
自然是一件相得益彰的事情，也是將我國的繡工藝術，傳之於後的唯
一方法。我父只抱着「愛才如命」的本真，和提倡藝術的志願，不管甚
麼性別的同不同；只曉得親信忠勤於職務的辦事人，不管甚麼界限的
嫌疑。

　　我父認為改良社會，要從各方各事下手。尤其對於人民習慣最近，
觀念最易的地方，應該設法改良引導，格外容易收效果。想到戲劇一
層，在社會號召力量最大，感化的習慣也最快最深。但是中國的舊戲
劇，第一，腳本太壞，不是提倡神怪，就是誨盜誨淫；雖然也有若干
忠孝節義的戲，但是失了時代性，對於社會沒有多大良好的影響。第
二，戲院的建築，大都十分的簡陋，裏邊的管理，也是十分的壞，地方
又齷齪，人聲更嘈雜，大家不是看戲，簡直是打架。我父就想到要着
手改良一切，先要養成一班適宜的人才，還是要從教育入手；辦理的
人，又非專家內行不可。於是邀請了歐陽予倩[2]君到南通辦了一個伶工
學社，招的都是初高小學畢業、清白人家的子弟。訂了課程，分了戲
劇、音樂二班教授，辦了六年，花了七八萬餘元。又起了很合於光線
管理新式的劇場。歐陽辦理，不能算不盡心力，然而最初的希望沒有
能達到。實在因為這件事很難辦，戲劇本身固然要注重社會教育，然
而提倡美的藝術，尤為最高最後的目的。優美文學的腳本、高尚成熟
的人才，真不是輕易造就的事。我父辦伶工學社的志願，雖然沒有達

2　歐陽予倩（1889-1962），號南傑，筆名春柳，湖南瀏陽人，中國近代著名劇作家。

到；然而伶生普通的劇藝，和崑腔的熟練，也供給了地方不少的娛樂，和我父詩會宴集不時的助興。可是劇場管理，在中國戲院中已經改革了幾椿很難得的事。第一，座位都有號碼，依次去坐，不能紛亂。買了票，就是不去，座位仍是空着的。第二，滿地丟瓜子殼的習慣，完全的革除。看到高興讚賞的地方，只能用手拍掌，不能用咀亂叫。直到我父去世後約一二年，這幾種優點，還是照常保留。這些事在歐美成了規矩，不算稀奇，可是在中國，算得鳳毛麟角了。

我父既然創辦了許多教育慈善事業，經常費都是他個人擔負維持。但是想到「人存政舉人亡政息」的可怕，認為要有一個維持永久的辦法，只有籌劃基金，不然很有危險。於是民國四年（1915）呈准政府，為南通自治事業許覓墾地十五萬畝於泰屬，免繳地價。後來又辦了一個教養事業公積社，保管經理私人所捐助的田產和款產。到了民國九年（1920）又為南通大學費了四十五萬元購置華成公司墾地作為大學的永久基金，預備分年將工程辦好，每年有了農產收入，就可以維持大學。那購地之款，除我父擔任以外，各實業和友好都幫助的。我現在摘錄幾段我父為公積社備案的文件，就可以明白我父為地方事業，沒有一事不計策萬全了。

　　　　……查地方自治，以增進社會之能率，彌補人民之缺憾，為其幟志。而進行之事業，屬於積極之充實者，最要為教育。屬於消極之救濟者，最要為慈善。教育發展，則能率於以增進；慈善周遍，則缺憾於以彌補。……謇以自治之說，試於南通；實因清季官廳之無力及地方之無財，而時勢急迫，潮流洶湧，又不容自逸。乃斥歲入之私資，先後設立教養各機關，如附表。……所需經費，悉由謇勉力擔任。然為維持久遠之計，必謀保管妥善之方，與其羅掘臨時，貽縣人擔負不勝之累，曷若網綴未雨，開他日取用不竭之源。現已組設南通教養公積社，當訂該社

簡章二十條。……捐助財產細數，分類編號，另行造冊具
報。……即祈轉呈省部，一體備案，以全公益。……（〈教
養公積社備案文〉）

第三節　感言

　　在這裏，我要追述一件事，因為和我父在民國以後經營地方各事
業的動機，很有關係。這便是英人李提摩太[3]先生的幾句話（話詳後
文），我父聽了以後，很為感奮激動，覺得國體改建民主後，人民的責
任比以前格外的重。要人人能負起責任，去實做自治事業。等到各處
有了興盛健全的地方，然後結合起來，才有整個的興盛健全的國家。
所以我父一聽到外人也有這種希望的評論，就格外堅定了他的意志。
別人不去管他，自己先回到家鄉去努力，就寫了一篇〈感言的設計〉，
那裏邊許多設計的事業，後來十多年經營的結果，非但完全辦到，並
且還多做了好幾件，範圍也擴大了許多。老實講起來，像我父這樣的
能說能行，中國有幾個人？到了民國以後，曉得國家根本的興盛在人
民的建設力自治力，像我父這樣的明瞭實做，在中國又有幾個人？幾
個地方？我們看一看李提摩太先生在民國元年（1912）所希望中國人的
幾件事，到現在將近二十年了，究竟中國人總共做了幾件？現在中國
國家，又自居哪一等？想到這裏，真要「不寒而慄」了。

　　　　昨晤李提摩太言：『中國非真能實行普及教育、公共
　　衛生、大興實業、推廣慈善，必不能共和，必不能發達。
　　行此四事，一二十年後，必躋一等國。能行二三事，亦不
　　至落三等國。此比練海、陸軍為強。究竟有幾省能試行
　　否？』猝無以應，強答之曰：『或者沿江各省州縣，有能行

3　李提摩太（Timothy Richard, 1845–1919）是英國傳教士。

者，但一時不易遍及耳。』李云：『有三兩處作模範即善，余日望之。』深媿其語，姑為之設計：

自揣四事，以通州計，可興之實業，就原料論，唯有專意紡織及火柴、紙、鹽、鹼。紡織有棉，火柴有白楊，紙有桑皮及草。鹽鹼為相應之物，油麵則無可更增矣。此數事中，增四萬錠紡廠，須一百二十萬兩；小試織廠，須六十萬兩；大辦須一百五十萬兩。火柴、紙、鹼，二十萬兩足矣。鹽且不論，合計須三百五十萬兩。

公共衛生、普及教育，則地方之事，但當為之提倡。其必為之提倡經營者，一男師範須增初高小學之宿舍及雨中體操場，計宿舍須增平屋二十三間，連牀具需六千元，雨中操場連具需三千元。農校須改增校舍樓十幢，宿舍樓十一幢，平屋七間，連器具需一萬二千元。女師範須改增女工傳習所、育蠶室、幼稚園，連器具需銀七千元。圖書館建樓改屋置具及書需三萬元。博物苑增陳列品需三千元。醫學傳習所需五千元。醫院樓七幢、平屋十間，連具需一萬元。合計需七萬六千元，核銀五萬五千餘兩。

推廣慈善，則嬰堂除幼稚園之增設自任外，須增建初等小學五所，平屋二十五間，連具需七千元；小手工廠七間，連具需三千元；改建宿舍樓五十一幢，連具需二萬元。養老院連工廠器具需一萬五千元。殘廢院連工廠需一萬五千元。育啞學校需一萬五千元。貧民工廠需三萬元。婦女工廠需一萬元。合計十一萬五千元，核銀七萬七千七百兩。

實業自應另設公司。衛生教育慈善三項，共需銀十三萬二千七八百兩，顧安能得此款以成中國之模範乎？常年經費且不在此，須於沿海蕩地，為之分別置產，為基本金。其基本之基本，又非二三十萬不可矣。（〈感言之設計〉民元三月三十一日）

第四章　不忘國家

第一節　法治主張

　　我父對於民國的需要憲法，認為比甚麼都來得緊要。因為憲法一天不能成立，就是國家一天不能穩定，政治一天不能上軌道，人民一天不能放心。因為憲法的權能和效用，可以叫政治的組織早些有精密的系統。人民應有的權利，早些有確定的範圍。國家沒有憲法，和一隻船飄流在大海中，失落了指南針和擺舵，是一樣的危險。船可以聽他飄流，國家是不能聽天由命。民國二年（1913）憲法起草委員會成立，黎公元洪就推我父加入做委員，我父當時雖沒有去就；但是他看了國家和人民的需要憲法的殷切，天天希望有個憲法出來。我拿他的意見，和討論民國法治的二篇東西，抄在這裏。

　　民國九年（1920）岑公春煊[1]在廣州軍政府總裁時代，有一封信給我父，說到南方護法的宗旨和定法的目的。其時舊國會適集會於南，而新國會繼起於北。我父就回復岑公一封信，反覆陳述「法治」和「議員」是二件事，「國會機關」和「議員分子」也是二件事。這封信發出以

1　岑春煊（1861–1933），字雲階，廣西西林人，清末民初中國政治家，曾參與反袁運動。

後，不多時，廣州軍政府就解散。等到孫先生再起重組政府的時候。第一件事，就拿「法」和「議員」決絕分開，不再召集這班人。正是我父這封信所希望的要點。

　　……頃奉大書，敬悉南方諸公之真意，尊論分權、法治二者，未革命以前，下走主張立憲時持此説。既革命以後，……流極遷變，乃至不知所云，愈去愈遠，誰之咎也？……法治是也，敢問此法治之法孰定之，法生於道，道一而法殊，而背道非法。今所謂議法之人，何等人也？質言之，其來歷遠不如豫備立憲時代之資政院。所議之法何法也？前後數次，糜費人民千萬金錢，擾害人民數萬生命，東抄一句，西套一篇，今日一條，明日一案，迄於不見一字，罪惡何如耶？此等人所議之法，孰尊之，孰信之？若新國會，則一蟹不如一蟹，更不足道，分權是也。分權云者，應規定於憲法，憲法未見一字，權如何分，分如何有效？而訂憲法則須明國性，適國情，採各國成文，成一國特制。二者皆須生於國會，國會須生於選舉法，不先正選舉法，國會必不能有良好議員，國會不得良好議員，必不能有適宜之憲法，此可斷言者。選舉法如何？曰：嚴資格，少名額，薄俸給，重懲罰；四者而已。……昔之雙方皆務求伸而至於戰；今之雙方皆不肯先屈而滯於和，其實皆客氣也。……敢問法，指國會乎？指議員乎？國會者，全國人之國會也，何以全國人不盡願護，則議員壞之也。國會壞於議員，則議員者，國會之罪人矣。南以護短為護，何如以不護短為護，若刻日明白宣佈，護國會非護不肖議員之意；速忠告議員，勿以立法之本分，侵及行政之罪惡，黨見既去，學識乃求，祛其舊染之污，而充其天然之善，限期修訂憲法草案，改訂選舉法草案，致歉於全

國父老而宣佈之。宣佈之後，自請解散，以誌夙過。一面
自議收束軍隊，裁減安置軍人之辦法，此南所以自勝之道
也。北之賢者號於人曰統一，孰謂國不當統一者？……
人不得則反求諸己，民逆命則修德以求，不此之務，而召
新國會，以一邱之貉，當陷我之矛，過矣！何如停止新國
會，俟南方憲法選舉法修訂宣佈以後，解散新國會，但政
界無補助買票之費，而選法又已根本改良，則國人自有素
敦學行不近權利通達國情者，不以當選議員為恥。斯時
正式成立國會，承認總統，選舉副總統，一面自議收束軍
隊，裁減安置軍人之辦法，此北所以自勝之道也。惟此二
者，商之議員，則與狐謀皮；商之軍閥，則與兔謀脯；是
賴雙方之當局，出其國民分子之天職，開誠心，布公道，
而促成之，而後公所謂分權，所謂法治，乃有其基，乃有
可言也。……（〈民九復岑雲階書〉）

民國十二年（1923）舊國會又跑到北方，選舉總統，公佈了憲法。
當時國中反對的人，較贊成的人多，論調比較也嚴正。有許多人來問
我父的意兒，我父就發表一文，他還是認定「法」和「議員」是二件事。
決不能因為議員分子的墮落，而置國民需要憲法的殷切於不顧。

　　……十月十日憲法會議公佈憲法，國中論者不一，
要不外贊成與反對而已。夫國必有法，有法則治。……民
國之法，成於民，……億兆人所定之法，則億兆人所自託
命，而為億兆人計者多。……民國憲法則吾民權利義務公
平之軌道，而今國家成立之命脈也。……不幸遲之又遲，
三數純潔議員成之，轉出之於穢雜時期之國會。贊成者，
以為此憲法對於吾民已失之主權，可以保持。即於現在將
來易生弊患之事，尤可有所補救。……反對者，謂此憲法

出於喪失人格之國會，無論其內容為善為不善，苟承認此憲法，則對於賄選問題，將無可解說。……各說所持，各有理由。其異則法理與事實所以為主觀之的不同。……憲法者，人民所自定，然勢不可胥國人而定之，故必委託於國會。國會者，法人也，非議員個人也，今之以賄選為詬病者，假國會以構罪之議員，非其機關之可詬病也。……孔子之於陽貨也嫉之矣，而為富不仁，為仁不富之說，則亦躔之。君子不以人廢言，此物此志也。……吾民之渴望憲法，蓋不始於民國，民國十二年來所感受於無憲法之痛苦，日益加甚。今一旦而見憲法之公佈，如霽旭霆雷也，其感動欣忭之情如何，計四萬萬人所同矣。故無論憲法之是否完美，當視其產出之機關若何，吾民既未能於賄選以前，對於國會有若何之監察、若何之拘束，則固仍以立法權付之國會。國會既有此公佈憲法之權，又烏可以賄選議員牽混，而更以憲法延待於不可知之下屆國會，若百年之河清也。……謇非法律專家，而國體民性之系於事實者，十年來粗嘗其經過之味。雖今所佈之條文，亦尚有悚慮未安之處。……抑謇之思，以為國會機關之名，有善無惡；議員烏合之體，有惡無善。議員何自生，生於選舉；選舉何所本，本於選舉法。法若求善，必選舉之資格審，被選舉之資格嚴，審可不濫，嚴可得良議員。國會光，民國亦昌矣。…若在蘇言蘇，以憲法付人民公決，下走極端贊同斯說。……（〈民十二對於憲法之意見〉）

第二節　勸告和平

民國的創立，我父很費了一番心血。好像一個保姆對於所撫養的人，一舉一動、一寒一暖，都放在心上，怕他疾病叢生，呻吟受苦，

處處的顧慮，日夕祝他沒有病痛，保存元氣和朝氣。等到長大成人，身強體健，讀書明理，才算成立。我父對於民國希望愛護的熱誠，着實也是這樣的。並且在一國以內，總是主張和衷共濟，不要鬧意見，鬥閒氣，有理儘管講，總應該彼此和讓合作，等到動到了手腳，不管誰勝誰負，總要妨礙到自家的和氣。「兄弟鬩于牆外禦其侮」說得一點也不錯。何況外患一年比一年大，國恥一年比一年多，斲傷元氣，民怨日深，大家總得有相護相讓的真誠。然後國利民福，才有穩固興盛的實現。所以我父認為既是一家兄弟，總要不分黨派、不分南北，大家團結起來，好好做一個人家。一國的和平，本來是無價之寶，戰爭是最惡之魔；服從相平，決不是懦弱的事；戰爭裏邊，決找不出光明的路來。殺機一動，誰也無法遏止。就是威爾遜總統「用戰止戰」的政策的結果，對於公道平等，依然是黑暗無望。試問內戰，更有甚麼榮譽可言。就是大家要做統一國家的工作，那統一也決非武力所能辦得到的。孟子說得最好，「不嗜殺人者能一之」。所以我父生平對於國家，無往而不重視休養生息的和平。到了民國，尤認為有了法治的軌道，凡屬國民，如有政見上的異同，甚至衝突競爭，都可以向着代表民意的機關去申訴，等他們公判，不應動輒以干戈相向。無論誰勝誰負，總是殺中國自家的兄弟、總是流中國同胞的鮮血。不碰到叛逆國體或對外關係的變局，決不願自相殘殺，傷國家的元氣。所以他只主張互諒互讓的保持和平，不主張訴之干戈，流一滴人民的血，破一個人民的家。所以每逢到要動手的時候，總是垂涕而道，為民請命，苦口婆心，一而再，再而三，不管人家聽不聽，只是盡他的心，說他的話。

　　民國十年（1921）內戰繼續發動，紛擾愈甚，範圍愈廣，民怨沸騰，痛苦更深。而外交方面，美國發起會議就要必集，我國也被邀與會，很想借此機會能夠達到取消不平等條約挽回權利的目的。我父很怕內戰影響到國際地位和發言的價值，於是就再三分電各方，大聲疾呼的苦勸。先發第一個電報：

　　……旬日以來，湘、鄂惡聲繼續有聞，可惑滋甚。北
方職幟之言，曰統一；南方職幟之言，曰自治。以民主國
先例言，美國何嘗不自治，何嘗不統一，自治屬各省，統
一屬中央。屬各省者，就所宜分以競進內政；屬中央者，
審所宜合以後盾外交，事理易明，絕非深奧，苟彼此坦然
相見以誠，各本良心，相資相諒，何事不可商榷？即有爭
執，亦可訴諸全國輿論，聽其公評，非絕對須為讐敵之事，
而受軍閥政府之愚者。……甚至北視南為寇讎，南斥北為
偽逆，……而戰禍乃延長，而民生乃無倖。……既以自治
為幟，則湘人有湘，鄂人有鄂，自治事不止製省憲百數十
條文而已。實業、教育、水利、交通，何止萬端，未遑舉
一。……今外患亟矣，太平洋會議關係吾國目前四百兆人
民之生命，將來數十世國運之隆汙。頃者顧專使[2]迭次來
電，謂美總統雖力主公道，我國內先須息爭，歸於一致，
歐美各報亦屢有此忠告，世界公論，我國之良師也。……
勿更以軍閥為天下無敵萬世可傳之事業，勿更以軍閥召集
國會收買政客議員為不貳之秘訣，貽人口實，毒我民生，
庶幾外可泯列邦乘機侮我之野心，內尚留國民一線未絕
之元氣，亦可使幟自治幟統一者，各明其初心、各保其末
路。……

再發第二個電報：

　　……同胞相殺，戰禍綿延，商業凋零，生靈塗炭，凡
有血氣，誰不渴望和平。加以邊境出兵，武力虛糜於內
地，既失主觀之重，徒為與國所輕。側聞朝野上下，無南

2　顧維鈞 (1888–1985)。

無北，皆知亂不可怙，禍不可極，推原惡感所循環，誠未
見一方之獨是，揆度堅持之現狀，已馴至兩敗而俱傷，而
實受其傷者在民，實受其敗者在國。……謇聞為公義而屈
者，聖賢豪傑磊落之行為，以怙惡為能者，婦人女子覿脈
之小見……哀我小民，命懸於南北當局之手。……但野
老之愚，惟知「和平」兩字為神聖，亦願諸公掃除虛憍一
切之門面，與其忘遠慮而重近憂，不如推誠心而布公道，
雙方明示悔覺，有如辛亥唐、伍二公在滬會議前事，直接
解決種種滯礙，不用往來傳述，庶和平真意發於雙方當事
人，勝於無責任之調停，影響迷離，終無結果。……

不久第三個電報又發出：

　　……頃以太平洋會議關係重要，國內須先息爭，捐除
成見，勉趨一致，以便對外，分電竭誠奉勸。……去年直、
魯、豫之旱災甚矣，人民以政府有欲藉募賑為兵費、政費
之說。……不聞政府於水利有若何利民之規劃與設施，
而兵費之加增，政界之濁亂，乃時時流播於眾口。甚至以
沿海七省之漁界，抵押借債；以已抵借款之鹽稅，闌截騰
挪。是皆人所指為軍閥者也。軍閥之擁厚資者大名鼎鼎，
少亦數百萬，多乃數千萬，而川、陝湘、鄂、粵人民所焚
殺擄掠勒逼壓制之痛苦，至不勝數。……連年被兵之省，
去年被災之省，人民失望於統一虛望於自治者如此也。今
東、豫、鄂皖、蘇、浙諸省，六月、七月連三四次風朝，
鉅災迭告，推原其故，江不治而江為災，淮不治沂、泗不
治而淮、沂、泗為災。……諸公試思此被災各省之人民，
無知者窮蹙如何，有知者憤恨如何。又試問曷為而憤，
曷為而恨，則號為統一者，不能統一，而徒為軍閥權利之

資。號為自治者，不計自治而徒為黨系擾亂之藉也。諸公又何樂而必作此天怒人怨之孽，要其終而或自食此傾否害盈之報也。故為外交計，不得不亟勸息爭；為內憂計，亦不得不亟勸息爭。悲夫。……諸公所作，未必希望天災，而適當諸公殘民以逞之時，則災即為諸公而發。……而證之諸公一切不顧之行，則國或將為諸公所顛。請閱中外諸報，公論云何？各問天良，胡忍加屬！……（〈致京、廣、湘、鄂電〉）

最後我父想到息爭言和，共趨對外，一定要有一班人，在國內得各方信仰而沒有色彩的，出來居間調解仲裁，才有辦法。於是致電王寵惠先生，徵求他的同意，想大家出來，結一個勸和的團體。

　　……湘、鄂紛爭，邀天之幸，而有廬山會議之曙影。議雖未成，成尚未知何若？然希冀太平洋會議，各國視中國成一完全之國，知中國人猶知有對外一致之人，舍南北會議，何由一致？……使中國四萬萬辛苦人民不為人几上肉。一萬萬方里疆土，不入人屬地圖耳。……是以下走私冀中國一線生機，或在於此，此與辛亥上海之會，情勢正自不同，惟閱牆之爭，尚未胥蹢，纓冠之救，若何可已。……鄙意欲不張立會之名，而乞黎宋卿、嚴範孫、汪精衛、王亮疇、蔣百里[3]、張敬輿、張仲仁諸先生疏疑釋滯，通彼此之郵，損過就中，為稱平之助，隨時隨在，以尹以孚，俾會議及早觀成，而議會不至墮落。儻蒙見許，甚幸，忝系故交，個人私約，幸賜裁答。……（〈致王亮疇電〉）

3　蔣方震（1882–1938），字百里，號澹寧，以字行，浙江海寧人。民國軍事理論權威，著有《國防論》等。

　　這一回華盛頓會議，政府本聘請我父擔任高等顧問往美參加，我父因事沒有能去。但對於各團體想推舉國民代表前往一事，竭方主張，並且予以財力上的資助。

　　到民國十一年（1922），奉、直又打起仗來了，事前事後，我父都電勸他們。

　　　……前此直、奉未戰，公等電約調停，謇即奉復，並請專致曹、張、吳三使之電，計時已在開戰，以曲直既分勝負已見矣，不知曾否轉致？頃則奉軍退壁，直軍櫜弓，全國驚氛，於茲一熄。諸公既主調停，今正其時矣，謹電乞諸公，更為轉致曹使、吳使及張前使，其文曰：直、奉不幸終出於戰，戰非久猶幸也。聞吳使曾有內爭無戰功可言，並軍人不干政治與裁兵理財之表示，私心怦怦，不能無望於今日。……而報紙及他方傳言，或以歷來覆轍測二使，二使豈其然？然欲使眾人消無知之猜慮，必於國是為有序之進行，進行之第一義，則速謀召集代表民意機關，國會是也。苟能行之，則民主真正之精神，……庶幾有望。致張前使文曰：近傳奉已獨立，且引外方以自重，灤礦尤岌岌可危。辛亥以來，民國雖迭見內閣，無一日之安定，而國際之地位未嘗喪失者，實賴公等守外交上之信條，引外力不啻引狼揖盜，且外力終可恃乎？灤礦尤國內有數實業，更有外交關係，公雖戰敗，而人格豈能以戰敗而置之不顧。……昨接宜昌孫師長通電，所論極有見地，能設法見之事實否？糾紛一解，統一即成，國利民福，建設可期，未知公等意謂何也？……（〈勸告各方電〉）

　　我父對於站在中央政府的人，每經一次變動，一進一退，也總是電復，勸告他們力趨和平，尊重法治。

民十三（1924）一電：

　　……前月奉電，敬悉。民六以還，謀統一者，分武力和平兩途。此起彼仆，往復循環，都未貫徹，今之武力者，或可稍稍感覺矣。頗聞近日各方表示，一致推重我公，此為民六後僅見之良好氣象，意其和平貫徹之始機歟？……中樞無主，萬一遷延，釀成全國混戰之局，如中國何？佛悲眾生，公憂國，幸亟圖之。……（〈復段芝泉電〉）

民十四（1925）一電：

　　……江電頃奉悉，攝閣繼成，具見諸公奮臂艱大，遠惠德言，更佩謙量。連年遭國多故，更起迭仆，國雖號為民，而不堪痛苦獨民耳。羣爭既不可以相容，武力又適足以自斃，苟惕禍始之由來，宜遵法治於無上。法治治人，先各自治，自治之要，在保和平，重人格尊人道而已。……（〈復攝閣電〉）

　　到民國十三年（1924），內戰還是不息，而且越打越近，打到江浙來了。民國以來，南北戰禍雖然不斷，江浙一帶，雖也受了不少間接的影響，工商方面，也很受損失，但是直接沒有經過兵禍的殘毀，所以元氣未傷，還算安全。我父一聽到江浙就要加入政變漩渦，刻刻有決裂開火的可能，形勢迫切。於是幾次三番，向各方力勸，沉痛萬分，嚴正萬分。先發第一電：

　　……據上海、南京、杭州總商會通告略云：比來謠諑紛傳，報章騰載，兩省輿情，亦多疑慮。……惟有懇請江浙兩省耆舊碩彥……籌商辦法，籲請兩省長官，切實維持，

保障東南……等語……竊維江浙兩省，唇齒輔車，人民無疑無貳，猶一家也。近來舉國擾擾，半遭糜爛，江浙商業已蒙間接之害，而土地人民及中外商業重心所繫之上海，尚幸安輯。……然每經一度政變，必有一度恐慌。……夫今之國體重民意，天日昭著而丹青不渝者也。民本安，曷為而使之危？民求治，曷為而迫於亂？事果發端，必有為之戎首者。……是以和平之誠意，雖根於兩省人民，而治安之保障，仍在南省當局。但求政變自政變，江浙自江浙，江浙不願供政變之犧牲，政變亦勿用江浙為矛盾。中央雖同虛器，略等委裘，人民若忘無政府之可危，政府終博得人民以立說，前已失於各趨極端，今寧必使淨無片土。江浙既不願為天下所左右，政爭又何必以江浙為重輕？年來已經起落之兵端，人民常有持平觀測之心理，要其結果，皆如所向，大略可覩矣。與治同道罔不興，與亂同道罔不亡，欲全大局，必始江浙。……（〈致政府及江浙二督電〉）

又發第二電：

　　……歐戰告終，內爭不已，川、陝、湘、鄂之民，墜於兵革蹂躪之中極矣。死喪枕藉，室家傾蕩，呼號慘痛之聲，寧不泣神鬼而驚逷遍。我江浙兩省……自辛壬、癸申以來，內厪蜃蚷相依之義，外迫兔狐傷類之悲，休戚安危，相維相顧。……自頃兩省百縣大災之後，人民奔走，救死不暇，而訛言忽起，倏傳某方煽兩省自鬥，倏傳浙且襲江，倏傳江且被他擊，而浙椅之，天災洊水旱矣，猶煎以人禍，商市涸金融矣，猶擠及貧農，戶多仰屋之嗟，人有驚弓之色，……亂靡有兆，師以何名，抑聞兩省當局平日宣言與其行事，民亦信之，寧忽翻異，意所傳某方某

方，或不盡無因，然某方某方獨不在共和國家之內乎？共
和國家詎非以人民為主體乎？川陝湘鄂殘之已如此，豈以
彼為異民乎？豈猶以為未足，而必及江浙，使我中國無一
片乾淨土乎？胥中國而殘之，胥殘者而仇之，豈猶以上天
下地為其權利寄託所乎？江浙人民百思不得其故。……遠
而五代，近而十年，恃武力，逞橫暴，拂民意，攫勢位，
顛覆繼踵，往事彰彰可覩矣。江浙人誠不武，誠過好仁，
然於茲往事，則無不心焉數之，亦誠不願我當局言行相
違，以僅僅子遺之片土，不相寶愛，並不忍諸公之良心久
久迷復也。用是合詞宣告：我江浙人民既不願以一官一職
供人之政爭，更不以一兵一餉助人之暴行，有違是者乎？
我江浙人民無甘心承認之理，亦冀我兩省民意代表機關，
與軍民行政當局有所表白，以安人心，息邪説也。……
（〈致江浙及各省當道電〉）

　　到我父逝世的那一年，他還希望和平統一。聽說吳佩孚[4]將軍又出
來了，他本了愛人以德與人為善的真誠，給他一個電報。他覺得當權
的人有覺悟，是新興國家第一件希望的事。他數十年來在前清，在民
國，凡是新舊先後當權的人，總是盡心竭力的忠告一番，不問有效無
效，見一個說一回，換一個又說一回，總盡他的心為民請命，可是結
果總是「言者諄諄聽者藐藐」。他平常論事觀人，也極公平恕道。譬如
這電裏邊，勸吳和張作霖[5]將軍合作，就講到張在東三省維護國權，尚
有魄力，不要為私憤而置大局於不顧。那裏料到我父寫了這封信三年
以後，張果然為着愛護國家而身殉了。

4　吳佩孚（1874–1939），字子玉，山東蓬萊人。晚清秀才，北洋軍閥。
5　張作霖（1875–1928），字雨亭，奉天海城人，有「張大帥」之稱，1928 年被日本關東軍
　　炸死。

……昨復宥電諒達。……一年以來，世變愈烈，政象愈棼。……顧海內喁喁人民所渴者安在？……下走不敏，敢罄所懷：第一，公不可為擁戴曹氏而出。仲珊為人質地渾厚，……少數僉壬，利其渾厚而股掌玩之。……才調知識，亦實乏一國元首之資格，公若感於私恩，強事擁戴，微論萬不能成，即成，亦更以召亂。第二，公不可為擁護舊國會及一般政客議員而出。舊國會議員除少數知自愛重者外泄，醜穢之聲，達於中外，自民二解散以後，合肥一利用之，……中山再利用之於廣東，……最後利用以推翻東海[6]即釀成賄選及上年之戰，共聞共見，寧不彰彰！……公若不察，誤聽護憲護法之說，作繭自縛，引狼入門，禍將無已，人且失望。第三，公不可為部下將領謀占地盤而出。中國之亂，在乎軍人割據，換言之，即爭奪地盤而已。……今日麾下將領擁公出山，得毋有利用威名冀便私圖者乎？果其有之，則是以暴易暴，以亂止亂。……第四，公不可為報復私仇與泄忿而出。今日麾下所標之幟曰討張，平心而論，雨亭[7]之於民國，功罪參半，彼誤聽部下野心軍人之言，思步武元、清，以兵力控制關內，……視為征服地。……此其罪，雖有親暱，不能為諱。但雨亭治奉垂十餘年，介於日俄之間，謀衛國權，保障邊圉，雖蒙親日之嫌，未忘本國之重，不為無功！……每年直隸、山東、河南過騰之民，襁負出關以謀生活者，無慮十百萬；內政亦何可盡訾，假如雨亭今日翻然覺悟，斂兵出關，自適己事……必有妥協之可能，更無窮兵之必要。即以關內諸帥論，今雖擁戴我公，表示合作，但品性不同，利害各異，……事定之後，豈

6　徐世昌 (1855–1939)。
7　張作霖。

能一一盡如公願？……願公宏此遠謨，容納異己，以國家為
前提，以政策為主腦，而不以小夫恩怨，日縈懷抱。……
至於建國經緯萬端，軍事倥傯，或未之及。簡要言之，則
綱紀不可不整飭，吏治不可不修明，工商不可不保護，赤
化不可不劃除，外交不可不審慎。……（〈致吳子玉電〉）

第三節　外交主張及與外人交際

　　我父愛國愛民的真誠，決不以在野而放棄國民應負的責任。民國
以來，巴黎和會之拒絕和約，華盛頓會議之外交公開，不贊成對日雙
方的直接交涉，尤其反對各項鐵路林礦主權無形訂約的斷送。每逢一
個緊急的情勢，他總是發表他的嚴正主張。自從前清起，對付外交，
只主張讓人拿去，不主張點頭奉送。因為人家隨時拿去，我們有了力
量，到了機會，也隨時可以拿回。假使我們訂了約，情願奉送，那就永
久沒有翻身收回的一天。這種主張，持之數十年，始終沒有變動。在
巴黎、華盛頓二會議時候，外交緊迫當兒，我父發出幾個重要的電報。

　　我父在我國參加歐戰以後，看了報，又聽人說，政府有對日協定
的密約，很與國權有礙，他急了就發了二個質問阻止的函電。

　　……頃滬報載中日秘約全文，不勝驚駭。按全文
二十四條，第四互換軍用地圖；第七、八日軍隊在中國適
當地方，巡屯設塞，皆不碻定何地；十一借款，夾入財政
二字；十二夾入其餘各礦，皆有開採權語；十三日管我兵
工廠船塢；十四管我全國鐵路；十五陸軍學日語；十六
組織我國警察；十七夾入其他地方設官處理事務，語皆渾
籠；十八各條亦適用於平時，而第十條又以禁止我人民
不利日本之責責政府；二十條以中日兩國於各條有修改
者，若一國否認，仍繼續有效，為無漏義之劫制。凡此諸

條，明目張膽，兼巧篡豪奪而有之，苟為中國人而良心未
喪盡者，見之孰不眥裂？報言虛實不可知，使果實也，中
國人為涼血動物，日本人亦喪心病狂。果虛也，報紙已騰
全國，嗜利怙權諓諈頑鈍無恥之徒之欲託於日以自固亦夥
矣。……平日信我總統之平恕、我總理之廉方，必能愛祖
國，必不聽僉壬也。……亟請解釋披露，以消羣憤。萬一
有是而未定，亟請詳審與國之隱情，保全全國之命脈，勿
固徇於同室之鬥，勿遽怵於宵人之言，鬩牆而禦兄弟，兄
弟猶可忍；開門而揖盜賊，盜賊何厲焉。……西南各省之
分攜反抗，軍政府之離合戰和，出於政見各持一說，國之
人猶諒之也，若公然視國如私物，奉以予人，供人宰割；
國之人，強者不必言，即至弱者，亦口有誅而筆有削，誰
秉國鈞，誰秉國成，竊為明公惜之。……敢以密叩。……
（〈致徐總統、段總統電〉）

　　……比乃聞公與芝泉，陰主復辟，割東三省質於東鄰，
請為監國，為保護，不久將發見。是說也，喧之江寧坊中，
而旁溢四出，不知所屆，下走則甫歸自江寧者傳述得之。
夫人莫哀於心死，事莫痛於亡國，三尺之童知之；復辟果
效，清何以亡？鄰果可信，朝鮮應在；此三尺之童知之。
公與芝泉更事亦多矣，寧不知此至顯易明之理，下走亦寧
敢以此致疑於公與芝泉。…… 惟是三人言虎，固足以駴市
人，……彼紛紛自戕者，誠不必更以良心公諭動其觀念，
而公與芝泉之必不至是，則下走信之。……聞公謝絕一
切賓客，其感憤可知，顧公所處與下走不同，宜有坦然表
示。……公晤芝泉，以鄙函示之。……（〈致徐總統書〉）

　　我父這二個函電發出以後，得到政府回電，說外間誤傳，並沒有
這事，我也附抄於此：

……庚電以報載中日密約各條重見詰責，果如所云，豈惟損失權利，國且不國，乃按之事實，殊相逕庭。自俄德單獨媾和，德國利用俄之激黨，侵入東亞，中日地均邊俄，我既參戰團，與日本共同防敵，自不能無所協商；而所協商者，惟為對敵軍事計劃，以禦敵為目的，以作戰為範圍，以戰時為期限。且雙方互助，意極明白，絕無以此國國內權利，任彼國侵佔之事，更無牽及國內警政交通實業等項之事，其性質與他種國際條約，絕不相同。特因對敵軍謀，未便遽行宣佈，覯外間虛構流播之語，亦無庸一一辯明。值此外勢糾紛，苦於應付，忝肩鉅任，時時審慎將事，每懼難謝國民。若如報紙所云，則狂謬萬不至此。執事怵於羣清，攄為讜論，熱心厚誼，敢不拜嘉。謹撮崖略披之左右，流言止於智者，庶幾宏達，察而闡之，大局幸甚。（〈段總理復電〉）

等到歐戰停止，在巴黎開和會時候，國人又憤恨外交失敗，激昂萬狀。我父又致電政府嚴重表示：

……自巴黎和會以山東權利歸諸日本，全國憤恨，愈演愈激，此為三年以來親日政策之結晶。……其始因歐戰方殷，不暇東顧，為一時苟安計，政府苦心，國民未嘗不諒，漸至利用借款以資戰，利用軍事協定以樹外援，則是親日便己之主張，快一朝之泄忿，不純為國家安全計矣。最可痛者，于德軍垂敗之時、寺內內閣已倒之際，更在東京訂立順濟、高徐兩路借款之約，而媵以膠濟合辦之附件。最可駭者，路約未完之先，我公使先以同意之公文，致彼同意之答覆，引繩自縛，足扼我國巴黎專使之吭，稽其時日，則大總統業被舉，芝泉尚柄政。……政府

亦知膠濟、濟順兩線之重要乎？該路為自海口至腹地之
東西幹線，以軍事言、以政治言，均極重要。……山西之
煤足供他日世界所需，其精華萃於潞澤，將來必由順濟以
達而輸送海外。故今日握膠順、濟順兩路之實權者，將有
操縱山西煤礦之權。……世界無第二大戰爭則已，有之，
則此路約其導火線也。……方事之起，政府觀察以為黨派
作用，由一二人所指使，于是時而威嚇，時而敷衍，豈知
國人常識，已較勝於七八年前，今輿情憤激，全在外交失
敗。……今日試召罷學、罷市、罷工之人，詢以是否受人
運動，雖懦者亦將忿怒。……且政府恃以維持現狀者，軍
警耳，軍警寧非國民，豈無耳目，豈無心肝，辛亥之事未
久，兩公皆所親歷者。……敢不罄所識慮，盡言於善人，
千萬諒察。……（〈致徐總統、段督辦電〉）

等到開太平洋會議，又傳聞對日直接交涉，不向大會提出，國內
民氣又十分激昂起來。我父一面勸告各方停息內戰，統一對外；一面
電致政府和各專使，趕速公開提出。

先致一電於政府：

　　……太平洋議會以外債如山、內政掃地之中國，列席
其間，強顏爭已失之棋，寧能有良好之果？然尸其咎者在
政府，不在人民。其最繫國家存亡之命者，即與某國《廿
一條》之脅約，全國人民，認為賣國喧傳久矣，南方口實，
亦即在此，然猶可諉曰往事，今外間復謠傳當局與某國亦
早有密商，為媚外借債之地，是以代表迄未將《廿一條》提
出於大會。又云，膠濟路將與某國合辦，及以此路向某國
作借款抵押之說。鄙意政府即集詬叢怨，何致謬戾至此。
然以專使之無定，乃疑行人之受命，而鑒於巴黎之失敗，

益懼此會之效尤。政府寧尚以懲詫為未足耶？為政府計，宜即電代表，即將撤廢《廿一條》脅約，及收回膠濟路自辦，慷慨提出大會，要求各國評斷，此電一佈，不獨釋全國之疑，抑且解南方之惑，其為效用，範圍至廣。否則南北失和，人民或不盡曉其故，而《廿一條》之害全國，全國人知之，膠濟路之害山東，山東人知之。大會時間，設更愆閡，萬矢所集，的有幾何？言非自趨於獨夫，資人以多助，旦夕行見，竊為危之。清室洹上，覆轍至邇，勿謂民意可輕、民氣可侮也。迫切之陳，幸惟鑒納。（〈致政府電〉）

再逕電華會各專使：

　　……頃滬傳大會消息，中國政府代表至今未將魯案及《二十一條》提出，風聲所播，眾懷疑憤，……學界語尤激切，無分南北，一致從同。以為前雖失敗於巴黎，猶圖挽救於今日，今更失敗，挽救無時。……昨已忠告政府，請電美即提矣。最要者，即撤廢《二十一條》脅約，及收回膠濟路，斷不與某國一方合辦，及向某國借款二項。……謇為諸公計，政府有電固當提，即無電亦當設法在大會聲明，全國國民所注，非常堅決，盼及早提出。……（〈致華盛頓施、顧、王三代表電〉）

　　我父對於先進國工商業的沿革和發展，都能十分的虛心採訪人家的經驗長處，來供自己的參考。所以美國的大賚陸白脫，日本的澀澤榮一[8]和大倉喜八郎[9]都是他的好友，並且還想和他們攜手組合中、美、

8　澀澤榮一 1840–1931），日本琦玉縣人，是日本的著名實業家。
9　大倉喜八郎（1837–1928），日本新潟縣人，日本著名實業家。

日三國的工商業、航業。想離開政府的範圍，用國民經濟方面的獨立力量，做世界民族間實際親善互助的基礎。可是我父在政治上或社會方面，對外人輕視中國，或不講情理的地方，他是盡力抗爭，理直氣壯，絲毫不讓的。這類事實，讓我寫幾件出來：

我父在北京的時候，有一回和英駐使朱爾典[10]爵士（Sir John Jordan）談到中國造鐵路的計劃。因為他在中國年代太久，總是老氣橫秋的腔調。他聽了我父的話，就帶着譏諷的口氣，說道：「中國也要自造鐵路麼？為甚麼不造一條鐵路接到天上月宮裏邊去玩玩？」我父一聽，立刻拂袖而去，就去見總統，詳述談話被侮情形。我父說：「一國駐使豈能向駐在國的國務員如此放肆無禮，非叫他政府撤換不可。」於是總統就派人去質問，他也覺得一時冒昧，乃親來向總統和我父道歉。後來他告老回國，我到英國時，我父還叫我去問候他，他接待我也十分的殷勤，並且還談到這件事。他說：「你父親是中國最嚴正的人。」

還有一回，我父碰到一個日本大銀行家。講到各項農商借款的條件，斷斷較量，毫不退讓。日人就說道：「像你的學問聲望，這樣的愛護國家，在中國恐怕沒有幾個。」父立刻回說：「這你可看錯了，像我這種人，在中國不知道有幾千幾萬，實在多得很，只是你沒有遇見吧。」

我父在江北水利公司時代；關於導淮事，美工程師詹美生視察以後的報告書，有掠美及越俎的行動，我父乃嚴正表示：

> ……近日發現一種印刷品，名曰《美國工程師詹美生報告書》，事與本局相涉，而語多失實。……報告書內稱所有測繪人員，皆歸敞工程師督理一節，本局設立在詹美生未到半年之前，……以客禮待詹美生君，並無督理之說。……又稱即赴上海繪成圖式，並將各處情形，列在報告一節。本局測繪學生，所測各路，原有日記。詹美生君報告於日

記多所刺取，圖亦皆自各處徵集。……又稱若能得有款項，兩月期內即可將最後測繪之工，接續開辦。明年正月，開辦大工。……繪圖是一事，勘估又是一事，縱使本局測繪，果然畢事，似此千里長河，關係江、皖、豫、東四省民生之利害，亦須詳細勘估，方能豫計籌款之數、施工之法、程效之期，豈能於三四月後，遽辦大工？……該報告……殊與本局職責及事實，多所牴牾。恐淆觀聽，特此聲明。……（〈江北水利公司測量局對於詹美生君報告之聲明〉）

我父在京，關於導淮工程，本和美人商訂借款。在未簽約以前，比國也有可以借款導淮的接洽。在我父方面，當然看哪一國條件和善對於我國有利益，就向哪一國借，絲毫沒有成見。所以見到美代使威廉姆（Mr.William）不顧分際向我國提出質問，很不以為然，就嚴正的反駁聲明：

　　……公函並照錄威署使來函，均經誦悉。本督辦對於導淮借款一事，本無固執之見，以為與比國或美國商借，均無不可。因本督辦初不以紅十字會用去五十萬美金為取得優先之條件也。蓋紅十字會係一種慈善事業，借款係一種政治行動，兩不相蒙，故本督辦誠有商借此款之說，然仍以事實上之便利為標準，決不固執一見。……美國資本家……苟無強人所難之處，未嘗不欲與美國資本家訂立一公平之契約，以成此偉大之事業。至聘用工程師一節，本督辦雅不願在借款未定以前，指定一人為優先之工程師。尤望威署使以公平之心、友善之誼，使本督辦有自由審擇之餘地，乃為深感。……（〈答外部述導淮借款大概〉）

我父導淮草約，是和美國芮恩施博士（Dr. Paul Reinsch）在公使任

內訂定的。我父在北京的時候，常常和芮使見面，談得異常投機。芮使本來是學者，所以二人談到東西文化文學，也很有興致。後來他去世了，我父寫信去慰唁：

> 芮夫人大鑒：頃聞芮恩施先生在上海旅次辭世，不勝愴惻。憶在北京與先生相識，至今十年。當時甚佩先生學術之淵博、道德之高尚，尤佩先生親善中國，共商中國水利，義氣相洽。後先生至上海，亦嘗請其蒞我南通；人事不果，而先生固許我來也。今乃失我最敬慕之良友，可慟！前日欲至上海一弔，聞其喪又回美矣，追思前好，益難為懷，茲謹馳書奉慰，惟夫人察焉。（〈唁芮夫人書〉）

第四節　愛國言動

明末時候，日人到中國沿海來搶劫焚殺，稱為「倭寇」。通州有一個曹頂，帶領了許多人，奮勇當先的對敵，居然拿來寇殺成一大堆，堆成一個倭子墳。後來我父看了日本人的無理橫蠻，要想激起中國人的愛國心理，就在倭子墳上立了一個京觀亭，又塑了一個曹頂的像，提着刀、騎着馬，好不威風凜凜。還將曹頂的祠堂修好，辦了一個小學校。後來游歷的日本人來通，看了這許多地方，就和我父商量改去，我父就正色的回答說：「貴國拿甲午年戰勝中國得到的戰利品，陳列在東京的靖國神社勵激貴國人的愛國心，是不錯的。我們修這個墳和塑立這個像，是激勵我中國人的愛國心，也是不錯的。」

曹公亭詩：

> 人亦孰無死，男子要自見。曹生磊落人，無畏赴公戰。鯨牙白草纖，馬革黃金賤。荒唐三百年，突兀一亭建。田父何所知，亦說單家店。（〈曹公亭〉）

曹公祠碑文：

　　……明初即患倭，……我方閉關闇於外情，又文恬武嬉，防禦無素，始惟聽其鯨搪豕突，卒以任帥得人，我沿海之人，亦與寇亂相磨，而出而亂以平，而我緣海之士氣亦見，遠者如任環、戚繼光、俞大猷以成功見；近者如我通之曹頂則以效死見。見不必同，其卓犖可稱數無大小一也。……頂一食貧販鹽之子耳，應督師張經之募，隸狼山鎮總兵部籍卒伍，衛城埤戰輒爭先，頗有禽斬，擢小校，益奮；覘寇所向，迎擊追截，旋稍庵刀，氣屬百倍，裹巾顏行，驚若標異，寇屢被創，憤甚，設伏城北單家店，阱於道，佯敗以誘頂追擊，顛隕死焉，從者二卒。今城之南，歸然而大，所謂倭子墳者，頂昔瘞殲殘寇尸處也。頂死，縣人義之，距墳里許而南，當道為葬，立廟以祀。……頂未讀書，術略亦疎焉，要之必不與國鱄共生之氣，足以薄霄漢而洞金石，壯矣哉！今三四十年中，日本於我之前事，視倭何如也？士果如頂，縣之人能以重頂者自重如頂；淵其智，嶽其氣，一夫而萬夫，一世而十世其可也，何有於國鱄！……（〈重修曹公祠碑〉）

又有一回，有一隻日本兵船到通州港口停泊下來，並沒有預先由他們外交官通知當地官廳，而任意上岸遊獵放槍，驚嚇了鄉人，糟塌了田禾。我父就寫了一封義正詞嚴的信，給日本的外務省，不問有效無效，只是講公理。

　　……南通縣者，敝國江蘇省之內地，非開關商埠可比。依照公法約章，行旅商人，非有該國及本國護照，不得擅自登陸，何況軍隊？乃於本年三月六號，突有貴國宇

治兵艦停泊天生港口，其軍官……兵士人等，攜帶獵槍，分向縣城及近港鄉間，任意狩獵。……軍警等一面保護，一面詢詰，七號晨七時始行開往他處。查軍隊無故闖入與國內地，則非地而非法；方春狩獵，違我內政，則非時而非法。該兵艦及軍官兵士等專報行動，是否……平時貴國兵士未受何等文明之教育，抑蔑視南通縣不足以享得此世界法律上應有之權利？……除由地方文武官廳，呈報政府，請向貴政府詰問外，鄙人之所惴惴者，尤不得不為貴國政府一陳之：中日之必應親善，地勢為之；果親果善，中之利，尤日之利；貴國人之以此口頭語示好於中國，不啻百口一聲；以為偽，則明明有此言；以為誠，則絕無懇摯光明之表示，但有尖利儇薄之行為，而皆以軍隊動作，為代表之幟。年來貴國之挑動雙方惡感者，無不發生於軍隊。……若以為中國怯弱，怯亦誠有之，弱亦誠有之，要知病不在怯弱，而在散闇；散則力不聚而弱見，闇則識不足而怯見；識不足，由於教育未廣，力不聚，由於實業未充。自被貴國嘲譏訕笑以來，國人漸次覺悟，深知惕屬，實業教育，觀感進行，而所謂抵制日貨之風潮，亦隨之而起。……起視貴國，則暴富之後，趾高氣揚，侵略之策，巧取豪奪，方日出而不窮，鄙人方以是為貴國之不祥，貴國之老成人，或亦有同吾之見者。……鄙人觀之，非貴國之福。夏一旅而覆羿，楚三戶而亡秦，中國之故事，中國之特性也。貴國今日度尚有曾讀中國書之人，貴大臣盍一問之？貴大臣須知南通非絕無人知之地，……但尚欲一覘貴國政府何以處分宇治軍艦不守約章執槍分隊闖入內地之事。是以於請我政府詰問貴大臣外，仍以中日義當親善之觀念，敬問貴大臣，願賜答覆。……（〈致日本政府電〉）

我父對於外交主張，前已說過，抱定聽拿不奉送的政策。對於日本人甲午以後的專橫侵略，憤恨到萬分。回頭看了中國人的不爭氣，尤其是心痛。他雖是在野，碰到了受外人欺侮的時候，他不管甚麼，一樣的要嚴重向政府抗爭，絲毫沒有甘讓退縮的消極心理。但是對於日本人國力的強盛、人民的耐勞苦、工商業的建設、科學的發明，都欽羨到萬分。認為中國人應該研究他、師法他，不應該輕視他、侮蔑他。並且說到中日兩國同在一洲，同一文化，也應該大家抱了唇亡齒寒的見解，來對付西人黃禍的謬論。每和日本重要的實業家見面或通信，都說到二國極應該親善攜手，然而要拿公正誠意做基礎、光明諒解做結合。我父還有幾句很痛切的話，是對來通參觀的日人說的：

> ……抑更有說，日本政府對國民之政策誠為盡善，惜其對華之侵略政策，則未免太拙耳。鄙人嘗謂中日親善則兩利，否則兩不利。日本決不能鯨吞中國，強為之，轉足以自斃。曷若同舟共濟，合力以捍禦歐美耶。果親善也，則兩國前途必燦爛光明；如其否也，前途殆不可思議。承諸君屬鄙人抒述意見，敬為諸君懇切言之，鄙人嘗屢晤貴國同志，蓋靡不以是說進也。……（〈歡迎日本青年會來通參觀演辭〉）

民國三年（1914）發生歐戰，打了四年方才罷手；那幾年外人趁火打劫，政府外交着着失敗，民氣異常激昂，我父認民氣比從前偉人普遍，是一件好事。但是空口說白話的愛國，沒有多大的用處，外國人非但不害怕，並且在那裏齒冷，所謂五分鐘熱度的譏笑，就因為沒有實在的事業。我父認為一國沒有民氣，固然不好，而不上正路的叫囂民氣，也不是國家的幸福。要救國家、禦外侮，非培養深沉固厚的民氣，和創辦實事求是的農工事業不可。而這種生機和責任，是要青年明白，擔負起來。每逢遇到機會，對於全國，或南通的學生，總是很

痛切徹底的告訴他們：愛國要專靜的求學識，救國要有真實的事業，要雪國恥，更應該有臥薪嘗膽長時間的準備。

到了五九國恥，我父向學生演說：

> ……今日為國恥紀念日，諸生集會於此，鄙人不能無言。恥，人所不可不知；人而無恥，尚不可以為人，矧在一國。第中國何為而有國恥？應亦反省，譬如疾病雖發於風寒暑濕，而實由於正氣衰殘。民國四年今日之辱國條件，吾人無暇責日人之強梁，要亦當時吾國時局不振，自執政以迄四民，均擾擾如亂絲，日人乃得以乘間抵隙肆其無理之要求也。國民果能團結精神，培養實力，如個人之調和血氣，則國恥從何而生？如鄙人所持棉鐵主義，倡之於二三十年前。嘗謂果用吾言，必杜絕他邦宰割之謀。……今日之集會，果即足以雪恥乎？徵之歷史，以善雪恥稱者，莫如越王勾踐。考勾踐所為，似不免機械變詐，惟吳王夫差亦非庸流，勾踐若不為此，將何以施其報復。更徵之今世，德意志大戰失敗，受戰勝國之嚴屬處置，與德視為仇敵之法蘭西，尤壓迫不遺餘力，而德國之民，則認為應受之痛，含垢忍辱，為國盡力不少餒。安有此等國民而終被壓制耶？鄙人願諸生志勾踐之所志，為德國之民之所為。將來畢業後，為農者必蘄為良農，為工者必蘄為良工，為商者必蘄為良商，以今日聯合集會之精神，貫注於永久，果能循斯道以力行之，庶幾知恥之道矣。孔子謂知恥近勇，蓋知恥而思所以雪之，必有堅忍不撓激昂慷慨之氣，斯即勇之道也。鄙人於此更有一言為諸生勖；氣欲其沉而蘊於中，不欲其浮而張於外。甚願南通學生注意於此點，庶與各處不同焉。……（〈五九日之國恥紀念大會勖詞〉）

師範運動會，我父也到會演說：

> ……夫所謂世界潮流者何也？不觀夫德皇威廉乎？
> 轉戰五十月，卒棄其宮室輿服而潛逃，致乞庇於鄰邦，不
> 嘗犧牲其人民土地以為全世界之試驗品，於以知武力強
> 權、機謀詐術之不可容於今之世矣。……（〈師範校運動
> 會訓詞民國七年十一月〉）

民國八年（1919），我父有長篇〈告全國學生書〉，正當巴黎和會外
交緊急民氣激昂時：

> ……蓋自遜清之季，民國之初，凡所為根本輿論，
> 效忠於政府者，屢言之而屢不納，不如不聞不言，自適村
> 落事之為得也。項者北京學生以前今政府與日人密訂青
> 島及高徐、順濟鐵及《二十一條》之約，凶國害家，歸罪
> 於預定此約之人，憤而罷課，要求政府懲處，不得請而
> 被逮，……至商罷市，工罷工，金融停滯，水陸不通，舉
> 國騷然，若喪家之狗。計學生損失貴重之光陰，工商損
> 失生計之本息，甚劇。所取償之代價，曰：曹[11]、章[12]、陸[13]
> 罷職，哀哉！……中國者，中國人之國，人托於國，國皆
> 當愛，諸生愛國之意是，而法則非，非即罷課，罷課即誤
> 學。……嗟乎，夫孰使我無量數青年學生至此？走病其
> 法未是，惡能不憐其意之未盡非也。……學生須知以正
> 軌言，政府，猶父兄也；學生，猶子弟也；國而幸，父兄

11　曹汝霖（1877–1966），字潤田，上海人，民初政治家。
12　章宗祥（1879–1962），字仲和，浙江吳興人，民初政治家。
13　陸宗輿（1876–1941），字潤生，浙江海寧人，民初政治家。

之教先，子弟之率謹，國必昌；不幸而父兄有過當之舉，子弟補救，亦當有〈小雅〉怨悱而不怒之心，國庶安，非是則危。……學生知此《二十一條》何自而來？高徐、順濟之路何為而成？青島之據何憑而起？昔之欲為帝者，冀得隣助，不得不啗隣以重餌。……然青年學生氣有餘而識不足者多，設以為偶一罷課，便可得政府之威信、得工商之聽從。……凡一國之政黨軍閥，大都不注意於貧民生計，而注意於一方面之名譽與權利。試問日屢戰勝，貧民之利幾何？我國十數年來之擾攘，更不暇顧及貧民，貧民之所以貧，半由自取，半由無人焉為之設計而安厝。……吾思之，……而得一策；策學生負責任，知實踐，務合羣，增閱歷，練能力。夫世界今日之競爭也，農工商業之競爭也。農工商業之競爭，學問之競爭，實踐責任合羣閱歷能力之競爭也，皆我學生應知應行之事也。農工商業之至大者：曰棉鐵，次則日用之百物，又次消耗品、奢侈物。棉鐵，走於此次已有走之積極計劃，走意我全國中等以上學生，姑懸以五千萬人計，若每人能於一年之內集百元或五十元之資，即得五千萬二千五百萬之資。其法有餘之省，以百元為整股，十元為零股，合十零股為一整股；不足之省，以五十元為整股，五元為零股，亦合十零股為一整股；省各聯為若干團，各團公最所信任之一人為長總其事，資集則公存於一最所信託之銀行或錢莊。……擇其省所產所銷經濟所宜農工之事，能事棉鐵者上也，次則他農業，他工業，一縣不能，聯數省，勿生畛域以自小，蹈南北之轍；勿私權利以自賤，效甲乙之爭；各本性所近，習一藝而專之，各本識所明、力所勝，習一事而勤之，信能如是，期以三年、五年、八年、十年，學生其必有成焉者，斯真學生之榮，真學生愛國之效

矣。非是則所謂人受損而我居盧熱之名，國受困而我亦
在尨羈之列，恥何如之！抑信能是，可間接安厝貧民生
計，……亦將潛移默化而成善良有賴之民，其為福於國
益大。……（〈敬告全國學生〉）

民國十二年（1923），北京教潮激盪，我父致政府一電：

　　……教潮不息，成六月三日之變。國苟有法，寧至於
是。學款實行，報載六月七日閣議三條，並確定國立各校
經費，是政府不知以教育為重，教育即非無回轉之機。政
府果忠於處事，則教育為立國大本，輔其所必要，匡其所
不宜，策其所未至，開誠布公，共期正軌，豈便無法？教
職員果恕以處人，則教育須求適國性，容人之所異，度人
之所能，審人之所可，平矜釋躁，共達坦途，亦豈無法？
願各加反省，勇棄前嫌，務對內心力，一致對外。國危甚
矣，曷及尚有國之名而圖之？……（〈致政府論學潮電〉）

　　我父生平交朋友，最重嚴格的選擇。在政治上尤其認清志趣相同
的為友，不相同的不為友；也有的本為友好，忽然變起節來，意志相
反，不能一致，就立刻割席絕交，毫不顧惜，薰蕕不同器，自古都然。
我父對於個人私交，雖然抱持了很牢固的嫉惡如仇的念頭；但是到了
政治方面，遇着國家緊急有出入的當兒，弄到這　個人與時局有重大
關係的時候，那他就犧牲了個人的成見，從國家大事上着想。譬如我
父對李鴻章，在政治上完全處於對抗敵視的地位，情感鬧得很壞，可
是到了庚子拳亂以後，認為國家危急，兩宮遠去，中樞不可無人主持，
於是竭力條陳由兩江劉公、兩湖張公等，公推李公統兵入京。這時候
只有李有這個力量去鎮壓匪禍，應付外交，所以我父毫不遲疑的主張
了。還有對待袁世凱，也是同一的情形。自吳武壯公身故以後，他在

朝鮮漸漸跋扈起來，我父寫了一封長信呵責他以後，就此絕交。等到戊戌事變發生，我父更痛恨他欺君賣友，太無人格，越發不通往來。到了光緒三十年（1904）舉國謀立憲的時候，他居北洋地位，成事不足，敗事有餘，所謂舉足輕重，湯壽潛就竭力勸我父給他一信疏通，我父再四考慮，覺得個人私交，斷無回復之理。可是於中國那時候需要立憲，和袁居於可以促成的地位，又不能不寫一信給他，勸說勸說。到了後來辛亥的結合，和籌安會發現以後的分離，差不多是人人曉得的事實。這些事，都可以看出我父對於時人朋友的一近一遠，一離一合，只要於國家有利益，甚麼私交都可以遷就改變。

我父一生愛國觀念最為濃厚，不論甚麼時候，都着重教人愛國。平日向學生演說，屢屢說及；家庭方面，教導子孫，也注意這一點。譬如我九歲時，稍稍能自己看書，他就買商務印書館出版的《愛國二童子傳》給我看。到了我的兒子融武滿碁的那一天；俗例在那天，要擺了許多各式各樣的東西，有文具、有用具，在小兒的面前，讓他去拿。拿到甚麼，就祝他將來專長甚麼。那回融武別的東西都不拿，只拿起一面國旗。我父很喜歡，祝他將來愛國。有一小詩：

> 睨戈不曾提，從容舞國旗。他年能愛國，是我好孫兒。
> （〈融孫周晬口號〉）

我父一生思想事業，富於創立的個性，但是取法歐美的地方很多，和外人交遊往還，也很高興。惟獨不願意居住租界，或是在租界範圍以內購置產業。我父認為托庇外人勢力，是一件極可恥辱的事。對於中國人，不是在朝做官就是上租界居住的流行慣性，最所痛恨。他的意思，認為一個人在社會，總要有一件基本的技藝或職業。做官完全是唱戲的玩票，不能拿它當行業，更不能靠它發財、做生意經。所以我父不做了官回轉來，仍舊經營他的事業，這才叫真正的歸田、真正的愛國。

我父對民國以來的人物，很欽敬孫文、蔡鍔[14]二公。認為孫公是創造革命的人，蔡公是復興民國的人，功績都很大，都是為國奮鬥，積勞而死。死了都沒有錢，尤可以見得二公的人格的偉大。孫先生辛亥回國以後，我父就和他見面，參與創國及組織政府的大計，因有同舟之雅，情感很為融合。後來雖然趨向不同，各走各路，而彼此依然是很關切；為國為民的懷抱，也是一樣的熱烈。孫先生在民國十一年（1922）在粵經部下叛變，回到上海，我去謁見慰藉他。他致問我父，情意殷殷，隨手題了一張最近像片，送給我父，並且還拿了一本英文《實業建設計劃》，題了款送給我讀。等到十四年（1925）孫先生在北京身故後，我父接到電信，極為哀悼，在公共體育場，開了一個盛大追悼會，着禮服親去主祭、演說：

　　……今天是為孫中山先生開追悼會。孫中山是手創中華民國之人，是國民黨之領袖。手創民國，則凡是中華民國之國民，誰不該敬佩他、誰不該紀念他。中國以四五千年之君主國體，一旦改為民主，在世界新趨勢則順，在世界舊觀念則逆。況以一二人為之，則因逆而更難，而孫中山不畏難、不怕苦、不恥屢仆屢起，集合同志謀舉革命，千迴百折，備嘗艱苦，至辛亥年，事會湊合，卒告成功。從歷史上看來，中國革命之第一人，要推商湯。……孫中山之革命，則為國體之改革，與一朝一姓之更變，迥然不同。所以孫中山不但為手創民國之元勳，且為中國及亞東歷史上之一大人物！今在京師病殞，……南通特先開會，鄙人已有輓聯，輓聯所云，上四句是在南京臨時政府時事，當時有宋教仁在場，宋甚贊同。……下四句則希望將來有人撥亂反正，安定國家，亦不可忘手創民國之人，

14　蔡鍔（1882–1916），原名艮寅，字松坡，湖南寶慶人，清末民初軍事家。

及革命以來十四年恩怨相尋，波瀾起滅，久久不安之源流曲折也。鄙人江海潛踪，厭淡政事，但於今世三數傑出之人，亦略知其梗概。若孫中山者，我總認為在歷史上確有可以紀念之價值。其個人不貪財聚蓄，不自諱短處，亦確可以矜式人民。今中山死矣，其功其過，我國人以地方感受觀念之別，絕不能同。然能舉非常大事人，苟非聖賢而賢哲為之左右，必有功過並見之處。鄙人願我國人以公平之心理、遠大之眼光對孫中山，勿愛其長而因護其短，勿恨其過而並沒其功，為天下惜人才，為萬世存正論，此則於追悼之餘，有無窮之感想者也。……（〈追悼孫中山先生演說〉）

在民國十四年（1925）前後，我父聽說南方政府在廣州，市政確實不錯，政治也很有朝氣。不過有些人說南方政府已和蘇俄一鼻孔出氣，自家已經失掉了主宰；赤化的意味，一天一天的深了。我父很覺擔心，疑信參半，就派人親自到廣州住了三個月。回來，將他實地所考查得到的內容，告訴我父說：「非但不是共產，並且還要驅除蘇俄顧問。」我父聽了，很覺得南方政府前途，大有希望。

蔡公是以兵力來推翻洪憲的領袖。他養病福岡醫院時候，我父常常打電報去問。我父在京的時候，他做過全國經界局的督辦。他因為是外行，又曉得我父在南通是第一個縣區辦測量清丈的地方。他的公署，恰在我父住所隔壁，所以常常來和我父談話，我父很幫他詳細計劃辦法，他很虛心聽納，可是那時袁氏完全是籠絡人，哪有實辦的意思？不久我父回南，蔡公也回滇了。等到蔡公病故，柩返上海時，我父特地打電上海，等柩輪過南通境時，停泊一刻，帶了全縣學生去祭奠，還拿他的偉大人格，向學生演說一番。我父輓他對子，我抄下來：

　　國民賴公有人格，英賢無命亦天心！

第五節　維持國內實業

我父一向對於國內他處的實業，也都是盡力的愛護維持。漢冶萍公司在國內為惟一的大工業，先前因為辦理人的計劃沒有精核的預算，技術上失敗的地方也很多，加之借債的數目一天多一天，債主侵奪的野心和方法，也一天比一天來得凶橫。我父在農商部的時候，已經竭力的計劃維持那行將破產的局勢，保障他的主權，進而謀經濟上的獨立經營、技術上的積極改良、原料成本上的儘量減輕，使虎視耽耽的債主，無計可售；而國內的鋼鐵業可以發展，堅穩它的壁壘，鮮明它的氣象。在公司危迫萬分的當兒，股東曾經公推我父擔任總經理，假我父的聲望，維持公司的復活。我父就職時，有一篇演說：

> ……謇嘗研究海關貿易冊，知棉、鐵兩業可以操經濟界之全權，昔年從事棉業，……於鐵業，亦曾留心漢冶萍事業，……與李君一琴[15]友善，深談歷年艱苦。……今春股東大會決議，更新組織，……委任葉君揆初[16]為塵埃涓流之助。……鐵業為吾華一線生機，今日為世界各國所注目者，僅此一廠。……應以積極之精神行之，國家規永久之業，而用人惟賢，辦事務實，則雖國有而無弊害；或股東目前之利，羣策羣力，則雖商辦亦可收桑榆之效。德國克虜伯草創艱難，憂急而死，其子發憤繼起，始底於成；美國鋼鐵大王堪納基九年困頓，屢瀕破產，卒致敵國之富。謇於棉鐵固向持積極主義者，愧於公司，未有萬一之助。……（《漢冶萍就職演說詞》）

15　編者按，李維格 (1867−1929)。
16　編者按，葉景葵 (1874−1949)。

　　民國五年（1916）也遇到政局上好幾次嚴重的破壞，根本幾乎搖動。先因為政府停止兌現風潮，後來政府又要換一個聲名狼藉的人當總裁。在那時候，險象環生，於是股東起來組織了一個股權聯合會，大家推舉我父擔任會長，發表了很嚴正的主張，政府才軟下去。多大風波，方歸平靜。我父擔任該行董事直到逝世。

　　民國十一年（1922）商辦招商局又有政府中人想收歸官辦，置商股血本於不顧，名為官辦，實為破壞搗亂，股東也組織了一個股權聯合會，對付政府不正當的侵犯。推出我父和李公經羲[17]致電政府，嚴重表示：招商局為國內惟一之商辦航業，在此中外航業競爭劇烈的時代，政府既沒有力量贊助，就不能再破壞。政府得電後，也就無形的軟化下來，沒有再蠻幹下去。這個去電，措詞很有分量：

　　　　……報載交通部忽有呈請查辦上海招商局之舉動……業於十一月十六日奉令照准，同時並由交通部諫電行知。……竊維民國以法治為本，行政之處分與執法之行使，均經定有條例，非可輕用威權，踰越常軌，斷無不問受理管轄權暨告訴權之合法與否？證據及理由充分與否？……遽行查辦其公團，拿辦其職員之理。……且查本局乃完全商辦公司，非官吏所可違法蹂躪，即有關涉民刑被控嫌疑，亦應按照法定手續，循序處理。股東等非敢無故反對命令，特以公團為千百萬血本所關，股東身家性命所託，礙難坐視交部當局非法干涉。至祈政府收回前項查辦命令，撤消該部呈派各員，以杜官吏恃勢違法之漸，而安商辦航業之常。至該董會曾之有無情弊，虛實均應徹查，股東等利害切膚，現已集合大多數股權組織維持會，自當尅日公同徹底查明，分別依法處理。屆時並當公佈

17　李經羲（1857–1925）字仲仙，安徽合肥人，李鴻章姪，清末民初政治家。

正確報告，昭示國人，如有呈報官廳之必要，亦當按照公司條例及民刑現行各律手續辦理。總之股東等不願受局外非法之減裂，亦決不聽局員溺職之敗壞。……況報載有中央覬覦本局航產用為押借外款之風說，事倘有因，恐中外輿論激昂，難免不釀風潮於意外，川路亡清，殷鑒不遠。……（招商局股東維持會致政府電〉）

到了民國十一年（1922），交通銀行又因政變的影響，而有牽動根本的險象，股權方面很為恐慌，乃推我父出任總理，政府見了我父出來主持，也就不再深追干涉。鄺富灼[18]先生在《現代勝利者》我父的傳內，有關於這一段的記載。

　　……先生的毅力經歷和其他的美德，得了全國人士充分的信仰，在接受交通銀行總裁的時候，可算做一個很充分的測驗和實證。當張作霖失敗、梁士詒[19]內閣變化，和交行實際上與交通系之關係，那時候交行就立刻隨着政變漸入紊亂不穩的狀態。本來有人主張將交行取消，歸併於中國銀行，到這時候，大家都認為時勢所趨逼，這種主張，恐怕要實現了。哪曉得先生任職以後，立刻風平浪靜，萬分的困難，都迎刃而解了。……

我國碩果僅存的大實業，到了搖動危險的局境，要借重我父的聲望信用，來維繫主持的時候，我父沒有不出力的。他感覺到中國實業，本來十分幼稚，政府社會，公同來發展增加，還恐怕力量不夠，哪裏

18　鄺富灼字耀西，廣東台山人，近代中國的英語專家。
19　梁士詒（1869–1933），字翼夫，號燕蓀，廣東三水人。清末民初政治人物、交通系首領、富商。

能夠再加以摧殘破壞？只有辦實業的人，才了解辦實業人的痛苦。這幾個重要實業，碰到了千鈞一髮的危機，幸虧找到我父，方才穩渡。還有國內成效最快、名譽很著的工商業，像從前商務印書館和上海商業儲蓄銀行，都有一個時候，得到我父極有關係的贊助。

我父希望人家辦實業，凡有特產的地方，發展工商業，自始至終，非凡的殷切。譬如當時山西的閻將軍錫山[20]、雲南的唐將軍繼堯[21]、新疆的楊將軍增新[22]、甘肅的陸將軍建章[23] 因為要創辦農礦各種實業，曉得我父有經驗，曾經派過人，打過電報，寫過信來請教商量，我父沒有一回不是代為設計，詳為答覆。他總想中國多幾件實業、多幾個開發富源的地方。

我父生平做人，固然是謹小慎微，辦事也是腳踏實地，可是對於國家的政策的計劃，卻非常偉大。尤其認為政府對於人民，應盡維護體恤的責任，不應該拿了人民與人民間的交際關係，來做推行政治的手段，更不應該拿人民在商業方面孜孜為利的元素，來對付人民。所以辛亥五月鐵路國有事起，我父有他的主張，我抄摘一段：

> ……澤公[24] 約盛宣懷與余議收四川鐵道為國有方法。盛以調查川人用於鐵道工款，中為川紳所虧者三百餘萬，政府不應受此虧數，應以實用者給還川人。余曰：『輸出者川之人民，虧挪者川之紳士，當然一面查追紳士，一面允給川人。』盛主在給數中扣出。澤公復問余，余曰：『如所言未嘗非理，但甲商與乙商言當如是，政府與人民有涵覆之義，且收民路歸國有，政策也；政策以達為主，不當與

20　閻錫山 (1883–1960) 字百川，山西五台人。
21　唐繼堯 (1883–1927) 字蓂賡，雲南會澤人，民國著名軍人。
22　楊增新 (1864–1928) 字鼎臣，雲南蒙自人，晚清民國政治人物。
23　陸建章 (1862–1918) 字朗齋，安徽蒙城人，晚清民國政治人物。
24　編者按，載澤 (1868–1929)。

人民屑屑計利。且聞川人爭路款，頂戴先帝諭旨，勢洶洶
而意未悖，尤須審慎。』澤公無言。（自定年譜辛亥五月）

我父對興辦國內實業和各項建設事業，主張要借外債，可是要用
在生利事業上，絕對不許借來上私囊，或者打仗，他有過一個宣言：

　　……當清光緒之季，袁氏任北洋大臣時，舉國喧騰借
外債造鐵路之說。袁令楊士琦南下，以外債可借否，諮詢
湯君蟄先、鄭君蘇堪[25]及謇。湯君絕對主張不借，鄭君絕
端主張借，謇則以風氣未開，國人常識不足，不盡知實業
交通之利益，有力者徘徊觀望，無力而徒知者不足濟事。
故外債可借，但借時即須為還計；用於生利可，用於分利
不可；而用之何事？用者何人？用以何法？尤不可不計，
此謇夙昔所主張者也。故北洋當時有南方借外債，分三派
之說。……（〈實業宣言〉）

我父一生沒有做官的觀念，可是和實業有關的官，他或者可做。
政府碰到和實業有關的官，也總是找他出來，確是問耕問織的意思。
所以民國南京政府和北京政府，都找他擔任這一席，看了國會通過的
同意票絕對的多，就曉得社會一致的屬望推重了。連滿清末次的內閣，
也還拿這一席去拉攏他。我父對實業的官職可以不辭，他決不是做官，
實在是做事，行他對於農商的政策；也確認國家人民的基本事業在農、
工、商，關係何等的重要。而且他多年身歷其境，感覺到民間創辦實
業的不易，和需要官府扶持的殷切。所以他想「在其位謀其政」來解除
民間的艱困，和開發國家的富源。但是他的志願，百未達一。他曾經
說過：「一個人沒有做過百姓，哪裏會做官？沒有做過小官，哪裏會做

25　編者按，鄭孝胥。

大官?」這是我父批評以前一個年青總督的話。就是說一個人,無論做事做官,總要有經驗,要內行;否則一竅不通,甚麼也不懂,還說甚麼為國為民?

我父辦事,一方面改革,一方面建設,他的建設事業,先有主義,再有計劃。計劃定後,再着手去辦,他沒有一件不是建設,不是於人有益的事。國家總有一天要建設,總有一天要用到他建設事業的方案,總有一天要想到有建設精神的人像我父。我父晚年,外人問他:「為何不到政治上去再做一番?」我父回說:「我要去做東家,難有夥記;要做夥記,難有東家。」像他對於國家建設的抱負政策,早生幾十百年,在賢明君主的朝廷,可以做一個治世的能臣;如果遲生幾十百年,在民主政治確建以後,他也可做一個成功的福國利民的政治家、實業家。

第六節　保存文化古物

我父對於中國古跡名勝,主張保存修理,於歷史建築美術文學,都有國粹重大的價值。對於國內金石書畫,也竭力主張有圖書、博物等館的組織設立,使得聚在一起永久的保管。在前清時候,曾經先後上書總督張之洞和學部,主張設立國家圖書、博物等館,大規模的辦,可是都沒有實現,於是就在南通辦了一個博物苑,就是實行他的主張,從他自己力量可以辦得到的小範圍做起,做一個榜樣。他題中館和北館的匾額,我抄在這裏:

> 中國金石至博,私人能力式微,搜集準物,務其大者。不能及全國也,以江蘇為斷;不能得原物也,以拓本為斷。(〈中館匾題語〉)
>
> 將究四類,其廣海會。金既所藏,州廳縣界。力所弗堪,舉例猶派。事固無小,道奚病隘。(〈北館內匾題語〉)

民國以後，我父到了北京，認為國家有大規模組織圖書、博物館的必要，於是詳細規劃過一個具體計劃。我摘抄在這裏：

　　必設之時期：中國既為世界最古之國，其聲名文物，彝鼎圖書，三千年來，朝野遷流，南北壇易，歷十餘姓，而大萃於前清。宮禁收藏，尤極瑰瑋珍奇之海會。往時鼎革兵燹之餘，縱播越於民間，祇瀾翻於中國；今則紺髮碧瞳之客，蜻洲蝦島之儒，環我國門，搜求古物，我之落魄大夫，醉心金帛，不惜為之耳目，稗販馳驅，設不及時保存，護茲國粹，恐北而熱河，東而遼瀋，昔日分藏之物，皆將不翼而飛。……

　　擬設之場所：為事固宜擇地，為地亦宜興事。自金、元都燕，迄於明、清，所謂三海三殿三所者，或沿舊制，或擴新規，宮苑森嚴，私於皇室。今國體變更，勢須開放，……非改為博物苑、圖書館不可。……北海以樓觀莊嚴之勝，兼水木明瑟之觀，……可以位天產，瓊台之陰，及其上方，可以位歷史，海之北行宮、萬佛樓、浴蘭堂、治心齋，可以位美術，北與東又有隙地，可以備增設之建築，東北有廟，可以為居中之典守，故以為博物苑宜北海。至圖書館則昔之內閣、國史館、文華殿、太和殿、武英殿方略館，甍宇相望，地位橫通足設，以茲清切之區，為圖書之府。昔四庫之建，規摹天一，今師其意，以藏法物，此則為事擇地擬設之場所也。陳設之品物：前清內府，昔日所藏縟矣，一散於庚申，再散於庚子，永淪異域，至可唏也。茲所存者，僅奉天清宮及熱河避暑山莊而已。奉天清宮據教育部調查，其犖犖大者，有如金玉，有如書畫，有如瓷繡金器，凡八百件，周、漢之物居其大半。書畫凡四百餘件，多唐、宋以來名作；瓷凡十餘萬件，形式采

釉，並皆精妙。熱河未覩全冊，不能舉數。顧以舊時分藏之例計之，加以寧壽、慈寧兩宮及各庫，有善者奉命提回之十八萬件在焉，有康、雍、乾、嘉四朝積存之物在焉，且精且多，殆無倫比，惟石刻殊尠，亦一缺憾。……若圖書館則《四庫》尚已。……若取廣義，並當益以東西譯籍。……自圓明一劫，《永樂大典》遂落英倫，謂宜從彼借抄，或用五色影照。（文之大小須照原書，五色影照，則朱闌亦顯。）其落於國內士大夫之家者，尤宜下令徵求，或可還舊觀之十一。

規劃之大概：規劃之法，宜因地勢之聯屬、屋宇之容積，亦宜計品類之等級、數物之比差，本是規度，庶有標準。……論天演之進化，天產之中有歷史；論人為之變更，美術之中亦有歷史。故三部雖別其大凡，仍當系以細目，目系於類，類系於門，門系於部，而各部之物品數不可以強均，故宜為擴充館舍之預計。圖書則中籍仍以經史子集為經，時代先後為緯，東西譯籍，當以科學門類為經，時代先後為緯。近數十年中，歐美各國科學日新，述作益侈，宜留餘屋，以待旁搜。殿所之制，亦宜稍事修改，以期合用。

管理之人才：管理之事，關乎學識，孰副彭聃之職，孰勝向歆之資；十餘年來，老師宿儒，風流漸盡，而勝斯任者，非博物好古丹青不渝之君子，又能精勤細事，富有美術之興趣者，莫克當此。較其陳設支配，博物繁難於圖書，審其版本部居，圖書等齊於博物，是故博物陳列，我國舊無先導，即乏專才，……宜聘歐美專家顧問。至內國人才，習於博物，而又曾留意於各國之院制者，……舉所夙知，徵其素守，選擇於此，殆免失人。（〈國家博物院圖書館規劃條議〉）

　　那時袁世凱正在想要做皇帝，自然沒有心思做這種事。

　　《永樂大典》的一部書，非但是中國文獻的一部偉大著作，也是全世界的一件至寶。庚申之亂，散失很多，英人搶去的不少，適值顧先生延卿在英使館的時候，我父給他一信，想盡力的搜集，物歸故主，成為全璧，雖然不容易辦到；然而也見到我父愛重國家的文化，無微不至。信如下：

　　　　……《永樂大典》自庚申之變，沒入英吉利者近千本，在其博物苑中，以為武功之紀。此中國之大恥，而故籍之所關。往時劉某出使，有為言之，或易以他書，或就抄其副。劉固俗人，不足辦此，今延卿所主，儻其人乎？……（〈與顧延卿訊〉）

　　我父對於中國雕刻塑像的工藝，也十分的愛惜提倡。十餘年來，他曾經到各處訪問，聘請了幾位很有名的人，到南通貧民工場來傳授工徒，分雕刻和塑像二類：很想造就許多人才，精進無已，希望這一類專門美術的手工，不至於衰落失傳。

第五章　濬治運河長江及開闢吳淞商埠

第一節　治運計劃

到了民國以後，江北的水災，一年一年的氾濫起來，沒有辦法。而切近的運河，尤有疏濬的決心。政府和蘇人，都曉得我父向來研究水利的學識和治水的經驗，於是再三請我父擔任治運督辦。我父起初不允，後來因為政府的催促、鄉人的誠意，事情是水利、地點在江蘇，所以最後就答應了。又詳細加以規劃，再實地去巡視，先後發表了許多整治方案，我只能摘二篇出來。

這是一篇就職宣言：

> ……今日為蘇運工程局開幕之第一日，亦即江淮工程造端之第一步。……既任其事，則履行此事之誠意，與權衡此事之素見，及後來之希望，不能不先有所表禂，以公諸世。……今幸江淮諸君子籌興水利，從運河入手，自謀之先導也。治運之重心在工程，工程之因革損益在地形、在歷史。歷史證古，地形準今，姑舉其要；台莊八閘，所以緩水面之傾斜也；河成、河定、河清及濚深、亨濟

各閘，所以節水流之排洩也；劉老洞，所以洩沂水入六塘也；雙金閘，所以洩運水入鹽河也；此中運河也。又如淮陰三閘，所以防淮水之猛下也；淮陰至邵伯東岸閘洞，所以輸送運河之水溉濟下河也；淮陰至寶應西岸閘洞，所以洩運河有餘之水分入濬各湖也。高、邵間之西岸閘洞水口，又所以引各湖之水轉濟運河也。此外復有歸江十壩，洩淮水以入江歸海，五壩濟歸江之窮以入海，此裏運河也。中運河則自韓莊至徐塘口，為其只受泗水也，故窄。徐塘口至劉老澗，為其兼受沂泗也，故較寬。劉老澗至楊家莊，則沂泗水至劉老澗，大半已分入六塘河，故又窄。楊家莊至寶應，則兼受中運與洪湖之水，故又寬。寶應至高郵，則中運與洪湖之水至永安閘，太半西入白馬湖、寶應湖，東且入下河，故又窄。高郵以下，則受上河之水洩瀉歸江，故又寬。因河流之消納，為施工之準繩，前人之於治運，酌盈劑虛，在在足供研究，其不逮泰西水法者，則精密與簡略而已。……究其所以然，直可謂之有工無學。由是之故，陳陳沿襲，無有進步。近日歐美各國之於水利工程也，月異說，歲異法，甲有報，乙有書，每一新工程之發明，父不能成子續之，子不能成孫續之，甚至甲國人不能成，乙國人續之；乙國人不能成，丙國人續之。凡經一人之手，必有圖表公式說明，留為資料，故討論易而進步速。……走於水利工程，必用外人，必以中國曾學河海工科者隨其後。……走非重外而輕中、喜新而厭故也。我之故，以人之新證通之，而故有用，中之事，以外之法斡運之，而中有師，非盡舊河工人不用，但有舊習氣執一不通者不用。……其次則為機械工程與土方工程之設備。夫機械土方，本無依仗外人之必要，但機械工程，所以濟人力之窮，必依據運河全圖，擇於人工所不能及者用

之，當分段規定方式，為施工之標準。其每段施工之後，
隨時憑圖測驗，並斟酌壩圖啟閉之制，保存水位之傾斜度
與沖刷力，不使機械施工之地，易致沉墊。……（〈運河工
程就職宣言〉）

這是一篇治惟商榷書：

　　……謇自年二十餘讀潘、靳、丁、馮四氏言淮河之
書，即以為我江北人民之隱患大害，無過於是。……比及
民國，沉沉夢想，以為國體重民意，其可行而終不可行猶
昔也。然自設局歷測淮、沂、泗、沭流域以來，知人民之
隱患大害乃將益劇，知其將劇則益厪為憂。……不幸謇與
韓公又適當之運河之義務，府成之後，周歷勘察，又證以
頻年測量之所得，決計先治救急之標，繼圖根本之治，次
第成籌治王家、鬥龍、新洋三港之商榷書；又成淮、沂、
沭治標商榷書。所以為是商榷者，願我淮南北二十餘縣人
民發自救之心，奮自助之力，成自治之事，舉向來一切希
望他救他助之念，一刀兩斷。……（〈發表淮南南北治水
商榷書啟〉）

到了民國十年（1921）八月，接連幾天的大風雨，江、淮同時大
漲，運河的隄壩都岌岌可危，差不多天天有告急的電報，我父就約了
韓會辦親自去巡勘，依次的到揚州、寶應、高郵、興化、泰州各地。
到了昭關壩的時候，上游的人民要求開，下游的人民要求不開，都是
聚集了好幾千人，聲勢洶洶，沒一個不是拼命。上游要求開的人，圍
住了我父好幾個鐘點，爭鬧得不成樣子，我父很嚴重的表示，說：「壩
應開不應開，要巡親了全河流域以後才能決定，我們要拿全河流域人
民整個的生命財產做標準，權其利害輕重，定最後的開不開，絕對不

能專顧一部分流域人民的要求；你們的胡鬧和威脅，絲毫不能變動我這種堅決的主張。」哪曉得到下河一看，那二、三縣已經水深五、六尺，人民差不多全浸在水裏邊，汪洋一片，只看見水光上飄泊着人家的屋頂和煙囱，假使要拿昭關壩一開，再加上了六、七尺水，豈不是連屋頂甚麼東西都要埋在水裏去麼？天下決沒有這種慘無人道的辦法。幸虧上游幾千人的無理迫脅，沒有屈服我父堅強的主張，不然禍就闖大了。回到南通以後，就立刻組織了測量隊出發，後來水勢也漸漸的退了，十一月又去巡勘，就決定先濬治王家港，解決一部分的問題，開通了下游一個最重要的出路。

後來又計劃開闢江北沿海的串場河，有一篇〈呈政府文〉：

　　……今日大患在兵與匪無別，匪與兵相因，舉國皆然，江淮為甚。究其原，亦非江淮之民性樂為匪，匪源於窮，窮源於無實業，無實業源於無交通無水利。然則徒言治匪無效也，徒言裁兵亦無效也，非謀水利謀交通，必無以清源植治基。謇昔主治淮、治沂、治運，意即為此。……茲為一隅之綢繆，惟有關治江北沿海五縣串場大河，即於河隄之上建設省道，庶交通水利，一舉而兩得；實業國稅，間接而相生。……該河除由南通之呂四至東台之角斜，有舊河可循，不另施工外，其自角斜起，經鹽城、阜寧、漣水至灌雲之陳家港止，計長四百七十一里，計閘十座，計土三百八十餘萬方。……此串場大河與運河實有密切之關係，以平行線論，儼一新運河。緣江淮間舊有串場河，偏於西部。其於各縣水道迂曲淺溢，彼此不相銜接，言乎交通則不通，故及於水利則無利。況自海勢東遷，范堤以東東台鹽城阜寧各縣境新漲灘地，廣十萬方里有奇，與舊串場河大都無涉，是非就各縣東部特闢一河若膀胱者，上不能承受胃府，容運河非常之漲泄，下不

能轉輸尾閭，縮各縣流量之樞機。……言乎交通：絕射陽河、舊黃河而北，可以達灌河，絕長江而南，可以達吳淞，縱經只九百里，視灌雲取道淮陰而江都而丹徒而寶山者捷矣。……言乎水利，則如淮、沂交漲甚大之年，裏運河不能容分而下注，舊串場河所不能容……非此河不能大其容。言乎實業，濱海農田可墾者，約四百餘萬畝，得此大河為南北之幹，旁流溝渠以厲之，灌溉愈宏，其利愈溥。……言乎國稅，墾興農利，產殖日增，工廠商市必增，航業亦必增，農有賦稅，商有貨稅，航有關稅。……最後則軍事，匪之易生，由無實業，匪之難治，由無交通，有大河則各鎮守使之兵可以聲勢相應，彼此相顧，消息靈而調遣速。謇於此河調查測量，計劃俱備，設政府認為義所應辦，應請明白宣佈。至於所需工程經費，約三百萬元，論義亦應由政府籌度，……如因此時財政非常困難，亦須政府認為應辦，而後地方可別籌劃。……（〈呈政府為闢治江北沿海五縣串場大河文〉）

第二節　治江計劃

到了民國十一年（1922），長江上游的水勢又大發，下游很受了災害，各縣的人士，都想找一個疏治的計劃，免得年年受重大的損失。我父對於治江，向來也有研究，加之南通保坍會工程，和下游江流有密切的關係，所以省當局徵詢我父治江意見時，我父就發表他的計劃，寫了一封長篇復信：

　　……大浸為災之日，忽得公計及治江之書。事雖外若迫之，明必中所本有。……請言江與淮，江不勝淮、沂、泗大漲會入，往於糾正美工程團書言之，計淮流自三江營

口入江，江之南岸凡……八縣，江之北岸凡……六縣。此十四縣者，沿江有卑薄之隄，有高厚之隄，有並無隄，有外水高不能泄而等於無隄，方謇為是言時，亦無和者。今則人皆覺悟，淮不可全入江。但數年以來，淮騣騣全入江，而又不為之備，大災猝成，悔已無及。然則欲淮不全入江，試問不分於上，尚有何策？……請更言江，江之受病深矣，沿江之水災，航行之阻淺亦久矣。江病而洞庭、鄱陽兩湖俱病。謇持治江之說亦二十年，……前人獨監利王先生導江三議，所見略同，以彼時所見，與今所見不同，彼時所知治之法，與今所知治之法不同，故所痛心而引為大恥者，溯江二千里。江由湘、鄂、贛、皖、蘇五省入海，試問有知江之流量若何？流速若何？流向若何？傾斜度者乎？……

一、為治全江計：（甲）……設一長江委員討論會，即以江寧為會所。江寧下游也，治江當從下游始。……（乙）請屬河海工程加班四、五十人。

一、為江蘇計：上游自江寧至武進為一段，其必應治者，江寧龍江關以下，江流逼而南，不即設治，下關市場必有忽然塌陷之一日。丹徒城外日漲，江流逼而北，不即設治，南失輪步之利，北壞諸洲之田。……下游要處江陰、南通為一段，海門、崇明為一段，今年暴風淫雨，同時連作，江、淮、沂、泗大漲，海潮大上，此二段最處下游，故受害尤烈。若平日則江行之輪至南通苦沙之阻，值夜必停，外人久以為不便，不即設治，江南北槅地滯航，害無已日……前荷工程師方維因測計，……保坍須用五百萬元；鮑惠爾統括長江流量，須用八百零五萬元。……

一、籌款：

（甲）請中央政府任此費，治此工，售此地，償此用。

（乙）中央或不可，請省政府任此費，治此工，售此地，償此用。

（丙）省政府或不可，或任若干分之一，而分其餘於……九縣勻攤，任此或，治此工，售此地，償此用，若各縣不能，平均擔負亦可，聽各縣自認。

（丁）照戴樂爾通商各埠水利問題書中加增進口稅之說，分年分等，按經費攤認幾分之幾，作為補助。

一、計工：

（甲）按方維因、鮑惠爾測量預計之圖，當從江陰、南通一帶築楗始，次即接築靖江、如皋及南通、黃港以東之楗。……

（丙）南通、小漾港以東至海門、滸通、圩角港以西為一段，崇明、西沙頭為一段，工程則崇明較重，……非得五大楗不能使江南北分瀉，故工重。工成之後，崇明之東必大漲，亦足償費。（此為方、鮑計劃所不及，當另測計。）

一、用人：事關各縣，……若無正當公共機關，何以集事？欲集事則必須用人。款由官紳合籌，事由官紳合議，用人自應由官紳公共推舉，按縣按資支配。工程師即擬於英人鮑惠爾、荷蘭人貝龍猛二人中請一為正，而更延美人佐之，以便南北分顧。

以上三說，如以為然，即須由省先行召集九縣省會議員農商會會長會議，成立機關；並須聘請浚浦局滬、鎮稅關巡江司之外人為顧問，……九縣會議機關成立後，應即籌設定、浦、揚、江、泰、徒、陽、武八縣會議，長江五省會議，以下游先治，促上游之覺悟，策上游之豫備。養成測量工程學生，尤豫備中第一要事，且不可緩。（〈復王省長濬治長江計劃書〉）

到民國十五年（1926）夏，政府特派我做揚子江水道委員會會長。我父認為全部濬治和下游保坍，很有密切關係，就寫了一篇東西給我，告訴我江流的展史，指導我應抱的方針，都是有經驗很貫徹的話。他寫成以後，不到兩天，就得病逝世，這算是我父的絕筆了。

　　……揚子江討論委員事，非小事也，況為之長，人將親焉，不可以慢易。

　　求地形今昔之沿革、江流今昔之變遷，當稽古書古圖，推由古至今之所以變計，由今往後之所以設防，宜有海關歷年測載之圖記，作一變遷比較表，日玩索之。工程宜求世界最新最精之程式，宜諮詢蜀、湘、鄂、豫、贛、皖、蘇宿儒故老，明於江流利害之歷史者，宜虛心聽受；治水議論，宜平心折衷。

　　南北岸大三角測竣後，如何治法，宜以圖寄美、德、英著名老工程專家費禮門、安格斯、柏滿三君，評論計劃，大較本清康熙帝法，裁灣取直，裁灣則去小存大，灣之角度必準九十度至四十五度之間，則水道直，直則流速猛刷沙多底易深，施梜以夾之，則直不至變，地亦不易變，此其要也。南通正當下游中權之要點，三角測完後，首宜注意江流，取勢非乾巽即乙辛，其間即辰戌，此時未可猝斷，以順水流勢為主。

　　江面以三英里寬為準。

　　湘、鄂、贛、皖、蘇五省入江之大水口，如湘之藕池等三口，鄂之襄樊等口，贛之九江口，皖之蕪湖、秋浦、裕溪等口，蘇之上新河、下關、瓜洲、丹徒、江陰、滸浦、劉河等口，皆須額度規劃，使之相容相受，此與航路無關，然治江大方針，即灌溉交通二者而已。水口之工，宜由會會同內部令各地自為之，土地權所在也。

宜謀完備發展河海工科大學，將來基本在沿江漲地，近則由會歲分二三萬元助之。（〈怡兒奉特命長揚子江委員會因示〉）

第三節　吳淞開埠計劃

上海自從外人訂約開為租界以後，市政發展得很快，工商業蒸蒸日上，成了最大的市場。民國以後，內地各省的人民避兵亂匪禍，搬到上海居住的，一年比一年多，幾乎成了世界人口最多的一個城市。中國注重國權的人，很想為收回租界的準備。為免除外人藉口，必得中國自己先創立一個市政工商業興盛的地方，做一個榜樣。就看到吳淞的地位在長江口，又在海口，吃水很深，有可以造成世界最良海港的資格，地點又逼近上海，如建設市政、興辦工商業，可得事實上的便利，和觀摩的效法。政府和蘇人都認為有自闢商埠的必要，竭力請我父擔任督辦，我父辭謝不得；也認為吳淞是極有希望的地方，和外人工商業的爭勝，也是一件發揚國光的大事，所以就既定範圍，和全部的建設方案，想盡其能力做去，凡上海有的東西，吳淞也有；外國人能做的局面，中國人也能做，做到和上海並駕齊驅沒有甚麼二樣。各種市政辦好，不怕中國人不來住，也不怕外人有所藉口，做收回上海租界的先聲，和建設中國市政的模範。可惜當時上海吳淞弄到江、浙軍事勢力的中間地帶，地屬江蘇，駐軍反屬浙江，行政財政的統系，一有紛亂，商埠的進行，自然受很大的影響。不到兩年，政局又翻騰起來，財力又不足建設發展，終久成了畫餅。而當時我父煞費苦心的計劃，看了他就職時的宣言，就曉得一點：

　　……茲乃復有督辦淞埠之事，政府鄉里，重見敦迫，時局有做，國民有職，江南江北，寧敢區分。是以黽勉暫時受命而不固辭。自歐戰停後，商戰將在中國，中國形

便，必在上海。……吳淞壤地相接，足以自圖，設更遲迴，行嗟何及；故商埠為江蘇今日重要問題。吳淞闢商埠，清季固嘗設局矣，卒不果行。近年中西人士，以為淞口攔江淤沙，不能容二萬噸以上駛入之舟，又有主張闢杭州灣為商港之說，又有議就淞海岸築堤逼江潮南趨，以其力沖刷攔江淤沙，俾巨艦將來可以駛入者，二說聚訟，皆待實地測驗。顧世界商埠有可合商港為一，有不必與商港合一者，是又一問題；而就唇齒上海之地勢，拓吳淞之商埠，則亦執前二說者所公認者也。雖然商埠云云，需費浩繁，豈僅僅成立一行政機關所可濟事？……目前進行之序，首在劃清界至，次籌水利交通為最要之政；一面於沿江籌建公共碼頭堆棧，以期運輸之便；一面區劃各工廠聚業之所；建設之先須規劃，規劃之先須測繪，此其大較也。至中外雜居之地，義當以前清舊案寶山縣界為根據，以一切公平待遇，保持治安為主旨，期於主客不欺，供求不惑，本埠局當開誠竭慮，特訂規章施行。要言之，則今日之局雖成立，固仍為籌備時代耳，建設之規劃求其當，規劃之測繪求其祥，循序以進，當另具計劃書告國人，廣求教益。……（〈督辦吳淞商埠就職宣言〉）

第四節　蘇省自治

我父對於測量輿圖，認為是一件最重要的政事，有了圖，甚麼事才有標準。他晚年還希望江蘇省政府能辦成全省詳細的輿圖。他替政府計劃，並且拿南通辦這事的經驗告訴他們。有一信致韓省長：

　　……篠電敬悉，本日並晤鮑、胡二生，面陳尊悃，三角定議，豫算卅萬，比例萬分一，……未奉篠電之先，走

即有江蘇測繪輿圖議之作，……頃已印就。……顧斷斷以五千分一相商榷者，非敢自固也。……五千分一與一萬分一之比較，比例為倍，而效用絕殊。海門為已測萬分一之縣，而一縣之田為若干區，……區分若干圩，每圩分若干塊，不等。……界溝道路，其細均非分一圖所能顯。夫測繪最終之的在清丈，……根據之圖，苟非精密，則凡溝渠道路之小者，清田畝之時必須補測。……另繪一二五〇之圖，……抑不僅為地方計也。初測之後，必有覆測，今政府……而欲覆測某縣之某處，以核其碻否，若就五千分一所編某區某圩甲乙丙丁之號捐抽而覆之，即可推及其他之碻否。……此次因覆勘淮河及通清丈，知凡已測者，必應經覆測一番程序，有甚不可信者。鄙意擬商內務部定懲獎條例，而懲獎之準據，即非憑覆查抽測不可。有五千分一之圖，一縣第測三五處足矣。……顧或慮五千分之一款巨期緩似也，然官辦與地方自辦不同，若以地方自辦例官辦，則如拙議所計，江蘇六十縣，平均以八千方里計，……費萬元，而有經緯線三角點五千分一比例圖，其積為三而費僅及省所豫算之倍。……至期緩之說，據測量之有經驗者言，……測五千分一則徐、淮、海可六方里外，他亦可五方里。……測繪之始始南通，南通誠可為他省縣範，初辦時豫計亦僅三萬也。……（〈為江蘇測繪輿圖致韓子實函〉）

蘇社的團結，本是蘇人的一個重心，各方面的人都有，每年開大會一次。我父一向不贊成說空話，最着重各地方自治去做實事，隨處都希望人家回到本地方去盡力辦自治事業，不論大小，做一件好一件，要這樣才算組織蘇社的意義和價值。在開幕時有一宣言，說得很詳實：

　　……鄙人為發起蘇社之一人，蘇社之名何自誕生，
謹先為諸君一述其歷史。前在揚州與多數同人相晤，咸謂
地方自治不可無聯合策進之機關，擬組織蘇社專謀自治
事業，期置蘇省於最完全最穩固之地位，所定範圍，標本
兼治，鄙人甚為贊成。江蘇襟江帶海，地處衝要，民國以
來，常呈不鞏固之險象。……治本維何？即各人抱村落主
義，自治其地方之謂也。……然則直接解救人民之痛苦，
舍自治豈有他哉？……救之之道，功不必期其速，事不可
遺其小。日本之自治，五十年後而成，美國則幾及百年。
今中國無一年自治之成績，安可望其收效？南通實行自
治二十餘年，雛形雖具，缺點甚多，此無可諱言，惟事貴
有恆，以一蹴可幾，得寸積尺，得尺積丈，各本固有之地
位，以謀發展之機會，必能有濟。若徒震人之大，自餒其
小而不為，恐天下將無可為之事。……養其實力，毋暴其
虛，論量而後進，知而必為，不為威懾，不為利誘，終有
達目的之一日。但有一言須鄭重聲明：本社與政黨毫不關
涉，……諸君須抱定純潔宗旨，不利用人，不為人利用。
如與官治相關之處，亦須明白宣佈，乾乾淨淨，永不失為
完全自治之團體，此即蘇社為人民先導之本願也。……
（〈蘇社開幕宣言〉）

第六章　棉業統計、社會主義、稅法平等三問題

第一節　世界棉業問題

　　我父在諮議局演說過：「一個人辦一縣事，要有一省的眼光；辦一省事，要有一國的眼光；辦一國事，要有世界的眼光。」我父在南通所辦的事，那一件不放開眼光，比人家總看遠一點早一點，尤其對於棉業的各項問題，平日很為注意，從種植的原料，到紡織的物品，從中國到各國，關於供求的趨勢，都很留心研究，在歐戰時候，吾國紡織業因為機會好，獲利很快而且厚，大家都投資，所以那幾年突飛猛進，一日千里。哪曉得歐戰一停，世界經濟的情勢，頓時變動。我國紡織業的基礎，本來脆薄，加之金融方面維持實業的識見和力量，都很幼稚，立刻就一落千丈。恐慌之後，繼以失敗，破產的廠家，到處皆是。南通方面，還靠着本來成本輕，就近有原料，雖跟着大家困頓，但是並沒有破裂。我父看了中外紡織業大勢如此，認為根本問題，還是因原料缺乏而價高，供求不能相應的最要緣故，那時候已經成了世界公司感受困難立待解決的問題。我父就想到供給紡織業原料的來源，有合世界供求統計的必要，其結果非設法多多推廣植棉的墾地不可，在工商業落後的中國，尤應注意到這一點。就想到淮南一大片的荒地，難得地權是一個系統，土質又很適宜於種棉，因為資本沒有充分準備，

工程沒有做好，所以還是一片海灘，只要資本不斷的來到，應辦的工程依次的做好，每年着實有鉅量棉產收入的把握，當然可以供給國內外紗廠的需要，這是一件棉業的根本大問題大事業，不獨關係中國的實業和地主的利益，並且棉產原料的恐慌，也可以根本救濟。我父曾經拿世界棉業紗錠產量全體的統計做個根據，來商榷中國怎樣應世界供求的趨勢，寫了一篇計劃書：

　　……鄙人之為此書，為世界民生大計，無國界，而義有其所自始，故切於中國，而詳於所自營。……生人要素為衣食住，衣食住之原在農。……棉之興不及千年，其用乃彌普徧而彌廣大；……既為人生所需之至重，即為世界實業之至大。衣出於棉者，略考世界英、美、德、法、意、日各國及中國。……總計為一萬三千一百萬錠。……歐美主紡細紗，中日主紡粗紗……以世界各國紡錠一萬三千一百萬之總數，與世界產棉七千六百八十七萬三千五百石之總量，及用棉多少相差之平均約計，乘除比較，須用棉六千七百七十二萬石，兩抵計餘九百十五萬三千五百石，所餘僅十之一強。……中國所消費於家庭之用者，額當所產百分之五十，是中國棉產供機紡者止有其半。夫以世界之棉供廠紡外，僅餘十分之一強……供不足以應求，其勢至為明瞭。……言乎已往，已無供不應求之豫備；言乎將來，必有供不應求之競爭。……世界於衣食大計，非獨中國嘗，各國亦嘗。曷言嘗？知布出於紗，於棉，斤斤事紡，斤斤事織，而不審棉之出於地，而事地。……其智者知審度於產棉之量，而不知審度於植棉之地，是各國人但知自為計，而不知合世界以為計，中國人非獨不知合世界以為計，並不知自為計，是則不悟世界趨於大同之勢，而成此大惑。……然合中日目前紡廠六百萬

錠，已需棉一千二百萬石，他日或尚不止此。合英、美各
國目前紡廠一萬三千一百萬錠，共需棉六千七百七十二萬
石，他日或亦不止此。是須視今已有棉地擴充三之一、二
之一，乃足當不測之荒，應求多之備，劑市價之平。……
吾聞美、印未墾闢地尚多，但可墾而宜棉之地，無從推
測，以中國言，略可分為三大段：一、江淮流域。一、直
隸。一、西北東北邊。……宜棉之地，江淮流域則今鹽墾
公司一系與非一系，……可一千五百餘萬畝。……導淮而
後，除留與容水之地，所得可六百萬畝以上。治江而後，
自湖北以下至於江蘇之極東，在江海漲出之地，亦可六百
萬畝以上；合之即二千七百餘萬畝。即去其三之一種稻，
產棉地亦可增一千八百萬畝。……若更於直隸、山東沿
海，……西北漢、唐當日屯田外地，東北奉天近海地擴
充，必可達三千萬畝，……可以產棉。其收量平均以一畝
五十斤計，即為子棉一千九百萬石，淨棉六百三十三萬餘
石。較歐美人調查所得中國各省產棉額六百六十萬石者，
可增一倍。……合世界產棉量比較，以中畝計，則埃多於
美以倍，美多於中十之二，中多於印以倍。為擴充計，美
之外亦惟中宜，而工價尤廉於美。然中國現在產棉地，
不及美六之一，不及印三之一。以中國人口比較相衡，不
應不早自為計，企印企美。而今不振如此，此可歎息。鄙
人……於十二年前中國南洋勸業會，即以所持棉鐵主義宣
言於大眾，勸國人注意而無應者。在農商部時，又定獎勵
棉業條例。呈請公佈而未實行。近五六年，中國人雖紡
廠日增四倍於昔，然亦歆其利相附和而已，未嘗一作根本
計。……日營木浦六百萬畝之地，費一萬餘萬而不惜，然
計其產，固不足自給其求，近且改植稻。美於棉地排水防
蟲，慘淡經營，不遺餘力，可謂至矣。然去年棉荒，至運

中棉以往，其竭蹶殆與中國同。美棉既荒，英不得資用，不得不資於印，印不足獨供，則苦英。運印棉而東，價已貴，加運費關稅則大貴，又不適於中日，中日紡織業之阨可知。……蓋我國人於供求之道素瞀，……與之極適當之教訓而不省覺。……學者言：世界供給生人之生物產量，無不以歐煤礙量日慮將有不給之虞而代以電。……無不以中美兩大陸為生物產量孕蓄最富地。夫發展生物產量至若何程度，與資本為正比例。世界今日資財豐富，莫美若，……平均資產，人各有五千美金，然須知百數十年以前美之始建，負外債以興其地者，其數甚巨。即日之營北海道，負外債亦巨。……美富資財又其棉業學術技能之人足用，必能準已墾棉地，擴而增產，以備不虞。英負外債已巨，設廣棉地於印，必須更增外債，然為紗錠多而自供原料計，又烏可已，此為歐美言也。若中日，則日大致力於紡織而無地植棉。中有甚廣之地可以植棉而力不足以自謀發展，是為兩窮。雖欲覺其瞀而不可得。……實業經濟，不能互助，大者或蘊釀至礙東亞之和平，礙東亞之和平，其為世界大患所不必言，即論實業經濟不能互助，除美力足自助外，若英、法各國，俱不免因經濟恐慌而生險難，中日則所謂兩窮者，將永久無法解除。夫世界不欲趨向大同，不欲以中國為市場，不欲中國發展供給各國之原料，則亦已矣。如其欲之，中國內地風氣尚未盡開，資本又不充裕，試問舍世界各國經濟互助，有何別法？互助之道無他，即合各國之利病共同視線一致者，集一銀公司，……以棉鐵為主要……其他如水利，如電，如鐵路，如汽車為次要。……以世界公例論，一國之工業與其產為主要，無不謀供求之相應，無不以其國產為主要。……為中國計，歲於常產棉地外，增一千三百十七萬石子棉，

每石即廉至值十五元，亦增一萬九千七百五十五萬元，地價全國平均廉至每畝值四十元，亦增十萬零五千三百六十萬元，稻麥之值不與焉。直隸及各省續增不與焉，西北、東北增闢棉地之產價地價不與焉，其於國民生計有益否也，此欲我中國人知之而自量，而亦欲與世界各國商榷者也。……（〈商榷世界實業宜供求統計中國實業宜應供求之趨勢書〉）

第二節　社會主義問題

世界人類的習性，對於新奇的學說，尤其在沒有穩定的國家，都有「不脛而走」的現象。民國九、十年（1920、1921）以後，俄國的社會共產主義，很風行到中國，許多血氣尚未定的青年，很受愚附和，亂象日增。我父認為是國家根本的危機。剛巧看到太虛[1]和尚一篇拿佛法來批評社會主義的文字，就認為是一個大聲疾呼辭而闢之的機會，就寫了一篇評論，句句拿事實理由來折服他們，讓他們及早回頭。本來中國社會的組織歷史，根本和俄國不同，決沒有拿人家已經試驗失敗弄到痛苦顛連的東西，再叫中國人民嘗試一下的道理，不是喪心，也是病狂。但是看到國內軍閥、財閥的舉動，口內儘嚷着共產禍國，而居心行事，卻處處都是逼迫人家醞釀共產的變亂，我父以為大禍當前，很可憂慮，於是又寫又說，喊醒大家，不要走上絕路。這二篇東西，都很痛切，既是他自身經驗之談，也是消患於無形的辦法。我父從前辦廠辦墾，養活多少萬人，對於農工，早就有了種種儲蓄、醫藥、退休、教育的佈置，很周到體貼，他始終主張勞資要有合作的精神，協調的團結，大家以雙方的樂利為前提，自然不會發生衝突的事情。我父在前清光緒年間題吳野人詩圖，有二句話：「有口當道苦人之苦，

1　太虛（1890–1947），本名呂淦森，法名太虛，浙江人。民國著名佛教領袖。

有手當拯窮人之窮。」所以我父一生的家產，都為利人利地方面一齊用完。我父逝世後，有人說，講起真正共產，只有我父配得上，因為我父是拿產和人共，不是共人的產。雖然是玩笑話，卻是至理實事。

那時國民黨正在廣州容共時期，有許多人連三民主義也加以攻擊。我父認為不對，他一向表同情於三民主義，認為是「持之有故，言之成理」，適合國情的政治學說。他的二篇東西，有幾點都用了孫先生的學說來駁正，反證共產主義的謬妄。並且還看到國民黨決不能容忍共產派的猖狂詭譎。不到四年，果然應了。

這是一篇文字：

　　……客有自京師歸，持太虛以佛法批評社會主義錄見示，問有當否？謇曰：『自近時一二稗販新奇社會學說，以鼓動勞工及一般失業人後。太虛此文，可謂清夜鐘聲。……惟社會主義說明中，所謂資本家壟斷生產云云，皆歐美事。中國一二資本家，移鹽商、典商眼光於農工商業，尚在極幼稚時代，尚待鼓舞，無壟斷可言。其補救方法，但以望人能持五戒行十善為說，自是革心要義，但與國內歆動此種學說人之心理行為，尚如鑿枘之不相容。……謹以鄙人所見，與三十年來所持主義與己事之終始，更與太虛一商榷之。就太虛所引渦文、聖西門、馬克斯諸人之說推之，其觀念之始，皆起於貧富相懸之階級。論人事、貧富與貴賤，其勢對待而啟人欲惡所觸之方面，則貴賤遠不如貧富之廣。……中國古無甚富甚貧也。……而此少數人之足致巨富，或以智，或以勤，或以儉。……智與愚直則智者，勤與惰角則勤者勝，儉與奢較則儉者勝。……此智與愚、勤與惰、儉與奢，大都根於資性，則未富以前各個人天賦之階級也。……夫貧則亦有然矣，一與十校則一貧，十與百校則十貧，……又有並不

及一而奇零之，至於今日明日而奇零之，如世窮佃勞工，一日不力作即一日不飽者是，此為人人各殊時時變易之階級。……必如所謂集產與共產之說，……以中國論，吾斷其必不能行；如集產施之於農，是否析一千七百餘縣之田，每縣設一集產機關，破從來千家萬戶私有之產盡歸於一。……即謂以暴民法強行之，所謂以勞作之多少、能力之大小，所得之利益報酬，可歸私人而限本人之受用，則有一家勞力之人少，而父母妻子待養多者如何？……其支配此項事務之人，是否本有田產在內，先自犧牲，與眾列同等之地位，而並不享有優異之報酬。……施之於工，則工廠機器；施之於商，則市肆貨物。是否一概乾沒，與各本人無涉。如共產施之於農工商，亦將所有私人之一切生產機器沒收全歸公有，卻又不問其人勞力多少，大小共受用，可各滿其人人之需要而不許私蓄。……吾不知人有老少男女強弱智愚賢否清濁之分否？用有衣食居住器物舟車行旅酬酢奢儉謹肆之分否？而一切比而同之；……以不勞作無能之人而同享滿其需要之用，彼勞作有能力者樂為之用否？不為用，犯法否？是直教人遊手而嬉，張口索食已耳。敢問個人皆無所蓄，公中於何取儲？……果若此，吾恐農不樂無與己之農，工商不樂無與己之工商；……彼此牽連，賢思同盡，不必十年，驅天下之人盡納於溝壑矣。……夫集產共產之說，作法雖異，主義則同，其來皆源於貧富勞逸苦樂相懸，差別太過，英、美、法、德、意、比之於黑奴，俄之於農奴皆是。由是孳生，演為過激為無政府，證之紀載，俄之待農奴為最酷，其處置過激黨之刑法，亦以俄為最傷天理害人道，相持相勝相長相消，乃成今日之赤化。……而彼赤化黨人反動之後，乖張暴戾行為，曾不知止，……四播其種，及於中國，不知中國

自古以來二三千年，從無類於農奴黑奴之時代，即間有一
時一地，華門權要，勢惡土豪，擅作威福，橫行鄉里，亦
無生殺自專予奪自由毒流永遠之事。至於法律，上沿漢
唐，義極平等，不獨富貴不能欺害貧賤，地主並不能欺壓
農佃，官吏容有不能奉行之時，輿論自有可以發揮之地，
是中國政治歷史，與五洲各國根本習慣原不相同，民俗更
無因同等。而一二猖狂詭激之徒，不加審度，稗販新奇，
迎合失業無聊勞力貧苦人心理，紛紜扇播，冀多其助，
聞者若蛇蝎虎狼之畏，同時又有孫中山三民之說，謂中山
為革命有功之人，亦曾主張共產，於是聞聽益淆，幾不可
辨。不知國民黨中於共產之說，亦分贊成反對兩派，其他
反對者，殆十人而七八。蓋即勞動家亦收入多寡，人口有
繁簡，用度有奢儉，存蓄有厚薄，決不能日日而計，人人
而分。若共產說行，極貧極富，固不相安，富與富，貧與
貧，不能無別，亦必不能相安。……若中山三民主義，如
民族，謂欲維持民族，須注意吾國固有之道德知識能力，
保持忠孝、仁愛、信義、和平。如民權：謂吾國歷朝政尚
寬大，近代人民除納稅外，幾與官吏不生關係，本無所謂
不自由，正為太自由，故成一片散沙，往昔人於學生軍人
官吏，乃年未弱冠者，均不得有法律外之自由，今之學潮
乃誤解自由，是須學生專心學術，豫備為國任事。軍人服
從命令，為國禦侮，若不守校規，成何學校；不講軍紀，
成何軍隊，國家自由，安能恢復？又謂：平等須在最初之
立足點，不在歸結點。其實施民權之法，獨採哈來頓氏民
權宜加限制之說，而於政府立法、行政、司法三權外，加
以考試、監察二權，如民生辨馬克思勞力戰爭之說，謂勞
工與資本在調和不生衝突。皆持之有故，言之成理，即有
間涉理想之言，（如民生中將來私有產業須加限制云云）

要無妨其大體之是，今之鼓勵學生罷課及罷工罷市者，且反其義，直不知是何心肝？……謇自營紡廠資教育，粗有成效，嗣營農墾得十萬畝斥鹵之灘於海上，顛傾數年，漸幾穩固，始敢冀以資本勞力相濟之徵，小試井田學校並進之志。蓋地方教育無已止之時，而個人擔負有衰歇之日，非資產不能持久，勸由公司股東捐助田九千餘畝於師範。後起各公司，均有留地備充教育慈善基本之規劃，二十六年以來，謇之得於實業而用於教育慈善及地方公益者，凡二百五十七、八萬，仍負債六十萬有奇。……即在此困滯時間，紡廠籌應教育之需要，每年六七八萬，職是之故，地方人民對於墾紡，具有相保相受之安，無或賊或仇之感。此可見……中山勞工資本利益在調和之說，見解有當也。以謇個人言之，若徒抱志願而不得資本家之輔助，則二三十年來無一事可成，安有地方教育慈善可說？……要之無資本家則勞力且無可謀生，無勞力人資本家亦無可得利，可斷言也。顧此為南通一縣言之耳，謇以為若欲一國之人貧富相資，治安相共，非推之全國，有農墾、有工廠……不可。……顧尤有一說焉，試問全國之兵數逾百萬，此次各地罷工之人亦數十萬，何以善其後？各省無墾業無工廠之地，何以謀其始？不善其後，亂可止否？不謀其始，治可望否？吾亦不敢望一國千七百餘縣盡有墾業有工廠，但各就各省，量其土宜與其物產，省得三、五人或十數人落落參錯其間以為嚆矢，即亦可望去亂而近治，而計必先從有益貧民著想始，必先使資本家安心投資始。前此政府常有徵取所得稅之議，惟警政未備，登記未行，遽萌奢望，殆猶系影捕風之無效；不若參用其意，以利社會，明定法令，凡有大墾業大工廠之公司，每一會計年度終，獲有純益贏利，法定提十成之一，補助地方教育

慈善。無大墾業大工廠之地，而田產饒商業裕者，每年亦
提純益贏利十之一，或亦照南通辦法營墾者，就其墾地分
撥地畝作為該處慈善教育之基產。營工者，視其資本之大
小，補助地方教育慈善，作為每年正當開支，以示資本家
與勞工人共戚均休不為秦越人之相視，庶幾恤貧安富，
《周禮》之法，脈絡可通，即所謂五戒十善佛法之慈悲，
亦軫塗有導也。不然而空言勸戒，縱運廣長舌如恆河，沙
一一沙，出一一舌，烏足以啟舉世貪嗔之迷，解社會以嫉
妒之惑，破財虜頑慳之錮，消曲學我執之蔽也。……（〈太
虛以佛法批評社會主義錄答問〉）

這是一篇演說：

　　……自五卅學潮起後，鄙人已發表兩篇文字。第一
篇為正告南通自立非自立學校學生及教職員；第二篇為
太虛以佛法批評社會主義錄答問。今就第二篇大意，略
加發揮。太虛主張固甚透徹，惟其補救辦法，但望人能守
五戒十善。五戒者，一不殺生，二不偷盜，三不邪淫，四
不妄語，五不飲酒食肉。十善與十惡相連，不犯十惡，則
謂十善。十惡者，即殺生、偷盜、邪淫、妄語、綺語、惡
口、兩舌、貪欲、嗔恚、愚痴。世變如此，豈此種空言所
能收效乎？過激赤化之所以發生於俄，實由於俄國之階級
太重，待農奴太殘酷，因起反動，而政府壓制亦愈烈，其
處置過激黨之刑法，見之於蠟製模型圖畫書報者，極人世
之至慘。鄙人聞見所及，亦頗抱不平，人皆有惻隱之心，
一般受壓制者，見此行為，遂亦以極激烈手段對付。故俄
國自革命以後，殺人如毛，皇族貴族所受之報復亦極酷，
然受報復者，實非前之行殘忍者。彼行殘忍者固已煙消霧

滅，乃遺禍於其同類之人，報復循環之不已，鄙人可斷定過激派將來亦必不能收好結果。何者，天下事貴得其中，若趨於極端，往往不能成事；即幸而能成，亦不過一瞬而已。前有人用私資至俄國調查，其政績之敗壞殆達極點。如人民欲造一屋，須百計運動，需時至一年之久。彼等蓋以昔之壓於人者轉而壓制人，且變本加厲焉，己所不欲，乃施於他人，庸可久乎？人有仇於我者，迨我得勢後，則必較前加甚，此或歐洲各國之冤冤相報，往往愈演愈烈，殆白種人之習性歟？一千八百零三年德敗於法，割地賠款，國幾不國，一千八百七十年德復攻法，法為城下之盟，德相俾士麥堅持必入巴黎，彼謂德、法世仇，今日讓步則我慚而人不忘，不如報至極端，使兩方各懷警戒之為愈。此言初似有理，然在人道上設想，殊為不當。五十年後，德復一敗塗地，又法人苦心積慮之結果也。中國學生不知俄赤黨之必遭失敗，而貿然附和；俄復以與我接壤之故，處處對我國欲加利用，不惜費多數金錢，極端聯絡，學生少年無知，遂為輾轉利用，非獨荒廢學業，甚至生命不保。即彼利用學生者，亦未有結果，寧不可哀？中國大多數之人民為農，農人始終無地主虐待之苦，必不願無故對人仇視，且凡欲貫徹自己之主張，而一意孤行者，其結果未有不失敗，德國威廉第二實為殷鑑。威廉欲吞併世界，亦謀之二十年矣。國民平均每人有槍五枝，其他軍事上種種佈置，極盡精密，而外人鮮有知者，後雖失敗，猶不失為豪傑。今日學生，乃欲游行演講，打倒強權，不亦愚乎？孔子講知仁勇，知譬如燈，無燈妄行，鮮不償事。學生今日所推崇者是孫中山，中山先生一生以革命為職志，其所主張之三民主義，彼謂平等在起點，不在終點，極是。人只須受平等教育，而儘量發展，欲一切待遇皆須

平等，必無是事。人有一種主張，亦必有一種反動；主張中正，反動或較少。鄙人向來不言社會主張，唯見社會不平，必求所以改革，故辦種種實業教育，為窮人打算，不使有凍餒之憂，但亦不能人人溫飽，貴賤是虛榮，本無足輕重，現時尤無關係，貧富是實事，頗難解決。《周禮》書，調劑貧富之方法，粲然具備，此雖非社會主義，頗足以泯除社會上之不平等，將來國家苟能明定法令，使富人幫助窮人，則盡善矣，然非可一蹴而幾也。……(〈署期講習會第二次演說〉)

第三節　關稅問題

中國國家貧弱，最要原因在工商業不發展，而工商業不發展的根由，對外在最不平等之關稅協定的束縛，對內則釐捐的惡稅的盤剝；外人藉口於協定的必要，尤在取消釐捐的先決問題。而釐捐的病國害民，大家都明白，一時又沒一筆鉅款來抵補空當，政治又難上軌道，所以一直沒有改革。我父民國二年 (1913) 到京後，就在國際公法學會內，發表他的加稅免釐意見。他認為這件事，與農工商有重要相連的關係。

　　……鄙人對於本會，曾忝居發起之列。……今日開會諸君，乃以歡迎之名義見招，愧何可當。……鄙人職任在農林工商行政，夙夜惴惴，常恐不稱。顧農林工商之盈虛消息與租稅制度常有密切之關係。……今日開會，諸君適提起裁釐加稅問題。……竊就平日所嘗籌度者，略陳之。裁釐加稅一事，從前與各國本有成約，惟鄙人以為裁釐是國內政策，加稅是國際政策，本不必混而為一。裁釐惟籌抵補之方，抵補有着，則裁之而已，不必以能否加稅為進

止也。……我國除法會正當依據學理，具一統系之計劃，供當局者之參考，惟本會從國際方面設想，宜專就加稅上研究，並宜就改正關稅以應國際法之原則上研究，就鄙人所見以為重要之點有三：

一、加稅宜分別輸出入物品之性質以為差別，不宜如舊條約值百抽五或值百抽七五為概括之稅率，其物品有應重稅者，雖抽百抽五十乃至值百抽百可也。有應輕稅者，雖不足值百抽五或竟免除之亦可也。……

一、從價稅估價之期，宜短不宜長，吾國關稅從價稅多，從量稅少……而從價稅之中，今有從十五年前之價者，亦有從三十年前之價者，以經濟狀況之嬗演，貨物價格，無三十年不變之理，故十年前之價格，與今之市場相較，有差至五六倍、七八倍乃至十數倍者，……以後估價期限，總宜以三年為適當。……

一、出口稅則鄙人以為極宜減免，……以完全我主國課稅自由之權。

以上三事，或先裁釐後加稅，或裁釐加稅同時並行，皆為改正關稅議案上重要之問題。……蓋課稅物品，以國內利用之程度，與消耗之程度而定其等差，消耗品之中，又以奢侈之程度為等差，則我有酌劑之宜，國內商品自不致受外貨之打擊，而生產家製造家販賣家皆得有安穩經營之餘地，而不至有劇烈變動之虞。出口稅輕重由我，則國際市場上庶有我國商人容足之地，而國民經濟上或可漸有生動之機。……（〈國際公法學會討論加稅免釐之意見〉）

到了民國七年（1918），巴黎和會以世界人道相號召，美總統威爾遜尤堅持非取消國際間一切不平等條約，決不能謀今後世界徹底的和平。於是中國社會方面，認為中國是協約國之一，正可利用這機會，

設法取消關稅協定，是一件關係最重要最急切的事。全國商會就在上海組織了一個主張國際稅法平等會，公推我父做會長。大家奮勇爭先，認此事為切膚之痛，難得機會臨頭，大有不達目的不止的聲勢。我國議和專使未起行以前，我父為了這事，有一個電報給他們：

　　……報載公以專使赴歐，與於千載難逢之會議，本所素望，為國造福，凡屬國民，企仰盼望，何可言喻。傳聞所擬提議事件，或偏在一隅，或中有債務關係。刻不可緩，而又永遠利賴者，惟改稅法及撤消領事裁判權二事。而裁判權又須牽涉司法之改良，亦是懸而有待，非一旦夕所能行。惟稅法為從前錯誤，受極不平等之協定，拘束國家自由制定稅法之權，商民受萬劫不伸之害。商界公議，以所聞於報紙傳述者，不過求增加稅率稍裕收入而已，在國猶非根本之計，在民寧為切要所關。眾意以此次非常會議，與尋常改約之舉不同，根本改正，在從世界國際通例，改協定稅為國定稅，平等待遇，方為自主。國家體統，萬不可支支節節，苟且求多於協定範圍之內。此為全國商民所迫切祈禱，將有萬眾同聲籲政府主持之請願，先使謇專電道意，伏求扺定根本主旨，勿以支節自縛。各大國方於戰禍以後重造世界，必能尊重公理，保全東方商務大市場，抑非專為我國之利益計也。……（〈致陸徵祥專使電〉）

當時全國商會代表，還推定我父親身出馬到巴黎去。我父因為通事不能立刻脫身，就辭謝了。辭函如下：

　　……昨荷公推下走以要求國際稅法平等赴歐，雖慚衰拙，義不當辭。惟二十餘年經營村落，管理事多，且當夏曆年關，諸待結束，明春地方應舉之事，任人籌費，諸

待規劃，未敢率應。而巴黎和平大會時期至促，又未敢以
個人一隅，致誤全國，惟有請加公議，慎選四人先行，下
走摒擋有緒，自以個人名義遊歷，以竟夙昔未償之願。國
稅知其重大久矣，導涓有效，事不待言，但請不居公推之
名，以適自由之便，謹此懇辭。……

我父一向對於外人侵略中國的政策，極為憤恨，尤其對於不平等
條約，認為中國前途莫大的障礙，就是講到工商業的不發達。第一種
原因，就是受了關稅協定的束縛，長夜漫漫，已經有了好幾十年。中
國人本來很希望巴黎、華盛頓二會議能主持公道，給中國以回復平等
的待遇。我父在這二個機會，也着實出了不少的力，然而沒有一回達
到目的。五四、五卅愛國運動接連發生以後，民氣異常鼓盪，外人也
漸漸覺得中國人終久不能長此欺侮，我父想總要有一國先自動取消不
平等條約，別國自然會跟了取消見好，就想到美國人對於中國，比較
別國還算要好，野心也小一點，主持公理的勢力也大一點，從前又有
退還庚子賠款遣送留學的好意表示，因為這幾種緣故，所以就寫了一
封信給美友，措詞很委婉，而意義很光明嚴正，處處立於人民的地位，
幫人民說話，希望他能勸告政府和社會，立刻取消對華的許多不平等
條約。

　　……近日敝國輿論，咸以不平等條約為憾，羣謀救正，
夫稅法為條約中不平等之一端而已。執事以僕十年前有稅
法平等之主張，詢及今時對於現狀之意見，……上海昔年
組織稅法平等會，僕謬承眾意推為傾袖，斯時正貴國威爾
遜總統行將蒞歐主持大戰以後之和議，敝國國民以威前總
統力持人道主義，主張人類平等、民族自決主義，更易帝
國主義、國家主義，故有不平求助之同情。會巴黎約成，
敝國且以有所迫而退出簽字之列，威前總統亦未竟所懷而

返，此次所欲得威前總統援助之意，遂根本無效。嗣是又
有貴國召集之華盛頓九國會議，此會議除一二事實略有解
決外，其於敝國條約之根本錯誤，乃未因參戰與列席之誼
有所救正，反將辛丑公約，一一加以束縛，謂領判權可以撤
消，惟待司法改良，經各國調查承認以後；謂稅則則止許
加至十二五，亦另有待關稅會議決定之條件，蓋與辛丑訂
約以來情形，絲毫無異，此國民所以根本不滿於華盛頓會
議之議案，而有徹底改良一憑國際公理不受議案拘束之決
心也。歷來國際感情，自以貴國與敝國為最洽。然近年以
來，以中德、中俄兩協定，改正在先。敝國國民對於各國
情感，頓然大異，誰無久屈思伸之意。……今年五卅之變，
更由不平等待我之國，橫起釁端，遂挑動全國之醒悟，合
力以公理相對抗。……以是貴國本為我國民所最親近之邦，
此時乃以大眾目標，不能不推而遠之於未改正條約之國之
列，此則吾人抱親美愛美之忱者，所不能不痛惜於貴國見
事之遲也。謂敝國司法之不良，要知敝國司法界亦僅於對
於遇審判外人之案，司法不改而自良，否則彼已改正條約
者，何以不呼號刑獄之黑闇也。……若謂時局不寧，此敝
國內政，不得影響於國際之公理，且售賣軍火，資助武人，
外人於我國，不得謂之無過。……總之通商修好，以敝國
為世界之大銷場，此銷費之能力，乃我地大物博之國民，
非少數政府軍閥若干人也。以我政府軍閥為藉口，已非我
國民所肯受，又況用關稅會議等威迫利誘之手腕乎？……
僕於輿論所謂不平等而反對之理，心未嘗以為非，然決不
願如青年之急進，惟此早日改正條約一事，乃並非我之急
求自利，實惜我向來最親愛之貴國，過於持重，隨人而致
害，……則租界也、領判權也，適為惡感之標幟，協定稅
亦適為商貨之障礙。……，(〈為取消不平等條約與美友信〉)

第七章　講學問及對宗教觀念

第一節　重儒及樸學

我父是讀書人，對於儒道的立論，認為十分的偉大中正，經孔子的推演，築定了很堅固的根基，成了有系統的學理。他的偉大，是萬事萬物的原理，無所不包，無所不及，所謂「日月經天江河行地」，總逃不出他的範圍。他的中正，是凡人日常行事，都取中庸主義，不偏不倚，純為人道着想。因為孔子能集大成，所以幾千年來的讀書人，都承認他為一家的家長，我父在通州師範第一次開學時候所做的〈祝先師歌〉，我們一看，就曉得我父十分尊敬孔子了。

> 孔子之任，素王之事。孔子之教，忠信孝弟。其所著見，詩書六藝。牖民知覺，俾民不昧。民有知覺，乃有生理。賤貴智愚，廣以無類。先師先師！惟我孔子！猗歟孔子！猗歟先師！（〈祝先師歌〉）

我父常樂宅內有一廳，題叫「尊素堂」，這都可以見得我父設學教人，是出了孔孟教義做目標。但是他對於孔教的一種運動，認為根本不能成立。因為孔子設教，全為人的教化，是哲學的導源，本無宗教

性質。孔子教化與人類的關係，十分的密切重大，假使拿宗教的範圍來拘束他，拿教主的帽子戴在孔子頭上，只是一種看低看小孔子和儒道的舉動，純然是由公變私，由大多數縮到一部分。因推崇的起點，反而得到褻瀆的結果的舉動。我父雖然是推崇孔子重儒理，但是對於宋儒道學的註釋的論著，認為於儒學的本身，毫無進一步遠的發明，和深一層真的探究。只造成一個很仄很死的現象，拿儒理的本真和實用，無形中都加上了假面具。還有許多人假了孔子一端之義作為護符，假科舉利祿的途徑，越發離開真理。所以要昌明儒學，先要將宋儒的束縛解除了，加上去的一層黑漆劀去了，方才有儒的真面目出現。我父對於明末清初諸儒的樸學，理論和行事，都十分推重，認為「學問固不當求諸瞑想，亦不當求諸書冊，惟當於日常行事中求之」(顏習齋先生語) 適合了他的見解。認定讀書人的責任，決不是讀幾句書，做幾篇文章就算了事，要抱定「天下事皆吾儒分內事，吾儒不任事，誰任事耶？」(顏先生語) 的一種氣概。所以認為樸學是講真理實用，確能回復儒理的本真，掃除道學的虛頑。凡是讀書人，都應該望求實用的道條路上走。但是我父覺到，真理實用在書本上去求，日常行事來用，就是顧亭林先生所說「載諸空言，不如見諸行事」的道理。可是我父進一層的意思，認為樸學的理論，固然超過道學萬萬，但是講求樸學身體力行的結果，也只能做到一個人的堅苦風格，和實用的學問。與世仍無關，與人更無關。依舊是實用的空言。所以我父就立下了吾儒不任事誰任事的決心，更想進一步推實用的學派，去實做實用的事業；使得實用的空言，變成實用的實事；將原料物質，一齊利用發達起來，於國家於民生，盡興利有益的責任。他更拿定了顧先生所說：「必古人所未及就，後世之所不可無而後為之」的標準，立志要拿儒理從死的變活的，從空的變實的，這是我父一生讀書重儒的抱負，和力行的法則。

　　我父生平對於《易經》的道理很信服的。他在〈《易經》遵朱敍〉上說：「著天道之盈虛，審人事之消息，賅物象之變化者，莫備於

《易》。……」我父平常處世勸人，常常引用《易經》卦理。從前曾經著述《周易音訓句讀》一書。

我父對於我國禮教，認為源流很長，立意很精，確是古文化的國粹，所以應該有相當的尊重及保存。可是那種不合時宜行不通的地方，和不近人情的儀式，都得逐漸改革，不應一味盲從，推波助瀾，更往頑固處攢。所以我父對於男女，認為應平等，不應輕重左右其間，女子能守節也好，不守節，也不必去提倡獎勵，更不應去輕視侮辱。至於「望門守寡」、「抱牌位做親」等惡俗，萬萬做不得，法律上一定要規定行不得。哪有社會已經進化了，人事都變複雜了，還要違反了人類進化演變的原則，去牢守順從幾千百年以前所定下的死樣子。

民國元年（1912）五月，我父六十歲生日，那時政府已定西式禮服為大禮服。我在那天就穿了禮服，向我父行三鞠躬禮，我父含笑受之，不以為非。到到民國三年（1914），我父在北京。有一回美公使夫婦邀我父宴會，我父穿了禮服去。西禮逢到請貴賓宴會的時候，主婦要挽了貴賓的手，並行而入餐室。後來有人談起，我父說：「我所以照例這樣行，是問禁問俗的禮意。」我所以要寫這二件事，因為要表明我父對於「禮」，也是應着時代潮流的。

我父對於唐、宋以來賢士文人，直到明末清初樸學諸老，自顧亭林以後，都非常的崇拜。因為他們不是剛直廉正、忠義倔強一流，就是富有天才、睠懷故主一派。人格學問，都可使後世欽重。所以在他的東奧山莊受頤堂兩旁，掛了十六幅的畫像，還在上邊題了字。從這裏可以看出我父尚友古人的範圍，和他對於學問、漢族的思想，和見解的寄託，畫像題字如下：

唐李白之像　唐顏文忠公遺像　宋王荊公像　宋文信國像　宋范文正公像　宋包孝肅像　宋范忠宣公像　明孫文忠公像　明文衡山先生像　明楊忠烈公像　明史忠正公像　明徐中山武寧王像　明王陽明先生遺像（先生以成化

八年壬辰九月二十日丁亥生）　明黃梨洲先生像（先生以萬曆三十八年庚戌八月八日戌時生）　明顧亭林先生中年以前小像（亭林之先，居崇明姚劉沙，後徙崑山。亭林生以萬曆四十一年癸丑五月二十八日，以五行家言推之，月戊午日乙酉也。昔桐城孫海岑先生曾以語我，證之年譜不謬。曾賦一詩，今並記之。）　明王船山先生像（先生之先，本高郵人，自其十世祖官衡州指揮，遂籍於衡陽，先生以萬曆四十七年九月初一日子時生，觀〈章靈賦〉，先生且通五行家言。）

我父創辦博物苑的時候，還派人到崑山學宮，量了亭林先生的鞋子尺寸，照式照樣做做一雙，擺在博物館內。一來可以考古，二來使後生見物就生起景仰先賢的感想。此外我父在古人中最崇拜而奉為師法的，還有田子泰。他名疇，是後漢人氏。董卓之亂，他率了宗族和隨從幾百人到徐無山中種田養親，百姓都很敬重他的德義，聽他調度。曹操請他出來做官，他怎樣也不就。後來魏文帝賜爵於他的後人。我父立志不做官，辦廠種田興教育，處處以田子泰自況。墾牧公司廳堂就題叫「慕疇堂」。這幾位古人，都是我父心目中的師友，有一詩。

　　　　雄節不忘田子泰，書生莫笑顧亭林。井田學校粗從試，天假無終與華陰。（〈至墾牧鄉周視海上示與事諸子〉）

我再抄五個題目，是我父出了叫師範和農校學生作文的。

　　　田子泰施行條教，與墾牧公司行治人法，難易論。
　　　船山、亭林、梨洲學術同異論。
　　　田子泰何以不守徐無山論。
　　　黃梨洲、顧亭林、王船山志業與田子泰孰近論。
　　　田子泰不受爵賞，與余之不官同異論。

我父還有一首詩，講的是五行家言，也可看出我父的懷抱，我也抄在這裏：

> 秀才席帽春秋試，五行家言貨奇秘。某干某支配衰王，一以天然位人事。賤子十六隸學官，千擁百挫生波瀾。桐城夫子慰顛頓，懸格比例顧與潘。亭林生月午年丑，其日干乙支在酉。潘年月丑系巳丁，日時巳卯兩干偶。亭林絕學今先河，潘福庸庸古稀有。歆潘景顧任所擇，顧逸民耳潘貴壽。賤子生平潘顧間，四十過二窺朝班。抽身江海雜漁釣，甘自廢棄蒙羣訕。五行鑄不到肝肺，天亦自拙人自頑。高歌赤足荷鋤去，一笑相惜州南山。（〈有感五行家言〉）

一二十年中還有二三個人，也是我父所極端敬重的。一個是山東辦學的乞丐武訓，我父得到他逝世消息以後，立刻就召集了學生開會追悼，並且畫了他着破衣草鞋的像做了像贊，掛在學校禮堂孔子像的旁邊。他對學生說：「武訓志趣的高尚、辦學的艱困，比他還堅強，真是中國的偉人。」後來浦東又出現了一個泥水匠辦學的楊斯盛，我父也很為敬佩。他死後，我父也有一副輓對：

> 視葉澄衷尤難，罄其資財，九死不忘，成一中學。
> 與曾少卿相隱，哀哉鄉國，十日之內，失二傑人，

第二節　作文讀書及寫字

我父對於詩文，認定「文章合為時而著，歌詩合為事而作」（白香山語）的理論。要有真實的人事，才有真實的文字，才有文字的價值。尤其一個時代，有一個時代的文字，一個人一件事，有代表一個人一

件事的文字。文字一定要有時代性的作用，那麼這個時代的人，要看得懂。將來時代的人，要一看就明白是哪一時代的事的人的文字。文字根本的價值要有實事，文字重大的效用在使人懂得。明白這一點和做到這一點，當然不是艱澀做作不易懂的仿古文字，而是明明白白通達曉暢的活文字。顧亭林先生說：「置四海困窮不言而講危微精一。」我父在當日，也有這種觀念。他有一封信，說得很透徹。

　　……前後惠書皆奉到，有志於文學甚善。下走事冗而善忘，未能即時作答，良以為歉。顧承示篇什，其佳處足下既自張之矣，下走卒亦莫能贊一辭。詞章家於世，譬諸工料，則雕刻油漆之術，必有物可供其雕刻油漆者，而後藻繪有所施。下走於地方，則方為水木匠耳，水木匠且有窮於施工之處，故人事大冗。今之國計民生，以人人能自謀其衣食為先務之急，衣食之謀，在於實業，實業之締造，在執斧柯運繩墨之水木匠多，下走於鄉里亦彊勉為之，而冀足下姑不妨舍雕刻油漆而事水木作。知水木作，則他日雕刻油漆亦無濫施之工。……（〈致顧某函〉）

我父平常著作，竟沒有一篇文一首詩是空洞不是實事。近而言之是記事論理，大而言之是治國為民。文字要真實，所以他一句文一個字都要描寫得確當真切，用盡氣力去做，毫沒有一點苟且隨便的意思。有時候為了一字一句，磋摩不已，想到夜間睡不着，一定要想到手才罷休。他一生做祝頌哀輓人家的文字，始終切切實實，不離真相，沒有一點造謊鋪張恭維的地方。還記得有一回，某地方幫一個高級軍官做五十壽，要立一個碑，叫紀功碑，就派人再三求我父寫，我父不好意思推辭，想來想去，功字和勳字都用不得，就改寫了一個壽字，題作某某紀壽碑。就這一個字的改動，很可看出我父做東西寫東西的分寸，絲毫不苟。他寫作詩文，時時抱定白香山的「尚質抑淫著誠去偽」八個字。

民國五年（1916）以後，胡適之先生等揭起文學改革的旗幟，用白話作文。我那時在南通報上也大做其白話文。哪曉得有一位朝鮮漢學家先生金滄江看了氣憤得很，跑到我父那裏說：「哪有狀元之子反做賤文的道理。」我父只是向他笑，並沒有禁阻我，但是常常告訴人說：「事理通、文理通，文言好，白話也好。假使不通，甚麼都寫不好。」又拿白話文字比裸體美人。他意思是說作文白描好壞一看就出，不易掩飾。他曾經在一篇設立國文專科述義文章裏邊說：「……書之典謨訓誥，今人以為古，當時之古府文書也。詩之〈風雅頌〉，今人以為經，當時朝野歌謠也。……」可見今時人作文，不必勉強去做古。古人當時所作的文，就是當時應用的話，既是歌謠，當然離不了人人慣用和懂得的原則。

還有一段事，我要在這裏講一講。就是我父對於《儒林外史》這部書的愛重。光緒十二年（1886）我父應禮部會試沒有中，就從天津坐海船回南。到了船上，遇見張仲仁先生，就拿《儒林外史》給他看。他在賀我父七十壽詩內，還提到這件事：

> 矮屋年華卅六餘，歸舟嗢噱集巾裾。《儒林外史》勞君授，喜讀生平未見書。（丙戌報罷同舟商歸，君以《儒林外史》示余讀之。）

後來我父又拿這部書給家人當功課讀。我從這二件事，看出我父第一是承認這部書在文學上有創造的能力和價值。他用筆儘管輕描淡寫，而那深刻虛幻的人情社會，都會立時湧現眼前。第二很表同情於他對舉業觀察的徹底，雖然旁敲側擊，但是句句有打中鼓心的分量。尤其對於吳敬梓不做官、不愛財的二種偉大人格，覺得可敬可愛。胡適之先生幫他做傳，稱他是安徽第一個大文豪。《儒林外史》是中國文學的一部傑作，我父確也有這種觀念。難得在四十年以前，我父就尊重白話文作品在文學上的地位。

我父作文，極重考據，凡有引證，必查出處，絲毫不願含混。譬如在諮議局時代，他要做一件變鹽法的議案，他就詳細查考古時食鹽數量的歷史。我抄在這裏，做一個例子。

考《管子》終月大男食五升少半，大女三升少半，吾子二升少半，十二兩七銖一黍十分之一為升，當米六合四勺五升少半，約六十四五兩，當今秤四斤許。是每日須食鹽二兩一錢三四分。人之食鹽，未有如是之多者。今世各國食鹽之量，以荷蘭人每年平均十七斤為最多，每日亦僅食七錢五分五厘餘耳，意五三二字必有誤也。齊十月始征，至正月成鹽三萬鍾，糶之宋、衛各國，得金萬斤。按《左傳》裏二十九年饋，國人粟戶一鍾，注六斛四斗斛之數十斗猶言石也，三萬鍾則十九萬二千石。周時金凡三品，或黃或白或赤，《管子》但言金不言黃金，則金即銅也。古時金銅價廉於今者殆十之四五。唐時鹽僅每斤十文，推而上之，自齊至宋衛不過如是。又秦之鹽利二十倍於古，則所得亦第三十萬七千二百文耳。凡權量皆後大於前。官自煮始漢武帝，官自賣始漢明帝，用尚書張林言。唐穆宗時，戶部侍郎張平叔請官賣，兵部侍郎韓愈、中書舍人韋處厚駁之，不行。韓曾為韋誌墓，必朋好也。第五琦之稅鹽一斗值十錢，加價百論盜鬻以法。劉晏但改就場徵稅，至貞元初每斗又增二百，旋又增六十。

我父固然最不贊成一堆典故，一篇爛調，拖泥帶水，不痛不癢的詩詞文字。更痛恨一班說大話，瞎罵人骯髒文人名士。他認為讀書人要格外講品行，重骨氣，做一班人的表率。一個人行事和所做的文字，尤其要符合。文人無行和讀書人不做事，都是極可恥的事。我父在光緒九年(1883)就集過一副對子，請張先生裕釗寫：「悲歡窮廬復何及，

號為文人無足觀。」可見我父覺悟和立志都很早。

　　我父為人有獨立創作的精神，新奇激暴的學說，和萎靡玩世的風氣，是一樣的反對。他要在中國禮教儒道的範圍中，造成一個做真實文真實事的讀書人的地位。

　　我父自幼讀書起，一直從科舉小考到殿試為止，凡三十六年。他讀書的次序，用功的途徑，一年一年的前進，有一篇東西，寫得很詳細，我抄下來。

　　……謇生十二歲始學詩，旋學應制之文與賦，顧性喜詩而雜讀詩。十六試得附學生，先後師里中二宋先生，時則為小題文六韻詩小篇律賦。既為附學生，須應鄉試之求，則學為大題文八韻詩。十八鄉試被擯，自咎所為文陋劣，乃師無錫趙先生，故制藝老師，則令棄前所學，令讀明人制藝，治王氏《四書大全》，初以為寂寞冷淡，棘棘不能入，臨期為文，則先生盡塗乙之，而督之益亟。踰半年乙漸少，漸令讀明季清初人制藝，治《朱子》或問《語類》年餘，乃稍稍獲襃語，如是者三年。二十一鄉試仍擯，次年為書記於江寧，時應鍾山、惜陰兩書院，師臨川李先生、全椒薛先生，始學唐人文賦與詩，治《易》、《詩》、《書》、《周禮》注疏、段氏《說文》，學為駢散文。二十三歲客浦口軍中，乃師武昌張先生，始讀《史記》、兩漢書、《三國志》、《通鑑》、《文選》，治三傳注疏，鄉試仍擯。二十四歲補廩膳生，鄉試連擯。二十七試得優貢，而鄉試仍五擯。三十以內憂未預試，是八年中，試屢應，試之求屢進，而亦漸悟。雖應制詩文，亦當自道其心之所明，自見面目，不庾於凡為文之義理。三十三試順天中式舉人，自信益堅，顧試禮部又四擯，年四十矣。私以為試於有司，供其喜怒而寒燠之者，已二十有六年，可已矣，

又二年甲午，父健在，命更北行，為最終之試，既成進士，而父見背，不及視含殮，茹為大痛，國事亦大墮落，遂一意漸斷仕進，然猶應戊戌散館試，以完父志。悲夫，綜吾少壯之日月，婉轉消磨於有司之試而應其求，蓋三十有五年。……（〈文外序〉）

朝鮮進士金滄江有一篇序，很推重我父的文章，說不是好看的花卉，是人生不可缺少的布帛菽粟：

澤榮東韓之窶民也……獲交先生三十年。……來依於南通若十年矣。……題其詩錄之卷首曰：古之所謂大人天民者，其氣也龐，其心也正，其志也大而憂，其發於文章也平而實，而其施於事業也為濟世安民。自皋陶、伊傅以至韓琦、范沖淹諸人是已。其不及此者，其氣也峭，其心也偏，其志也小而蕩，其發於文章奇而虛，而其施於事業也且不能濟其三族。自莊周、太史公以至李白、杜甫是已。譬諸物，前之人猶布帛菽粟也；後之人，猶奇花異卉也。人無奇花異卉，未始不可生，而無布帛菽粟，則可以生乎？然則之二人者之度量淺深可知，而天下古今之論人，可以此一言而蓋之矣乎。先生生有通才偉量，自其少為秀才時，已能隱蓄天下之奇志，及夫中歲釋褐以來，見中國積萎，侮於列強，數上書當事大僚，陳政治利害得失之大要，卒不見採，乃絕斷進取，儔伍農商，遂資實業，私建學校，以淪民智，育人才為其標的，又推其餘力，以及於公益慈善之事，不可勝數，於以日夜憧憧，形神俱瘁者十餘年。既而中國之形變為共和，則迫於天下之公議而出焉。方將開誠佈公，剔神抉智，日施其畎畝之所素定者，雖其事業之所極，今不可預言，而其所以一心憂民，

好行善事，直與范文正公符契相合於千載之間，豈不盛
哉。……（〈張季子詩錄序〉）

我父寫字，早年極用功，甚麼體都要臨三五十遍，從不間斷，尤
其致力於歐、顏、褚，晚年很愛劉石庵、何子貞的書法。翁公在光緒
二十五年（1899）二月日記上有一段，記着我父論書的話：

> 初九日晴暖，東風甚大。已初季直來，同出北門至
> 興福飯。遂偕詣三峯訪藥龕不值……在彼點心，薄暮入
> 城。……季直論書語甚多，謂陶心耘用捲筆非法，極服贍
> 蝯叟。直起直落，不平不能拙，不拙不能澀，石庵折筆在
> 字裏，蝯叟折筆在字外。

我父楷書以外，篆隸也很用功。他常說：「最初臨帖要像古人，
到了後來要有自己。」又說：「寫字最要結體端正平直，決不可怪，更
不可俗。」他批評近人摹碑臨帖，說他們是依樣描花，不是寫字。近
人中最佩服鄭先生孝胥的書法。有一回鄭先生幫大生廠客廳寫屏子，
有幾句跋說：「……書法有棉裏針，惟嗇翁能之，豈嘗以此試之工業
乎？……」可見他也很推重我父的書法。

俞先生曲園[1]在八十六歲，集魯峻碑寫了一副對子送給我父：

陳太丘如是其道廣　　顏魯公何止以書傳

第三節　修纂志書

中國的志書，是一種很偉大的著作，是包含歷史、地理、制度以
及其他許多東西，用文學的組織和描寫，集其大成的工作。所以單單

1　俞樾（1821–1907），字蔭甫，號曲園，浙江德清人。晚清經學大家。

能文章而沒有史地的識見的人是不能做；對於史地有研究而文章寫不好的人，也是不能做。所以清季編纂各省各州縣志書的人，大概都是有名的積學之士，就是這個原故。我父在光緒十四年（1888）前後，曾經修過太倉、贛榆、東台各州縣的志書，在贛榆的時間最久，修纂的心得也最多，他對於舊志書體例編法，很有意見。修完了《贛榆志》，有一序文：

> ……夫前人有作，來者短焉，轉相訾議，大雅所棄，況舊志但觀敍目，未識全書，庸可觀一節以量侏儒，索瘢者而議逸足。竊不自量，內謀於心，凡所裁取，一本唐志，而上溯《詩》、《書》、《爾雅》、《春秋》十九代之史，旁考山經、地志、《說文》、《玉篇》、《通典》、《通鑑》、《通志》、《通考》、《呂覽》、《淮南》，若國朝考經論史百家之書，不敢附和，以謬是非，不敢自用，以立崖異，義不敢不師乎古，制不敢不尊乎今，因緒紬尋，隨原甄別，無取沸諮，更為例言。至於部目裁篇，可得而說。司徒掌圖，實該九州廣輪，以辨土宜，以區，以都，以圖，以封，以溝，山川以之緯畫而政事規之以修，故圖以觀焉。封圻準今，沿革自昔，置縣僑郡，華離並析，千回百改，算窮巧歷，若之何弗辨，而辨之弗晢，占星測度，啟閉攸節，風俗之成，政教之積，庶愛物而藏心，先車牛以黍稷，故疆域次之。設險守國，揆口作宮，命宮分土，爰始是崇，壇墠之不立而社稷胡主，原埜之不治而處旅胡通，宜焉表宅，宜焉振窮，故建寘次之。維山與川，作之自天，迤涉迤降，迤荒迤渼，以位乎上下，而利乎人民，人有事焉，故山川次之。山林川澤，墳衍原隰，既用辨其名物，而作民職，奉上趨公，賦役有則，六沴之降，下賴儲時而上沐湛澤，故貨食次之。既庶既富，教用誕興，莘莘學子，修行明經，掞壤天漢，先我簪

纓，貲郎材官，亦由選升，榮親任子，懿慈孝之經，故學
校次之。貢舉又次之。而援例武科，封蔭附焉。雖治雖安，
備不可失，南北兵爭，怒於疆場，孰謂文武，可任抗抑，
故軍政次之。國家長民，責在有司，儒官牙將，左之右之，
孰緣經術，孰尚刑威，孰拱默而尸祿，孰瘁癏於聲施，百
年在後，龜鑒於茲，故官師次焉。邦有仁賢，裨輔治化，
彼義民者，猶激媮懁，士德女行，允矣匹亞，區明風烈，
陰教斯播，故人物與列女次之。訪故國於風煙，尋遺阡于
榛莽，無關形便而足資弔古，故古跡次之。斷斷文士，砣
砣經生，名山之副，文獻之徵，故藝文次之。庶政怠而五
行悖，人棄常而百妖興，將以覘天人之際，要儆勸之戒也，
故雜記次之。一事之成，必有所本，後凌前替，不可為訓，
故以敍述終焉。……（〈贛榆縣志序〉）

到了民國，國體已改，社會凡百事業，都複雜起來，舊志書體例
決不適用，不能沒有一種新體例的改訂。我父對於民國以後的《南通
圖志》，有幾種心得的意見。目前雖然各處還沒有人注意到續修志書這
件事上去，然而總有一天要辦的，所以我父對於《南通新圖志》編訂改
訂的意見，很可做一個民國以後編修志書的好榜樣、好參考。有一篇
《南通圖志》的後序：

　　……右之為志，成於民國三年范君鎧之手。……近
二十餘年之間，南通地方自治之事，若實業，若教育、
慈善，若水利、堤防、道路，仍興輩起，日月嗣續而未
有已。鎧甄採所得，有種有逸，有過詳或過略。……既
延武進孟君森校訂前失，謇復排百冗，日校為課，分系次
類。……義主實而不飾，詳而不張，明當時之舉措，便後
來之緯究。……謇之區督，貴重實事，利賴於人生，若鄉

曲小己一瞵之名，文人偶爾不矜之行，皆璅璅者，無關宏旨也。……編輯竟，乃復申編次大意，以諭當世言自治者。曰，志莫要於圖。古之為圖經者，大都土地山川特詳，他事物各自為書，不相厠雜。班志地理，及於户口風俗；范志物產，舉要鹽鐵，便觀覽矣。元和郡縣稱名圖志，今之所傳，圖蓋闕如，使圖而存，亦慮其疏略不可為準。近若《南海縣志》，世稱精確，而求其比例經丈之溝洫，線不能著。線不能著，則圖不能明，不可憑以分劃疆畍也。南通田賦蒙紊，至為垢累，釐而正之，首務測繪，測繪莫要於以五千分一為比例，使經丈之溝較著於圖，而後田田户户，經界簿籍可得而理也，五千分一有國之秘圖，且幅多不可入志，入志以五萬分一，此南通名圖志之義例也。先圖以志，略著沿革，不必詳者，前志具已；不得不正者，方里蹉駮之數，附以測繪、測候，明事之始與用之終也。圖始區域，次山，次水道，次道路，區域以正縣界，山以表地，水道以利農商，道路以利交通也，水道道路，以人而成，畫策程能，工亦匪細，故工程志表附焉。地之所生，厥惟物產，產有特有良有王有通，微表弗序，微表弗明，故物產表次之。產之良而歷史久姚聲遠者惟餘呂之鹽，豈曰課稅，亦系商工，故鹽業表次之。有土有物，民以為天，則壞輸賦國川供焉，取必準經，固剝而腺，故賦稅次之。民必能富，乃可以教，富民之術，惟農工商，通之自治，導源於此，有相資相成之用焉，故實業次之。資富其能訓乎？故次教育，人當而仁義附焉，故次慈善，曰教育。子弟繩繩焉，孰興之？微財勿興，曰慈善。矜人仍仍焉，孰賡之？微財勿賡，故次公款、公產、公積。民有衣食，乃知禮義，民知有禮，庶可言教，故次禮教。雖然此經事之可志者也。世變柴虒，隱象四伏，智者可知其必然，料

其將然而不能禁之使不然。遠者勿論，近十餘年，么麼軍事，亦係一縣之安危，過此以往，或將為瑞士之兵制以綏我閭里歟？未可知也。要之察往，可以慮來，故次軍政。軍自外來，什九客觀，警則反是，客或當半，若夫變起倉卒，鄉里念切而自衛之心勝，則工商警衛漁團編組之所由來，故次巡警警衛漁團。地方之事，大較備前已，科學方萌、科舉未罷之時，遙遙一世，中有人焉，前志後志，斷續之際，未可盡湮也，故次文選武選。文武並選，專制之代，所以儲異等之才也，將開夷路，甄逸秀，廣民英，合羣議，其惟選舉足稱。民國十年以來，利弊昭灼視聽矣，寧人壞法，法亦稍舛焉，縣預選人可鏡而知也，次選舉。縣之行政，有武有文，干城繭絲，皆為民庇，迄乎改制，土客嬗遞，治之臧否，不可誣也，鹽場之吏，略等駢枝已，要是一時之制，其姓氏爵里可紀也，故次職官。前言往行，後生之觀法也，恭桑敬梓，亦所以教後生毋咈耇長也，豈惟一方風俗澆淳厚薄之徵，要亦一國政教隆替乘宜之所系，故次古今人表；次耆舊。緊惟婦女，陰教是覘，其有士行，進而褒焉，誠重乎其人也，次列女。或關政治，或系風俗，或掇拾遺聞，或並寓懲勸，事非一致，人非一途，其甚有不可已者，次雜記。……（〈南通縣圖志續纂後敍〉）

我父對於各省州縣的志書，搜集很為豐富。他一向認志書和一國的歷史制度文學人物都有很重要的關係。但是搜集到手，不願藏之私家，他都一齊移贈南通圖書館。在我父逝世時候，有好幾百部的志書，也總算很完備了。約舉名稱本數如下：中國各省省志全。各省州縣志：志書所屬之省十六，合各省之縣為二百四十，凡五千六十三卷，二千六百十二本。如右：

直隸省	二十九縣	六百七十一卷	三百二十六本
山東省	二十一縣	三百二十四卷	一百五十二本
山西省	四縣	四十六卷	二十本
河南省	十縣	二百二十六卷	一百十一本
陝西省	十縣	一百二十六卷	五十一本
江蘇省	三十六縣	七百八十四卷	三百七十六本
安徽省	一縣	十三卷	七本
江西省	七縣	一百五十二卷	一百〇四本
湖北省	十九縣	四百二十卷	一百九十七本
湖南省	三縣	六十九卷	三十本
四川省	二十六縣	四百八十一卷	一百八十二本
浙江省	二十縣	六百四十卷	三百二十四本
福建省	十縣	二百六十一卷	一百五十八本
廣東省	三十八縣	七百五十卷	五百十八本
廣西省	五縣	五十二卷	三十六本
貴州省	一縣	四十八卷	二十本

第四節　對宗教觀念

　　我父對於佛教的觀念，認為一種極高深的哲學。這種學說，也很能夠造就堅苦卓絕的人格。那禍福報應的許多說法，雖然是一種空中樓閣的擬象，也是佛經裏邊最膚淺的一節，但是為中下級社會勸善懲惡起見，可以補助救濟法律和政治所及不到的地方。所以佛學應該和哲學一樣的去研究，佛的人格，也應該一樣的崇拜，可是迷信神鬼的習慣，不應該再提倡。我父有一種見解，認為人固然有人的事。即使真有佛菩薩，那麼，佛菩薩也有佛菩薩的事。佛菩薩既然受了人的供奉信仰，那麼，凡人力所及不到辦不到的地方，佛菩薩應該幫人的忙，解救人的災難。我父不管菩薩有沒有，認為道理應這樣講的。他有一篇和菩薩講情理的文章：

烏乎，神人者，各有應治之事，應盡之義者也。人而徒食粟，無益於鄉，無益於國，不得謂盡乎人；神而徒享祀，無與於事，無與於民，不得謂盡乎神；神而事有所不能為則責諸人，人任之；人而力有所不能到則望諸神，神任之。是以感氣而陰陽相資，準禮而幽明共治也。謇縣之一民耳，三四十年以來，於國事於鄉事，凡知所及，凡力所能，無不為者，未嘗得縣人分毫之報，亦未敢望縣人分毫之報。神則宮室儀衛，民奉之，春秋歲時，神醴之敬，跪拜之恭，民致之，其應眷顧吾民事者，義之輕重視謇何如也？前年歲歉，民不至乏食。去年大水災，民之乏食，艱困甚矣；神獨未聞見未之知耶？……今者……久旱不雨，稻秧欲溉而溝澮涸，棉豆將萎而風日炎，野歎市愁，復虞災至，災堪復至乎？……神則禮主坊庸義維水旱者也，神終漠然，民何所望？謇是以……忠告，神如有知，上籲於天，為民請命，……沛然澍澤，盈溝盈澮，慰民之望，亦昭神之靈。……若其否也，……災將洊酷。《禮》有之曰：「旱乾水溢，社稷變置。」變置者，廢其祀云爾。……若神無知，謇祈無益，告亦必無益。……敬進忠告，惟神明察。……（〈祭告城隍神祈雨文〉）

我父認佛、道二教都是高深的哲學，也是修身克己的學問。世人借他設教，已經是想出花樣，跳出範圍，別有利用了。甚麼天堂地獄，都是一種想像，哪有實物實用，所以人的禍福興衰，總不能求佛道、靠佛道，還是要人努力解救自己。我父想來想去，總覺得儒理比他們強一點。有幾首詩：

天如胥賴人焉用，佛果能靈世久平。神禹何神惟盡力，河門江峽八年成。（〈觀纜港坍江〉）

蜃氣樓台孰假真，蓬萊宮闕有金銀。等閒滿地珠如米，不待仙人待後人。（〈海上〉）

道釋二家藏，其書皆數千。無無與有有，歸海樊源泉。丹經出道家，意在求神仙。濁世日昏垢，脫羈良亦賢。假令率其道，人人逃虛玄。大地廓唐肆，萬靈塞諸天。誰與理人事，誰莫山與川？儒者始五帝，三代承聖傳。大道極位育，參贊惟人權。發揮務民義，經訓日月懸。禹稷自有事，奚暇儕倔佺。尼父演《周易》，消息天人間。欲人識人道，明其然不然。《易》義富含蘊，繐紬茁枝駢。謂孔我弟子，唐波宋漩淵。淄澠自異味，那得妄牽攣。道術諒非一，百家騰霧煙。唐虞慨不作，世亂趣救偏。禮教翳榛莽，名法俱蹄筌。能歆二氏利，茹蔬勝腬膻。君子或有取，匪混朱丹研。韓歐乃多事，激晤加中冠。（〈書性命圭旨後〉）

我再抄我父一篇〈補錄葉氏刻翁書金剛經塔拓本跋〉，更可以見得我父心目中的佛：

此漢陽葉氏所刻翁書之搨本，精神骨力，遠勝原書。字固有摹刻而精彩益善者，可勿深論。陶齋尚書屬椠卿複刻千萬本，俾有梵宇處，皆有此跡，為無量功德。謇謂以是廣文人之韻事則可耳，若論導揚佛教，則須人人心中有一佛，佛自充滿於天人一切世界。譬之一國人民，人人心中有此一國，唯恐為人輕蔑損壞，則此一國，自然永久堅固存在於世界，此須具龍象力者，在漸修、頓悟二宗說法上注意，非徒文字之蹄筌也，願更與陶齋參之。……

我父對於同善社一類扶乩的惡劣舉動，認為斂財作惡，毫無道理，絕對應加禁阻，他有一封信講這件事：

　　……袁了凡三教合一之説，本是不經，八卦分教之
會，乃由此起。今之同善殆白蓮離坎卦之變相，大成之一
流，卻未可與佛、回、耶同論。一光明，一秘密也。中國
今日邪説已紛，何必再增此一種，徒亂耳目，社會既已發
覺，不可更提倡。……

　　我父起初辦學校，都是利用寺廟改建，到了後來幾年，他漸漸又
修起廟來了，豈不是有點出爾反爾麼？我父實在有二種感想：第一，
看到社會組織沒有進步，人心慾望和妄想，一天比一天壞。國家的法
律，教育的效力，也沒有救濟的權能。認為能提倡一點佛的說法，也
未始沒有用處和急效。第二，寺廟的建築，佛像、經文以及各種的雕
刻，在中國美術歷史上，都有極重大極榮譽的關係。近時官府社會，
只有摧殘，假使再不想法保存修繕，恐怕就要一天頹壞一天，為西人、
日人所齒冷譏訕了。所以我父為地方古跡應該保存起見，就將有名的
寺廟和佛像，都修理起來。並且擇最精的元明人的塑像，移置博物苑
美術部中陳列。

　　南通狼山相傳大勢至菩薩的道場，寺廟極多，香火極盛，管廟的
住持很多，都是俗不可耐的酒肉和尚，內中識字的很少，更不用說懂
得經典了。我父後來想到狼山也是南通名勝地方，和尚也是人民的一
個團體，老是這樣的弄下去，不是辦法。於是幫他們設計，辦一個僧
立小學堂，教導未來的和尚，教員自然找和尚最好。於是揀了二個已
經識一點字，看來可以造就的年輕和尚，送到師範去讀書，並且向他
們說：「你們能吃素最好，如果願意吃葷，也沒有甚麼不可。」後來這
二個人畢業了回去辦學堂，其餘頑舊不開通的和尚，人數當然比他二
人多，潛勢力也就大，很排擠他們。我父曉得了，就和這二個和尚教
員說：「你們還是在僧界和他們奮鬥一下呢？還是還俗呢？如果還俗，
就吃起葷來，娶起老婆來好了。」後來他們願依第二個辦法，我父也
就首肯了。那時反對的人很多，認為破壞名教，罪大惡極，萬不可行，

連我三伯父也氣憤起來，很和我父爭論一回。我父覺得與其暗中偷偷吃酒肉嫖女人，還不如直截爽快，留起頭髮，正式討起老婆來，比較光明點。佛法的昌明和墮落，決不在這上講。

我父曾經叫一個和尚幫他種樹很勤勞，有二首詩獎勵這和尚。

> 成佛生天也要勤，三千種樹即名勳。雙林我亦稱居士，但不參禪不斷葷。（近名軍山為東林，黃馬二山為西林。）

> 若説真空已累身，既然着我合觀人。當家看爾承師祖，我卻修羅掃四塵。（僧徒湛若為鬧溪種樹甚勤，勉書二詩予之。）

關於卜算、星命、堪輿這一類的事，我父都懂得，平常喜看關係這幾種著述的書，沒有事也去研究參考。但是他不是全相信，也不是不相信，認為懂得一點，也是好的，可不要拘泥，更不要迷信。他對於公私建築宅園祠墓的位置，只揀擇高爽開朗便利的地方，並不拘拘於風水。有一次他揀了劍山、軍山中間的一塊地，預備做他的墳墓，形勢很好。有看風水的人說：「兩山空間，江邊衝進來的殺氣太重，抵抗不住。」我父說：「怕甚麼。他有氣殺進來，難道我沒有氣擋出去麼？」

第八章　識見操行

第一節　勤苦公心及達識

我父一生固然是克苦，也十分的節儉。他穿的衣衫，有幾件差不多穿了三四十年之久，平常穿的大概都有十年八年。如果襪子、襖子破了，總是加補釘，要補到無可再補，方才換一件新的。每天飯菜，不過一葷一素一湯，沒有特客，向來不殺雞鴨。寫信用的信封，都是拿人家來信翻了過來，再將平日人家寄來的紅紙請帖裁了下來，加貼一條在中間，日常都用這翻過來的信封。有時候包藥的紙，或者廢紙，拿過來起稿子或者寫便條用。拿了口利沙的空酒瓶，做了一個塞子，寒天當湯婆子，告訴人適用得很。有時飯後吃一支小雪茄煙，漏氣了就粘一紙條再吃，決不丟去。平常走路，看見一個釘一塊板，都檢起來聚在一起，等到相當的時候去應用他。常說：「應該用的、為人用的，一千一萬都得不眨眼順手就用；自用的、消耗的，連一個錢都得想想，都得節省。」

我父數十年來，每早六點必起身，每晚十一點必上牀，有着小病，也是要起來的。他的起居非常劃一，他的習慣非常簡單。我講一件事，就可以曉得我父的為人了。我父向來不喜歡賭博，連麻雀牌的名目張

數，他都完全不懂，也從來不去問他學他。平日常常告誡人不要賭錢。大凡喜歡賭錢的人，最初拿他做消遣，弄到後來，有了習慣、成了嗜好，就一定要弄到喪名失德傾家敗產的結果。

我父一生做事辦實業，最着重勤勞耐苦，非但常常告誡辦事人，不可走上暇逸奢侈的道路，並且以身作則。大生廠開辦的時候有一篇〈廠約〉，是辦事的規則，也是辦事人的座右銘。要這樣做去，才能達到成功。我父辦教育的本旨，尤其注重養成健全公民，第一拿「堅苦耐勞」四字的格言，懸做目標，做設教興學的方針。自從開設師範，歷年繼續創立的小學、中學。專門大學，每處都有一個校訓，我父自己寫的，都掛在每處學生出入最注意的地力。總是拿「堅苦耐勞」做一個共同的基礎，而專門學識的講求，和社會服務的忠實，做各個分開的責任的目的。並且碰到可以引導學生感受人格上影響的機會，沒有不特別注意，像孫、蔡二公追悼會，我父總是召集各校學生在一起，為長時間的演說。所有各校校訓，依創立的先後，我抄十幾個在下邊。

校訓字	校名	創校年月
堅苦自立忠實不欺	通州師範學校	光緒二十九年（1903）
平實	常樂張徐女學	光緒三十年（1904）
忠信	第一實業小學	光緒三十一年（1905）
勤儉	盲啞學校	民國元年（1912）
篤敬	第二實業小學	民國二年（1913）
學習家政勤儉溫和	女子師範學校	民國二年
合羣自治體農用學	墾牧鄉初高小學校	民國三年（1914）
勤苦儉樸	南通大學農科	民國三年
忠實不欺力求精進	南通大學紡織科	民國三年
祈通中西以宏慈善	南通大學醫科	民國三年
忠信持之以誠勤儉行之以恕	商業中學	民國六年（1917）
愛國愛羣愛親愛己	師範附小新校	民國八年（1919）

我父平日曾經和人談到，天下事不可看得太難，看難就畏縮不前，沒有勇進之心。也不可看得太易，看易立志就不堅定，一試不得法，便丟去了，都是不對的。

我父一生，絕無功名得失心，和政治上的野心。然而時時刻刻，抱着用世之心和創造事業的大志。他做事，咀裏不說空話，只管做實事，筆下寫出來的，也是可以做得到的事。碰到棘手困難的事，只是不聲不響，一不求人，二不餒氣，終日終夜，想應付解決的方法，有時越碰釘子，越提他的勇氣，越經困難，越振作他的精神。他的成功，沒有一件不是從勞苦困難中得到。我父常說：「我一生辦事做人，只有『獨往獨來直起直落』八個字。」所以他凡事未辦以前，十分的審慎，等既辦以後，那無論任何艱難折曲，他是要奮鬥直前，堅持到底。他的審慎，就是他的果斷；他的毅力，就是他的事業。我父本性異常率真，很能虛心延納，受人商量。如果有了錯誤，決不強詞奪理，自護其短。他常說，「與其得貪詐的成功，不如光明磊落的失敗。」所以他一生為人做事，雖然是大刀濶斧，目中無人，然而決不願找便宜，走偏鋒。就是在事業上，也常常存了「功不必自我出，名不必自我居」的觀念。

我父有一副對子，掛在濠南先像室內：

> 將為名乎？將為賓乎？自有實在。瞻望父兮？瞻望母兮？如聞戒辭。

我父生平做事，只曉得實實在在，悶了頭守着他自己的本份，靠着他的能力，來做他的事業，達到他的志願，事業成了功，自己心趣上有一種安慰。有時做一篇文、詠一首詩，敍那時的感想；做日後回念的印象，假使遇到了困難的局勢，他仍舊靠傍他的努力奮鬥，以渡過難關。所以在平常順手的時候，除非是人家來看來問，他是絕不願標榜宣傳，使人家曉得了幫他鼓吹。到了逆手的時候，也不向

人訴苦，更不求人幫忙。有一回我父向辦事人說：「一個人到了危難的境遇，還是要抱定拿牙齒打落在咀裏和血吞，連手都用不着去摸肚子。」

我父的思想事業，很有創立的精神，看事常看早十年，做事必做過一步，思想要有時代性，事業要應着世界潮流，沒有頑腐的成見，但是本人克制很嚴，他總想拿事業來變換環境。孟子說：「聖之時者。」我父的思想事業，不是實做這個「時」字麼？

「動機」二個字，在我父的事業上和創造地方的意義上，都有很大的關係。譬如我父所以立志不做官，回去做事，就是受了在北京看見官員跪在大水中接駕的狼狽的感觸；辦紗廠是受了外交失敗自求富強的觀念；辦師範是受了南京官員等反對言論的激刺；辦輪船是受了外人輪船不平等的待遇和通州沒有安全的躉船；辦盲啞學校是看了煙台的教會學堂。還有博物苑、圖書館、氣象台都是遊歷日本時候的感觸。其他還有讀到一本書、聽到一句話，都有他創辦事業的動機，一有動機，他就去辦，一心一意的去辦，等到辦有成效，才算他任何動機的最後完成。

我父事業成功的要素，固然是勞苦忠實，有始有終。然而沒有私心，也是成功要素中的最重要的。他豈但對於公家的產業界限，分別極清，絲毫沒有含混，並且除自己的財產，都一齊用掉以外；還拿自己的，和友人送給他的古董器物等，完全贈送博物苑陳列。所有家藏的書，分了三分之二送給圖書館作為基礎。他總覺得傳給自家子孫，總有一天不能保存，與其給子孫三文不值二文的零賣，不如供給地方多數人去享受。我父並且想到國際法上，凡公家建築產業，就是碰着兩國戰爭的時候，都得要尊重避免，不能加以毀壞。所以他對於公共機關成立以後，就立刻做了公文，連帶所有財產及陳列保存的東西的名稱數目，到縣省國各官府去備案。事實上法律上，有沒有用處？能不能永久保存？雖然任何人不能擔保，可是我父這幾種公而久的意思，很可感動取法了。

　　我父一生無論在個人得意時不得意時，事業在轟轟烈烈時困頓不堪時，他的心地意態總是一樣。就是碰到很失意和棘手的事，也是處之泰然，不改常度。甚至人家要毀壞他的事業，或者事業跟着大勢搖動的時候，他的見解總很達觀，既沒有成敗的狹念，更沒有榮辱的成見。他曾經說過：「凡事，我看他成功，又看他失敗；或者我來做成，人來搗毀，都算常事，不用驚奇。」我們只要看他一篇〈失碑書銅井文房明拓禮器碑後〉，就曉得我父無往而不達觀，事事都是這樣看法：

　　　　……丙戌場後，沈乙盦同年忽謂余，頃得一舊拓禮器碑，絕佳。……數日報罷，乙盦遣僕持賤並碑至，……贈行。……持歸樂甚。……比年人事率率滋多，終日無據案看碑之暇，遂爾疏濶。今夏六月，欲集碑字，……乃遍索不得，卜之，曰『亡失久矣』，為之惘恨竟日。繼而心口相語，惘恨何益。譬如未得此物以前，此物何屬，我得則人失，我得而不能朝夕共，等於未得，亦等失。今我失則必有得者，知此物而得之喜，與得之而不知不甚喜，等得也，知而喜，何必不如我，不知而不甚喜，則亦不能朝夕共，何必不如我。如我之喜，則物以有喜之者為得，何必我。不如我之喜而物之可喜者自在，無與得者之喜不喜，何有我，昔我得而以為有者，我則我相也，今人得而以為有者，非我則人相也。殢於物乎？殢於我乎？譬如涕唾，涕出鼻，唾出吻，我尚欲有之乎？……是殢於物。……譬如勢位，人有則覺其時長，我有則覺其時短，是殢於我。殢物則物淫之，殢我則我殉之，是分別，是執著，分別不可，執着不可。譬如花，非時有花否？有花則能一一看否？譬如月，非時有月否？有月能時時賞否？譬如我所住屋忽破倒，譬如我所愛人，人忽化變；譬如子女遠出不返；譬如

朋友中道異趣；譬如盜劫兵燬；譬如鼠齧蟲蛀，……譬如
惷婦折作線簿；譬如有僕竊抵酒帳……譬如巢、許、堯、
舜之讓天下；譬如桀、紂、幽、厲之失其國；譬如仙之白
日飛昇；譬如佛之涅槃示寂；我且無我何有物，物自為物
何與我；我忘物則我淨，物忘我則物淨，惆恨何益？

還有一回，我父在上海，遇見程公德全，談論佛經世事，程公就
慨然歎道：「天下哪一件是我的？」我父接下來說道：「天下哪一件不
是我的？」這正反二句話，雖是談道，卻有哲理，更可以看出我父的胸
襟和魄力。

我父曾經有一封信給吳君寄塵寫過這幾句話：「……我今曉然於盛
衰成毀如指屈伸，不足計也。世何者為毀譽，俗人勢利談耳。勢利者，
鎔鑄賢豪成事之大爐；激發仙佛逃虛之勁矢；我不非之也。……」可
見我父一生事業的建設，時時在險惡的風濤中鼓浪前進；而觀察社會，
真能明透萬分。不非世俗之見，正是我父成事的識量。

我父一生的志願，非常偉大，為國為民辦事，大有「鞠躬盡瘁死而
後已」的氣概。他在和三伯父分析書上說：「此後之皮骨心血，當為世
界犧牲，不能復為子孫牛馬。」又在一處演說：「昔儒謂立達者，施乞
丐一錢，教村童一字，皆是，可謂得孔子近而取譬之旨矣。」又寫過一
信給辦學校的人說：「……學問兼理論與閱歷乃成，一面研究，一面踐
履，正求學問補不足之法。……下走之為世牛馬，終歲無停趾；私以
為今日之人，當以勞死，不當以逸生。下走尚未忍言勞也。死後求活，
惟恃教育。……」都可以見得他為利人犧牲生命財產，是一件最堅決
最榮譽的事。

我父常說：「我假使有十個兒子，我一定叫他們每個人都學會一件
技藝來幫助我；並且分遣他們一個東北，一個西北去開墾種田。」又對
我說過：「一個人生在這個世界，要講究學問見識，要創立實業教育，
至少要學會英、德、法、日四國語言文字，方才夠用。」

第二節　勸導世人種種

　　我父無論創辦何事，有一個時間的效能；有創立的精神，無堅執頑固的成見。他的事業，很願人去學他，而有時用權變的地方，不願人去學他，弄出枝節。譬如他最初創興南通教育，都是拿寺廟改造利用，可是他第一拿佛像有一個善後的安置。財產不是仍舊交和尚帶去，就是連帶改歸學產。後來江北一帶有人學他將廟改做學堂，很鬧了許多風潮，他有一種表示：

　　　　……論者不察，又或引通州師範學校為比例，尤於當時情事不合。通州師範學校者，前明千佛寺之廢址也。……前殿燬於火，止賸後二進及旁院，傾圮過半，不蔽風雨之老屋而已。一僧癖煙如鬼，窮棲如丐，典賣門窗階石及銅神像為活，絕無一人過問。鄙人因地介囂寂之間，風景殊勝，計劃就之，為之贖回所典之什物，收回所失之田畝，歸於別寺，未以分毫淈我學校，復為此如鬼如丐之僧覓一相當之廟，安置而資遣，一切大定，然後從事興作，今全校中惟禮堂因其後殿改建為樓，未移故處；自此以外，寧有一舍一堂仍其舊料者，校有冊籍，人有耳目，可考而知也。紛紛稱引，毋乃戾乎？朝廷今方預備立憲，憲政之要，首在教育普及，學校建設，方將按戶而計，以州境計，初等小學當得二三百所。鄙人深願興學諸君，內維公理，外體恆情，毅力經營，苦心勸導，……勿傷鄉土四面之感情，風氣既開，信從自眾，疑阻既去，助力自來。……（〈正告五屬辦學諸君文〉）

　　我父對於創辦教育，認為培養普通國民基本教育的小學，和供給

小學師資的師範，最為重視。次則對於屬於科學方面的教育農工商，和應用的職業教育，也皆在所提倡興辦。惟自始至終，對於法政及軍事二種學校，堅持不辦。第一，認為這是國家應辦的教育，不是社會急切的事情。第二，認為中國清季至民國，外人稱我為官國軍國，極形容這二種人人數多而權勢大，本來做官的人和名目，一天多一天，而帶兵的人，可以平地致富貴的習氣，社會有歆慕的趨勢，而沒有正本清源的勸懲，推其結果，國家異常危險，所以決不辦這二種學校，也不加以提倡。他生平非但自己不願做官，並且還勸人不要做官，有一個人，本來做過官，因為他很能唱戲，後來就改行唱戲。我父聽見了，很讚美說：「唱戲也是正當職業，可算自食其力。」不到二年，他又寫了一封信給我父說要想做官了，我父就不贊成，說他沒出息。我父有四首逢官便勸休詩。

> 逢官便勸休，言下一刀斷。若還須轉語，溺鬼不上岸。說著官已怕，逢官便勸休。但愁休了後，學得老農不？若逢禹稷契，薰沐進之位。逢官便勸休，正為悠悠輩。前車覆不已，後軫來方道。安得恆沙舌，逢官便勸休。

我父平日第一勸人不要專門做官，第二就勸人要讀書。越是做事的人要讀書，越忙的人要讀書，心境上既可得到寧靜的益處，有時還可以供給解決疑難問題的資料。死讀書沒有用，不讀書更不能成用。

我父入民國後，看了世風仍是日卜，人們很容易走上忘恩負義的一條路。道德本來是一件維持人類相安相敬的東西，眼看了要漸漸打破，很為憂慮起來。恰巧如皋茸鎮出了一隻狗替主人報仇的案件，我父當然明瞭這是偶然巧合的事，然而認為一個絕好勸告社會的材料，可以拿他做當頭棒喝。於是派人去，弄到公園，題叫「義犬」，很隆重的開了一個義犬大會，我父有一篇演說：

　　……今日是是一場特別會，此會甚不易有，今日到會
之人甚多，其中恐亦有人疑議僕是貴犬。僕有一言說明，
實是貴人。……世間有犬形而人性者，即有人形犬性者，
其類亦不一。如以形為分別，人與犬自然不同；如以性分
別，則善者應歸諸人，不善者應歸諸犬。簡言之，即有良
心與無良心之分別，無良心者，雖人而猶犬；有良心者，
雖犬而猶人。今馮氏之犬，……若在人則亦忠義之士，
為人所重視，況其為犬，豈不應看待如人而敬重之？自此
犬到通，三日內來觀者甚多，可見人皆有是非之心，與犬
有惻隱之心相應。所以說今日開會表揚，是貴人，不是貴
犬。……古人有與鹿豕遊，有願麋鹿友者，滔滔濁世，魑
魅橫行，僕直欲與之入山矣。……

　　我父的意思，說狗既有「人」的靈性，就應該受「人」的待遇。看
這篇演說，一種憤慨的感想，都流露出來了。因為人過於陋薄，所以
他不得不抬高犬的身價。說也奇怪，我父逝世後不到幾時，他也死了。
難道義犬有知，真有知己之感麼？

　　我父對於有靈性的許多好禽獸和與人一樣的愛重悼惜。一面表彰
他，一面勸導人。我來抄幾首愛惜好禽獸的詩。

　　這是悼惜犬的詩：

　　　　老黃，舊畜犬也，中毒死。或言病死之前一日，余陪
客廳事，黃跛一足而前，旋轉而臥。是日由外至書房後
北首而臥，余見之，為檢方書市藥，藥至而傭工移黃於園
林，隨斃，以一詩悼之。

　　　　吾家四犬兩黃黑，汝最威風過大獅。闔戶常驚生腳
客，近牀不嚇弄頭兒。（怡兒學走時，撫弄其頭，黃輒俯
首帖耳。）老隨僥嫗移新宅，死傍園林識故籬。十四年來
猶可憶，迎門長及夜歸時。（〈悼老黃並序〉）

這是悼惜燕子的詩。

　　燕燕白勝紫，微帶秋葵鮮。身輕羽毛潔，鳴尤動人憐。……汝來若新婦，矜重嘿不言，……戒僕擇福始，遠害避燥暄。……屋故有貓一，性劣毛幾玄。……伺我扃未固，聞汝鳴而延。……走視粒滿地，簁血膏未湔。細毳亦零落，頓使心骨酸。託命器本脆，置器案易跰。我短周防智，喪我美少年。清曉或亭午，但聞凡吭喧。我欲置貓法，為汝申讎冤。舉世弱強食，何者非鷹鸇。作詩第哀汝，呼空恨悁悁。（〈白燕頃晨為鄰貓所噬歎悼系之〉）

這是悼惜鶴的詩：

　　病吾不聞日，化去乃詎仙。未察馬生死，寧爭龜壽年。舞空花拂地，唳斷月明天。留蛻徒為爾，皮毛亦可憐。（〈悼鶴咎司鶴者〉）

這是悼惜馬的詩。

　　主人為國能致身，馬報主人如主人。馬骨一寸千金銀，埋金有光墓上塵。過墓朝朝橫目民……（〈文文山馬墓碣〉）

　　我父創建事業，維持事業，決不依賴政府或他人，只有費盡本人的心力，來戰勝他的困難，成就他的志願。拿勞力來換人家的金錢，是世界最光明有價值的事；所以我父在趕考或辦實業的時候，有好幾回沒有旅費；斷了接濟，他就賣字。後來育嬰慈善的經費萬分艱困，他又賣了不少回數的字。他賣字所寫的對聯屏條，都不用平常的圖

章,蓋那專為鬻字而用的圖章。那社會上的人們,明明是出了錢買來的字,反不願得這個圖章;我父聽見了,就發表他的見解。有封寫給友人的信:

> ……頃承函教,欲僕不用鬻字私印,以合社會心理,僕聞是說數月矣,但能多得錢濟公益,寧有不可?……顧僕自前次為育嬰堂鬻字時,即用是印,……亦自有說:僕愚以為人世取與之道,最明白正當者,無過以勞力金錢之交易。但彼此欲得之意,與所易之格相當,與者雖重而傷於惠,取者雖重而無傷於廉。……今僕鬻字,自猶勞力博錢,較買字者猶其錢酬勞力值也,一彼一此,徑情直遂,勞力人不必以受傭為恥,給值人不必以出資為豪,其間絕無可容諱飾之處。……僕今者但期勝於募化僧以福田利益空言博人錢物,出吾夙昔之所習,勞於旦夕,易人所不甚慳之錢,而彙之以濟吾為地方欲為之事,僕以為心安而理得也。……未聞買他物者必諱言非買,何以獨於買僕之字而不然,此僕所以不解也。……顧實以金錢買得者,而歡必諱之曰:是非買得,寧非自欺,寧非欲人之共為欺而自欺?……故雖可以多得錢而從人之說,而心不安,以為不如勞力人與給傭直人之誠樸也。抑有可哂者,仁兄之稱,始見於顏真卿祭姪文,……近三、五十年,則無論相知不相知之人,書札輒相假以仁兄,……至今買字者,亦有自標仁兄之稱於籤者,僕亦從之。……

我父生平最恨世俗的見解,和習慣的儀式,所以對官場往來迎送,最不喜歡,無論到甚麼地方,都不願預先告訴人家,免除無味的迎送和客套。他一生最反對結甚麼「金蘭之好」,所以從來沒有和人拜把兄弟,連我一生,也沒有乾爺乾娘。他認為這種舉動,只有壞處,沒有

好處，小而言之，增加了婦女輩往來交際的消耗，大而言之，可以勾結朋比，造成政治上的罪惡、人格間的墮落。

我父一生立志做事是很不尋常，總與人兩樣。可是自奉的起居飲食習慣，處處事事，不願立異。早年到朝鮮去的時候，吳公招呼軍中預備二匹馬，一匹自己坐，一匹請我父坐，其他幕僚都騎牛。哪曉得我父不願與人特別，還是和大家一樣，不騎馬而騎牛。到了辦廠墾的時候，往來其間，視察工事，不是步行，便是坐小車，很不喜坐轎子，平時二三十里路以內，看工程到各處，都是步行的時候多。在北京任閣員的時候，那時別的大僚和次長司長都坐汽車，嗚嗚往來，惟獨我父還是坐舊馬車。到晚年巡視河工，海灘上只有笨重土製的牛車，還是敞蓬，坐上去十分不舒服，我父處之泰然，每天走百十里路，好幾天的坐下去，絲毫厭惡。

我父生平很排除世俗虛榮的習慣，因為人家墓誌，請他寫用官銜，就回復了一封信。

　　……尊公墓誌篆蓋，以人子慎終致孝之義權之，必書以申賢者之意。唯科名官職之銜，下走向來不用，是以從無科名圖記，以為人之所重，不在此等不足輕重之事也，不欲於尊屬破例。若不嫌樸陋，即請用南通張謇，俟復到再為作篆。（〈致顧竹庵書〉）

凡遠近來會晤我父的人，都是一到門就見，毫沒有留難久候的惡習。有許多人在沒有見面以前，必定認我父為岸岸道貌不易接近；哪曉得每回來客見面以後，都說我父溫和親近，像春風冬日，都感受到很深切的印象。

我父認為中國人不能遵守和寶貴時間，是一件極惡劣的習慣。非大家以身作則，力加挽正不可。所以幾十年來，無論甚麼會議約會或公私宴集，凡人家約定時日鐘點，只要他先承認答應的，從沒有一回

失約，並且總是依時準到，一點不會延誤。決不願許多人等他一個人，這才叫作公德心。

第三節　散財守法及信重科學

我父生平最不愛財，不但非分的財絕對不取，就是自己所有的財產，都用在地方建設上去了。他說：「有錢人的勢燄，實在難受，所以我非有錢不可。但是那班有了錢的人是一毛不拔做守財奴，我可是抱定有了錢，非全用掉不可。」又說：「一個人的錢，要從我的手內拿進來，再用出去，方才算我的錢。不然還是人家的錢，或者是箱匱裏邊的錢。」又說：「人單單尋錢聚財不算本事，要會用錢散財。」又說：「一個人無論做事做官，私德第一要講，講私德，第一要金錢的公私界限分清，豈但不可貪得，並且不可牽混，所謂可以取可以不取之間，也應該有個分寸。」又說：「我是窮人來，還是窮人去。」在我父逝世那一個月，因為教育界的沙田糾紛案，還拿出九千元幫男女師範及幼稚園置沙田基產。我父一生一世為地方事業抱莫大犧牲的決心，所以他所有的錢財都用掉了。他本人雖依舊窮了，然而南通地方可是就光明燦爛了。我的〈哀啟〉上有一段說：

> ……至若先嚴道德學問事業文章，早予國人共見共聞，無俟不孝於躃踊哭泣中贅述。……獨先嚴三十年來集眾資經營各業，為江、淮、海地方生利者，現值逾萬萬金。以一己所應得，公諸通海地方作建設及經常費者，先後計數百萬金。衣食於所營公私各事業待而生活者，士農工商合數十萬戶，而先嚴轉負債累累，迄今棄養，所盈尚不足當所絀，此則為遠方人士所未及知，而先嚴勞勞畢世，立人達人，恥一夫不獲其所之精神之所萃，不敢不濡血和淚以陳者也。……

我國歷來做鹽官的，沒有一個沒得錢。鹽官的弄錢，和鹽商的花錢，好像都是事實上的必需，和良心上應分的，千篇一律，積習相沿，總有千百年了。我父從前雖然有改革鹽法的政策，可是辛亥的擔任兩淮鹽政總理，實在是為着臨時抱佛腳的籌餉，他本人做了一年多，對於可以取應分拿的錢，完全不要，怎樣也不願沾染他向來的清白。但是門分內極應拿的最少數的公費，依照從前總督兼鹽政的規定，共總應有六萬六千元。我父後來拿是拿了，可是拿來就辦了南通、東台、儀徵的三個貧民工場。哪曉得錢還是不夠，我父自己再增助些，方才成立。

我父生平律己很嚴正，一點不苟且，到了民國，尤其主張要着重法治，尤其認法治要從上級的人以身作則做起。「王子犯法與庶民同罪」說得很對，到了民國，應該格外實做。「只准州官放火，不許百姓點燈」的習慣，認為是法治最大的障礙、個人人格最大的損失。我父做了官，應該守的法，他絕對的守；回來做百姓，應該守的法，他也是絕對的守；並且他自己所定的法，尤其自己遵守。譬如路工處的車捐，應該出多少，就出多少，各機關大家吃的甚麼飲食，他就吃甚麼，總是和人家一律，不願意有兩樣、有特別。在前清末年，我的從兄擔任通州警務長的時候，訂了一個車轎夜間不點燈要罰的違警規則。有一晚，我父有事坐了轎子進城，沒有點燈，警察就上來問，那轎夫抬了我父，當然是毫無顧忌，就說：「你不認得麼？問甚麼呀！」我父在轎裏一聽見，就明白沒有點燈，犯了罰則，立刻下了轎，問明了警察的姓名，招呼點了燈，就到警局照罰則罰了，還拿了幾個角子賞這個警察，嘉獎他能盡職守。還有開了學堂似後，有許多官紳家子弟上學堂坐轎子，我父就叫人告訴學生的父兄說：「要上學，就要和其他學生一樣步行，不能坐轎子。」民國以後，改用了陽曆，我父無論寫信或別的文件，都寫陽曆；在會計賬目方面，尤其主張廢除陰曆，每逢到典禮，也着禮服。他認為遵守國家法令，是人民應有的人格。有好幾回碰到人家無中生有，誣陷我父的名譽或他的事業的時候，我父總是延

請律師，從法律方面求一申辯保障的方法，決不利用別種勢力，防衛自己，對付人家。到了病重那時候，醫生勸他吃鴉片止痛，我父聽了，很沉重的說：「你們為甚麼要我犯法？」

我父雖然是中國讀書人，年紀過了四十歲，沒有進過學堂、到過歐美各國，然而他的思想、他的計劃、他的行為，沒有一件不注重科學的原理、採取科學的方法、信用科學的人才。在三十年前，我父用了外國機器辦紗廠，廢了科舉開學堂，當時人都認為駭怪的事，我父不加聞問，抱定他的主張，認為世界的進化，國際的競爭，中國要強要富，決不是舊理論、舊法子，可以辦得到的，至少方法是一定要學一學歐美、日本了。所以他創辦事業，無論實業教育事業，都主張有根據科學的預算和方法，辦河工是絕對主張拋棄舊法，要用測量和機器工程，造房子對於地腳光線，一定要採取合於科學建築的原則，開一條河、造一段牆，都得先要有比例的預算，辦事做書，尤其主張着重數目字和精密的統計，不贊成籠統含混的理論。甚至《繡譜》上所載的桌子、櫈子，都有圖樣和尺寸，戲院裏的座位，都有號碼。歐戰以後，很有人輕罵科學，我父不以為然，認為中國在萌芽時代，獎進還來不及，那裏可以疑難摧殘；就說道：「文明完全是科學的結果所造成，哪有物質和精神的區別，決不能拿人類殘忍貪慾的罪惡，硬加在科學的進化的身上。」我父一生尊重科學的精神方法，他的言論，他的著作，處處可以看得見。

我父引導人民有科學知識的意思，隨處可見，譬如在軍山下朝西南的石岩上刻了一條線，平排又刻了「民國四年測海平面下此十四尺」十三個大字。他的意思，是使遊山的人，無意中一見，就明白這淺近應該曉得的常識。

我父對於科學人才，向來重視，對於中國工業需用科學人才，尤認為當務之急。我國對德宣戰以後，所有敵僑，勢須遣回。我父曉得留華德人中，有不少科學專家，於是分向省國當局，切商保留了十數人，分任學校工廠教授、技師及顧問等事，我父很得用，他們也很感

激出力。等到歐戰以後，我父非但認為德在世界上所造就的文化科學的地位，決不以軍事外交上的失敗而有所搖惑減色，並且覺得這時候，是我國聘用吸收德科學專家的絕好機會，所以他計劃以後的新事業，多主張用德人。

到歐戰以後，我父曉得各國航空事業突飛猛進，軍事上固然一日千里。就是交通商業，也有絕大用處，於是他計劃買二架飛機，開通滬航空線，因股份沒有集齊，竟沒有辦成。等到各國盛行無線傳音器以後，他叫各機關都辦一套。

我父對中國科學的幼稚，和需要科學的急迫，都是十分的諒解。遇到機會，總是盡他的能力提倡獎勵。所以中國第一個科學團體科學社成立後，回到中國，竟沒有會所和試驗室，我父就想法再三和省當局商請，給以房屋，科學社才有了基礎。所以他們對我父有很感念的表示。題詞如下：

> 本社名譽社員張季直先生，耆年碩德，利用厚生，科學昌明，羣資先導，同人敬獻生物研究所，以誌紀念。民國十一年八月十八日中國科學社同人敬立。

我父生過一個外症，德醫說：「要治療這症，一定要上麻藥，開刀剖割。」又說：「這種病的剖割，在中國怕沒有人試過，但是不能說一定沒有危險。」我父一聽，就和德醫商定到林溪精舍去聽他們剖治。我父怕家人親友阻止，一個人也沒有告訴，等到過後，人家問他，為甚麼冒這個險？ 我父回說：「我只相信科學學理的醫治，危險不危險，倒還沒有想到。」

我父對醫學，認為中西各有立腳的長處，要能彼此貫通，互助改進，才是道理。而於藥學一門，尤其覺得有用科學的原理和方法，去研究發明的必要。於是發表一篇東西，計劃辦法很詳細，立論極公道徹底，可惜終久沒有辦成：

　　……醫，技而有學者也，其系人疾痛死生至重。今
言醫者二：曰中，曰西，其尊己而自大好為是丹非素之説
者，無論其少有知識者，輒曰：『西人醫與藥截分兩事，學
判兩科，又藥取其精，服量少而飲不苦；不知《漢書‧藝
文志》醫經與經方已劃分為二，……是知漢以前之方技，
醫藥固並重。……在今日尤不能不取西醫學説以輔吾之不
逮。……南通設醫校有年矣，意在溝通中西而效未大著。
思之思之，乃計先通藥學，藥通然後可以求醫之通，猶汽
車、電車，藥猶軌與道也。……現訪知柏林大學藥物院教
授託姆斯、化學工程師密勒二君，皆邃精藥物，……欲訂
中藥經，發明《本草》之學。……聘吾國老於藥業，明於
醫藥學者三數人，按《本草》之適時用者，於各道地求之，
先延德密勒君來華，就南通農科大學化驗室為化學分析之
試驗，得其定性定量，然後以所得之藥，所驗之表，寄往
大學託姆斯君徵驗所得定性定量之異同，然後要求東西各
國之藥物學大家覆驗之，必舉世大同而後定一物之真用，
而後辨吾古説藥性與氣與味之確否，而後著錄以成經。
其延攬通才，徵集藥品，化驗性量之器物，繪印圖書之工
本，皆取資於所集十萬之內，其事期以三年或五年。……
（〈擬集資化驗中藥徵求同志書〉）

　　我父生平認為外人稱中國為「東亞病夫」，固極可恥辱，然而看到
國人一種萎靡不振，不講體育的習性，也十分的痛恨，所以他自身固
然是起居有節，而步行時很多，藉以鍛煉筋骨，幾十年如一日。在男
女各學校中，主張體育與其他學科並重，所有球藝競漕游泳，皆在所
提倡，並且先後創辦二處大體育場，讓學生平時有練習的地方。每年
或間二年，必開全縣大運動會，我父必親到演說評判，以資獎勵。在
前清開辦師範一直到後來大學，各學校中，都很着重兵式操練，常常

野外演習，所以南通各校，皆備有槍枝。我父很主張拿軍國民教育，挽救民族的儒弱和造成國家的強盛。民國十年（1921），遠東運動會在中國舉行，公推我父做名譽會長，他立刻答應。可見我父提倡體育的殷切了。

我父對於我國拳術，向來注重提倡，認為有歷史有長處。凡人熟練後，既可強健身體，又可防禦侵犯。我十歲時，我父請了海門拳教師黃萬鎰在家教授。各學校中都有拳術一科。我父每早自己也習練八段錦。

第四節　嗜好二種

我父生平有二件嗜好，一件是建築。他幼時就有建築的興味。在〈述訓〉上寫着：

> ……後有興作，凡木石磚瓦，一一度其修短厚薄之尺寸而預計之，無有差忒，臨時必使齎兄弟雜作小工，而於砌牆每層將合時，尤令注意於需磚之度，相其修短厚薄，檢以畀工，曰：工屢覓磚，或斷磚不合，則耗時而費料，亦以是練兒童之視力。至他人家，亦視其營造之合否而教之，以是土木建築計劃，稍稍有知識。（〈述訓〉）

後來辦實業教育所造成的建築，一年比一年多。他對於區域的選擇、地點的位置，和門窗配置的合於光線，地腳築高，避去陰潮，在在均有科學的研究。沒有一年沒有新的建築，而且有時今年新建築，明年有改造的必要，就毫不遲疑的拆造了。所有建築，都是力避華麗，最求堅實合用。他大有必得「廣廈千萬間，大庇天下寒士俱歡顏」的氣概。我抄一段〈修橋記〉，就可看出我父建築的計劃和興味，以及他着重科學的工程的識見。

　　……今橋度河形便據舊橋之上，用歐西建築法，經始
於十年三月，歷十月而成。度用部尺，準歐尺加贏二十四
分之一；橋長，屬兩岸為孔二十有三，每孔縱廣二十有八
尺八寸，凡六百六十有二尺，面衡廣十有九尺二寸，其高
出洪水位三尺八寸四分，斜度為二百分之一；既坦既夷，
材不用木與石，用鋼鐵混凝土，鋼筋準一寸及六分方竹節
之條鐵，筋準六分四分二分一分有半周圓之條混凝土；橋
面用一比二比三。桁用一比二比四，基用一比三比五，
所謂歐西建築法也。柱列二十有四，柱之下基二，基之下
椿大柏三十，深入二十尺或十四、十五尺，用銀圓七萬有
奇，費亦云巨。……（〈重造洛陽天津橋記〉）

　　一件是種樹。他認種樹非但有關農事氣候的調劑，並且增加幽美
的風景。所以規劃墾區，或者建築房屋，預先必佈置種樹，有時候因
為大樹古樹的關係，將路線改避，或房屋讓開。我父種樹，關於時令、
分行、培養，有一定的標準。在南通到處可以看見德國槐和白楊，還
是他前二十年種植的。還有五山也分年的種了十幾萬棵樹，現在江中
一望，都已成林了。我們中國的植樹節，就是他任閣員的時候規定的。
　　他一生見了各處的好樹，都很愛重歌詠。我來選抄幾首，好像詩
裏邊還有人，也有寄託。

　　　　昔望撐空萬似柏，今來夾道柏兼楊。只憐三萬成林
日，（規計鄉樹二十萬株，今三萬五千餘，裁六之一。）不
見嬉吁李部郎。（謇之）（〈墾牧植樹〉）
　　　　鄒學軒前秀兩松，亭亭影到小池中。喜如兒子都成
長，正要盤根受雨風。（〈松〉）
　　　　簷下青藤絡石柔，砌邊新筍覷空抽。先生最愛扶孤
直，放汝干雲出一頭。（〈院竹〉）

倪老種時余尚稚，李君歎賞語徒存。（余十歲時，田
傭倪老所植。昔李君盤碩見訪，撫樹歎曰：此樹卓特，吾
一里外見之矣。）曾毆啄木塞空穴，卻聽凌霄纏本根。主
觀客觀各勝負，盛日衰日人寒溫。一簣便足致千歲，何處
清虛招汝魂。（〈長生光明室前高柳〉）

　　嗇庵老人性愛樹，生平所種累萬數。濠南突兀別業
成，有人傳說大松處。……龍文張筋赤膉匜，雀舌攢頂青
蒙茸。度圍七尺有二寸，高三丈弱端章縫。厥初束縛在
盆盎，如指而臂當乾隆。……世間萬物惡盡取，老人求一
諾於主。命工相度歷四三，奔走百夫起邪許。伸鉤絕垣
架大木，方丈三之本根土。邱山鄭重旺俗驚，寸移尺轉規
繩行。……月經兩望為計里，日遣一使走問狀，安車既菈
就壇位，微雨輕陰足滋養。老人歡喜不敢狂，瞻對如尊大
父行，左左右右更置輔，若呼孫子扶諸琳。野性不慣鸞
鳳集，遠害亦脫蟲蟻傷。園中草木秀而孺，頭角忻忻各梁
柱。老人意倦且歸來，日聽溱聲弄風雨。（〈移松竹〉）

　　昔我嘗覯龍松圖，千年神物尊東朐。蜿蜒膠戾蟄復
起，孫枝騰逸風雲扶。……雲臺嵬峨鬱洲墟，羣山所宮海
所都。……當時阻絕出世外，好事忽來陶大夫。尊以丈人
肅再拜，刳雲刻石大字書。盛名四海日月肅，奔走瞻敬來
羣愚。……狃而求者不可詰，焚香乃薦青石爐，猶嫌不足
盡親愛，投其空腹爝其膚。……乘風駕煙倏化去，盛怒若
奮蒼髯胡。我履其地寀其故，循崖歷澗長嘻吁。……所恨
徒為螻蟻死，致緣文繡犧牲軀。……丈人丈人那何許，陰
巖獵獵萬松離。（〈雲台山弔龍丈人歌〉）

　　南通樹木譜年輩，尊宿無過瓔珞松。殖根傳自趙宋
代，北山山西朝日宮。蒼兒踞地腹腰壯。青鸞拂雲毛羽
豐，纖條曼縷哪可計。上雀下蟻靡弗容，廣博自澤原野

氣。偃仰不受江海風，世以賊害致瞻敬，年年三月祠神
同。……茲廟久圮院本隘，展之葺之前年冬。時招遊客坐
松下，但恨舟輯多匆匆。松兮自不適丞楠，得全或藉埋蒿
蓬。竭來一酹為松壽，期自今始與君從。君不見雲台嵯峨
鬱洲島，一炬野火燔髯龍。（〈瓔珞松歌〉）

　　舉類論年輩，差當子弟林。買從道士手，中有老夫
心。或說康乾代，端然八九尋。諸生勤愛護，食息在高陰。
（城嶽廟東偏銀杏一株，獨秀，圍丈有七尺，道士以余將
規其地隸農校，乃貨其樹於木工，行伐矣，校聞，以銀圓
七十買之，位樹於食堂寢樓之間，紀之以詩。）

我父愛樹，連心空的老柳，和已死的榆根，都十分愛惜，一視同
仁。一是希望他繼續生存，一是希望他成材成品。

　　生意薄未盡，當門四十秋。閱人萬條厭，同列幾株
留。縱舍鑽新火，誰尸殺老牛。猶聞樗櫟壽，曷與燕鶯謀。
（有計伐公園心空之老柳者，詩以緩之。）

　　木石不同天，因何具石質。謂為歲久化，石無變木
日。物理別種類，天演有界率。嗟此枯榆根，僵臥骨盡
出。……何年身受戕，遺根獨若黜。身或已成器，不器幸
而佚。嗇翁器視之，提攜與石一。同佚復得偶。牝牡天
使匹。世間萬生死，齊物孰得失。欲究種種因，造物語亦
塞。假使生石林，當入誰何室？人棄我取焉，是為嗇翁
嗇。（檢視別業積材，得榆根一，長五尺許，槎枒鶻突，
色黝似鐵，側而視之，豐上銳下，類太湖石之有逸致者。
復獲一柏根，中孔若半璧，有心若杵，當璧口之缺，略刓
而廣，納榆根之銳而植焉，以儷梅壇之石，作此詩，當偈
解脫一切。）

第五節　用人待人

我父生平用人，完全是「用人不疑，疑人不用」。既然用了這人，辦事只要依着軌道，責任是要他完全負的，可是權限分得極清，竭力尊重彼此人格，絲毫不加掣肘成干涉。他最愛人能自動的努力前進，否則一板一眼，說一件做一件，每天晚上決不要有擱起的事。他最喜歡錯誤坦白的直認，和以後自新的改悔；他最恨迂滯的性情，和推宕的習慣；尤其痛恨文過飾非，萎靡不振。他有一個脾氣，對於期愛的人，有了過失，就要嚴加訓戒，聲色俱厲，碰到不屑教誨的人，反而客客氣氣，一言不發，不願再見面了。但是我父自己光明，當人也光明；自己誠實，當人也誠實，所以有時難免沒有「君子可欺以其方」的地方，

我父對於忠於其職的辦事人，最所敬愛。工廠的工人辦事人，學校中的教員，凡身故必有撫卹，或對於後人有一種優厚的待遇。假使任事到一定的年限，或因為年老退職，必定有遞加俸金或退休金的給與。圖書館館長張景雲、女工傳習所所長余沈壽，均任事逾十年以上。平日辦事，很有成績，所以身故以後，我父主持地方公葬於南山下。保坍會工程師特來克，任職亦逾十年，平日做事很勤苦耐勞，有西人辦事之勇、負責之專，無西人自奉奢逸之習氣，我父很為愛重，因為暑天勘視工程，得時疫而死，我父亦為公葬於南山。我專使各國時，我父特親筆寫一信，叫我到荷蘭去訪慰其母氏，情意拳拳。凡地方公葬，均有銘讚立碑，春秋派人祭掃，我父閒時也常去巡視流連。

我父交友用人，最能破除階級觀念，只要這個人有才學、品行好，不問貧賤，不問年齡，不問所操何業，不問男女，他是一樣的愛重提拔信用。越是貧賤的人，能夠出類拔萃有作為，他越是重用他。反而對於官紳品行不好，沒有學問的，無論他官怎樣大、錢怎樣多，他總是嗤之以鼻，毫不通融。他一生待人，肝膽相照，只有真誠，不用權詐，所以人多樂為他用，怎樣勞苦艱險也不辭。就是管束人期望人，在那十分嚴正之中，總有溫和之氣，沒有苛刻不近情的地方，也最恨

揭穿人家的陰私和有傷忠厚的揚惡。凡人有了小過失，他總是拳拳教誨，予人自新，如果碰到縱慾敗德、不成體統的人，那就嫉惡如仇，終身不願再見。他向來用人，只有人才主義，沒有甚麼界限。尤其對於向上要好的後輩，提拔愛重，不遺餘力。鄉人親戚有好時，當然可用，可是碰到不安份誤了事的人，那就毫無偏袒，責罰起來，比對別的人還利害。我父有一多年門生[1]，因外交上關係，被國人指為賣國，各方告訴我父以後，憤恨異常，曾有「小子鳴鼓而攻」的表示，從此以後，非但沒有見過面，連信都不通。我父生平培植人才的苦心，和希望後進的殷切，看這一首詩就可以明白了：

> 平生愛材美，尤愛自藝林。入市買果啖，家果意彌珍。晨溉夕翦拂，望之始一針。待其分寸長，動嫌日月駸。牛山古所歎，哲士纏苦心。成材但十五，何必高百尋。果實足充籩，不羨銜仙禽。以是結微念，疏畦絕沉吟。（〈四月一日師範學校廿週紀念〉）

我父向來受過人家的恩惠，時時刻刻總記在心上，沒有一人不報答。幫過他忙的人，等事成功了，沒有一件不酬謝。他對於有怨恨的人，決不存報復的念頭。事過境遷，也就算了。凡師友中有貧困老病的，沒有不幫助，到了身故以後，總去弔喪慰後，有時還去到師友的墓上，追思往事，憑弔流連。凡師友的後人，境遇艱苦，沒有不周卹。假使子弟有不讀書的，就資助他讀書，有成材的，就給他優厚的位置，讓他發展，和看待自己的子姪一樣。這種事，實太多，也不一一舉人名了。

---

[1] 應是指陸宗輿 (1876–1941)。

第九章　事業的歸宿及生榮死哀

第一節　盡瘁地方事業

我父在南通完全以人民的地位，用私人的財力，創辦各種事業，政府是不希望他資助。實業方面和友好的幫忙，間或是有的。他抱定主意，立定腳跟，要創造一個新局面和新事業，所以辦的師範、紡織、盲啞學校，氣象台、博物苑、圖書館等教育事業；紗廠，墾殖等的實業事業；開闢全縣的道路，整治全縣的水利，在中國都是第一件事。他只認定凡自治先進國應有的事，南通地方應該有，他就應該辦。他不問困難不困難，只問應有不應有。只要地方上有，一個人不上路，一塊地方不整潔，都是他的擔心。地方的恥辱，更是他的責任，所以地方上的事和自治，沒有人去辦，倒也罷了，假使要辦，越辦越多，越辦越不滿意，越要改進振作。南通的一草一木，一路一屋，都是我父經營心血的結晶，都是他財產消耗的代價，他的生活和生命的經歷，就是南通的事業史、自治史的篇幅，不容易分開，也不必去分開。我父在光緒三十四年（1908）有一題古缶的序，寫着「……光緒戊申十二月初三日塍阡，掘土得破缶二片。……一，銘置博物館；一，鐫字置生藏。缶乎缶乎！若待余三十年而偕汝者，州其幾於文明之域

乎？……」他盡瘁地方，認為再三十年可以拿地方做到「文明之域」。等到地方完美了，他的志願也就算達到了。哪曉得還沒有達到三十年期望的年限，他就瞑目去了。顧亭林先生有幾句話：「……縣之人民，皆其子姓；縣之土地，皆其田疇；縣之城郭，皆其藩垣；縣之倉廩，皆其困窌。……」這不是為我父在南通寫照麼？我很盼望以後地方人士，要抱定實做顧先生接下去的幾句話：「……為子孫必愛之而勿傷，為田疇必治之而勿棄，為藩垣困窌則必繕之而勿損。……」

我父創辦地方事業，耗用勞力的決心和意量，尤比耗用金錢的犧牲還來得偉大，實在可以起人的欽敬和追念。因為決心要辦好地方，要利益人羣，等到沒有錢，就賣起他的勞力去換錢，這是何等悲壯和積極呀？所以南通事業的成功，完全是我父心血勞力的結晶。

這是〈鬻字啟〉中的一篇：

> ……南通前年歉，去年災，農飢商疲而金融滯。下走歲入大觳，而所負地方慈善公益之責，年費累鉅萬無可解除，亦無旁貸也，求助於人必無濟，無已惟求諸己。往者嘗以慈善一再鬻字有例矣，鬻字猶勞工也，忽忽七十餘年，今政七十，寧復勝勞，然無如何。自登報日起，鬻字一月，任何人能助吾慈善公益事者，皆可以金錢使用吾之精力，不論所得多寡，此一月內，定每日捐二小時於字，無一字不納於鬻。……（〈鬻字啟〉）

寫完了二個月的字，就做了一首詩。

> 大熱何嘗困老夫，七旬千紙落江湖。墨池徑寸蛟龍澤，滿眼良苗濟得無？（〈鬻字告終以詩記之〉）

我父經營地方，視同家事一樣，愛護地方，比他自己的生命還

重。有一回江常方面，因為要沙田速成，就築了二條壩，這壩一築成，那江流就立刻變遷，要逼直向南通江岸衝來，豈不是要加速了江岸的倒坍麼？保坍還來不及，哪能再促坍？於是我父憤極了，向官廳去力爭，當然有理的到底爭勝。當時我父有一封信，表示他的義憤，也就慷慨淋漓之至了。

　　……南通、江常共一長江，潮流紆折，此坍彼漲，世之常理，然皆任其自然遷變之勢為之，故坍亦無所於怨。然坍地至數千百萬畝，蕩析之戶至數千百家。地方不講自治則已，設言自治，寧能置此重大問題於不顧？南通之延請外國工程師再四測勘，計劃保坍之法，蓋十餘年七八次，保坍之法，工程師前後主張，亦非一致，最後乃本奈格父子之計劃行之，即今之築楗，楗猶言挑水壩，當時黃河工程之魚鱗掃，亦此法，乃順水撇流，使不冲激犯岸，非截流也。江常人之築段山壩，乃截流逼其向日所受之水使他趨，趨至北，故南通已成未成之楗，無不受累，江常人欲弄小巧，攫大利，始則亦竊保坍之名以自文，而不量事實利害之非文可掩。南通雖薄劣，不若是可欺也。爭訟經年，南通得直。官廳判決令江常人賠償南通損失，俾南通修殘培壩，……不知南通待款修楗，施工按時，無可懸擱，……官廳……乃不得不墊發，既墊必收，收必有所出，出必此漲灘，此最易明之事理。……官廳既圖收回墊款，召人領灘，自是官廳一方面之手續，江常人自在亦可領灘之列，乃又弄小巧，欲不繳價，而行黨串博此灘，遂落後著，不自覺悟。……一若鄙人之亦用手段者；「手段」二字，乃鄙人生平之所大惡，待人處世，只有直起直落。鄙人為南通人，為南通地方自衛而爭，既爭即惟力是視，無所用讓；爭既得直，保坍修楗補楗款既有著，則南通之

事畢,鄙人之責止;官廳有官廳一方面之事,在鄙人豈能
禁官廳不收回墊款,豈能代官廳處分此因壩而南通受害之
灘?江常人豈並此等淺顯事理亦尚隔膜不明瞭乎?所最有
一語為江常人明白披露者,坍江之側,無鄙人一毫私產;
與害我人爭者,為地方而爭,漲灘之中,無鄙人一毫私
領,非法不可領,為個人人格而不領,所謂人格者,不欲
以義始以利終也。……(〈為段山夾灘地事致人書〉)

　　我父經營地方的志願,到二十餘年方才有一點模樣。實業方面從
種植原料造成貨物運輸外去,直接間接的農工商人,倚賴生活的,總
有幾十萬人,為地方國家興的利益,每年總近千萬元;教育從幼稚園
辦到大學,慈善事業做到老者安之有養老院,少者懷之有育嬰堂,其
他無告無教的人,有殘廢院、盲啞學校。全縣有齊全的圖、通行的路、
完備的水利,全縣沒有一個乞丐。我父本來拿南通當一個大花園去佈
置點綴,所有的心血,所有的家產,都用在這個志願上,他拿南通地
方的事,當作他自家的事。他自家的榮譽,就是南通地方的榮譽,人
家拿「模範縣」三字來推獎南通,我父只說到:「南通事業不過做到地
方自治的最初基礎。」到了病重的時侯,還時時提到全縣工業原動力
的大電廠,沒有辦成;全縣民兵的制度,沒有辦成,引為遺憾,他經
營地方的精神,至死未已。我們一讀他〈生日告人書〉,就明白他向來
的決心:

　　　　……僕農家子也,祖父恥負債,生平恥隨人世間一切
浮榮虛譽及流俗狠下之是非,向不以為輕重;徒以既生為
人,當盡人職,本吾所學與吾所志,尺寸行之,不可行則
止,世不論治亂,亦無所為厭世。……次第經營實業、教
育、慈善、地方自治、公益事業,凡所當為者,初自無而
至有,自塞至通,自小至大,既開建設以謀始,復籌基本

以慮終。……是以行年七十，不敢自暇逸，與老而務得夜
行不休者等，然自揆財力，亦適能此而止，而尚時時虞其
不給。……（〈七十生日告人書〉）

我父處處以事業為心，而時時在那裏不斷的提倡和引導。所以他
六十九歲的生日，人家要祝賀他，他叫大家去造紀念林；六十、七十
歲二回的生日，人家要慶祝他，他叫大家幫助他造了二個養老院；到
三伯父七十歲生日，他在公園中造了一座樓，題叫「千齡觀」，去慶祝
他，總是利用了機會，做一件實事。他叫人家不要拿錢望沒有用的地
方丟，大家既然好心要祝賀他，就應該想一個有永久性質的紀念；更
應該拿一個人一家人的高興慶祝，擴充到多數人身上去。所以我父曾
經叫我母徐太夫人、吳太夫人各辦一個小學校、一個幼稚園。我嫂沈
夫人也辦一個小學校；並且在我家各處祠堂丙舍裏邊，凡有餘空的房
屋，總是辦小學校，祭田收入多下來，就做經費。養老院開幕的演說，
就是講這些見解：

　　……今日第三養老院開幕，承諸君光臨，慨予補助，
鄙人及在院諸老人，心感無既。鄙人創設此院，動機在
六十歲時，曾約十年續辦一院，今年政七十矣。人恆以壽
為重，其實人之壽不壽，不在年歲之多寡，而在事業之有
無。若其人果有益於地方，雖早夭亦壽，無益於地方，即
活至百歲，奚得為壽？……鄙人六十歲時，曾與親戚朋友
約以有用之金錢，與其消耗於無謂之酬酢，何如移其款而
辦公共事業。……夫養老，慈善事也，迷信者謂積陰功，
沽名者謂博虛譽。鄙人卻無此意，不過自己安樂，便想人
家困苦，雖個人力量有限，不能普濟，然救得一人，總覺
心安一點。……天之生人也，與草木無異，若遺留一二有
用事業，與草木同生，即不與草木同腐。故踴躍從公言：

做一分便是一分，做一寸便是一寸，鄙人之辦事，亦本此意。……（〈第三養老院開幕演說詞〉）

我父三十年所辦的事業，範圍很廣，種類很多，他的精力，完全用在這裏；好像照料看護自己的子弟一樣，要等他長得心安體胖，然後責任方盡。他曾經對人說過：「現在一風一雨、一冷一暖，都與我事業有關，都在我的心上。而且有時候，墾地農產要雨，內河行輪要旱，開闢道路忌雨，建築運料要水，同時又不能兩全了。」

我父到了七十前後，看到國家統一的局面，已紛爭破壞到極點，暫時沒有收拾的辦法和可能，而各省事實上割據的形勢已經成就，一時也不容易打破。人民自然最希望全國有良好的統一政治，然而既河清難俟，也只有退一步，希望得到部局的安寧。我父尤其有地方事業的關係，不能唱高調、冒危險，就是心裏邊憤恨厭惡到萬分，咀裏邊和外表，也只有默忍。所以我父但求部局秩序有相當的維護，人民元氣能保一分就保一分；這並不是我父忽然放低了他的嚴格的責望，和改變了他的本性的人格，有所遷就合污，實在是人民經不起再鬧，地方經不起再擾亂，事業更經不起再破壞。然而每一回局部當局的變換，我父也必定本了與人為善的心地，希望他們做幾件實事求是於人民有利益的事。結果他們尊賢敬老的禮貌，雖然外表是殷勤得很，而實事還是不做，地盤權利，還是野心要爭；弄到地方人民都受苦痛，而他們的本身，還是照常一個一個的冰山倒瀉下去。

三十年來一直到現在，很有許多人對於我父創造地方事業抱着一種失之專斷的懷疑和評論。關於這一點，我不能不說幾句：從前孟子評論子產治鄭，曾經說過：「……為政者每人而悅之，日亦不足矣。」我現在敢說，凡人做空前的革新事業，固然不必叫每人不悅，然而一定要叫每人悅，也是一件做不到的事情。所謂「民可使由之不可使知之」，並不是愚民政策，實在因為人民的識見程度難得齊一普遍，凡事不到相當時機，不會生出相當的同情和服從。我們一看古往今來的歷

史，無論哪一個時代，凡有除舊佈新的人物和事業，在開創之初，總是有人懷疑阻撓，一直要等到辦成了功，大家受到了切身的利益，然後才眾口交稱，翕然信服。至於本人只要表裏如一，內省不疚，也就管不得許多吹毛求疵的議論了。譬如造一條路，要拆去人家的屋，關一條河，要開去人家的田，都是建設事業的必經階級，不可避免的事情。假使只顧將就目前，只顧一小部分人的安全，試問還有那一件事可以辦得成，歸根結底還是人民吃虧。所以只要問創辦革新事業的人，他的動機是否為私人權利？出發點是否光明純正？如其是為私，那種專斷就應該指摘反對，否則大家就應該給以相當的諒解和事實上的助力。從前我父定計開造全縣馬路的時候，我父和我都覺到有許多困難之點，不容易辦得通。哪曉得我父不管一切，抱定方針，照計劃實行；不到二年，五、六百里的縣路，居然汽車能通行無阻了。到成功以後，人人覺得便利。這是我父眼光魄力，高人一等的地方，也因為我父事事為公的信用，得到人民牢固的敬仰，所以才收到非但可與樂成並且可與慮始的功效了。

第二節　對實業最後表示及計劃

我父創辦南通紗廠，成立開機營業以後，漸漸的見了利益，到了歐戰時候，機會大好，賺錢很多，股東都得到很厚的利益，而我父的事業也就猛進起來。在這最盛旺的時候，各實業辦事人所得俸給之外，因為營業機會大好，得到獎金又多，我父很怕大家驕滿氣盛，不踏實地，醉心投機，溢出範圍，小之個人身敗名裂，大之影響實業全局前途，所以遇到機會，就嚴正告誡他們。我在這裏摘抄一個通告：

> ……營業之道，先求穩固，能穩固，即不至失敗，即失敗亦有邊際，企業者不可不知也。大凡失敗必在轟轟烈烈之時；今吾通實業正在此時機。惟望吾實業諸君居安思

危，持盈保泰；更須堅定守分，此鄙人所希望於諸君者，
在久長之道也。……

第二年營業又獲厚利，我父又發出第二次通告，儆誡辦事人。

本年大生兩廠適際時會，獲利不薄，為開辦以來所
僅見。下走則兢兢業業，遇盛而憂；憂極盛之難繼，尤憂
在事人之侈然而泰，人以為功也。須知盈虛消息，天道
人道，莫不如此。即如時疫發生，大生正廠以愛惜勞工人
命，停車一星期，此豈尋常所能料。……以此特申通誡，
在事人切勿高興，或且一切濫用，自取咎愆。……

到了歐戰停息以後的四五年，世界的棉業界，都感受劇烈的恐慌，
國內又屢遭時局的變亂，天災的連接，紗價又賤，棉價又貴，種種厄
運，一齊到來，加之內部替同一範圍中的鹽墾公司，揹債太多，於是
有艱困的趨勢。本來淮南鹽場可以開墾的，有好幾百萬畝，大家看見
墾牧公司，以荒劣地質，經過我父經營，得到厚利，於是一班投資的
人和辦事的人，都眼熱起來，東辦一個鹽墾公司，西辦一個鹽墾公司，
他們都拿墾牧的厚利做榜樣，覺得是一件很容易的事，那時候我父又
不在南通，他們格外放起膽來，完全沒有去考究通海墾牧成功的歷史。
要曉得我父苦心經營墾牧，有二十年的奮鬥，何等的勤苦耐勞，才得
到好結果，何嘗是不勞而獲的。他們創辦新公司，一起就拿資本都去
買賤價的田，而對於經營墾地最需要工程的款項，都沒有準備，專想
靠息借或徼倖豐年得來的收入，支持一切，所以就向大生廠拖了好多
款項，那曉得連年的天災，鹽墾公司的信用一落千丈，本身固然沒有
辦法，又連累大生也陷於極困難的地位，我父年譜上有一段記載：

先是五六年間，繼大有晉、大豫而成立之鹽墾公司：

為大賚、大豐，大綱、華成、新南、新通，粗有設施而未
成立之公司：為遂濟、通遂，尤稚者為通興，蓋歆於墾牧
公司日進不已之墾利而為之，此十餘公司外投袂而起者，
派脈償興，各涎一地，假以號召者，尚七八處，有先時不
知其名。余以為危，止之不能。其屬於通系者，率挹注於
大生，大生以棉為紡織必需之原料，有裨於本計，又嘗有
所挹注而資之。且冀墾地所入可償歲息，他無所恐也。詎
墾利緩而負債重，工程未施，恃天孟晉。適己未庚申辛酉，
蟲雨風水，連災三年，墾無所獲，債息緊逼，乃有踵決肘
見之象。此皆余鳳昔自治銳進之說之為咎，至是增一至大
之閱歷。股東會議設鹽墾紡織管理處。（民十一四月）

　　我父的意思，認為紗廠所需要的原料，當然在農植，所以鹽墾紗
廠確有聯合携手的必要，可是計劃不精密，辦事人好奢逸，都已經種
下失敗的重要原因。雖然當時有許多公司，我父連名稱地點都弄不清
楚，但是總是假了他的帽子，在他的範圍以內活動，何況還有大生債
權的關係，所以不能不挺身出來，為一種再起的經營。本來辦事人失
策的地方自然很多，可是幾百萬畝的整片土地，確是一個很難得一氣
打成的局面，很可正當利用經營為植棉的計劃。又感覺到從前他辦紗
廠、辦墾牧何等的勤苦，範圍小，用人少，精神辦事可以一貫下去，
所以能成功，獲大利。後來範圍一大，用人一多，決不是一個人的精
力可以管理照顧這許多人這許多事，所以必定要靠一種合於科學原理
的管理機關的組織。後來我父計劃很詳細，並且還打算在這個總管理
處，他親到辦事，各公司都派一代表加入，各公司有電話線直達我父，
有何要事，隨時可通知辦理，接洽請示起來，也便捷得多，有何計劃，
可以大家集合商議，會計賬務，也有一個嚴密負責的稽核查察的地方。
另外還要請外國的專門人才來規劃顧問。在紗廠最艱困的當口，曾經
有一次辦事人拿了向某銀行借款所提出的最嚴苛的條件來請示我父，

到底怎樣對付。因為在當時緊迫的局勢，又不能不借，但是那條件，又不能忍受。我父回說：「錢儘管借，條件儘管簽，總歸準備到期照數還錢，那麼，怎樣苛刻的條件，也就沒用了。」又對辦事人說：「我辦實業不做市儈，辦農墾不做沙棍。」又說過：「失敗不要緊，第一要失敗得光明，第二要失敗以後有辦法。大家打起精神，決心再來打一個敗仗以後的反攻，不要餒，不要退。」我父當時雖下這個決心，可是經濟環境的衰頹，是普遍的影響，決不是任何個人的力量所可轉移挽回，到底沒有達到我父再攻的目的。他雖是經過這種危迫的難關，精神上絲毫沒有沮喪的氣象，事業上也沒有破裂敗壞的見端，實在因為南通事業的基礎，究竟是築得穩固厚實；還加上我父一片真誠的公心，正義的魄力，還能夠不跟着大勢破裂，依然留下一個大好中興的基業。

我父對於紗廠，有最後一篇通告股東的文章。

　　……此次南通大生紡織公司……臨時特別會，彙布開創以來二十八年經過之得失陳說：謇不幸生當中國上下不接時代，投身實業，所受之困辱，及年力已衰不堪重困久辱，須請股東舉賢為代。所謂經過得失，所謂感受困辱，皆謇所身造身當之事，股東投資志在獲利，或不足盡煩股東之思慮。……所謂賢，須外審世變，內洽地方，不市儈而知市儈之情偽，不工黨而知工黨之趨向。庶可為股東保不涸之源，置公司於至安之地。謇亦股東之一，視公司與地方自治與全國實業，都有直接間接之關係，故認為亦廣亦重也。……謇誠無似，寧不自貴重至此，所以不得不臚經過之得失，與身受困辱而不堪以久之故，撮要言之；磈磈落落，直往直來，使天下知張謇自有為張謇者在也。張謇農家而寒士也，自少不喜見富貴人，即有聲望之要人，亦不輕見，見必不為屈下，蓋自恃無往而不得其為貧賤一語，而以讀書勵取科名，守父母之命為職志。年三四十

以後，即憤中國之不振，四十後中東事已，益憤，而歎國人之無常識也，由教育之不革新，政府謀新矣而不當，欲自為之而無力，反覆推究，當自興實業始。然興實業，則必與富人為緣，而適違素守，又反覆推究，乃決定捐棄所恃，捨身喂虎，認定吾為中國大計而貶，不為個人私利而貶，庶願可達而守不喪，自計既決，遂無反顧。一廠計自丙申至己亥，為負謗含詬彊力圖存無息賠息之一節；自庚子至辛丑，為漸轉復厄支拄危險之一節；自壬寅至丙午，為日進有功之一節；自丁未至乙卯，為平流而進之一節；丙辰一年獨虧折而尚有官利之一節；自丁巳至庚申，為大順而退機四動之一節；自辛酉至壬戌，為敗見急救第三度被困忍辱之一節；然辛酉一年餘利尚不薄。二廠計自丁未至戊申，為整地建廠無息賠息之一節；己酉至乙卯，為歲獲盈餘之一節；丙辰一年同一廠；丁巳至辛酉，為有利且優之一節。言乎股東本息，一廠，自未開機前五年，年即付息八厘，開機後息多者自四五分至八九分，總凡二十七年，贏利兼正餘二者，凡九百九十六萬四千六百餘兩。二廠，未開機前亦付息，開機後十六年贏利兼正餘二者，凡三百五十一萬七千一百餘兩，合共一千三百四十八萬一千七百餘兩。言乎基產：一廠，紗機自二萬四百錠增至九萬三百八十錠，又線機二千錠，布機七百二十張，折價合計近十萬錠。二廠，機自一萬二千錠增至三萬五千錠，又布機二百張，折價合計近三萬七千錠，共凡十三萬七千錠，今按錠計價，每錠作平均六十兩，值可八百餘萬兩，即每錠從廉作價五十兩，亦值近七百萬兩，然一廠資本今仍二百五十萬兩，二廠資本今仍一百十九萬四千三百九十兩耳，合共三百六十九萬四千三百九十兩，以錠相衡，裁十之五強，是成本之數，已短三百三十餘萬兩，更何論運

本之所缺。（運本即照成本七百萬兩十之三亦應備二百十萬兩。）二十三屆，提議加股，應者僅七萬五千兩，其諸操豚蹄而祝滿簹耶，抑縱驥足而責千里耶，咎不在股東，辦事人過為股東計，以調匯資營運則股利厚，而當獲利四五分或八九分之時，未將溢分之利，分年留作機本，是一大錯，咎誠在謇。若謂大生以調匯資營運，本自從容，徒為鹽墾轉調所累，誠然誠然。但應墾業轉調為棉產原料自助根本計也，墾地三遭荒歉而閣滯，而地自足以償債，依公司法應鹽墾轉調是往來，不是兼營鹽墾，大生可以債權處分其地，則本息可歸，初無大損，抑可即以轉供墾地所閣之一百二十餘萬兩，轉而收為廠之基本產，非往而不返者也。謂壬年何以不發辛年之息，不知力分於墾，墾地以連荒閣滯，紗市又以國內訌爭閣滯，當此左支右絀權衡緩急輕重之時，假使借債發息，與借債營運，二者相較，孰為長短，股東或不相諒，不加審察，聞謠而驚，大加詬讓，而曾獲四五分或八九分之息則忘之，其諸以務進觸署病馬援邪，以苦戰援絕罪李陵耶？何以責望重於泰山，慰喻輕於繒縞也。……若市人因我周轉不靈，乘危射利，種種劇作，自是世態之常，亦見慣矣，不足稍介吾意，且吾自與二、三辦事共憂患之人當之，未至煩吾股東。謂一二廠為地方公益，亦有墊款，亦致廠支絀之一，亦誠然。廠以在通、崇、海產棉最盛、織戶最多之區，生貨便入，熟貨便出，獲利非他處可能比，其負地方義務似亦非他處所得同，況墊之云，未必絕無還之望。謂謇亦負廠債乎？須知張謇若不為地方自治，不為教育、慈善、公益，即專制朝廷之高位重祿，且不足動我，而顧腐心下氣為人牛馬耶？又須知二十餘年自己所得之公費紅獎，大都用於教育、慈善、公益，有表可按。……誠使股東所舉之

賢，心謇之心，俾南通之教育慈善公益不至中輟，謇所負
之廠債，可以謇股息及相當退隱費分年償還，謇即一旦不
諱，謇子必繼我負此責，謇子學殖雖薄，此等大義，尚能
明曉。……故謇即受代退臥南山，後賢或有大事垂詢，謇
必盡知以對，即有破壞南通為後賢障害者，謇亦必盡力為
助。更有一言告後賢無畏，謇營紡織業，有本有末，自問
眼光不在世界人下，苟能師日本鐘淵、富士兩大紡織廠頻
蹶頻起之成法，加固根本，默察中國，罕能抗手。謇今雖
老憊，猶願存吾說為後日試驗，懍懍不盡，幸股東鑒之。
（〈紡織公司股東會宣言書〉）

我父對於鹽墾，也有根本計劃。通告股東，要成就這偉大事業，
要墾熟這一大片地面，總離不了他所說和計劃。二十多年以前我父創
興海濱農墾後，翁公就有一封信說：「……墾荒事變斥鹵為膏腴，足與
范公爭烈矣。……」十年前又有人看我父努力經營淮南墾地，可以養
活不少人民，就做了一首詩，中有二句「范公堤外張公墾，飽腹心心十
萬家。」他們都拿我父事業和范公相提並論，正是讀書人做實事，後
先相映。我父鹽墾政策，本極偉大。據他平常的計劃，如果大舉積極
的做，人才、經濟兩都應手。定能在十年以內，墾熟這一千五百餘畝
的沿海荒土，至少可養活一千餘萬人。國家各項直接間接的稅收，自
必激增起來。因此便可增設二個以上的新縣治。這不是真正國利民福
的事業麼？希望總有一天達到我父的目的，可惜他不能親見了。

我父規劃鹽墾的東西多得很，我在這裏抄一篇最後的文字：

　　……自通之餘東迤北至阜寧之陳家港，六百餘里
中，撮舉可墾之地，大都一千五百萬畝，……大小錯落
二十餘鹽墾公司，……投資負債加息幾二千萬，經營之地
四百三十萬畝強，略當全數三之一，……連遭庚、辛、

壬三年蟲水風潮之災害摧殘……盡失預計之望，由是資投而盡閣，債與息負而加重，股東袖手觀望而莫救，……辦事人短氣扼腕，累累若狗之喪家，債戶因之益督償其本與息，而公司則破產不可，進行不能。……下走平昔言地方自治，自治不惟可大而當可久，久則須謀基本，基本之策，無過於地。……是以墾牧工程十年告成，墾效與年俱進，而繼起公司，乃風起雲湧，下走雖嘗憮焉而少抑之，而不可以已。……先哲有言：作事須有首尾，今欲為各公司計，惟有仍師墾牧。墾牧自始至今二十有一年，十年畢堤河工，……十一年開股東會付息，……今又十年，工尚只九分五；……然當去年大水，全縣歲收二成，獨墾牧八成；今年大風雨，全縣收七成，獨墾牧九成以上；……此無他，工程完缺程度之差別耳。若欲知墾牧所用於工程之資若何，則按畝計已二十四圓。……今墾牧特立為鄉佃二百戶，有……學校，……農校，有自治公所，有警察，有族葬地，有能通汽車之道路橋樑市鎮，費皆出於公司，差可云自治。……今鼓極困思通之氣，策懲前毖後之圖，為股東計久業，為地方計自治，舉其目：曰河、曰堤、曰閘、曰路、曰實業、曰教育、曰慈善、曰警政；實業以下非目前事。最要者，莫如河，次堤，次閘，次路，竊綜公司之地四百三十萬畝，當通如、東鹽阜、范堤之北之東及舊黃河南北，綜一系與有關連者規劃，所需以墾牧為準而清之以四百萬畝計，畝二十圓，所需必八千萬圓以上，去已用之二千萬，尚需六千萬，驟聞似貴，須知視墾尚少，今墾牧田價畝五十，最優者畝六七十，即以五十計，費八千餘萬之本，期以十年，而收二萬餘萬之利，寧謂非優？此可告股東者，以四百三十萬畝之田，植棉十年以後，畝穫五十斤，當二百十五萬石，石即以十五圓計，歲得三千二百三十五

萬圓,佃分其半,亦一千六百十二萬五千圓,麥與草之穫
不與焉;他非一系無關連之一千餘萬畝,若因各公司水
利之通,應時而起者,半植棉,則穫與公司等,半植稻,
穫之利幾亦相埒,統計之,歲收可一萬萬圓,佃得亦五千
萬圓,寧不利於貧民?此可告地方者,以上言其入也。言
其出,固曰最要莫如河。……為公司計,必先為地方計,
今於公司水利分三段:通如為一段,通如當裏運河歸海之
下游,河堤閘路之最要者,工程已完六七,待完而整理者
三四而已;東鹽阜為一段,各公司地當江寶高泰東興鹽阜
八縣之下游,昔日裏運開壩,水出范堤,傍堤外之小洋河
外,更無堤河,又久不治,輒湧溢至各公司地。……今各
公司營此水利,若不計開壩時之洪水位與地面容瀦河身泄
瀉之流量,則闢河無準,無準則公司將被上溢之害,地方
將被淹滯之害,皆非策。……范堤之外新灘廣遠,則又闢
竹港、王港、新洋、鬬龍、射陽五港專泄西水,與高郵之
新壩、南關、五里、昭關、車邏五壩相為吐納,亦與高堰
之仁、義、禮、智、信五壩上下表裏,成三級制。又沿裏
運東岸建閘洞,閘洞之下鑿引河,先以射陽湖為歸墟,漸
次分輸至范堤以內之串場河,轉入五港以歸海。……尾閭
所在,義當先之,比為之按圖作計,先自東台角斜起至阜
寧之舊黃河止,開闢新運,是為經;舊黃河至陳家港為一
段,泄平原及淮漲之水,亦為經。……溝洫之外,承以幹
河,必深必廣,分疏獨出,就角斜南至舊黃河一段,……
應有大河二十九,自泄盛潦,……依據上游來水,與歷年
泄水之量,各建以閘,為之節宣,……是為緯。是昔制三
級,今廣為四,獨出之口,連同五港,數凡三十有四;……
所需工費,約二千九百八十餘萬圓,堤沿海及夾港者,長
二十三萬五千三百五十丈,底廣八丈,高丈二尺,約五百

萬圓；……五港為最大，孔最多，……共約六百二十餘萬圓，總其數，為四千一百萬圓；夫此數之用，受益者，獨公司乎？……嗟乎，下走今日之為此計劃圖，或為畫地作餅，未可知也？要使世人知我國非盡憒於農墾計劃者，要使地方知此一千五百萬畝面積，每人佔地二十畝，可容七十五萬人，即倍其地，猶半其人，可清盜源，可減丐類；要使股東知此計劃之為補過，為穩著；要使各辦事人知為地方自治奮起精神，盡匹夫之責；故不憚披瀝以言之也。……（〈鹽墾公司水利規劃通告股東暨公司職員書〉）

第三節　成立縣自治會

我在美國時候，就感覺到民治事業的維持永久，一定要大家負起這個責任，所以回到南通以後，就和我父說：南通事業，我家只能處於領導開創地位，要他發展和永久，還是要使地方上人明白這些事業不是一人一家的，要大家起來努力，我家也應該給他們一個機會，由參預而後接辦下去，就主張組織一個縣自治會。曾經有人到過南通回去說：「南通是倒置的金字塔」。他的意思是說難乎為繼有點不穩，我想這麼多的地方事業，靠着一人一家確是不穩，那麼，要他穩要這金字塔正置過來，也只有照準我這條路走去，因此我創立縣自治會的主張，更加堅決，更加積極，經過了二三個月時間，居然成立開會。在袁世凱取消民治機關以後，這是第一個人民自動所組成的團體。當時我有一篇演說，說得很透徹。

　　……今日為南通縣自治會成立之日；自此事動議以迄於今，確屆一月，吾南通人民自動自決自衛之精神，十分強固，所以在此最短促時期之中，遂產生此光明燦爛之自治會。……此會既成之後，則以前個人統系的南通，將

進而為全縣具體的南通，被動的南通，將進而為自動的南通。從此外來之侵害，將以百二十萬人之力量公司抵禦，未來之福利，將以百二十萬人之才智公同發皇，決非從前個人自治模範之南通，前者人之責望南通，不過一二人志願之成績，今則人之責望南通，將進而為百二十萬人事業之成績。……須知吾輩五十人，即為彼百二十萬人所託命之人也；無限之責任與義務，均加於吾五十人之身，……決心要少說空話，多做實事，所說之話，須百二十萬人人人所欲言，所做之事，須百二十萬人人人所欲為；人有誠意，乃能動物，人無嗜好，乃有精神；尊重時間，為立信之起點，潔白心地，為立信之根源。……諸君須知南通之人民不易為；……以南通之安樂而不思其所以鞏固永久之道，則明日之危險，與今日之安樂，將成一正比例，可斷言者。……孝若前動議此事，早已聲明名義不必居五十會員之中，而負責必盡百二十萬人之一，乃不蒙本市諸君之見諒推舉，……以孝若之學識……不足負此重任。惟此次事，推人者本一己之良心，而被推者有無限之義務，則諸君既以光明純潔之意義公推孝若，孝若亦當以光明純潔之天良承受此職。……吾更代表吾五十人在國旗之下，宣誓於南通人民之前，曰：『必竭吾五十人之心血精力，以謀百二十萬人之福利。』……（〈民國九年十一月自治會成立會演說〉）

　　縣自治會召集開會以後，大家也着實當一件事做。政府和社會，也很注目，有許多地方來調查組織法。我組織這自治會的優點，就是用委員制，全體會員推出若干人做理事，公同負責，沒有甚麼長不長。還有會員分子的組織，是採職業代表制，凡農、商各界均有代表加入，不是一部分一方面人所能操縱壟斷的，這就是我們自治會的特點。當時也議決許多很重要自治的案件，列表如下：

南通縣地方公債條例	民國九年十二月四日
南通縣地方公債施行細則	民國九年十二月四日
統一地方財政案	民國九年十一月三十日
籌備自治經費案	民國九年十二月四日
拆卸城垣以興市面案	民國九年十一月三十日
疏濬通境運河以利農田而便交通案	民國九年十一月三十日
修築市鄉道路案	民國九年十一月二十四日
選擇學生貸款赴美國留學案	民國九年十一月三十日
建築本會會所案	民國九年十一月三十日
慎重選政以維國本案	民國九年十一月三十日
嚴禁煙賭案	民國九年十二月四日
設立登記所及調查戶口與自治村同時進行案	民國九年十一月二十四日
查照中心河原議咨請水利會籌辦案	民國九年十一月二十二日
咨復縣署籌設自治村案	民國九年十一月三十日
咨復縣署籌辦各市鄉遊民習藝所案	民國九年十一月三十日
咨復縣署查核六七八三年收支地方費款案	民國九年十一月三十日

我發表應該組織自治會的意見以後，我父起初不大贊同，經我反復陳說，才點頭許我試辦一下。我父對於此事，後來在報告書序上邊，也有他的見解和規言。

　　……哀哉，曾子上失道而民散之言也，道系於上，專制之政治耳，三代以後之政，其所為道，若纖若鉅，若明若晦，若彼若此，若偽若真，民不散而無所於新，民即散而無為之恤，沈沈長夜，幾二千年焉。……方其人存政舉之日，十年數十年而止，民之新者旋故矣，新機至暫，而故轍至常，民安得而知自存立自生活自保衛之必原於自治。嗟夫，歐美學說之東漸也，當清政之極敝，稍有覺於世之必變，而為之地以自試者，南通是也。顧一二人默識

而躬行之，百千人訾議之，非笑之，排沮之，年復一年，排沮之力漸退，非笑訾議之聲漸減以消。……頃者試以縣道，縣之人，無識字不識字，具能捐除己私，走趨樂公，歐美所謂地方自治者，庶幾有動之兆矣。……兒子怡祖以為兆足以行也，倡自治會之說，而父老兄弟翕和而應，英馳俊驅，不二月而會立，而議集；言之成理，而斐然若可觀，茲誠大幸。雖然，說命之言曰：行之匪艱，行之維艱，知虛而行實，知捷而行遲，知一人事而行則眾人事，知一日事而行非一日事，知不正不中，不足為短；行不正不中，不足以行，眾人知識才力一與否？不一，有憎與忌否？有能涵覆而救劑之者否？非一日而先後左右其行者，有他變他患否？是皆可虞而當計及者，吾為吾南通自治會懼焉。謇頹然老矣，區區自試之心，日望傳人，而又惴惴焉慮或不勝傳，則有至簡之言，為在會諸君子贈，諸君子念茲永茲，曰：『少大言，多成事，無疆惟恤，無疆惟休。』……（〈南通縣自治會第一次報告書序〉）

第四節　籌備自治成績報告會

我父到七十以後，決心要休養讀書，不管世事，一來政治的紛爭，只是增加他的痛苦；二來是他的事業，也覺得可以適可而止，他要將各事業整理成一個段落，開一個二十五年自治成績報告會，請人觀覽批評，做一結束以後，就讓給後人去辦，他可扶杖觀成，退處於指導監督的地位。當時有一篇呈報政府文：

> ……遯居江海，自營己事，以為地方乃個人所與有責，縣治乃國家所由積成，盱衡世界潮流之趨向，酌斟地方事業之適宜，乃以實業教育自治互相孳乳，忘其薄劣，

黽勉為之，學者世界之高談所不敢隨，他人村落之菲誚所
不皇恤，……綜計積年經費，所達百數十萬，皆以謇兄弟
實業所入濟之，歲豐則擴其範圍，值歉則保其現狀，不足
又舉債以益之，俟有贏羨而償其負。謇兄弟之愚，以為國
可亡而地方自治不可亡，國即弱而私人志氣不可弱，故上
而對於政治官廳無一金之求助，下而對於社會人民無一事
之強同，對於世界先進各國，或師其意，或擷其長，量力
所能，審時所當，不自小而餒，不自大而夸。乃者國內外
參觀之人，日月有至，以集思廣益而輒有詢，以度長絜短
而或有譽，然疑交作，裒業隨之。計自強求自治至明年，
屆二十五年矣，兄齒七十有二，謇亦七十，以國之一縣，
縣之一二人所舉之事，不逮時要百一，並不逮志願十一；
其於地方也，慮瑟柱之未諧，期車轍之有合；其於個人
也，迫老傳之歲月，惜大好之河山，擬集二十五年內之往
事成績，開報告會於本縣，不言博覽，懼或者貽唐肆之
譏，不言勸業，懼不足當先河之導。報告云者，上報政府
國有此不自量度之愚老人，下告社會野有此不甘暴棄之莽
男子而已。……會期不敢長，自三月一日起，至五月三十
日止，此則南通地方自治報告會之宗旨也。……（〈為南
通地方自治二十五年報告會呈報政府文〉）

關於開這個大會，那時都有準備，會場也着手佈置。可是天不做
美，事不湊巧，碰到風潮大災，財力不夠舉辦，就沒有舉行，延緩下
來。我父又有一篇展期舉行的通告：

　　……南通地方自治第二十五年報告會，本訂於民國
十一年三、四、五月舉行，為地方大眾辛苦告一段落，為
愚兄弟年皆七十告一結束，為請督教於全國父老兄弟告一

時期。……其陳列展覽之場，報告開會之場，來賓遊覽食息之場，均已規劃略備，日內即擬施工。不意夏曆六月，颶風盛雨，暴漲之後，又益以七月十六、十七、十八、十九連四日夜之疾風盛雨，適值秋潮大汛，……同時涌溢汎濫為災，鄉農之濱江者，宅廬塌倒，濱河者，棉豆浸沒無遺，即腹內較高之處，亦俱被水，大災橫禍，來一打擊，目前籌急賑，冬春賑沿江接築全堤，修補傷堤之工賑。……即權緩急輕重先後之宜，則三十萬之施設為必不可已，地方之力有限，私人之力更有限，愚兄弟相對旁皇，莫知所措。因思以自治報告，與地方災賑水利較，則災賑急，報告緩，水利重，報告輕，且水利為自治一大事，往以為通治水利五年，足禦常災，而不知非常之災，已咄咄逼其後，此非常之災不能禦，寧得謂自治？寧堪報告？是又不得不展緩之義也。展至民國十六年地方自治足三十年時，再行開會報告。……（〈自治報告會因災重展期舉辦通告〉）

第五節　七十生日

「山中宰相神仙福。江左夷吾幹濟才。」這是黎總統祝我父七十生日的壽聯；他七十前後，經營地方各部分事業，都見成效，聲譽也蒸蒸日上，從一個江北的荒僻鄉村，辦到地方自治很有規模的格局，完全是我父的心血和家產換得來的；仕國內別的地方都找不出，所以有模範縣的稱呼，外人看到以一個人創辦這許多事業，也覺得十分驚異讚美，所以到了我父七十歲的生日，大家要慶祝一下，而我父因為祝壽已成了惡劣的世風，又加上天災人禍，更不願舉觴稱慶，在生日以前，就有辭謝慶祝的表示：

　　……稱壽非禮也，今有年不必六十、七十而張皇稱慶

者，世變大於是者不止萬萬，是璨璨寧足論議。下走……
感觸時世，……方憂懼怵惕之不遑，有何可慶？……下
走生平所志，十不得一施，約諸地方，試諸邨落，以是自
娛，亦猶斁貨賄者之弄兵，撓國是者之舞智，自行其心之
所明而已。……下走二十餘年以來，以為人之舉事日日
可百年，不必以血肉之軀貪望百年，設充下走地方邨落之
志之量而為之，則天即假我百年不足云久，又何今日慶之
足云。頃聞地方父老兄弟將……釀金為賀，盛誼亦殊可
感，……諸君子所謂敬老者，適與下走之忘老反也。……
諸君子相好之盛意，將應無所表示乎？明年春、夏行開
地方自治報告會，為前此二十餘年村落主義作一結束，諸
君子厚我，曷以所費協助於會。……下走之感激，方之金
石珍玩之投贈，又當奚若？下走不敢蹈薄俗，亦不敢遠人
情。……（〈生日告人書〉）

　　大家看了我父表示，也以為然；但覺得我父年齒已高，拿地方
辦到這樣光明燦爛，大家逢到他的生日，總應該有一種歡欣鼓舞的表
示，和其他官場假此鋪張受禮的情形，完全不同。所以我父儘管推辭，
大家只有體貼他老人家的心意，不過份排場就是了。那幾年我父雖然
不在政治舞台，然而關於國家建設大計，或者國家碰着重大的外交事
端，政府要來問，或者我父有所見，還是誠誠懇懇的發表他的政見，
所以政府及各省當局，到了他的生日，也是一樣的看重，派遣代表，
賫了壽文祝詞，來通致賀。在生日的前幾天，賓客四至，車水馬龍，
公園區域，馬路兩邊柳樹行中，紮起彩色牌坊，並懸掛了各種式樣的
彩色燈籠，到了夜裏，一齊放電，成千整萬的燈光，倒映在水裏，真
是火樹銀龍，光芒四射，照得很遠，景象煞是好看。劇場中伶生排了
新戲，外邊更加聘了幾個腳色，熱鬧兩、三天。那天早晨，我父一天
亮就起身，先到先像室行過禮，從家中步行到公園千齡觀中受賀，馬

路兩旁，盡站了隊伍學生各機關辦事人，依次行禮，我父手持帽，笑容答禮，到俱樂部午宴，宴後去看戲。城內鄉間，方方幾十里的人，都來看燈會，湊熱鬧；好像這不是我父個人生日的慶祝，乃是地方大家事業成功的慶祝，個個歡天喜地，因為我父能夠憂百姓的憂，所以百姓都能樂我父的樂，那幾年實業發展，地方繁盛，蓬蓬勃勃，治具畢張，真是南通的黃金時代，現在追想起來，有「好景不常盛會難再」的惘悵。

第六節　中外欽重評論及哀悼

在民國十一年（1922）前後，上海某西報及北京某大學，先後都舉行過「民意選舉」就是讓大家投票，選舉當代的名人，不問哪一界，只要是本人最崇拜的；這兩回的結果，我父得票都很多，名次都在三名以前，這雖是一種非正式的選舉，然而真正民意，倒反可以表示出來。

鄺富灼先生做過一本《現代之勝利者》，內中有一篇我父的傳，評論我父為人，和南通事業的狀況，說得很確當。

　　……商界中……聰敏人有創造一個機會的能力，盧瓦白施之於鋼鐵，他自己和公司國家，都得着無上的利益。洛克斐洛再施之於煤油，而即以之致富。在中國可以同他們並賀齊驅的，有張季直先生：先生脫離了政界的漩渦，看定了實業界中有造機會之可能，他毫不遲疑的抓牢着，奮鬥着，終久建設了許多偉大的事業。他拋棄了盧榮，更拋棄了因做官而得的勢力和金錢，情願找能替社會盡義務的機會，在中國實業上，另闢了一條新路，完全從他的機警、創造性，和智慧幾方面得來的。先生為近代最高尚的學者，在四十年中，創造了很偉大而很合於中國的實業，而又把他的生長之地一個風氣很閉塞的南通，變成中國的

模範縣。……遺傳性和環境，都於先生沒有甚麼大影響，先生成功的要素，是純潔創造性、遠見和毅力。……著者曾經同英、美、法、日各國的外賓，到過南通，訪晤先生，參觀地方各事業：大家所得的印象，都很深刻，不是說他是一個創造者；就讚歎他成就了何等偉大的事業；並且大家確認為他所創造的南通，是中國的樂土。……我們要仔細研究，究竟先生成功的權力在哪裏？為甚麼先生能成就這樣遠大事業的結果？在先生七十歲生辰的時候，還充滿着辦事的興趣，這種興趣，於未來數年中，要給中國很大的利益。……

　　我父在南通創辦事業，各國人都很注意，來參觀的人，每月都有。在我父七十歲生日，各國政商界人借了祝賀的機會，相約到通會晤我父，觀覽事業，回去以後，有好幾篇記述的文字，上邊我已經摘了幾段鄺先生的記載：我現在再在美、日人所做的遊記中，各擇一篇；第一，可以看出我父對答外人自述他的志願，和創辦事業歷史的立場。第二，可以曉得外人心目中對於中國人創辦新事業的印象和觀念，及其注意評論的要點。

　　美國《亞細亞雜誌》，曾經登載過薩雅慈先生（Mr. Sites）一篇東西，我摘出幾段：

　　　　……此等事業之光彩，誠可與歐美相頡頏，若求諸純然東亞之內地，實可驚異；且種種進步，完全由華人指導，即美國最精幹之改良家得聞其詳，亦將引起有興味之研究。夫負指導之責者誰歟？乃造就新南通之運命之張謇也。張公秉救世之正義，存利眾之仁心，孜孜矻矻以一身為南通事業之原動力。……始叩以振興南通之秘訣，答曰：吾人欲振興一事，先當祛除私利之心；蓋私利之心，

可以驅滅公理，為凡百成功之阻礙。至求社會之有進步，須於人民生計注意，人民衣食充足，而後可言維新。……繼復叩以中華全國，何無一縣如南通者？何無一人如公之存心者？張公自表其謙忱，答曰：『世人有兩種關係；一為內訟多疚，理性全，自身尚不能舉，而何有於外物。一為政治之組織不良，幣制之紊亂尤甚，四圍牽掣，有顧莫償；具此兩因，故非有決心毅力者，難期成就。』……其抱定二種主義，足資取法：第一，須顧全股東利益，勿藉彼之資本，飽己之私囊。第二，須與工人以相當之待遇，寧失之寬厚，毋失之刻薄。……張公招記者於中公園茶敍，談及彼之宿志，每年必成建築物兩種：二十年來，竟能不虛所望，且有數年過於所望者。去年所成，即五公園；今年所計，為狼山之馬路；明年則擬加築江堤，及創辦蠶桑學校。……昔歐美之人，經受華商之欺詐，嘗議論中國人及中國商人之無道德；及觀張公，始知中國大有人在。張公科舉出身，未入基督教，其清廉果敢，盡力於富國利民之事，洵中國之大教育家大實業家，行見與國家政治勢力相膨脹，戰勝於利己害國之政客及武人，可斷言也。……

日人駒井德三[1]先生到通訪晤我父以後，曾經寫了一本很精密的《南通張氏事業調查書》，我在那書內，也摘出幾段：

　　……前日余訪南通，拜領張公之教，張公曰：『予為事業生，當為事業死，雖曾就農商總長之職，然此不過為完成事業之一經過耳。足下為日本人，聞斯言或覺奇異，

1　駒井德三（1885−1961）日本滋賀縣人，日本商人、特務。

然予信今日之最忠於中國國家者，在能完成一事，以示國民而不疑也。』……今者於中華國家，不問朝野，為開發中華抱一志願而始終不改者，殆無一人。惟公獨居南通之地，擁江北之區域，獻身於實業之振興，盡心於教育之改革，卓舉效果，此世人之所以稱偉也。……張公之所長：一，為頭腦明晰，學識豐富，眼光宏遠，且尊重科學，有研究應用之才。二，為意志堅固，有心有所決非達其目的不止之氣。三，為其勇決在中國人中，實所罕見，有雖千萬人我往之氣概。四，為其人格高潔，奉己甚薄，粗衣粗食，而持己甚嚴。五，為有高雅之風，對於學問書畫，以及演戲各種文藝，極有趣味而時刻為之，雖擲巨萬之私財，亦所不惜，有時忙中取閒，隱居山莊，或讀書，或作詩，或應人之請，揮其大筆是也。其所短者：一，為主張己之所信過堅，在富有妥協性之中國社會，不免為所敬遠。二，為智者共有之常病，欲以己律人，以己自奉之過薄，亦欲求之於人，以至部下人才難集等是也。雖然在此舉世混濁之中國社會中，上自大總統，下至小官吏，無不汲汲然惟求一身之安寧、一己之名利；如張公所懷之理想，數十年始終一貫，表面以分頭於實業交通水利之建設；裏面則醉心於教育及慈善事業之學理，乃唯一主新中國之創造者，誠可謂治現今中國社會之良藥，而非過言者也。……由是中央政府及督軍省長等，皆以張公聲望之大、見識之高，關於重要之政務，一一徵求意見，而張公不辭答復之勞。關於中國將來之統治策，正在竭力研究中。此次中央政府突然任其子孝若為歐、美、日各國實業專使，可知彼等欲從軌道博張公之歡心也。……

一九一〇年美國巴拿馬博覽會曾經陳列我父所創辦事業的各項成

績，經過公認的審查，結果得到榮譽大獎憑（Grand Prize Diploma）。至於我父所創辦的各個實業教育機關，歷年在國內各大埠，國外英、美、法意、等國，都得過優勝的獎憑，或獎牌。

我父一生以勞力事業，換得世人不少的獎譽和政府的推崇，他非但不以為榮，反到處增他為國為民的恐懼，和良心上的謙辭。前清時代他只顧憑他的學問，走正途前進，決不願依靠保舉，也不願化錢去捐官。到了民國，政府因我父參加創建共和的縣勞，就和汪先生精衛在同一命令，授以勳二位，我父辭電說：「……未知何以慰民也而忽有勳，未知何以為民也而忽有位，遠溯子推縣上之逃，已貪天而無自；近溯無終關內之賞，並賣塞而無辭；良知尚存，不敢應命。……」

到了民國十一年（1922），政府又授晉勳一位，他又辭：

> ……項奉明令，晉授謇以勳一位，循思悚愕。……意者項謂運河局援前河防安瀾三年例保之請，而連類及之乎？果爾，則有無限之悲觀；謇窺涉水利之學垂五十年，……去年昭關壩之不開，蓋事實之利害，非羣關所得撼，若因今歲七縣之大有秋，而作為一人之居奇貨，是貪天也。……昔富弼撫使河朔，拯五十萬災民於水火，宋帝遣使褒勞，弼曰：『此守臣職也』，辭不受。謇之即事，未遑比弼，雖不受俸職守一耳，奚以言功乎？謇之志，不寧惟是，若昔在水利局時規劃之珠江、揚子江、淮河、黃河、河套、松遼，最近規劃之揚子江、新運河，皆關國要，而切民生；十但一施，丈能尺進，稍吐書生之氣，實踰南面之榮；若其否歟？則所謂慶賞賜予，民之所好者常人耳；謇誠惶恐，讀書十年，而猶常人也。……謇今者願寢成命，置不施行，俟諸水利稍見措施，或有成績可告天下之一日，庶賞者不僭，受者可安。……

還做了幾首諍詩：

> 是非既殽，貪夫囂囂；不至於極，惟有蹻蹻；予聖予
> 武，靡愉不驕。昔民欲貴，五等而止；今民哆分，自五等始；
> 夷而等之，云何國體？猗嗟我人，天爵孔尊；忠信自植，亦
> 躬亦桓；禮義自衛，猶屏猶藩。謂以是餌士，其得魴鱮，謂
> 以是擾虥，有狡狐鼠；尚慎思哉，敢告鈞寧。（〈諍詩〉）

民國正式政府成立以後，很注意地方自治的推行，而想先取法於
南通，於是令省縣官廳詳查我父所辦各事，呈復上去，閣議特令褒獎：

> ……張謇前以邑紳，在南通提倡自治辦理學校善舉及
> 一切公益事宜，迭次捐資鉅款，該總裁家本清貧，以創辦
> 實業之餘財，為嘉惠地方之盛業，洵屬急公好義，為國楷
> 模，本應加以崇獎，惟該總裁者年碩德，素卻虛榮，應即
> 特令褒揚，風示全國。……

我父逝世以後，政府有一篇悼揚的命令：

> ……張謇者年碩德，體國忠誠，位望崇隆，邦人所重。
> 民國肇造，於建設因革諸大端，多所贊助，嗣後……籌劃
> 經營，效績昭著，比年引退，尤復振興實業，造福邦家。方
> 冀克享遐齡，共謀國是，詎意偶患微疴，遽爾溘逝，老成凋
> 謝，愴悼殊深，著給費治喪，派員致祭，生平事跡，宣付國
> 史立傳，並交國務院從優議卹，用示篤念耆勳之至意。……

我父七十歲生日，各方送來祝頌的文字各種體裁，有好幾千篇。
等到我父逝世，我家接到國內外哀悼的文字，更加多一二倍。都是情

文兼至，各有各的立論推崇之點。我打算拿這二部分東西，印在我父全集後，作為附篇。因為詩文篇幅過長，在這裏不便選入，只好抄一二十副輓聯出來：

> 英聲千載。
> 斗南一人。　趙爾巽[2]

> 一代聲名昭簡冊。
> 千秋慈惠薄鄉閭。　王寵惠

> 謳思淮海三千里。
> 關係東南第一人。　王毓祥

> 一老不遺，失慟豈唯吾黨？
> 萬方多難，招魂怕望江南！　梁啟超

> 化始一鄉，觀政從知王道易。
> 利貽百世，傳家尤喜後昆賢。　嚴修[3]

> 絃野遺規，聲聞赫赫人間世。
> 負舟大力，神理綿綿墨者儒。　陳三立

> 救國展長才，儒服不妨兼貨殖。
> 傳家留義訓，史書定可附河渠。　張作霖

> 立德立言立功，是古所謂三不朽。
> 授耕授織授讀，待而生者十萬家。　丁士源

2　趙爾巽（1844–1927），字次珊，漢軍旗人，清末政治人物，《清史稿》的主修者。
3　嚴修（1860–1929），字範孫，號夢扶，天津人，創辦南開中學和南開大學。

承濂亭薪火之傳，能以文章弁科第。

載端木瑚璉之器，豈因貨殖損清名。　　章炳麟

仕隱繫興亡，居然成邑成都，代養萬民光上國。

安危存語默，堪歎先知先覺，未完七策奠新邦。

黎元洪

頌德憶舊游，同訪碑高句驪，思補海東金石苑。

傷時痛逝者，起哀曲梅歐閣，羣持蒿菰露歌。

唐紹儀

退老一隅，無武力，無事權，而負天下重望若此！

勳存百世，有文章，有樹立，試數近代抗手何人？

莫棠

為宇宙間儒者特立事功；前不見古人，後不見來者。

與歐美洲專家同垂竹帛；在下為河嶽，在上為日星。

顏惠慶[4]

文章經濟超軼等倫；數顧亭林而還，唯公獨有千載。

仕宦科名豈為溫飽；抱王沂國之志，讀書不負平生。

鄧錫侯[5]

禍逾五季，局變千秋；公在亦何能，有淚不為天下慟。

功施一州，聲流四裔；名歸非倖致，論才似覺古人無。

沙元炳

4　顏惠慶（1877–1950），字駿人，江蘇上海人，晚清民國外交家。

5　鄧錫侯（1889–1964），字晉康，四川營山人，四川軍閥。

鼎甲繼翁叔平，身在江湖，倡黌校以惠學人，名猶過也。

經術同顧炎武，宏搜利病，務織墾而先天下，實又副之。　唐繼堯[6]

著成書千百卷，享高壽七旬餘，士農工商樂利，只今懷仲父。

興實業三十年，養居民億萬戶，江淮河漢孤寒，何處哭崖州。　王士珍[7]

為地方興教養諸業，繼起有人，豈惟孝子慈孫，尤屬望南通後進。

以文學鳴光宣兩朝，日記若在，用禪徵文考獻，當不讓常熟遺篇。　蔡元培

子弟誨之，田疇殖之，子產而死，誰其嗣之？今所聞於輿人者，乃亦類是。

泰山頹乎？梁木壞乎？哲人其萎，將安放乎？此豈獨其徒黨也，而始云然。　徐昂

物則棉鐵，地則江淮，蓋其自任天下之重如此，遠處着眼，近處着手，凡在後生，宜知勉矣！

早歲文章，壯歲經濟，所謂不作第二人想非耶？孰弗我有？孰是我有？晚而大覺，尚何憾乎？　黃炎培

6　唐繼堯（1883-1927），字蓂賡，雲南會澤人，雲南軍閥。

7　王士珍（1861-1930），字聘卿，直隸正定人。「北洋三傑」之一。

咨汝治水，咨汝明農，咨汝弼教，咨汝共工；虞廷雖奮庸熙績，古無能兼。何期時丁標季，名世挺生，海濱獨創艱難業。

祀之郊廟，祀之明堂，祀之瞽宗，祀之鄉社；祭法以崇德報功，公皆弗忝。所嗟數阨貞元，一老不憖，邦國同深殄瘁哀。　熊希齡

在我父的墳上，新近建了一座銅像，像讚的前段說：

維張公既葬，越二歲己巳，三年喪畢。門生掾吏故舊，登邱隴而傷逝，感松柏之漸拱，悼德輝其永閟，念後生將安放？愴懷追慕，思昭不朽，僉謂：銘德累功，允施鼎鉞，慍聞僾見，莫尚圖形，絲繡平原，金鑄少伯，並不藉丹青之能事，而著愛敬之極軌，徵之往古，例既非創，揆之今世，禮更攸宜，乃相與醵資，飭工冶吉，金範德像，以遺其孤，樹諸靈域，俾清標耀乎百世，來哲仰乎無窮。……

第十章　優遊山林及晚年風趣

第一節　南山別墅風景及賞花

我父七十前後，看了國事的紛爭擾亂，沒有一年寧息，國勢隨之不振，人民痛苦，依然不能解除，南通實業教育自治等事業，因為連年的天災兵禍，直接間接的摧殘影響，不能再推廣發展，只有儘量保持相當的現狀。我父曾經說過：「一個人一生要定三個時期：三十歲以前是讀書時期；三十歲到六七十歲，是做事時期；七十歲以後，又是讀書時期。」所以我父將到七十歲，就心心願願準備實踐他那第三時期再讀書的計劃。可是讀書和做事不同，要有個冷靜幽雅的地方，配上野僻安閒的環境，所以我父就在南山一帶及江口，造了許多別墅亭樹；有的是傍山，有的是臨水，有的是在山上，有的是靠江邊，有的是利用原來寺院加以修飾，有的是另外新建。房屋的建築，都無宏大華麗的氣象，卻有茅舍野趣的結構，他不時去住幾天，讀書吟詠其間。

最先建了林溪精舍，在狼山北巖下觀音院旁邊，小橋溪水，松竹成林，幽靜得很。溪裏邊有一塊很魁偉的石頭，我父給他叫「磊落磯」，是吳昌碩先生題的字。

　　小磊落磯　此石在松巔閣下，翁崖前溪側。　丙辰初
夏吳昌碩書

我抄幾首我父林溪精舍的詩。

　　滄海流無極，青山買已遲。千岩吾曷羨？一壑自專
之。杜宅白鹽嶠；韓莊黃子陂。老來足幽興，非與古人期。
　　香爐峯下地，連着幾盤陀。朝夕陰陽半，謠吟坐
臥多。敷茵花不拂，題字石頻磨。好事人應笑，其如老
子何？
　　醉亦邀山簡，吟唯許子猷。花時應賷酒，雪夜或迴
舟。厓窟容鳶伍，磯亭為鶴謀。入林殊有事，鬻字未宜休。
　　兩載南山役未終，更營西崦與東峯。周防闢地教通
港，火急擔泥事種松。蓮社已諧元亮約，輞川疑待右丞
逢。水雲佳處吾堪共，高興還來策短筇。
　　破費工夫本是癡，得勞就勝在官時。書生能買山原
小，褊壞思逃世可知。螺蚌頻看麻谷變，鶴猨應免草堂
疑。只憐朋輩皆蒼老，正要春風勸酒卮。（〈因視林溪工
約丁禾生沙健菴金滄江潘葆之張景雲同遊，遂憩精舍〉）
　　冷逼空齋夜早眠，壁光閃動火爐邊，擁衾憶遠堪誰
語，滿耳山風瀉暴泉。（〈精舍獨宿〉）

軍山腳下又建了一個東奧山莊，裏邊受頤堂有一付對聯。

　　是以君子慎言語節飲食，利涉大川，由頤屬吉。
　　至於要道去健羨黜聰明，光耀天下，反復無名。

又有一座倚錦樓，有一付對聯。

居畏壘而民穰，計日計歲，尚不逮庚桑楚。

付兒子以家事，管山管水，其庶幾辛稼軒。

還抄幾首山莊詩。

未遂去人遠，閒庭將午開。題詩徧新竹，記客辨深苔。園婢呼雞去，溪僮飼鶴回。看經蓄疑證，留待碻聲（健菴晚號）來。（〈山莊〉）

便閒不得暇能抽，每入山時愛獨游。蓮影夾橋穿沈墓，松風一嶺上虞樓。烟雲起滅渾常態，魚鳥情親足勝流。暫得辟人猶辟世，下簾含笑對茶甌。（〈獨游〉）

在最西小山中間，又建一個西山村廬，靠江邊最近，風景最幽雅，我父最愛住那邊，我抄幾首西山的詩。

老竹都依水，新廬復在田。花增十畝額，堂企兩山肩。字鹿宏偏柴，撈蝦帶小船。村傭寧解事，老子自周旋。

棗栗枇杷柿，梨桃錯間之。回灣小丁字，仄墢後辛夷。但祝蟲無害，寧妨雀我欺。魚苗新滬育，與物共熙熙。

似客林空好，無人世或閒。淪胥天下淚，沈寂眼中山。貙獺分今古，鳥鳶任往還。百年非遠計，雙鬢若為斑。（〈西山村廬〉）

林疎山淺路非賒，方便閒來小結跏。草際新流牛赴飲，花陰微雨燕歸家。約僮愛物常詢鹿，謝客論時並厭蛙。乘興未妨還獨適，水牽慢艓陸巾車。（村廬晨起）

未暖蠶遲桑葉貴，仍晴牛放麥秧喧。魚登海網連江網，鳩鬧新村帶舊村。濠上車來頻卻軌，瀼西蔬種漸成園。不愁人事爭翻覆，物候農祥獨本根。（村廬書事）

> 高天露氣清，當戶月逾明。悄悄吹燈出，離離辨斗
> 橫。何方歸馬靜，不礙亂蛩鳴。人說前宵破，叢栖雉盡驚。
> （〈重九夜介山堂獨坐望月〉）

在馬鞍山上建了一個「我馬樓」，樓上有一個岑台。這是我父南山別墅最高的地方，北可以看見城市，南可以眺望江景。

> 淡似睡眉初二月，細如喘息五更風。一宵我馬樓頭
> 住，消受惟應老禿翁。地僻江晴山更暖，人言寒待過前
> 年。眼邊世事猶難料，都付簷頭不語天。（〈我馬樓絕句〉）
> 隱隱哀鴻不可聽，閒閒獨自款高冥。江浮荻渚潮頭
> 白，霜入楓林石骨青。日晏燭龍窮北極，風低斥鷃笑南
> 溟。紛紜人事難回首，不及罍罇濁酒瓶。（〈岑台獨望〉）

我當時有一首詩，拿我父比白香山，我父很歡喜。

> 香爐峯下築，昔有白香山，致仕尚書後，移家展道
> 還。老親不為祿，一出便歸閒，今古夫何有，高懷若是班。

圍繞五山又開通了曲折的林溪，和通引江水的小閘，既可增加幽美的風景，也可便利鄉農灌溉的用處，可謂一舉兩得。那林溪之上，築了堤岸，岸上做成道路，兩旁的楊柳種得密密層層的不斷，中間夾栽着桃花，到了春天，桃花開得紅艷，點綴在一片綠柳蔭中，車馬遊人，往來不絕，山間的野鷹，盤旋於岩上，風吹麥浪，到處跟人翻蕩。到了夏天，一望碧綠，沒有一點漏縫。溪內的荷花，田田的開得紅白相競，泛了小艇，繞山溪，穿過荷花，游魚的錦鱗浮映着淺水，直看到底，清楚得很。到了秋天，滿山田野間樹葉，漸漸的凋零，在秋容的慘淡中，越發襯出紅葉開得鮮艷，桂花的香味，更隨人走動。到了冬

天，山的真形逼真的露出，只有梅花伴其枯寂，還有一叢叢的細竹，和一灣灣的溪水，密密圍住，近處看一樹一樹的開得楚楚有致，遠處望來，連成一大片花光，映着有點耀眼，煞是有趣。賞過梅花，又賞櫻花、梨花、李花，四時的風景，各有特色，四時的花卉，也接連的開得不斷。我父看花詩很多，抄幾首在下面：

> 買山得幽寂，營坨資藝梅。學農復學圃，遲也賢乎哉。……茲辰上斯巳，春氣暮轉佳。欲為吾山悅，折簡招吟儕。晚梅數十本，散雪仍皚皚。弱柳漸紫線，短松新露釵。穿林辨曲徑，周旋兩橋回。臨流掇花片，席石評桐材。水度一高下，流觴無取裁。嘗笑香山宮，帝力移風雷。吾意會自然，澄漪足縈洄。開我繡雪檻，滌我流霞杯。驚禽晚長笛，歌鳥勸餘醅。無方覓支許，有客攀鄒枚。蘭亭與金谷，篇章孰駸駘。正緣衛尉富，絕倒右軍才。（〈導諸君觀梅梅坨因為修禊之飲同作〉）

> 溪陰黯黯看成雨，春色堂堂尚在花。晴晝底忙應悔晚，芳尊及對未為賒。畏人杜甫身多忌，笑客桃椎髮半華。豺虎有時空假息，燕鶯留意莫輕譁。（〈約客看梅梅坨〉）

> 累月看花次第新，全林一樹殿殘春。不關顏色爭桃李，留吐芳心慰老人。（〈坨梅開盡矣竹畔一株尚盛玉色如雪喜成一絕句〉）

> 稱梨十載但槎枒，此日桃開並見花。生事桑麻添別部，文章脂粉合成家。入林近拂香團雪，俯檻遙窺月映沙。一笑昌黎看李去，縞裙練帨浪咨嗟。（〈我馬樓外梨花〉）

> 富春船過映舡紅，江上栖霞遠望同。我有好山須點綴，勞君分遣過江風。昌黎躑躅少意思，軒輊無端語未公。火速明年開處處，定拌新詠慰新紅。（〈馮生遣人送映山紅至寄謝以詩〉）

草木華夷迭主賓，當年移植自東隣，兩家春色波潮闊，一角中天雨露新。世界美人無畛域，文章異處有精神。葡萄苜蓿吾家事，太息旃裘內嚮辰。（〈櫻花岬〉）

主人愛花兼愛客，花顏自紅客頭白，主人重客客重花，紅紅素素充一家，就中尤物最矜絕，緋裳練帔明朝霞。美人比花花不肯，花對美人厭脂粉，自緣自分足天才，陳庭照炬隨人領。……（〈中隱園看五寶杜鵑〉）

香奪玫瑰郁，花疑芍藥豐。欲張千萬朵，園住七三翁。古別蕃麟紫，（唐回紇賣馬太宗因色別為十種，各賜以名，一名翔麟紫。）吾思海雁紅。後來真足勝，萬類日新中。（山庭紅薔薇之大者正開，繁艷異常，俗或以紅玫瑰洋牡丹呼之可厭。昔張文襄易「洋雁來紅」為「海雁來紅」，常自喜而語客，今余亦以新薔薇為其名，花而有知，當不怪唐突。）

不雨屢作態，陂塘厭暘旱，澤農數花時，令芳中菡萏。……門生清曉來，為語校池變，淮陰有短艭，亟呼看花伴，濠轂漾輕颸，波前野鳧散，眾行熟無覩，乍到忽驚眼，花與花縱橫，葉為葉繾綣，葉面花凝妝，花腋葉張縅，葉微馥微薰，花少長少短，露應夕後繁，風至人前善，不嫌水位低，但覺香氣滿。……內顧花盈盈，外觀水澹澹，水亦不可竭，花亦不可剪。（與友放舟觀校池荷花因至紀念亭，與先至諸生話言。）

……芙蓉絢秋晚，託根糞壤間，濃露挾霜氣，辛苦丹其顏，自惜朝旭杲，巨耐西風頑。葳蕤挫復折，憔悴蒙榛菅，江干有漁父，見之心惻酸。濯葉反覆垢，衛花周遭闌，靈苗茁苕玉，貞語薰麝蘭，具是芝菌秀，足勝冰雪寒。漁父仰天笑，照眼青琅玕，水滋與木末，來日良獨難，置之遂沒世，搴之寧異殘，感分有深淺，啼笑非悲

歡，宛宛手中綫，泠泠指上彈，娟娟雲中月，悠悠江上瀾。（〈芙蓉歎〉）

雲破月來花弄影，不須問月但愁雲，倘移花種層雲上，夜夜清光傍得君。（〈倚雲樓月下誦張子野樂府有感而作〉）

今日花不開，鳴鳥何為來？鳥非愛花者，花自性姚冶。千聲萬色司三春，聲聲色色神乎人，有花有鳥一絢爛，無鳥無花一平淡。平淡絢爛都有情，自然適之天地事，有有無無安足爭。（〈今日〉）

那邊有些寺院的勝跡，我父仍舊保留修築，黃泥山上卓錫庵旁邊我父起的小樓，題着「虞樓」。因為登樓觀江，在雲霧中依稀望得見隔江的常熟虞山，虞山不是有翁先生的廬墓麼？觀景懷人，感念起翁先生來了。虞樓有一篇匾跋：

黃泥東嶺，南望虞山，勢若相對。虞之西白鴿峯下，則翁文恭公之墓與其被放還山後墓廬在焉。辛酉一月過江，謁公之墓，陟虞巔望通五山，煙霧中青蒼可辨，歸築斯樓，時一登眺，悲人海之波潮，感師門之風義，殆不知涕之何從也，名虞樓以永之，亦以示後之子孫。（〈虞樓匾跋〉）

還選一首小詩：

為瞻虞墓宿虞樓，江霧江風一片愁。看不分明聽不得，月波流過嶺東頭。（〈宿虞樓〉）

我父南山的建築，這處最高，高處遠眺，風景自然更妙，雲霧迷漫的時光，向東一望，沙嶼縈迴，也分不出哪是江哪是海，輪船帆影和沙鷗水鳥，遠近上下，往來高低，各有各的情趣；遠眺那日落的景

致，好像一個紅皮球，依傍着半天雲霞，安穩的托着，慢慢的送他落下去了。到了暮春，山下麥田中，有桃園二千多樹，盛開的時候，望下去四圍綠色，中間一片紅光，好像一大塊的紅絨地毯，四面鑲着綠邊一樣，風吹動起來，更有奇趣。天生果園的桃林，雖有三千多棵，比這裏多，因為平地看去，景象差一點。我父到了桃花盛開的時候，就流連於二處，欣賞做詩：

　　　　昨日看花嫌不足，紅粉兩行僅充屋。我尚有樹三千林，曷為棄置春江曲。朝來驅車江上行，吞江曉霧當前橫。隔霧看花亦自好，夾堤況有花將迎。我園四阻竹成幛，漸近花光出竹上。風吹霧散入園門，絳雲翻空雪作浪。……主人拄杖跼蹐立，駭魄搖睛兼二客。冬春日月曾幾時，轉瞬繁華換蕭瑟。……叩門幾許看花人，朱顏暗老誰還少。今年雨少江平平，寒長乍暖花冥冥。……柳絲正碧蒲芽青，嬉春勸人鳥丁寧。如何卻被古賢笑，主客不飲相對醒。（與鹿笙、烈卿公園看花之次日，復同至天生果園看桃花）

　　　　老年惜春春不留，少年忽春如瞥金錢流，金錢孟浪或作惡。縱博嬉游白日促，眼前之春一逝不復續，東家少年苦讀書，……乃翁何為心跼蹐，功名事業非人覘，豫章盤盤由根株。生子與為泛駕駒，不如長養食字魚。便欲經綸洞時務，也須典籍窮今古。玄德少幸事康成，伯業老猶驚魏武。不似吾曹雪蒙頭，飽嘗世味藥在喉。開口惟宜阮生飲，散足輒偕林類遊。滄江種桃吾一邱，看花數實漫浪休。快意聊適主賓醉，生計不諱田園謀。花好正如少年好，不花胡實春空老，亦未望吃綏山飽。……（天生果園看桃花歸，聞鹿笙病其子治許鄭學太顓之言，為長歌釋之，兼示諸客）

春到吾家樹盡妍，緋衣百隊絳宮仙。新花合有新詩賞，好乞珠璣一兩篇。（〈示內集女賓看桃花〉）

我隨侍看花，也做過幾首詩。

裁看梅坨千株秀，次弟桃花百畝紅。多謝東風能解事，並催鶯燕媚吾翁。

舞踊蜻州最有名，去年此日在西京。錦衣玉貌教充陳，更看吾家上野櫻。

黃泥松好亦蒼顏，白鴿峯高露翠鬟。省識吾翁無限感，登樓常日望虞山。

歌雛那解愛桃源，鬥粉羞朱錦袖揎。須識江風吹易散，護花能有幾家旛。（〈連日侍大人召客及歌者馬驪以次遊虞樓、天生果園看桃花，敬呈。〉）

西邊的山，本來不大，東一堆，西一塊，沒有真山的莊嚴，而有假山的靈巧，不需人工的天造，越發可愛可近，在梅坨裏邊，我父自出心裁，拿沒有用的大大小小樹根，和長長短短的石片，用水泥鉛絲連屬起來，外面塗了柏油，蓋種了草皮，疊成一片很別致有趣味的屏風，高高低低，有深有淺，有洞有門，有峯有巒，看上去地方雖不大，而極有曲折邱壑的情趣。我父在每一個片段上，都給他題一個名兒，因為起伏遠近有雲的形狀，就拿雲來形容他的姿勢。題名列下：

雲之門　香雲嶂　漏雲　攘雲　冕雲　拱雲　倚雲
翕雲　切雲　醲雲　扇雲　抉雲　宸雲　決雲　儀雲　鈿雲　匜雲　骱雲　帔雲　盾雲　枕雲　綴雲　巽雲

梅坨裏邊有一個亭子，題作「繡雪檻」，有一塊匾。

　　昔故人周彥升嘗為劉子馥疇書室題此，劉以植梅少，
不足當繡之云，未用也。今憶而牓我亭，花時宴坐，雪香
如海，惜不見我故人，不勝悵惘耳。

　　我父別墅既多，各處事務自亦不少，管理照料，在在需人，又要
其人耐得寂寞。就想到婦女心趣細靜，情致蘊貼，管事也有條理。所
以每一別墅，都請一女子管理，兼司抄寫文牘。我父閒暇也教導他們
學習寫字做詩，以為消遣。

　　我父在新改建的觀音院內，造了一座三層樓，內中陳列了許多觀
音像，在畫的繡的當中，有古人的、近代的；在雕刻的當中，有石的、
玉的、木的，及其他種種的；各式各樣，沒有一幅同的、一尊同的。
每年逢到觀音生日，總開放讓人去參觀瞻拜。我父說，所以要改建陳
列的原故，一來是敬佛，二來是保存勝跡，三來是提倡美術。

　　……杭州井亭庵僧靜法……示寂滅度之先，舉庵昔
所有，與其所得之觀音像五十餘軸，付囑摩訶為之保管，
摩訶以覬覦者多，慮不能終守，乃都寄南通，囑付之公地
永藏，像所自出，石刻之畫，自唐吳道子始，絹素之畫，
自宋趙孟頫始，有繡之畫，有緙之畫，有灼火鈎金刺血而
成之畫。……乃易故殿宇，建閣三重以為閣殿，奉靜法所
遺，益以現世繡緙白玉水晶青銅文石旃檀竹瓷寒石琉璃象
牙所製種種之相，而北門美石之所鑴，唐貞觀丹陽善銅之
所範，與夫高郵古剎唐代舊畫，珠髻金容，後先感會，於
是量幅大小，列次供養，幡幢華蓋，藻采層殊，無不原本
經說，祁祁翼翼。……〈狼山觀音院後記〉）

　　我父還想幫觀音院請一二個讀書不俗的和尚來做主持。

　　狼山觀音院可臻精潔勝處，而和尚太惡俗，欲求勤樸
誠淨之僧，或居士主之。狼山亦擬仿焦山例為改一叢林作
模範，但如何措手未定，故尚不宣示意見，須計定再說。
若弘一、太虛能為之，亦大好事也，試與弘一、太虛言之。
（〈致江易園書〉）

第二節　城南風景及泛湖

　　南通城南的公園，是我父將奎星樓改建的，又擴充了東南西北各
面，拿小橋聯絡起來，樓台亭閣的佈置，花樹園林的點綴，堆一座假
山，開一個水池，到處都是我父親自指點造成。最有情趣的，是每處
地方的題名，我父是在各種碑帖上揀幾個字，集起來，再放大刻上匾
去。集字題名如下：

　　　清遠樓（王羲之字）　　迴碧樓（宋太宗字）　　適然亭
（黃庭堅字）　　南樓（褚遂良字）　　覷青處（虞世南字）
嘉會堂（漢史晨碑字）　　石林閣（隋龍藏寺碑字）　　宛在堂
（漢禮器碑字）　　鑿坏室（唐開成石經字）　　自西亭（董其
昌字）　　水西亭（米芾字）　　與眾堂（顏真卿字）

　　還有一處題叫「戒旦堂」，是婦女遊園休憩或集會的地方，我父有
幾句跋，提倡早起。

　　　日見地上為旦，明也；堂東嚮，承旦之明獨先，故西
域獨蕊以東曰震旦。雞鳴之詩，士女昧旦，即相戒以事，
不負此旦矣。嗟我士女，徒游乎哉，名是堂以曉之。

　　公園中的對聯，我父集的最多，我揀二副。

這是與眾堂聯：

> 有底忙不來，白日青春，花開水滿。且應醒復醉，傾壺倚杖，燕外鷗邊。（〈用韓杜詩〉）

這是宛在堂聯：

> 陂塘蓮葉田田，魚戲蓮葉南，蓮葉北。晴雨畫橋處處，人在畫橋西，畫橋東。（〈集古樂府宋人詞〉）

公園四周有湖環繞，很增加不少的美景，我父最先到蘇州買了一個三艙的船，題叫「蘇來舫」。不久又去買了一個淮陰小船，行動起來，比較靈便一點，給他一個漚舟的名稱。最後又定做了一隻汽船，做好下水的時候，恰好是七月七夕。我父叫人趕做成功，做七夕夜景遊湖的用處，就題叫「星河艇」。

我父因為祝賀三伯父的七十壽，就在南公園建了一座樓。他的意思，公園中的公共建築，與人同樂，可以永久紀念，一舉兩得。樓名題作「千齡觀」。到了落成時候，恰好到了三伯父生辰，那天我父約了一百多位六十歲以上的遠近友好，到觀中歡宴。最老的有一百零三歲，計算起來，將近一萬歲，有的白髮婆娑，彎腰曲背，有的童顏健步，一飲十杯，我父做了幾首詩，抄一首在這裏。

> 南濠雲水映樓臺，碧瓦朱甍觀又開。不是私家新繕築，要容敬老萬人來。

我父還有二首給百歲以上老人的詩。

> 昔年為兄慶，集叟邁千齡。流水觴今日，連天極一星。歌終花繞席，杖外燕來庭。敬老吾儕事，珍粻古禮經。（〈壽南通百歲陸翁〉）

突兀今年大水凶，諮諏海上得康翁。九如欲使川方
至，百歲還看日正中。識分有田能自飽，攝生無藥可居
功。惟聞晨掃昏猶浴，揙柱聰明一杖紅。（〈巡河遇東台
百歲康翁〉）

到了菊花的時候，就開菊花會，叫許多人拿培植的菊花，好好壞
壞多多少少的送來，還要品評高下。我父認為種菊花，也有藝術上的
功夫，和科學上的心得，要提倡地方人士就是歡喜看花，都應該有科
學藝術的研究，從開會上得到比較優劣的精神的進步。我父徵集菊花
大會啓裏邊有二句話：「……導人民之好尚於清潔，分職業之農圃於審
美，亦地方自治應有之事也。……」

我揀一首賞菊詩。

隔江烽火乍銷芒，前月登高興未償。且幸無兵歌萬
歲，不妨有菊當重陽。花分秋色千家買，亭為詩人一醉
忙。獨倚荒洲聽落水，共愁烏鵲亂蒼茫。（〈十月五日同
人看菊花於公園遂集適然亭小飲〉）

有一年過了端午，我父想起點綴風光，就在公園中，開展端陽會，
叫人家凡家藏鍾馗畫像的，只要畫得出色，不問遠近，都送來陳列懸
掛：最古的南、北宋，近代的有元、明，清代最多，我父最先做詩記
勝，叫大家跟着和他。

……大儺桃葦驅厲鬼，周行於冬漢猶履。終葵之揮頌
季長，鍾馗之畫數道子。藍袍角帶為鬼雄，終南進士天中
記。稽經諏史證誣妄。崑山（顧寧人）陽湖（趙雲菘）辨
而理。習俗沿譌那足論。……我思周人之難夏不攘，陽氣
大盛鬼逃藏，本無所辟何不祥，鍾馗貪天神揚揚。……一

馗衣緋端拱旁，威儀疑與官相仿。縱鬼阿黨不碌鬼，縶蠖
蛟足洞蟇腸。……乾坤浩浩方塵雾，萬鬼獰嘯開幽酆。
科舉已廢進士冷，鬼不受捉勢力窮。馗乎時不強，於法當
用弱。南方神異人，纏蛇號尺郭。以鬼為食霧為漿，朝吞
三千暮八百，曷不去作秦庭哭，掃除還我天地廓，果能還
我天地廓，明年江海作端陽，徧酤一觴釀桑落。……（中
公園展端陽會集鍾馗畫像七十餘軸為點綴物，清代最近，
故特多，然畫人見著錄者，僅二十餘，名固不妄傳，傳名
亦正不易也。屬諸友為詩紀之，因亦同作。）

　　我父常常遊宿別墅各處，看看書，做做詩，很有樂趣。我父很不
願與俗客往還，但是騷人雅客，也十分羅致招納，那幾年有幾位住在
南通的寓客，像呂道象、莫棠、陳祺壽父子、劉煥、唐慎培諸君都成
了我父遊談唱和的伴侶，還有袁國鈞、章邦直、劉遜甫、高湘諸君也
不時的加入。到了四季的佳節，開了好花，有了好景，我父常常邀約
他們，同車上山，流連於田野別墅之間，大都是步行遊賞。公園的風
景，也值得我父遊息，到了冬天，雪景落得天地乾淨，就登樓欣賞。
夏天傍晚的時候，夕陽欲下未下，反照湖中，映得紅光一片，等到月
上，夜色模糊，微風吹動，月光水氣，上下一片，也分不出來，我父
晚飯浴罷，又邀了伴侶，坐上蘇來舫，或者星河艇，帶了一班伶工學
生，笙簫詞譜，式式都全，等船放到中流，大家歌唱起來，我父按拍，
客中能歌者，也和上一曲。納涼的人，整千成百的立上橋頭，連着柳
岸，靜聽的也有，遙和的也有，清茶便餐，消磨到月倦向西，人倦欲
睡，才各自散歸。次晨一早，我父的侍童開門外出，手裏拿着箋紙，
就曉得是送詩詞到各處去的，不多一刻，賡和的詩，又絡續的送上門
來。這類情況，我父享受了好多年，唱和的伴侶，也給了我父晚年不
少的慰藉。

　　我抄幾首遊湖的詩。

　　浮送吳船到早潮，開筵燈火與波搖。榜人已受園人約，不過公園第二橋。雙橈穩健底平方，里老村童乍見狂。爭上第三橋上看，華鐙四照水中央。風多濠澗浪橫斜，第四橋南種藕花。待到花時花作壁，夜闌燈炧儘浮家。（〈吳船謠〉）

　　前朝處暑曾無雨，昨夕天津若有波。樂歲呂袁劉（鹿笙、南生、烈卿）盡笑，又鞭飛電擁笙歌。乞兒乘車猴控牛，蘇遲淮速（蘇來舫、淮陰艓）兩悠悠。而今世事當前是，烟瘴雷轟我欲愁。（〈次日同人乘舫至唐閘〉）

　　丹艫星河舫，青旗上巳游，襟裙通主客，草木換春秋。……弄暉晴漱蝶，喚雨午林鳩，岸柳差差燕，風花片片鷗，隱鐘煙外寺，漾箔水邊樓。……嚣嚣幨賓布，騰騰焰石油，清談捐笛譜，餘憊付茶甌。每下人譏檜，無王士閔周，踰垣還未避，賣地弗亭羞，土苴扶餘國，泥沙博望侯，……一輩皮蒙虎，三年耳易牛，腐心猿鶴地，側目鳳麟洲，江海沉冥願，兵戈旦夕休，飄搖驚日馭，往復溯濠流，落落山陰序，茫茫洛水謳，聊當觴詠暇，焉用古今侔。……（〈上巳同人修禊汎舟濠上〉）

　　一碧濠波淨醮桐，臨濠歌吹走兒童。年年待寄公園會，天正高高月正中。畫船觴客快清遊，白髮當風映黑頭。酒畔不須驚世事，滄江東去漢西流。新教伶童舞柘枝，明年今日甲班齊。酡顏主客應俱健，看送山河月影低。（〈中秋約客與兒子泛舟用東坡八月十五日看潮韻〉）

　　水邊風外愛歌聲，絃管無人上北亭。正是夜涼明月好，不妨按曲與人聽。（〈納涼集伶生度曲〉）

我父逢到佳節良辰，也總是約了友好，遊宴消遣，地點不一定，

早晚也不一定，唱曲做詩，成了一個慣例，我父有一篇詩序，講起佳節不可辜負的感想。

　　……庚申二月晦，歸自阜寧海上，游倦小息，遂於上巳與退翁、怡兒招要朋好，小集觀萬流亭，為修禊之會。非第老人宜有此娛耳目適意志之事，亦藉以抒朋輩時事之感傷，而令鄉里後生子弟知令時之足珍，景光之可玩。酒罷泛舟，亦進絲竹，自今伊始，歲且為之，先成詩章，用徵唱和。……

我揀幾首佳節泛舟登山看花聽樂的詩。

　　……江潮入閘流洋洋，酒盞正映雄黃黃。佳節令辰不放過，主人愛客皆老蒼。新舫舊舫水中央，百日常繫一日忙。白崖弟子不祝髮，（宋饒節謂鐵僧）盡張錦茵如道場。吹竹輒響老伶矓，喝電擘波驚鳧翔。迴旋終得住處住，譬歷九州何短長。客作此語識進止，齊物何必呶蒙莊。路人蹺午（里人過午多出遊名蹺午）睨其旁。供人喜笑我則狂，歸歟蒲艾沿門香。……（〈端午日飲客蘇來舫席罷使星河舫拽之周循西濠〉）

　　雨雲漠漠戰雲昏，江北江南總斷魂。庚亮興隨風月淺，晏殊吟廢管絃溫。鸛鵝突陣皆吾土，雞犬偷安有此邨。聞道捉人無主客，石壕吏卒夜呼門。（中秋無月，江南戰事亦未止，欲與鹿笙、烈卿登南樓不果）

　　昨夜玄雲冪望稠，誰揚巨箒拂神州，兩間直現清寧體，萬戶無分醉醒眸。深樹漫疑猶有魄，緩歌卻愛未當頭。河山了了盧非碎，要待真仙子細修。（〈中秋南園玩月要與遊諸君同作〉）

　　年來慣見海成桑，秋至難禁露欲霜。不雨不風能幾日，老兄老弟說重陽。坪花爛漫鮮無賴，鏡髮蕭騷懶似狂，愁絕怕聽江上雁，波濤滿地覓遺糧。（〈重陽日置酒與退翁合飲並令諸子侍〉）

　　重九登高要著屐，今破常例同放舟。曉霜染樹絳兩岸，風葉隨客如皋遊。如皋深衣老居士，星星鬢雪繞頰周，摩經撫史及釋典，欲被世界無量憂。兵氛未滌人未休，那得藕孔修羅囚。孔聖既無言，佛亦不能笑，安心靜觀萬物竅。人生六十七十只須臾，過去野原幾燔燎。今年原草明年生，不勝燎燔治亂更。我輩且須清醆倒，人家自有黃花明。（〈重九日與烈卿、輔之、保之同至如皋壽健菴六十生日〉）

　　連天不風雨，江皋駐晴色。昨從公園游，芙蓉蕾稍坼。黃菊無一花，矜重候霜嗇。蒙茸溝塍間，含蓄到葭荻。巡田一私喜，無物鬥鬢白。開我西山樓，飛箋速嘉客。昔人偶落帽，今我且勿幘。尊有僕藏酒，隣有僧借笛。寧不怵亂世，聊以慰佳節。傳聞軍中語，令民掇棉積。酬以一日飽，值待田主給。茲云果匪虛，庶幾師以律。長歎渭水南，葛生遺茂跡。又悲漢宣代，屯邊一充國。老夫試為農，奢願尼力絀。潛見時不當，宜受童蒙擊。踟蹰困東南，迂闊何西北。一醉無遠謀，旦晚望兵息。（〈我馬樓飲客作重陽〉）

　　今年旱甚菊花瘦，差幸當杯得蟹肥，秋色強能供客醉，戰軍百萬幾人饑。（〈重九日呂、劉諸君集飲南樓聽呂四舊樂工奏樂〉）

　　彌勒菴頭佛閣西，望姑峰下草萋萋。溪灣水足魚兒健，風露宵深鹿父啼。多難惟存雙十節，大經愁箋六三暌。何人汗馬收心地，空我林間獨杖藜。（〈雙十節梅垞〉）

　　我出使各國那一年，起行的時候，剛要到七夕，大家就為我餞行，做詩送別，一連鬧了半個月。我父也很高興，天天加入，泛了好幾天的夜船，明月湖風，詩情遊興，反增了不少離別的依戀。

　　　　三分月得一分弱，七夕詩成七日前，不碍旂亭無妙妓，主人投老客中年。照席星河客送行，兒詩帶楚酒邊情。乘查亦是吾家事，莫使牽牛笑後生。（〈七夕濠游後詩答坐客並示怡兒〉）

我也助我父的詩興，做好了幾首詩，抄二三首在這裏。

　　　　昨日清風南且北，今宵畫船西復東。萬流亭似鏡湖好，坦聿時能隨放翁。
　　　　吳船錄後費安排，碧檻朱燈照水開。難得老親詩興健，滿城詩興逐潮來。（〈奉和大人七夕詩〉）
　　　　月明自到中秋好，正我乘風海上時。願客夜遊吟興續，管絃更唱老人詩。（〈奉答諸友好七夕贈別之作〉）

　　南通、狼山到了正月十五，鄉下人拿田間河邊的野草燒去，名為「放燒火」，是一種禱祝豐年的農家習慣，由來已久。到這一晚，城裏的人就成羣結隊上山去，立在山上看下去，東一塊西一塊的起火，風吹火急，連起來燒成一片，農人老老少少，男男女女，手舞足蹈的高聲唱山歌，這些情像，很有趣味。白香山最有名的詩句：「野火燒不盡，春風吹又生」就是歌詠這景像。我父晚年，常常約了友好，到那晚，登樓欣賞賦詩。我抄一首看燒詩：

　　　　……元宵觀燒狼山麓，田火之遺禮成俗。……今年今宵天放晴，招要客共春郊行。西山自來幽奧足，我馬樓頭江

更明。……急飯投箸攝衣走，隣田歷落三五星。此時海月出東嶺，光到岑臺人面平。大江在南闕南面，燒匝三方都可見。高起應知束葦長，低旋猶若餘燼熇。近焯庭端燒，遠爚雲腳電。連綴若傳烽，凌亂不成線。……嘻呼掣火風，濃淡卜潦旱，叫劇村兒懽，舞多壯夫倦。叫以何辭棉稻好，舞以何式甌窶便，詛人祝己那足論，驅蟲厭蟲蟲不聞，客憾見晚只得半，未賅赫赫如陸渾。……（〈元宵約諸友我馬樓觀燒〉）

我父經營南山，點綴風景，以娛晚境，他想買幾對鶴，一問要一千多塊錢，那裏來這錢呢？他就賣字，寫了好幾天，得到了錢，就買回了三對鶴。

……無人將鶴換黃庭，換羊供啖毋乃俗。主人愛鶴鶴徧化，發憤千金易得六。主人年來貧無錢，揮毫應客常自憐。吆呼牛馬那足計，快意揮霍聊當前。鶴來何方問無所，兼金重汝非貪泉。支分三柵各有偶，明歲生雛為吾壽。退之不恨柳枝去，山谷自愛小德秀。汝為吾舞吾為歌，醉墨淋漓松下酎。……（〈鬻字買鶴〉）

我父向來很莊重，到了晚年，漸有詼諧的風味，喜歡說笑話，宴集賓客，遊山玩水的時候，碰到機會，就說幾句開開心，大有「談笑風生滿座皆春」的情況。

劉君唱崑腔很有工夫，很愛風雅，有一回帶妓遊山，我父做詩嘲他。

剡溪築舍曾無客，安石遊山有妓從。自笑水雲深靚處，仙人間卻碧芙蓉。（〈烈卿攜妓遊我林溪精舍及觀音院嘲之〉）

陳君考據碑板之學很有根柢，人亦儒雅，不過老病頹唐，到了冬天，尤其怕寒畏出，我父詩酒宴集，他有時請假不到，我父有詩調侃他。

> 翁寒畏喘如蟄蟲，昨日坏户今啟户。朝路無風晚晴暖，賺翁放膽不車步。款門驚訝客俱來，入座談笑能銜杯。軒髯說佛磈髯陪，正愁霧雨欲釀雪。門前僮語巾車溼，明日招翁翁不出。（調陳翁）

呂君為清季蘇省能吏，所到政聲極好，極講道德，做詩也用功；不過他耳聾之病，時發時止，江西話雜了官話，時有時無，於是耳聾土語，我父和友好，常常拿他開心，有一首和他的詩。

> 學詩必學杜陵翁，曷為學渠左耳聾？心苟勿塞聽亦聰，左右皆我何渠儂。渠儂自是吳家語，君住九江古南楚。大同久已混車書，方言那得區風土。劉生作詩謔有餘，君才正如徐仲車。聲入不入語異出，强生分別耳有無。無耳可使雷不鼓，有耳可聽風吹過。老夫欲為兩解之，聖人無可無不可。（〈鹿笙示所解烈卿嘲聾與鄉語之詩達識洞然和而博其趣〉）

莫君是我父早年門生；他的詞章，和江易園的文學，都是我父門下最得意的人，因長稅務到通，來通以前一封信，內有「白頭師弟猶得相從」之句。到通以後，也加入了詩酒之會，他有一篇我父輓詞，裏邊說到那幾年我父優遊山水的情狀，很真切。摘錄如下：

> ……維我薄劣，少承先君之命，實奉舉業之師；迄今四十載，中多隔闊，而亂來就食，尚蒙拂拭之炎煇。近歲重視先生，固皤然既老，弟小亦宣髮無絲，惟相顧之厚，

則視昔以彌加。春秋嘗會，山水追隨，張樂命酒，寄感抗懷，微言善謔，雅笑顰眉，或燭跋而未竟，或日旰而猶遲，賓儕三五，偶倦不支，先生則絕無欠伸，徙倚欲去而常復徘徊，僉謂神明之固，必陟耄而登期，詎意劍山禮佛，林谿侍坐，已屬當門負手之時，疇者走示山居逭暑諸作，即為逍遙曳杖之詩。嗚呼，高詠未終，衣冠遽渺，墨痕胡照眼而淋漓，從此經行游覽之處，何往不腹痛而心摧，雖先生英魂靈氣不偕異物腐散，仍長在乎平生心力所瘁之山巔與水涯；而我行將他適，瞻望且遠，豈曰惜別，實傷永離。蓋哲萎人亡之慟，遂將互終古而依依。……

民國十二年 (1923) 的冬天，我父發起約了詩友，輪流宴客，做九九消寒會，每回換一主人，換一幽靜的地方，大家每一九一集，必做一詩，興致很高。

我父自己不會吃酒，但是他酒廠內有存了二十年的酒。每逢到佳節看花泛湖，他專門看人吃酒，一杯一杯的量好，叫大家比量，他只在旁邊監督勸進，談笑取樂。有時在宴會以後也鬥詩牌，每人分了十幾張，也有幾十張，他先說明鬥詩牌的方法，然後動手，要做得快。結果總是他先交卷，我也不很慢。我父笑了說：「你卻不慢，可是不很好。」我回說：「又快又好，讓還我父。」他大笑，滿座也笑了。每一次聚會，我父必定要做詩，同時也叫同座的做，自然哪有他那個樣省力易成。當時人家因為怕做不出詩，連宴會都怕到了。我父有一首講做詩的詩。

胸中無量蓄詩意，傾寫不盡姑置之。卻笑樊翁落京國，排遣過日日課詩。人生只是耽結習，況有芳春與呼吸。風騷漢魏一時人，花上千聲聞百舌。哪用安排身後名，日夜過耳江流聲。（笑示客）

第三節　觀劇論舞

新劇場和伶工學社辦成以後，我父也時常去看戲評戲。他每回到場，沒有一次不是從頭到尾，看完才走，絲毫沒有倦容睡態。陪看的人，陪得疲倦不支，他還是津津有味，可見我父晚年精力興趣，都還勝人。

有一首送歐陽予倩率伶生去漢口的詩。

> 共君說樂夢鈞天，歲有新聲被管弦。一隊兒郎教得雋，也應騰踔李龜年。

梅蘭芳[1] 第一次到南通唱戲，正在冬天，滴水成冰，我父還是天天夜夜去看，高興得很，每天看一齣戲，就做一詩，第二天燈光齊放，上邊梅戲出台，下邊詩箋也四散出來，題叫《傳奇新樂府》，共作十回。

這是送別梅郎的詩。

> ……梅郎曠絕五年別，來晤嗇翁十日期。縣人傳說若異事，郎日一劇翁一詩。郎以慧為命，翁以狂勝癡。……百年三萬六千日，昨日黑髮今雪絲。少年朱顏不常駐，父老竹馬經過騎。世界亦何有，堯桀皆沙泥。國勢況乃如琉璃，砰脆擊薄羣頑兒。舉子不定紛劫棋，蜀秦連湘鼎沸縻。扶海一州江淮陲，耕桑尚足長犬雞。翁心與世無町畦，高臥自夢黃炎羲。……（〈別梅郎〉）

這幾天，看戲做詩的雅會，興致很高做詩最多的人，除掉我父，要推方惟一先生了。他有二首詞，很有風趣。

---

1 梅蘭芳（1894-1961），名瀾，又名鶴鳴，江蘇泰州人，生於北京，中國京劇大師。

　　十載京華裏；晤南州，乞書楹帖，笑談遊戲，道為梅
郎才寫扇，老眼蠅頭細字，怎能夠汝將郎比；語氣似嗔還
似惜，感白頭唐突來知己，談往事，真風趣。　浮雲忽聚
長淮涘，遇梅郎題詩小閣，濠南為主，故意巡簷索梅笑，
黃草詩翁之屐，漸落莫江東姓氏，不道為郎重提起，惹空
山猿鶴生驚，付檀板金縷。（〈金縷曲耆公招飲喜晤梅郎〉）

　　我父生平，向來主張無論那一種職業和一種結合，凡優秀人才，
極應該站在一起，合作起來，謀整個的改進利益，不應彼此妒忌毀謗，
互相攻擊，旁邊的人，更不應該推波助瀾，妄生門戶之見。尤其在政
治上，他認為中國的國情，和國勢的艱險，是應該將全國優秀分子集
合在同一政府以內，共治中國；人民對於政治上的意見主張，自有同
異，因同異而分成黨派，也是必然的現象；無論哪黨哪派，人數一多，
自然有好人，也有壞人，不能因少數敗類，就拿全體抹煞，不但政治
如此，就是中國戲界向來分的派別很多，你傾我軋，各不相下；我父
也認定中國藝術方面，總得優秀分子集合起來，協力改進，方能昌明，
所以我父對於梅蘭芳、歐陽予倩的各樹一幟，都覺得有調和聯合，共
圖中國戲劇改良光明藝術之必要；所以他在南通新劇場內，建了一個
梅歐閣，有一首詩：

　　平生愛說後生長，況爾英莊出輩行。玉樹謝庭佳子
弟，衣香苜坐好兒郎。秋毫時帝忘嵩岱，雪鷺彌天足鳳
皇。絕學正資恢舊舞，問君材藝更誰當。（〈人有詢梅歐
名閣意者賦長句答之〉）

還有一副對子：

　　南派北派會通處　　宛陵廬陵今古人

　　我父是處處希望人合作，就是他所辦的天生、西山等處的果木園，也都是到各處去採集最優美的果木，像山東肥城深州的桃、萊陽的梨、懷遠的石榴、洞庭山的枇杷，集會起來，預備造成最完美集中的中國果木林。

　　那幾年國內演戲有名的腳色，固然都到過南通，就是稍為有名或是還沒有名，男的女的，文的武的，都要來到一回，唱幾天給我父欣賞。大家對於包銀多少，倒放在第二層，總是要求我父做一二首詩，寫在扇子上邊，或者一副對聯，以為無上的光寵。我父也總是不拂人意，叫他們如願以償。徐又錚到通訪我父，大唱崑腔，唱完了帶笑說道：「小梅唱一齣戲，得先生一首詩；我唱了曲子，也想求一首詩。」我父也笑說道：「當然照例。」

　　這裏是一首給琴雪芳的詩。

> 　　殷勤唱罷索新詩，汝待詩傳海內知。云有梅郎先例在，巢笙更奏鳳凰雌。（〈巢笙十九雪芳年十九〉）

　　我父逢到佳節良辰，名角到來，就想起平生老友。有一回梅將要到通，我父寫信給鄭先生蘇戡，請他來聽戲，借此聚首言歡，唱和幾日。那曉得鄭先生心目中，有王靈珠在，非但不曾答應觀梅之約，並且還約我父來滬賞珠，看他的回信，見得老輩的風趣。

> 　　……新詩精深，無衰憊之氣，老運轉亨，未可知也？僕自去秋以來，不食飯，夜半三點過即起，至今無恙；亦未知留作何用耳？子培、竹君皆不常見，觀梅之約，恐無應者。滬上有靈珠者善，汝明謂為蓮芬之匹，能來觀乎？惟慎衛。……

　　民十二（1923）冬，梅蘭芳想到外國去唱戲，就請問我父的意見；

我父寫了一篇東西，給他商量，我所以要抄在這裏的原故：第一，要表明我父無論甚麼事，都是先有計劃。第二，要明瞭我父無論看甚麼事，都有世界眼光。

赴美劇團組織不易，姑以必大言，度大要，約舉如下：

一宗旨：此行為名為利，須先審定；即云為名，為一人之名，為一國之名，須先審定；為一人之名，則助少效薄，為一國之名，則助多效大，須審定。

一名稱：須能代表一國美藝。

一須知何劇合歐美人觀念心理？不宜單用二簧。

一同行人須妙選，不易得。同行人下妝須大方，合於上流；化妝須秀美。

一劇須先定何等？恐須改編，不合美人觀念者，須刪節潤色。

一按劇配他種角色足用否？如延聘可同行人，須先商得同意。

一樂器用若干種？以繁為貴，而難其材。

一每一場劇若干齣？須豫計。

一時間：時間不宜長，一處至多以若干日為度。

一人數：樂工及前後台約二十至二十四，同行藝員約三十至三十六。

一通常飾服須一例。

一劇本須譯英，須附各藝員照片歷史。

一川資：旅費每人平均至少以三千圓為度，若六十即十八萬，加以治裝交際酬勞及他意外費，至少須二十四五萬圓以上。

近來有人從北方來，據說梅蘭芳壯遊新大陸的計劃，已有實現的

希望。距我父替他計劃出遊時，也有六年了，有志者事竟成，我為梅君誦之！假使我父今日尚在，聽到這個消息，不知要歡慰到怎樣了！

我父那時還想創造一種中國的舞藝；要創造，就不能不訪求古舞是怎樣的？覺得中國已經難找，曾經和朝鮮寓客金滄江有一篇問答，也有一點「禮失而求諸野」的意味。我因為這篇問答，很有文學美術趣味，所以就抄下來。

（謇）願聞尖袖舞之名何自始？容節若何？（滄）其源不知，大抵佳妙。（謇）我憶君詩中獨不及舞，中國人詩亦不詳於舞；白香山有之而尚病其累，彼時皆看作尋常事，故並無譜，今苦人思索矣。尖袖，或者當作纖袖乎？（滄）阮亭白紵詞說舞極詳，但阮亭之時舞廢則久，則所說亦是說夢。（謇）詩詞中但形容其態耳，不言其次第。項莊劍舞與尖袖舞何別？幾人為隊？（滄）多多益可觀。（謇）何種衣裝？（滄）長袖長裙如飛。（謇）有氈毹否？（滄）舞劍時髻上戴小圓竹笠，其劍有刃，轉環着遊釘，持此而舞。（謇）劍長幾何？劍柄有環乎？（滄）有游環，使劍轉運。（謇）不知是劍器遺制否？舞時有歌否？古舞必有曲。（滄）有歌亦可，然但東俗用樂以助舞，且叶其節，鼓一，岳一，觱篥二，笛一，奚琴一，名曰六角。中國非徒琴亡，樂亦大亡，東樂無論雅俗，皆有十二節，節節漸深，故使人耳悅心感，而中國樂則終始首尾似無分別。（謇）豈能無首尾，不習者不知耳。從子今何在？豈能識別舞伎操術之優劣乎？今至滬市之美人團，君能知之乎？（滄）初聞此事。非必吾姪能辨其才之淺深也。歌舞苟能為國工，自然名滿一國，不勞求澤也。（謇）然則君知今日國工為誰？抑有他友擅長此事者乎？（滄）我在本邦，尚未知誰為國工，況今去國十五年，何能知此乎？若使

吾姪從少年冶遊探之，必能曉然，知誰為國工耳。嘗於漢陽聞御樂隊中，一琴師之彈琴，其神神妙妙，使人欲舞欲哭。中國之樂，似是首尾皆急，無次第耳。（嗇）此人尚在人世否？（滄）壬午年聞之，想已宿草矣。（嗇）有弟子否？（滄）必有。現今少年能琴者甚多，雖未知其與琴師孰為優劣，然比之此間琴客，則夔也。大都東國之琴音，可以昌黎聽穎師琴意觀之。（嗇）昔歐陽永叔論昌黎此詩，是琵琶音，非琴音，而永叔琴詩則亦未是琴，固知琴不易工，作琴詩亦不易工。（滄）樂聲由緩而急，節節漸深可也，中樂似是初發已急矣。兵火不入闕里，則夫子廟之樂舞似不沉淪。（嗇）孔廟之舞，家舞之屬也。樂則所謂郊廟之樂，今中國世俗之樂非雅樂，益與郊廟有別，古鄉里通行所謂墅舞，與廟樂亦不同。（滄）東邦之歌無用於中國，惟舞與樂可用。樂調大約有二：一曰靈山會上，一曰與民眾，即韓世宗時所製之歌曲，新羅時琴學大行，有入山五十年操琴者，其所製曲，為數百，若韓則所製曲不多，亦琴學之衰也。

歌樂之中，學琴最難，若極聰慧者，數年可成云。雅樂不可陳於戲園，亦所不敢也。人將聞而坐睡。復舞復琴，必不可已之事也，令舍姪招善工，仍令為之通譯如何？但此兒好作賈業，恐難久在此場中。一場舞妓，二人為好，若着多人舞，則使人眩亂，反無精彩。

琴是房中之樂，故尤宜一人。作校則將因西公園舊屋，抑別建乎？（嗇）教劇與教樂不同，今名之為伶工學社，須別建。（滄）教育大約以三年為期。舞時有一人在榜執板以為節。尖袖舞，妓二人；劍器舞，妓二人。（或一人能兼之。）執檀板者一人，琴師一人，六角六人，求時探問可也。韓廷壬午以後，遣駐美公使令帶六角以往，

美總統令陳於庭中，問之大稱好云。日本無樂，故亦好用
韓之六角，日本學樂於百濟而今其樂不足可觀可聽。永叔
不知唐宋之琴古今殊變，而妄欲譏昌黎乎？樂非可摸捉之
物，如大風吹物，往而不返，中國多亂離，樂所以失也。
若韓則僻在一隅，自古別無大兵亂，故樂至今能存。

第四節　詩的生活

　　我父晚年意境，非常曠達，情趣因之開爽，那退隱的生涯，滿帶
着恬淡詼諧的風趣。他從功名富貴中走出來，而不走進那頹廢浪漫的
途徑，後來幾年的隱居，差不多就是詩的生活。一個人的思想，總要
有個寄託，本來那一種環境，可以造出那一種思想，寫出那一種作品。
我父避世謝客，優遊林泉，不是看花，便是賞月，不到湖上，就到山
中，自然所見所聞所感想，都近於詩的情趣，不但拿詩當消遣，簡直
拿感觸懷抱，都寄託於詩，發揮於詩。他的詩向來是寫實的一派，晚
年作風，更趨深刻，又極講究情趣和音節。他那時的環境，又是孤逸
天然幽美田野的一類，所以有許多詩，隨手拈來，都成妙句，因為沒
有做作，所以極其自然，沒有一點火氣，所以格外清新。他的行徑儘
管飄逸，但決不頹廢；意趣儘管豪放，但決不浪漫，他的詩很像他的
人。在那幾年，雖然與世力求隔絕，不願聞問。但是大廈將傾，覆巢
之下無完卵的局勢，一天一天逼迫起來，當然不能無動於中，忘情不
顧。看到世亂兵災，天荒人禍，處處驚心慘目，無限說不出的感傷，
也只有寄託於詩。後幾年的作品中，有不少憂懷國事，和諷刺當世的
詩，他雖然天天是吟嘯煙霞，流連花月，可是人民慘痛的情狀，江河
日下的危機，也時時送上心目，揮之不去。所以他的歡笑，比哭還難
過，他的詩歌，就是血淚了。我們讀他這幾年的詩，要時時記住當時
紛爭的政局，和他一生的人格。

　　我在這章裏邊，已經選了我父不少的詩，無論甚麼題目、甚麼事

態，那文字中，總有憂國傷時的印象，弦外之音，差不多首首都有。
我現在再選一、二十首，越發可以印證了。

此君亭畔水潺潺，鸂鶒鴛鴦作對飛。亭上有人鬖鬖
白，獨扶新竹弄清暉。（〈此君亭〉）

枕簟清平午夢回，嫩涼新趁雨餘束。奚僮報導林塘
外，剛有驚人過去雷。（〈午夢〉）

天生負文采，婉孌芳樹緣，揚揚弄晴暉，顛蹶兒戲
前，當時脫人殼，命亦狸奴懸，殉身書策中，誰能鳴其寃，
患至不足道，一檮三十年。（〈書中乾蝴蝶〉）

破曉飛來尺一紙，開緘嗟歎淚盈眥。朝鮮遺民老判
書，生已無家國俱死，國何以死今匪今？主屄臣偷民怨
深，強鄰涎攫庇無所，昔嘗語公公沉吟。自是別公四十
載，（癸未與公別）東海風雲變光怪。……李家興廢殊等
閒，河山辱沒箕封賢。白髮殘生虜所假，赤心灰死天應
憐。噫吁嚱！朝鮮國，平壤城，李完用不死，安重根不生，
連命如此非人爭。……後生拔劍走如水，亡秦三戶豈徒
然？……（朝鮮金居士赴至，年八十七矣，哀而歌之。）

哲人匪不仕，審己各有宜。鑿枘異容接，章裸相笑
嗤。志事既有屬，引繩良在茲。度轍不利駕，寧有路可歧；
仕苟不為民，一官皆駢枝。我生自隴畝，讀書粗有知。充
衢侮堯舜，安心謝皋夔。吾自有吾事，安在生不時？……
（知事盧君以調去通，臨行惓然，索詩為別，因賦）

觀北風瀾夾小湖，觀南山靄落平蕪。行都不得無南
北，坐倚危欄聽鷓鴣。（〈千齡觀自醻詞〉）

兵火江南接濟南，驚秋無雁到江潭。關懷最是高夫
子，欲醉連觴總不酣。（〈置酒山莊奉邀滕縣師小飲〉）

逼迫歸藩恐，連橫散卒收。穴中鏖獨鬥，壁上睨諸

侯。刲羊清兵賊，瘡痍概邑州。已知民命厄，誰為秉鈞謀？

逼迫禍于牆，云胡更引狼。獵梟喧道路，羌馬突河湟。北地妖鬟乘，南朝狎客場。莫愁愁正始，雙燕鬱金堂。（〈逼迫〉）

天下車書說一家，江南城邑亂如麻。漸餘矛劍炊猶熱，槃畔風雲道易斜。雜種喧騰回紇馬，芳時狼藉後庭花。老夫那得春中酒，愁聽昏昏白髮加。（〈江南〉）

鼓角秋來緊，簾櫳雨後涼。陰垣迴濕漬，風葉碎晴光。海上憂租札，江頭避難航。無涯生亦觳，吾意為蒼茫。（〈鼓角〉）

生已愁到死，既死愁不休。六合蕩蕩誰汝幽，千金之劍意氣酬。明明日與月，嶽嶽山與邱。（〈釋愁〉）

熒惑入南斗，天子下殿走。天文今不言災咎，天子無何莽烏有。新華宮門晝不開，飢軍門外轟如雷。天網弛絕地維盡，陰符有經將有令。文犧芻狗入廟初，剝牀及膚寧有幸。飢軍去後遷軍續，斷火絕流死相促。新華門開車忽來，車待久矣休徘徊。明日車中尚求印，車塵留與他人趁。（〈新華車〉）

東風宵轉劇，庭樓為低昂。急雨鳴滄海，輕雷入野堂。乾坤雙合眼，耕釣百迴腸。不寐胡為者，成詩枕上忙。（〈不寐〉）

北方有佳客，來與高秋俱。本是江海彥，沉溟賦京都。遠聞凤心許，茲晨叩吾廬。良會匪易得，況乃辛苦餘。折簡趁風日，展席依菰蒲。靄靄烟嶺送，瀁瀁霜流紆。各映山水色，綠鬢皓髮鬚。當杯離問訊，所得惟歎吁！不如滄江叟，語嗼默坐隅。颮颮檻前葉，墮浪不可扶。世事一鳥過，那辨雌雄烏。君子慎相勗，敗意且驅除。（〈吳生至邀同愴江等小飲〉）

　　山東連年苦盜賊，白晝正爾橫縛人。臨城鐵道坦如水，要遮亦有網截津。盜惟愛錢好，人盡可為票。青島曾探赤黑丸，洛陽下江新招安，龍蛇山澤風雲寬。豈無護路隊，戎服荷槍壯儀衛；豈無鎮使兵，金彈酬贈如弟兄。由來亦有治盜法，政事堂空虛令甲；橫行自合滿中原，行旅何因命如髮。命不足惜奈國何，中有殊族非一科，咄咄抱犢山之阿，政府盜賊方議和。（〈臨城票〉）

　　春夏庭樹繁，風葉聽濕濕。纔覺秋意侵，聲乾漸屑屑。四序皆催人，秋不為加疾。榮枯乍更代，令人感金石。眼中日月馳，志士獨辣惕。善身如善樹，斧斤懍自賊。鼎鼎後萬年，修名在強立。蜉蝣須臾間，草木不足惜。（〈庭樹〉）

　　……自汝邁漢皋，駸駸向三月，音問豈不嗣。憂虞良惙惙，所懷非一端。遠者在邦國，近者在鄉井。瞬息抵鼪杌，人心有戈矛。朝莫易胡越，綱紀日以隳。反覆到厮卒，民生日以癠。敲推洞皮骨，盜仍水旱殷。兵使原野竭，若疾中膏肓，欲救非口舌。……（〈憶兒子〉）

　　破睡林鴉忽亂驚，著衣起看月三更。不如掩戶仍尋夢，鴉自驚啼月自明。（〈破睡〉）

　　浩然秋已來，秋速萬物老。夜聽鳴樹風，晨簷葉如掃，翹柯綴晚綠，瑟縮漸向槁。候蟲非故物，年年唱一調。蘅杜雖有根，代謝同百草。人與寒暑磨，安能髮不皓。

　　運至忽有會，悠悠思故人。禹稷畢生苦，所事非一身。職志固有在，亦達中心仁。孔孟欲繼之，乙乙終不伸。退為民物計，反覆大？[2]陳。並無百歲壽，委化萬古塵。所以栗里翁，陶然惟飲醇。

　　明無東林黨，其社亦必屋。瞀儒見眉睫，不寐怪衾

2　編者按，此字不詳。

褥。閼禍燎中原，士氣向蕭索。顧高振之起，白日是非燭。豈與豺虎輩，意氣競伸縮。二儒先後尊，一虁分一足。狂瀾日東傾，障柱賴講學。誰歟儒者徒，寒光炳空谷。（〈無錫辛氏遺稿題句〉）

朝朝復莫莫，風炎日蒸土。誰云江南好，但覺農婦苦。頭蓬脛頳足藉苴，少者露臂長者乳。亂後田荒莽且廡，瘠人腴田田有主。君不見閶門女兒年十五，玉貌如花艷歌舞，倚門日博千黃金，只費朝來一眉憮。（〈農婦歎〉）

我父生平，喜詞而不作詞。據他民國八年（1919）在《骰園詩餘》題辭上說：

詞於文事，意緜於詩而體俊於曲。……余性不近，故不學；少一學焉，而弗能至，故未工。壯年旅食，人事役役，茲事遂輟。然舟車之暇，獨居深念之餘，朋好過從，感喟人事之際，見清麗芊綿之詞，則懷為之適；見芬芳悱惻之詞，則意為之深；見悲愁慷慨嗚咽沉痛之詞，則氣為之涌而淚淫淫為之下。亦可見詞之能移人，則豈不以其低徊掩抑，因句長短，足致其往復之思於不盡歟？惜往者未嘗為，而今又不暇以為也。……

看了上面一段文字，可以見到我父對於詞是很愛好，而且很有研究似的。他從前不作詞因性不近，後來為事忙。可是到了七十以後，傷時嫉俗優遊山林的時候，也做過一、二十首詞。或者因為那幾年山中旖旎媚人的風光，和四時繁靡動人的花事，都合於詞的情緒和意境，也未可知？幸虧有這年的蕭散放逸，倒促成了我父做詞的動機。不然我父世間事無一不能，獨沒有詞遺留下來了。我選二、三首在這裏：

　　願對寧嫌宵永，久坐亦愁霜冷，徙倚沒商量，簾內鴨
爐香燼；孤另孤另，兩地一人一影。（〈如夢令望月〉）

　　春蘭特秀羅含宅，生不同時，地各便宜，耿耿佳人漢
武思。清香那得清尊伴，鐙畔窺之，鏡裏憐伊，淡對無言
只自知。

　　層層透露層層掩，只是尋常，卻費裁量，願否詩翁插
鬢旁。看花人祝花難老，留得時光，脈脈酬香，闌住悲秋
一段腸。（〈羅敷媚菊會〉）

　　頻年夢，桐花鳳，一夕飛來鄭重。花抑抑，鳳依依，
如何只要飛。（〈和令苐小令〉）

第十一章　住宅及師友親屬

第一節　名號及住宅

　　我父幼年，小名叫長泰，因為繼承外家吳氏後，所以五歲進書塾時，名叫吳起元。等到五叔生後，仍還本姓。十六歲到如皋小考，名叫張育才字樹人。到二十五歲改名謇字季直。我父年譜上說：「十一月具呈學官，詳改今名。彥升復有〈更名篇〉見規，謂謇有直言謇吃二義也。」五十後題扶海垞外書室叫「嗇菴」，即以此為號；有時也用「張季子」三字。到了晚年自號嗇翁。中年時候曾經有過「處默」、「宜宦」二個別號，都不常用。光緒二十九年遊無錫王氏花舫，舫主求聯，我父寫：「水如碧玉山如黛，雲想衣裳花想容」一聯給之，下款就題的宜宦。這副對，至今還懸掛在那船上。我父生平所用的花押，是「自強不息」四個字，有時簡寫「自強」。我父兄弟行四，數十年來，國內都稱他為「張四先生」。

　　我父老家本在海門常樂鎮，還是祖父從西亭遷去的，所以我父生在那宅子裏；等到祖父逝世後，我父還是和三伯父同居。到了光緒二十九年，我父在老宅西邊起了新宅，叫扶海垞，第二年的春天，就移到新宅去住。大門前連一塊科名官銜的匾牌都沒有，只有翁公所寫的扶海垞的懸額。新宅的大門上，他每年總要換寫一副春聯。有的是

自己做的，也有的是集句。到每年新正換新聯的時候，那舊聯就人爭索去了。家中沒有底子，我現在很費了許多時，才從四處再依次的抄攏來。（除宣統元年因家有喪事未換外，共得二十三副。）從這許多對聯裏邊，可以看出那一年的干支和那一年我父有甚麼一種的感想。

言有物，行有恆。孚威終吉。（門額字）

且喜兩家共平善。

祇求五畝卻歸耕。（清光緒癸卯）

官成十八品。

世閱二千年。（光緒甲辰）

帝容方外吏。

天喜歲朝春。（光緒乙巳）

共歡新故歲。

俯仰六九年。（光緒丙午）

且喜兩家共平善。

坐看百物自炎涼。（光緒丁未）

誰知將相王侯外。

甫也東西南北人。（光緒戊申）

薄劣慚真隱。

推排成老夫。（宣統庚戌）

旁人錯比揚雄宅。

日暮聊為梁父吟。（宣統辛亥）

民時夏正月。

國運漢元年。（民國壬子）

萬木長承新雨露。

四鄰都是老農家。（民國癸丑）

墟蛙知海大。

雲鵠摩天高。（民國甲寅）

天地長不沒。

山川無改時。（民國乙卯）

不足夔龍道。

聊同燕雀春。（民國丙辰）

與客共成真率會。

看兄仿寫《度人經》。（民國丁巳）

大田多稼，農夫舉耕。

百川至海，遊子還家。（民國戊午）

小兒可付巾箱業。

大地先回草木春。（民國己未）

已把癡頑敵憂患。

勿為無益費年光。（民國庚申）

歲琯申金通及酉。

家林翁竹更添孫。（民國辛酉）

人事尋常，翁年七十兒廿五。

光陰分寸，黃金千兩璧一雙。（民國壬戌）

陸海散人新拜號。

香山居士復圖形。（民國癸亥）

一角癸辛嗣客里。

三元甲子歲朝春。（民國甲子）

元亮雜詩十二首。

樂天安命七三年。（民國乙丑）

由庚亦貴白華養。

算亥方同絳縣人。（民國丙寅）

　　常樂宅子園林很大，四圍都是田畞；竹籬外飼豬羊，河裏邊養魚蝦，樹陰蔽天，菜畦鱗比，完全是村莊樣子。我父後來十幾年，在南通時多，每年只有清明去掃墓，年底去度歲，平常很少回去的機會。

所以間或一到，小住三二天，享受一種天然的野趣；因村舍孤僻和環境落寞，總是感觸起來，我選二首詩。

　　萬事消磨萬刧塵，一年歸作一回春。階緣鬥蟻紛尋友，樹落驚禽突撞人。風雨直驅花過眼，兵戈如勸酒霑脣。鹿門舊侶凋傷盡，頭白瞻天上冢晨。（〈上冢還扶海坨〉）

　　緣村西路接東郊，歸辨新隣問故交。入家人多孫抱子，出林竹又筍抽梢。羊嘶午柵奚忙草，鳩喚晨柯婦覓巢。說與兒童成小史，蓋堂今瓦昔年茅。（〈里感〉）

　　我父到南通創辦了許多事業，在通時多，不是住紗廠學校，就是住博物苑，一直等到事業有了規模，見了成效以後，民國四年（1915）才造了一個「濠南別業」，落成的時候，江易園先生送有一副對。

　　有庇人廣厦萬間，最後乃營五畝。非舉國蒸民飽食，先生何暇安居？

　　等到我娶婦，生的兒女多了以後，我父嫌太煩鬧，不能安靜看書治事，乃在濠河的北面，造了一個「濠陽小築」，那裏本是從前我父的三叔的住宅，他小時候曾經來過的，隔壁是一座很小的藥王廟，這地方已經換了好幾個宅主了。所以這個地方我父有歷史上的淵源，連旁邊一個廟，裏邊一棵樹，都引起我父深切的迴想。

　　……至州，三叔父家側有藥王廟，庭有皁莢樹，余用泥水匠堊帚，大書「指上生春」四字於扁鵲神龕之後背；字大一尺七八寸。廟中有硯工朱姓大稱善，逢人便告張氏第四子能書。……（年譜十二歲時事）

鷄棲樹故三百年前物，當樹西南角二丈許，昔我叔父
居所之門也。溯自髫齡隨先子來省叔，出門即嬉戲樹下，
忽忽六十餘年，民之居宇城郭道路骨變更矣，獨樹婆娑在
耳，而腐積蠹叢，生亦悴，為理之剔之，肆條轉茂，因而
為屋，以倚以休，仰被嘉蔭，如對故老矣。（〈題因樹齋〉）

第二節　師友

我父生平的師友，恩情最厚，關係出處最大的，自然要推吳公長
慶及翁公同龢，我父和吳公交誼，前編已經詳述了；和翁公的交誼及
政治上的關涉，前編也都提過了。從光緒二十四年（1898）戊戌翁公
回到南邊以後，我父到常熟去省視過二次；第一次，在光緒二十五年
（1899）己亥二月；我父日記上寫着：

八日巳初三刻謁松禪師，感慨時事，誦念聖皇，時時
鳴咽。午正共飯，酉初初刻謁退。師與危坐三十三刻之
久，口無複語，體無倦容，以是知福澤之大且遠也。小人
禍君子，往往而福之，為君子者正宜善承天意耳。……

第二次，在光緒三十年（1904）甲辰五月，距離翁公之死不過數
日，我父日記上寫着：

十六日申刻，附舟往常熟省松禪老人病。
十七日辰刻抵常熟，詣南涇塘，見松禪於病榻，頗惓
惓於舊恩，大臣固應爾，抑西人所謂特性也。有記問答語。
二十五日叔兄以余生日，置酒召朋舊飲於壽松堂。見
報載常熟以二十日夜無疾而終，去十八日之別二日耳，遂成
千古永訣，追維風義，豈勝愴痛，銘志之屬，若豫言之。因

念有師友風義者，至此而師盡，即二三友好，若周彥升若顧延卿若范肯堂均老病支離，不復能如昔時意氣，思之可痛。

二十六日得翁宅赴，二十一日子正松禪師易簀，遺命以自輓聯屬書，又令草遺疏。聯云：『朝聞道夕死可矣。今而後吾知免夫。』下語微婉，而令謇書，附事尤切。

二十七日寫輓師自輓聯並自寫輓輓師聯：「公其如命何！可以為朱大興，並弗能比李文正。世不足論矣！豈真有黨錮傳，或者期之《野獲編》。」與子培訊。

等到翁公身故以後，我父又去過二次，第一次去哭弔，第二次在民國十年 (1921) 去省墓；有一首詩。

淹迴積歲心，一決向虞麓。晨曦徹郭西，寒翠散巖壑。夾道墳幾何，鴿峰注吾矚。停輿入墓廬，空庭冷花竹。亟趨墓前拜，皆楚淚頻蓄。悽惶病榻語，萬古重邱岳。抵死保傅忠，都忘編管辱。尊驂貢大義，凝欷手牢握。寧知三日別，侍坐更不續。期許敢或忘，文字尚負託。平生感遇處，一一繚心曲。緬想立朝姿，松風凜猶謖。九原石臺前，隨武不可作。（〈虞山謁松禪師墓〉）

回來以後，又有一封信去。這是我父和翁公的情誼，最後的結束了。

……十四日方旋通。……每念先師墓廬，輒寄遐想，非獨愴懷几杖，緬遡生平，慨弟子之白頭，悲宗臣於青史也。……比視牆垣，都有坼處，樓久扃封，板木必朽，不知修之繕治，始期何日？竊謂昔日經營儉約，為師本意，苟完適可，裁足棲遲，今之繕治，期於可久，非求堅

爽無以百年。鄙意不徒壞者必更，薄者必易，晦者必新，
樓址設更崇二尺，使地板之下易通風氣，則溼滅而庋物亦
安。又意兩小閣之間，循南牆之陰，可增一廊綴之，使兩
宵炎晝，亦便周遭。第如所云繕治，所需必較仍舊為費，
茲敬先寄五百元，為修之助，設踰素計，當更續寄。……
幸語修之，勿疑菲薄。繕治工竣，似不必扃，師所寢處，
或扃其一，嘗所御物，列而存之；至於上下他室，似可盡
啟。……又祠樓之南，下臨湖曲，若有小汶，……外舟可
從入徑薄岸否？由縣西門至此，水程復幾何？……並希舉
示，為他日或扁舟過江徑造祠下也。……師之追諡在何年
月日？諡之制文云何？能並寫示尤感。……

我父早年入學，學問上的講授和指導，最得益的先生，是無錫趙
菊泉先生。我父光緒二十五年（1899）己亥二月去省墓的時候，在日記
上寫着：

　　十二日早微雨，與翼孫、念繩、楊叔平同至菊泉師墓。
墓在惠山東北第二峰下樹根橋南半里許，辛未山辛丑向，
（光緒九年卒，十二年治石。）計師卒以光緒八年壬午八
月，是時謇方從朝鮮定亂之役，距今已十八年，墓木拱矣。
尊酒俎肉，一獻一拜，曾何補於三載教誨飲食之恩萬一哉，
為之感慟潸然。回舟泊東門業勤廠前，藕芳導看廠工。

等到在如皋發生了誤入學籍的糾紛，弄到艱苦萬狀，最賴孫先生
雲錦的助力，方才解救出來，也是生平恩師之一，有二首詩。

　　震湍無愉鱗，疾風無綏枝。促柱無理奏，貧家無賢
兒。我生廿有二，短褐滄江湄。上屋天子聖，無緣皋與夔。

下為一身計，臣朔常苦饑。親壽逾五十，昆弟相怡怡。欲聚不自保，況乃他人依。橐筆出門去，惘惘何所之？

伯樂本天人，世云善相馬。裹驂方作駒，局促鹽車下。庸奴鞭筈之，朝朝血靈踝。相逢虞阪間，一顧淚噴灑。黃金飾連錢，青絲彎婀娜。餇以甘露芻，招以渠渠庌。騰屬敢自矜，繩尺期貼妥。豈不為人用，要是知己者。（應孫觀察書記之召，將之江寧答周彥升。）

這是輓桐城孫時雨的對子，孫是孫先生的後人。

視韓昌黎於馬氏分義過之，今亦哭師門三世。
願陳長文與孝先嗣胤賢者，永無忘太邱一碑。

後來歷次科舉及應試書院，愛才最摯，受知最深，要算潘祖蔭、張裕釗、宗室盛昱、沈葆楨、夏同善、林錫三諸公。潘公寫贈我祖父壽聯有：「家有令子，國士無雙」的聯語。張公文中也有：「一日而得通州二士」的句子。（指我父和范當世）沈公葆楨子愛蒼丈題〈荷耡圖〉，首句「我父老好士，得君方眼明。」這都見得三公的愛重我父了。我父有贈宗室盛先生一詩。

大構非一材，大樂非一器。材器無小大，欲儲辨真偽。千金買跛驪，良馬將不至。寸彎控飛龍，應者皆下駒。君子貴知言，與人見真意。

少年攬八極，常懷無窮思。臨當軌轍阻，方悟歸轂非。不當改輪轂，將歸中薪炊。戢影事耕釣，四十更不遲。徐茅中路語，謇也聞知之。（被放將歸，意園祭酒貽書，謂僕與君交大似余廷心之於戴九靈，時人擬之泰不華之於糞石山農者，妄也；謇何足當斯語，重悲盛悄，奉詩呈別。）

我再抄幾段《藤華館遺詩》序，可以曉得我父早年顛沛困頓的時候，得到許多道義學問的師友的知遇助力，和他無往而不感念的真誠。

> ……謇於十九歲時，從無錫趙先生習舉業於海門訓導署，則亦肄業於其師山書院，時先生長院。……會謇誤籍如皋訟起，……而訓導楊泰煐入[1]其言，利之尤甚。……光緒十四年，以事過江，謁先生於里，留侍竟日，命酒雅談。酒半，顧謂謇猶怨楊而修報否？謇則敬對，是謇他日幸不幸之系，無與於楊；幸而學進，亦當有所自反，奚報；不幸不進，則必以直報，故與楊無與。先生乃撫几，且領且笑言：子學寧當不進。是年見先生者再，由是謁別更十年，而先生殞矣。追維往事，曶如昨日。生平顛頓阨塞之遇，何翅更什伯；泛舴艋於大海，遭風觸礁而終濟，未嘗非大慶，而迴顧所歷，則當時一石一沙，皆足以斃我於俄頃，而一桴一篙之援，其為德何如？其奈何不瞿瞿慄慄而悄然以有思也。……

早年鄉里中講學問重道義，後來又同事共患難的朋友，都是當時很有文名的通州才子。我錄幾件東西，就曉得我父這時候的許多友好。

這是送給朱公銘盤詩：

> 盤也弱而才，十倍於丕彊。自其少日時，開口詠鳳皇。能為六朝文，亦復資初唐。故鄉寂文雅，得子真非常。時時弄狡獪，斐尾五色章。卻持一寸兵，而與矛戟當。角勝非吾事，吾意實所臧。花冶常不食，太璞無浮光。期與慎厥德，貧賤未可傷。（〈酬泰興朱曼君銘盤〉）

1　編者按，原文此字不詳。

這是輓顧公錫爵詩，說及當時鄉里知好：

昔年鄉里推同輩，周顧朱張范五人。旂鼓顏行差少長，風雲旅食各冬春。君甘頹放成聲叟，世與遺忘作幸民。曙後一星餘我在，愴懷葭埭絕車輪。（〈輓顧延卿〉）

這是《周公嘉祿集》序：

……君與余為文字學問之友，綜其蹤迹，始終離合，獲益之效，畧可憶數焉。……弱冠始識，訂交時君以文采聲名，踔越州鄉；……歲時接對，從論訓詁，旁及比偶聲律之文。……余既旅食，旋客軍中，……吳公招君同掌箋記。……余自吳公之歿，無意諸侯。……偶玷朝籍，而官非其本懷，又奉諱遽歸，遂自遠於人外，感激時會，而奮志農工，雜伍傭儈，開徑自行，長往不顧。此數年中與君趣異，贈答不嗣，迹亦疎焉。……君晚歸里，意倦於游，每見款款輒作深語，趣若漸近，不復以余倔强為非，而年則俱老矣。……（《周彥昇集》序）

這是沈公同芳集序，說及當時南北名幕，都是友好。

……光緒初葉各行省文武大臣，能以采納忠讜，敬禮士大夫著重於海內者：在粵唯張靖達公樹聲，在蘇唯吳武壯公長慶二公。……於時張公幕府；則有武進何梅孫嗣焜、賀縣于晦若式枚、如皋顧延卿錫爵；吳公幕府：則有泰興朱曼君銘盤、江都束畏皇綸、海門周彥昇家祿、閩縣林怡庵蔡，及謇。……聚處一軍，以文章義理相切劘，辨難縱橫，意氣激發，極朋友之樂，而未嘗有厭薄之志。……（《沈友卿集》序）

到北京鄉試以後，又結識了幾個氣味相投、肝膽相照、學問切磋的朋友。在這輓詞序裏邊，說得很詳。

> ……與乙盦相聞自清光緒庚辰始，乙酉始見君於宣南珠巢街寓，適與君五弟曾桐同舉，朝夕過從者年餘，由是己丑、庚寅、壬辰，凡會試必見，見必就君論學講藝，交日益親。甲午旅京不及年，綜余前後都門舊游，君昆弟外，所與朝夕談議者：盛意園昱、黃仲弢紹箕、王可莊仁堪、劬藏仁東、丁恆齋立鈞、鄭太夷孝胥、沈濤園瑜慶、袁爽秋昶、王茀鄉頌蔚、濮止潛子潼數人而已。……比歲君鬻字自給，軏禪悅，絕口不道時事，頹然僧矣。昔余嘗有詩寄太夷，欲仿郗超剡上造立屋宇事，約君與恆齋偕居於通，迄不如願。……（〈沈乙盦曾植輓詞序〉）

我父後來和鄭先生在政治上的見解趨向，雖然分道揚鑣，各行其是；然而友誼依然存在，我父和鄭先生有二首詩，題寫我的扇子。

鄭先生詩：

> 老夫恨不學，無術返童幼。兒曹能自前，奕翅與我壽。耆翁無窮意，歲月苦難究。遲遲出定論，晚子殆天授。自吾見怡祖，喜子勁在後。不愁強弩末，再屬端可瑴。晚烟新月作，思致絕儁秀。家學不獨詩，風氣果已就。（季直之子怡祖十二歲賦登塔詩曰，憑欄詞客招新月，隔岸漁翁唱晚烟。季直自作詩曰；阿翁十二始為詩，今汝追翁欲及之。顧汝立身求學問，要如登塔最高時。又為怡祖請余書扇，乃賦此遺之。）

我父詩：

　　鄭君余老友，結交卅年強。其詩妙天下，鏗若聽鸞
皇。有子四五人，燦燦成雁行。令各習一藝，勿為詩所傷。
詩好漫無用，不好徒啾嗆。今見吾兒作，歡喜騰篇章。無
乃譽人子，與其直意妨。世亂要材用，材必棟與梁。區區
琢杗桷，得失皆尋常。君意甚深遠，兒輩安能詳。譬之事
博奕，聊以酬嬉荒。一笑語兒子，老夫詩滿囊。（蘇堪以
詩扇獎怡兒，因書其背。）

　　等到我父回籍立志辦實業，當時總督劉、張、周諸公，都十分
的推重幫忙，才能順手辦成。劉公對於我父，真是言聽計從，碰到國
家重大事變，尤能聽信我父決定大計。同時有何公嗣焜和我父相交
二十六年，彼此以歲寒之友相視。我父稱其學識練達，器局深穩。

　　我父辦紗廠開始艱難，終久成功，贊助最力的，要推沈燮均、蔣
錫紳、林世鑫、高清諸公，而以沈公為最共肝膽。後來我父見了許多
寫給沈公的信，就跋了一篇：

　　　　……右與敬夫手檃十二通，皆三十年前物。……南通
　　紡廠，……余與敬夫倡議，……集資之效，茫如捕風，六
　　人者次第觀望委去，獨敬夫尸其名。……所倚以為建設紡
　　廠者，獨一敬夫，敬夫則誠忠介而勤勉，始終未嘗負廠者
　　也。自丙申至庚子五年之間，余與敬夫殆無十日半月不通
　　訊，中歷述艱辛勞瘁與所受人世之炎涼侮弄。……科舉制
　　時，海門以生員額少無拔貢，清同治……間，里人請於部
　　不行，乃謀先增學額，至光緒甲申、乙酉，江蘇督學為瑞
　　安黃先生，始得請，始可於部。其增學額也，請拔貢也，
　　又余助敬夫為之先後者也，此亦系地方掌故。……（〈跋
　　與沈君敬夫訊後〉）

　　我父辦墾牧公司，勞苦不辭，始終不去，追隨最久的是江君導岷。而龔君培基幫助經營工程，最為出力。我父有一首詩獎慰他們。

　　　　老夫五十稱嗇翁，天地雖閉猶未癃。樊遲自請小人學，許行招致其徒從，從數十人丟數萬，指麾日月江與龔。拒防不假武肅弩，探候直到馮夷宮，以田以廬堤告功，與事與我成始終。二十七年幾潮汐，顳有風霜面海色。幾輩雄飛往復回，一番夢醒今非昔。荷篠津頭作丈人，輟耕隴上悲陳陟。兩生於世未蹉跎，坐待沮洳豐泰禾。農舍童孫又上學，十傳百傳驚與嬴。龔生腰膂惜少弛，江生善飲顏常酡。丈夫志業要成就，金印雲旆寧足多。昨日江亭酌家釀，我與兩生笑相向，龔生生日桐已華，江生後起乘秋爽。老夫衰退不自知，看生矯健神猶王。江生龔生東去種黃花，待我秋來與祝鄉閭長。（江生龔生皆為效於墾業，今年皆六十，始事至今歷二十七年，當時皆壯盛，龔生今少不逮江生，猶五十許人，賦墾兩生行。）

　　我父辦師範教育，主持策劃最得力，學行意識都很優美，而為我父最得意的門人是江君謙。清末民初我父政治上的策劃，他贊襄的地方最多。他信佛入山，已經多年了。我父有一首詩給他。

　　　　聞說山中業，艱辛吾道南。地良滕不小，天遠衍能談。誄恥書生洒，仁方佛典參。儻多商榷事，待子意潭潭。（易園自江灣寄書知源植林興學，慨然有經營村落之舉，寄貲為助，復成此詩。）

　　光緒甲午（1894）以後，和我父共商國家大計，先謀立憲開國會，

後擁護革命，改建國體，友好中有湯壽潛、趙鳳昌、劉垣、孟昭常、孟森、雷奮諸先生，而孟先生森文學，尤為我父所重。

我父有輓湯先生的幾首詩。

> 雷甚山通穴，車奔馭脫驂；不交何上下，所繫在東南。世隘身難晦，名高視共耽。看君爐火上，危坐作常談。
>
> 強笑疑當哭，佯狂便欲真。豕苓時亦帝，芻狗不相人。苦效東方謔，終還北郭貧。年來塵濁海，漫浪亦天民。

趙先生用心最細密，慮事最周到，民國改建，國民外交諸大端，彼當時雖是出力謀劃，然一向隱居不出，我父很加欽信，有題他的惜陰堂一聯。

> 有閉關卻掃之風，脫畧公卿，跌宕文史。
>
> 以運覽惜陰為志，方軌前秀，垂範後昆。（光緒三十四年）

劉先生才識優長，品格最高潔，我父遇到大事，或疑難之事，得其一言，無不立決。民國後我父凡到政治舞台，彼必偕出相助，極講骨氣，有遠識，是我父生平最愛重的一人，有二首和他遊山的詩。

> 南山亦有事，故人忽遠來，傾談一踰宿，詰朝巾車偕。山雨朝霏霏，稍濕路不埃，路新輒攲陙，業業惡石乖。意向既有適，徒行良坦懷。山僧慣應客，勸酌陳罌醅，客自不能飲，談玄雜莊諧。極目浩無際，坐待江天開。
>
> 山下有小築，期以一年後。欲攬朝氣多，度阯東巖肘，植竹翳叢穢，磊岸夾回湊，經營不辭勞，暑可當一歠。但恨山不深，安得成澤藪。差幸與佛近，一席儻離垢，異

時興適至，倦歸有所受。安排小磐陀，穩著煙霞叟。（厚
生渡江來訪，次日冒雨偕遊狼山。）

蘇省教育為各省先導，我父長省教育會有十餘年，襄助會事最力，
而為我父所信重的，有黃炎培、沈恩孚兩先生。

民國二年（1913）我父到北京就任國務員，當時號稱為第一流內
閣，我父和熊公希齡意志相得，友誼甚篤，對於改革鹽法及經營東三
省各事，彼此見解很能一致，所以我父認他為一個志同道合的朋友。
我父早年對康南海向不融洽，故與梁公啓超並無深交，等到民國，梁
回國，適值進步黨成立，他也離康樹幟，那時我父本身想脫黨，推梁
出來主持，當時梁有一封復信。

　　……啟超竟歸矣，烏頭馬角，乃有今日，人民城郭，
感懷何限。知公北來，匆匆命駕，謂遂親炙，同話艱辛，
豈期潮信無憑，阻我良覿，溯洄悵悵，何以為懷。兩奉教
尺，重以遠庸、翼之諸君面傳盛意，籌策之遠與責善之
殷，啟超安足承，抑又安敢不承耶。二十年來以空言竊虛
譽，曾未嘗一躬矢石，為國民有所盡力。今以鼎新之會，
席累卵之形，豈敢更懷規避，自違初志，徒以此身久為萬
矢之的，不欲濫進。……我公所責，豈敢不以自勉；竊計
此少數聰篤之士，本無可以分攜之理，前此小有參商，時
未至耳。今以內界外界之相逼，同袍禦侮，殆無待勸，所
當用力者，合併改組後，所以發揚光大之道耳。啟超固萬
不敢捐棄責任，而先生又寧忍自逸耶？先生司旗鼓，則啟
超自有所恃以冒矢石，此則啟超還援責善之義以責諸先生
者也。……

我父後來有一首詩送給他。

筆破乾坤舌雷雨，別十四年不得語。將舒將慘戰陰陽，子歸三年同聽睹。人生離合那可期，功名有命無是非。雲昏遼左鶴正苦，春冷江南鶯懶飛。（寄任公天津）

我父對於梁公，認為在清季他對於潑發中國人的思想的原動力，在民國他對於推翻帝制復辟二役的功績，都於國家有極偉大的貢獻和努力。所以後來幾年，彼此愈加親近引重。在他經濟狀況最窘迫的當口，我父還幫助他好幾回，等到民國九年（1920）梁歐遊回來，在實業上，還想和我父有一度結合。我父曾經為這件中比合辦實業的事，有一封寫給大生紗廠董事的信。

……上年兩廠盈餘，……下走等始意擬存儲公司，作為特別公積金，備不時之需要。適梁任公自歐洲歸，因述及在歐時與比利時政府……擬組織一中比合辦之航業公司，及合辦之貿易公司。詢問吾國有無投資合辦之人，任公並稱彼自身因政治之彩色太濃，且昧於經濟上之狀況，不願加入，願以組織之權，責之下走。……查吾國自海通至今，垂六十年，從無與海外直接貿易之事。……我國今日之商業，決非可以閉關自了之時。現比國航業公司願以在英國新造將成之輪船四艘，……照原價讓渡與中比合辦公司。……又彼國商會之重要人，擬以一千萬佛郎組織合辦之貿易公司，中比各半。……下走以此事與國際貿易有極重要之關係，有此機會，若不組織加入，恐吾國將來永無海外直接貿易之事。……除認股外，不足之數約七八十萬兩，擬將兩廠積存餘利七十餘萬兩一併撥入中比合辦之航業貿易公司作為股本……組織情形，另有計劃書，可備參考。……

我父督辦運河工程，會辦為韓公國鈞，凡我父計劃實施，他贊助

的地方很多，我父巡視河工，韓無一次不偕行。至我父歷年測量水道，計劃工程，沈君秉璜追隨最久，都預聞其事，所以他辦水利工程的經驗很豐富。

我父從北京回通，專意經營村落。那幾年維護地方治安，整治地方內政，很得我父信用的，有軍政警各界官吏，張仁奎、瞿鴻賓、盧鴻鈞、楊懋榮、唐慎培、李萬里、韓尚智諸君，各負責任，辦事都很有能力，因此地方沒有匪患，行政都很有條理，人民在那幾年，很能安居樂業。地方自治事業，所以能放手辦去。

我父六十以後的經營實業，最得力而最共甘苦患難的，要算吳君兆曾：他本是讀書人，所以能識大義，品行純潔，心地長厚，也是我父生平很愛重的一個人。民國十二年我專使各國時，我父常常寫信給我，有一次說到實業事，信上寫著：「……今於友輩中察得真有休戚相關臨難不卻之忠者，吳寄塵……」我回國後，又見我父寫一封信給他：「作三回知子氣志堅特，此不減江知源遭墾牧三度風潮時，可喜可慰！經言：知，仁，勇。又言：近知，近仁，近勇。正須參悟佛所說之空，不若經之言盈虛消息。吾於廠竭吾力盡吾心焉耳，成毀非所計。子今勉之，子今可與言矣。」可見我父晚年倚靠他辦事，愛重他到極點了。

還有張君同壽也是創辦大生廠的老人，辦事極見忠實，記憶力很強，經手帳目井井有條，幾十年來潔身自好，依然是個窮人；我父也極信任他。

我父晚年遊宴唱和，朝夕過從的伴侶，是呂道象、劉煥、莫棠、陳祺壽父子諸君。如皋沙先生元炳也不時扁舟來通，小住盤桓。

我父最愛念莫君文采骨氣，有一首贈他的詩。

> 尊公曩一刺吾州，南北江雲五十秋。官舍數旬曾主客，門才季子可公侯。郡符轉徙人俱老，墓誓便宜世合休。憐汝髮鬢將似我，去年周甲巳平頭。（楚生六十一生日，同人為置酒，感其先誼，益念其遭遇之非時也。）

還有我父朝鮮老友金澤榮進士，因見故國為日本併吞，憤而來依我父，有「爐底死灰心共冷，天涯芳草首難回」的名句。在通三十年，也常常和我父唱和，在我父去世的次年，他看到中國越發紛亂起來，就仰藥而歿。當他七十生日，我父做詩賀他。

六十七十翁髮皤，舊運新運天旋螺。春秋惟有亂可紀，（指翁作韓史）憂樂合以詩相磨。看花老輩應逾共，載酒佳時莫厭多。檻外朝來雲物好，從容等視萬流過。

東北浮雲屢變更，秋風落日漢陽城。南壇幕府縈吾夢，左列詞曹繫子情。一局爛柯嗤對奕，幾時得棗話長生。引年送日須歌舞，準備纏頭聽玉笙。（滄江翁今年七十，為延客觴翁於觀萬流亭，賦詩為壽，屬客與翁和之。）

束日瑁、管國柱、許振、薛弢四君都追隨我父多年，束、管掌管文牘，謹守繩墨。許習於農事，凡關農業上的調查設計，我父總是叫他做，很有條理。薛則替我父辦庶務，為人很有義氣。

孔昭馴、宗之瑜都跟隨我父三十年之久，為我父管賬及料理家事，都能循規蹈矩，忠心耿耿，很為難得。孔曾經從遊日本，翁公寫信給我父，稱他「有骨氣」。還寫了一把扇子獎給他。

地方後起中，我父最愛重，認為可以繼任事業的：紗廠方面是沈燕謀[2]、張文潛二君。我父對我說過：「燕謀戇直的習性像他祖父，而他忠實的美德也像他祖父，我很希望他扶助你，也像我和他祖父。」地方方面我父很說徐肇鈞、習廣淵二君可以繼起。這幾個人，中西文都有根柢，辦事有能力，且能潔身自好；所以我父稱他們為「後起之秀。」

2　沈燕謀（1890－1971），江蘇南通人，美國威斯康辛大學化學系畢業，是實業家、文化人和教育家。

第三節　親屬

　　祖母金太夫人共生我父及二伯父、三伯父三個人。二伯父十歲就溺死了；只剩三伯父和我父二人，幼時一同上學讀書，後來家況不好，培植不起，祖父就叫我父一人上學；叫三伯父一面助理家事，一面照料經商。等到我父聲名一天大一天，青雲直上；就引三伯父出去到江西做德化貴谿知縣，在那裏政聲極好，治匪辦教案，都很有勞績，人民很愛戴。我父有一首在通州別阿兄詩，一看就知道他二人早歲的友于之愛了。

　　　　卻聽更鼓見朝晴，風雨終宵有淚聲。一語遺愁惟暫別，三春扶病獨長征。文章已識能憂患，貧賤誰云有弟兄？海上桑麻應自好，荷鋤何日與歸畊。

　　等到光緒甲午後我父創辦實業，有時因為國事省事，要往來寧滬，家鄉的事，沒有人照應，乃邀三伯父回來幫助。這二三十年間，我父創辦實業教育地方自治，都是伯父贊助一切，大概我父對外，伯父對內，我父規劃一件事的大綱，他就去執行；或者我父主持大計，他去料理小節。所以我父三十年的聲名，事業的成就，伯父很有贊襄的功勞。自從祖父去世以後，我父和伯父二兄弟，患難扶持，相依為命，好像身之有兩臂，鳥之有兩翼，相輔而行，相得益彰。伯父在江西的時候，凡他的子女等的學業婚嫁各事，都是我父主持料理，視同自己子女一樣，毫不分家，難兄難弟，卻很難得。不過伯父性情偏於陳舊，自信力一強，兼聽力自弱。對於時代潮流趨勢的眼光，和創辦事業的科學觀念，都沒有我父那樣瞭亮貫徹。加以我父毀家經營利人事業的胸襟，他更望塵莫及。因此後來幾年，二人時常發生意見，不能一致，一個人的牙齒舌頭，同在嘴裏，還有相碰的時候，所以他們說過鬧過，也就完事，絲毫不存芥蒂。曾經有一二回，伯父又因事氣惱了，我父

不願老年兄弟有失和睦，總是親去磕頭賠禮，自己認錯。還有一回縣自治會通過，得省政府核准要拆城，伯父迷信風水，很不贊成，我父還有信給他。原信如下：

> 聞觀四言，兄宅後之城不拆，一為古跡，一為風水，俟明年會後再說云云。……今午後觀四邀看拆城及旁城應填之地，以弟所見，西與南將來之路不能同，西面舊城外屋既拆，並舊路計，已可三丈或二丈四五尺，似城身地可起向西市房，若南面則遙望城內，屋尚整齊。……推之於東，則兄宅後小房可轉門向面路，似南面當以城身為路。……拆城之議，不始於吾二人，應世界之大勢，順眾人之公論，此外似無可置議。兄前函一時憤詞也，風水之言，弟不深信，依形家言則形勝為主矣，故一切璆璆之言，不甚聽也。

我父和伯父，有時候意見不能相同，也是常情，不足為怪。難得兄弟友愛之情，直到我父瞑目，還是和小時候一樣，我們看了伯父七十生日我父的詩，就明白了。

> 生自田家共苦辛，百年兄弟老逾親。人間憂患知多少，涕淚云誰得似真。

我先母徐太夫人是十八歲于歸我父的，祖母聽說他在母家勤儉能幹，所以要他做媳婦，等到回來做新娘子穿了布裙，祖父母更歡喜。到了我家以後，志趣很和我父相同，對於翁姑奉侍，異常孝順。我父終年在外居幕奔走，每年底才回來一月半月，有時竟不回來，家事都是他一手料理，使我父專心在外，沒有內顧之憂。我父到了將近四十歲還沒兒子，他很為着急。「無後」是中國家族制度最着重的一件事，

也是婦人分內應該擔心的一件事，於是為我父納我母吳太夫回來，到我父四十六歲生了我以後，才放下心來，盡心撫育，愛我如命，然教我很嚴正。她雖不識幾個字而很重禮義有見識，看見我父辦學校，她也要提倡女學，就辦了女師範，還在母家近邊，辦了一個小學校。她也很富於創造的觀念，譬如在光緒末年他就發明女子着長袍，她先穿着，叫家人也照樣做，不到一年，親戚中的婦女，都改穿長袍了，那種式樣，就是這幾年滿眼看見的。有一回她做生意失敗了，我父埋怨他，她回說：「我既會做生意，虧了本，我也會變置我的產業去補償，不要煩你，不要累你。」等到逝世以後，我父好像失掉一隻膀子，念到夫婦的恩義，和男女應該平等相待的道理，根據夫婦相為服之禮，他自己穿的喪服，也是麻衣麻帽和我一樣。關於徐太夫人德行，我父墓誌上有幾段：

　　……夫人年十八來歸，未彌月，謇即為書記出門，由是……或以科舉，或為旁州縣書院長，或事實業，歲十八九役於外。……凡此三十五年中，父母起居疾痛之養，……督治田園宅廬紡織，與夫賓客祭祀之供備，一委諸夫人，事舉而上下安之。……未嘗一日使謇有家之恤也。……謇年十六，補縣學生員，論婚者百族，悉不當太夫人意，卒聘夫人。時夫人兩兄惑人言，業商三年，失損巨萬，傾其家，……粥田償負，祖母令留田資女孫嫁，夫人不可曰：「豐嗇有命，豈忍不急父兄之急。」嫁衣皆請以布。……己卯先太夫人之卒，叔兄他出，及甲午先府君卒，謇兄弟皆在京師，夫人躬侍疾，……至廢餐寢，喪次哭輒沉嘶哀絕，謂舅姑知我過父母。……謂為人婦而不能為夫延嗣，闕失之大無過是。……謇年四十六生子怡祖，夫人愛之如命，……提抱之中，為兒說先世貞苦仁儉事，或說他事是非，使兒裁決。……方是時，謇以教育原本實

業，所營未效，屢頻頻躓，夫人慰勸助策，曾無餒語。既效興學，首立師範，夫人謂婦女生世，不當廢處無用，當謀所以廣君志者。……丙午捐貲建第三小學於其母家之里；丁未……捐貲創造通州女子師範，……又規建女子小學校於僑所，規幼稚園於通州。……金太夫人之卒也，誠謇性剛勿仕，戊戌將入京，夫人述太夫人言，且曰：「君勿論何營，但勿仕；請率家人力作贍家，人自有生耳，何至賴仕？」……夫人未嘗學問，而膺仁蹈義，純出天授，應事贍決，勇過丈夫，自悔失學，而散其殖以埤凡女子之聚學，督諸子則割不可忍之愛，至瀕死而不回。……

我母吳太夫人是如皋雙甸人，廿歲到我家，助徐太夫人管理家事，很得愛重。生我以後，撫育我受盡勞苦，自處謙謹，極有分寸。我母十歲就離開吳氏為林梓沈氏外祖母所撫養。他從小稟性溫和，很知禮節，尤富於美術技能，凡家庭粗細工作，無一不能。所以很得外祖母的疼愛，如同掌上珠一樣。後來外祖母逝世，我父有一副輓聯：

王渾得嘉耦而彰，秉禮含貞，中表咸師鍾琰著。
格秀為夫人所養，陳恩述義，外家無異阿奴知。

自從徐太夫人去世以後，家事我母一人擔承，異常煩苦。那幾年我父的事業一天多一天，門第也一天大一天，事越發的繁，人就越發的難做。我母極識大體，安不忘危，我父兩次在南京、北京做官，他還是住在鄉間，從來不說要跟隨出去。我十歲就離家上學。十六歲到青島。十八歲到南洋。二十歲到美國。人家都勸我母說：「眼巴巴養了一個獨子，為甚麼讓他外去？」我母回答說：「小孩子望他成人，就得讓他離了家去歷練歷練，父母那能包住他一輩子。」所以臨到我每次動身的時候，我母面上，總是歡喜的樣子，告誡我，叮囑我，讀書要用

心，起居飲食要當心，交友要謹慎。等我一走以後，他一個人又去落眼淚了。曾經在觀音面前許願繡像，保佑我遠行平安。等我回國，像也繡成；我父就替我母在這繡像上，題了幾行字。

> 　　民國六年六月兒子怡祖將往美洲留學，為禱於狼山大士前，祈佑海行安穩，旅居無恙，因繡此像，家事紛擾閱一歲始成，而兒子平安歸矣。

　　我母生平很周濟了許多貧苦的人，世俗婦女的習慣，他絲毫沒有，雖然信佛誦經，也和祖母一樣的不佞。我母很工繡，每一回繡成以後，我父就批評甚麼地方好壞，曾經在國內賽會，得到過二三回的獎憑。他培養花卉，也很有經驗心得，家事之餘，就以此為消遣，我長子融武依靠了我母，我母拿從前撫育我的心血勞力，又用到孫子身上。她常說，等融武成立，我的責任就算終了。我父曾經和我說過：「難得你母親也有清高的志趣，這才算得一家人呢。」等到我父去世以後，嚴誡我關起門來，安心守制讀書；政治上的朋友，連一封函電都不許通。

　　光緒十一年（1885）我父順天鄉試時，還沒有生子，但是卷子上應該填三代名字，祖父就叫我父在子名下填「怡祖」二字，其實是並無其人。等到我母吳太夫人生了我，於是十三年以前卷子上的人名，方才真有其人。我父在寫給我的字說上說：

> 　　……前兒之生十有三年，余應鄉舉於順天，故事行卷書子姓，余未有子，先府君命書子而怡祖名，以為得孫之祥。越十年甲午成進士，而府君棄養，又四年戊戌而兒生。……民國改朔新曆之二月，猶舊曆之正月也，兒於是年十六矣，……乃字之曰孝若。……（〈兒子怡祖字說〉）

　　我出世以後，一家都歡天喜地，我父做一首詩。

　　　生平萬事居人後，開歲初春舉一雄。大父命名行卷
　　上，家人趁喜踏歌中。亦求有福堪經亂，不定能奇望作
　　公。及汝成丁我周甲，摩挱雙鬢照青銅。

　　我父的親友，自然大家都寫信做詩賀他。內中有二首詩，我父說
他格調最佳，用典最慰藉。是東台潘保之先生做的。

　　　昨夜春燈似海繁，連村簫管尚喧喧。爭聽趁喜張家
　　去，索看簪花小狀元。戈印安排總吉祥，晬盤濃映繡袍
　　光。正應雙取金銀管，不用連天傚姓張。

　　我小時我父教我很嚴厲，常常和我母及家人等說：「小孩子溺愛
他，就是害他。你們望他成立，就得嚴正的管教他。」平常我父不是
講書說故事給我聽，就是講從前家世貧苦的狀況，和做人要堅苦自立
的道理，到六七歲，就請了日本保姆帶教我，一面選了許多淺近易懂
的古樂府和唐詩教我讀，總要讀到爛熟。當時我父自己還做了歌詞，
交日保姆譜曲，教我們唱。

　　　風吹池面開，一羣金魚排；小魚擺擺尾，大魚喁喁
　　腮，白魚白玉琢，紅魚紅錦裁。我投好食不須猜，和和睦
　　睦來來來。（〈池中金魚〉）
　　　風車兮風車，圓轉兮不差：車之捷捷兮；人心不息
　　兮，風車不息兮。（〈風車〉）

　　到了九歲就買了一部《愛國二童子傳》，一部《徐霞客遊記》給我
看。十歲以後一直到廿一歲，我就離開家門，到國內外讀書遊學。我
父雖不時寫家信很嚴切的鞭策我，但是迢迢重洋，慈愛不釋的情意，
在言外總是流露出來。讓我選二首詩。

我在青島留學，過生日，我父做詩寄給我。

> 聽過江潮又海潮，記兒生日是明朝。老夫對燭頻看鏡，白髮因兒又幾條。

我在美國紐約留學，到了中秋重陽就逢節思親，總做詩寄呈我父；我父慰念我，也回我一首。

> 搏搏大陸東西極，父子中間情咫尺。日珠月鏡蕩且摩，萬里晨昏見顏色。中秋幾日即重陽，憐兒視聽非故鄉。有詩豈足語彼族，彼於佳節猶尋常。兒有女小不識月，有弟繞知糕可嘗。父讀兒詩與母聽，如兒婉轉爺娘旁。我今種桂高可隱，種菊明年須萬本。待兒成學歸來時，年年扶我醉臥西山陲。

我到了十八歲，才許穿羊皮袍和吃一二枝香煙。我到美國留學，住了一年多，因為父年漸老，地方事又多，親友都勸我早日回國，而我父很不願意，他本來要我在外國多留學三四年，所以我回國以後，我父在年譜上寫着：「怡兒遊學歸，本欲其留美三年，遽歸非吾意也。」

我回國後，就組織了縣自治會，所以要組織這會的意思，我有一封信給陳君心銘說得很明白：

> ……弟日來思發起一團體，此團體即代表南通全縣人民之團體，以之謀南通全縣實業教育交通各種事業之改進與發展。……南通事業創造之祖，當首推我父。但南通全縣之事業，斷非我父個人之事業，鞏固南通之事業，發皇南通之事業，其責任當南通全縣人民共同擔負之。

庶南通之事業與日月而俱長，不因我父而興廢。……總之
南通人民須自居於主人與自動之地位，我父不過發其端，
啟其機耳。固願南通全縣優秀分子，代表全縣人民，聚集
一堂，從容討論全縣各種事業具體之規劃，依次進行之方
法也。……二三月來，弟日夕籌思此事，……為南通全縣
人民謀也應如此，為我父創造南通本意謀也亦應如此；吾
在南通為百二十萬人民之一，為地方事謀永久之幸福應如
此；為我父家庭盡維護之忠心亦應如此；吾將竭吾之心力
謀之矣。……處今日中國之局勢，言省自治，尚嫌遼闊，
不易實行，且省自治之根本，亦非從縣自治着手不可，南
通之縣自治幸有根基。……

　　自治會的組織和工作，在南通固然是應着潮流的需要，在國內也
是個創立的新團體，來參觀和要章程的很多，並且當時也很得到許多
人的贊許。我抄二封梁任公張仲仁先生的信。

　　這是梁先生寫給我父的信：

　　　　……累月未奉訊，不審眠食何似？頗有以自娛耶？賤
　　子自冬涉春，作學究生涯者已三月，與世相忘，乃得大適
　　也。……昨得覩南通縣自治會報告書，頗有生子當如孫仲
　　謀之感，想公當掀髯以笑也。……（〈梁任公信〉）

　　這是張先生寫給我的信：

　　　　……一別經歲，我勞如何。前承寄南通縣自治會報
　　告書，繼老人規撫而廓大之，不獨一邑之光，抑全省實受
　　其福。嚴範孫同年前由南通來告我云：嗇老謂之曰，南通
　　之自治，乃數人之自治，公至無錫則人自為戰，視南通優

矣。弟每識之，未敢忘。今南通之自治，將由賢人政治，
而進為庶民政治矣；何幸如之。……（〈張仲仁信〉）

　　民國十年（1921）蘇省議會第三屆辦新選舉，我那時因為從外國回
來不久，看到人家法治基礎在議會，民治責任在議員，和議會的權能
在多數。於是想起結合一種擴大的政黨組織，將南通地方自治的精神
和事業，找一個推廣到全省去的機會。我的意志非常純潔，我的計劃
也非常光明，那裏曉得外國的東西，一到了中國，沒有一件不是變得
腐壞，尤其是代議制度到了中國，一試再試，成了最複雜齷齪的結晶
體。等到我剛有這種意思要着手去做，就發現了蘇議會歷史上向來不
相容的甲乙二派，紛爭叫囂，各有說法，各玩把戲。會還沒有召集，
就弄到一省之內，風聲鶴唳，龐雜不堪，反而拿我當了一個最新奇肥
腴的目標。我看想這種現象和我的初意和希望，真有差以千里的趨勢，
如果我沒有放下屠刀的決心，豈但我的人格和前途，要葬送在這一堆
私慾和錢窩的墳墓當中，並且連我父三十年所造成的聲譽和燦爛的事
業，要一齊陪我埋沒。這種精神上的痛苦，事實上的犧牲，真叫我心
驚肉跳，沒有容身之地。所以我在召集開會以前半個多月，就連議員
也辭去。我不要利用人，我也不給人利用，所以在那個時間，我沒有
離開南通一步，也沒有到過南京一次。在這件事初發動的時候，剛巧
我父由上海到江北去巡視河工，船過南通時候，就寫一封信給我，說：
「……在滬及舟中，又知議會種種幻象，汙濁昏擾甚矣。開會期近，兒
其堅辭，以全我父子之清白。即使會場不允，亦聲明不可奪志之心，
為必不到會久決。……」可見我父那時的激憤，和訓斥我的嚴厲了。
這種光怪陸離的一幕電影的結果，給我在中國政治上社會上受了一個
很重大的教訓。一來是越發證實：代議制度不是中國人不配，就是這
種制度根本已經搖動。二來是越發證實：在政治上抱着熱忱和希望的
青年，一踏進這個糞坑，沒有不弄到渾身爛臭的。當時我父和我，都
有嚴重的表示，我父有一封回答人的信，說得最激底。

……見所與兒子書，亦徵足下與諸君為省為國光明
磊落之胸臆，良用敬佩。顧僕以為不盡合儒者進止之義
也。儒者，宗孔孟，孔子以二帝三王之道，體諸身而欲
見諸行事，是以一車兩馬，周流其七十二君之庭，如是
其懃懃於用世也，而卒不獲，假斧柯之尺寸，退而以刪
訂纂修終焉。孟子私淑而蹟其跡。吾欲用世之心，猶之
孔子也，皇皇而不獲效，亦猶孔子也。其言曰：「禹稷顏
子同道。」意至深遠，謂顏子而處禹稷之地，必能憂禹稷
之憂，禹稷而處顏子之地，亦必能樂顏子之樂，非顏子
忘世，而禹稷徇世也，所處不同也。僕於孔孟之道，未
窺百一，而孟子所為人有不為而後有為，又未有枉己而
能直天下者，聞之久而思之審矣。前清民國，曷嘗無希
冀有為之心，以盡學為士之義分，而人民之願望，如泡
如影，而國變矣；農商之策畫，如露如電，而國又幾於
變。今之世，搶搶攘攘，較昔時何如？較僕忝閣員時又
何如？尚有幾希之望否也？人之愛人，必先愛己，人之
愛子，必無異於愛己，況僕僅一子，年稍長大，學問雖
淺薄，而尚屬志行，知自重，非甚不肖，忍令伍乘機抵
巇之徒，當陰謀詭詐之衝，以挫其清明之氣乎？今之世，
魑魅罔兩之世也，變黑為白，以蕕易薰，貴耳賤目，黨同
伐異，無所不用其極，無稽之言，甚於市虎，絕反之謗，
過於飯臭，人屢見之屢聞之矣。烏可令更事未多之少年
嘗試其險也。將如書所云為省為國乎？僕年七十，飽經
世變，曾不能毫髮有為於世。兒子視僕何如？孔子大聖，
孟子大賢，不能旦夕得行其志，兒子望孔孟誠天淵，而
不可枉不可無不為，無小大高下一也。是以謂足下所言
不盡合儒者進止之義也。會開有日，願足下與諸君勉自
尊重而已。……

這件事過了以後，別的都沒有甚麼要緊，不過我感覺到一二十年以來江蘇為甚麼能做各省的先導？就是因為有一個人才集中的重心，而我父又為重心中的重心。所以我看省議會的紛擾，雖然正反雙方做目標的人，私交仍舊沒有甚麼芥蒂，但是大家總被人家利用得太苦了，太離奇了。假使本省因為這個重心的離間分裂，立時現出「為親者所痛，仇者所快」的現象。那我們豈不是做了罪人，想到這裏，認為不是幾個人或者一部分的關係，所以我就立刻拿這種見解，和補救的方法，向我父說明，我父起初還不以為然，後來也贊可了，就借了蘇社的團體，再團結起來，表示這個重心，非但沒有破壞，並且還是一樣的黏固有力。

我廿六歲政府派我到歐、美、日本各國去考察實業，我父因為一來可替國家社會出去看看人家工商業在歐戰以後的發展，和最新的組織，回來報告：可供國內實業的傚效和參考。二來雖是政府的使命，一面自己還是和遊學一樣，可以增長見識，也可以供南通事業輓救革新的資料。所以就讓我去，做了一篇使行訓。

> ……頃者政府恫國步之艱，民生之瘁，特命兒子怡祖使歐美日本諸國考察實業。怡今裁二十有五歲，吾滋懼焉。計怡之生，當遜清變政之初，舊學新學蛻委而革之際，上無古人弱冠迄強仕廿年之修養，下乏平日德業切劘之師友，學既不足而識又脬焉。實業，賅古農工商礦今聲光電化，事有越於周禮地官冬官之外者，而使期多或一年少僅數月，求至繁賾之事，適至遼遠之域，用至迫促之期，而承之以學不足而識脬之人，其何能淑？吾滋懼焉。夫舉萬目之網者必振其綱，築九仞之臺者必慮其礎，中國地大物博，待興之業，百業未舉，望治之人，若飢企食，而兵爭不已，財匱於上而力弊於下，其於實業，雖百慮而一為之猶或未暇，況百慮而欲百為之，幾何不畫地作餅，

地盡而餅不得一適口也。然則今言實業，其必度我所尤需，審我所能至，準天時而因地利，權國勢而導人情，庶幾不大相剌謬乎？……雖然使有要道焉：孔子曰：「言忠信行篤敬。」……考察亦有要道焉：記曰：「博學之，審問之，慎思之，明辨之，篤行之。」夫學非可猝求，行亦非可專己：而問也，思也，辨也，則有擇而定其方，無涉而浮其慕。怡其猶可勉歟？而安己於篤敬之行，惬人以忠信之言，怡其尤當勉焉。……怡今臨事，擬於仕矣，顧未可以為仕也，猶以為學焉其可乎？學寧必藉仕，士寧可忘學。而學有質焉，質有先焉，其惟戒慎恐懼，怡往哉，惇念父言，毋隕使命！……

我考察之行，在民國十二年（1923）八月由滬起程，次年四月返國，共費了九個月的時間；到法、比、荷、德、奧、瑞士、意、英、美、日十國。很感謝各國政府社會的重視和優禮，並予以考察上種種便利的導助。我除在職務方面，督率各隨員勤審考察，隨時講求記錄外；更對各國朝野，努力宣傳中國革命後實際的社會思想的改進，及科學實業的展佈的事實：和前途的光明。以及現時內戰的紛擾，和財政上的困難，為任何一國從專制政體改造民主必不可免的現象和過程。吾人一方必盡力縮短此過程，一方還希望友邦與以合理的忍耐和諒解。得一機會必反覆申說，並引法美前事為鑒，各國人士也很為動容。此外我對於國人留外之團體或私人，亦多量力贊助。而各處僑胞對我表示極隆重的接待和鼓舞的情狀，很使我腦海中得到極深刻的印象，永遠不能忘去。這幾個月中，重洋跋涉，舟車之暇，流連山水，觸景生情，興會所至，便做詩消遣，也有二三百首，我父題叫士學集。回國以後，又在通商大埠向各界為一種報告式的演說，前後共有四五長篇，也彙編了一本演說集。

考察實業使命完畢，將全部報告送呈政府後，又派我往南美智利

國去擔任第一任公使。我父一來因單純屬於外交沒有實業關係，二來他年紀也老了，許多事要我幫他料理，所以始終沒有能去。到了民國十五年（1926），政府又特派我做揚子江水道委員會會長，這個機關，就是想濬治長江，分測量計劃施工的三種步驟。我父因為治江是他治水政策中的重要部分，和江蘇下游水患，關係更大，經費又指定關稅的款撥充；所以我父就答應我就，並且在避暑休養的時候，還做一篇東西指示我方針，不到二天，他就病了，這篇東西竟做了他的絕筆了。

　　我有好幾年很接近政治，當時有二種意義：第一，因為我父創辦事業和南通地方，隨在和政治脫離不了關係；治安方面的維繫，事業方面的贊助，官吏方面的合作，都不能不加以注意周旋，我就不得不擔負起這個任務。第二，我父對於國計民生建設方案，很有不少的策劃，他時時刻刻希望總有一天有一個政府能夠見諸事實，使人民得到實際的利益，事業不論大小，假使政治方面能夠諒解努力，自然就事半功倍，由上向下做，範圍也可推廣，比較容易成功。我和政治當局結交，就是抱着替我父政見做一個申說促動的橋樑；事實上雖然沒有多大功效，當時確存着這種希望。我雖接近政權幾年，但從無不正當的結合，或不可告人的隱事，金錢界限，毫不含混，清白自持，力保人格。等到我父逝世，我認為二種任務已經終了，就立刻與政治絕緣。直到現今，所有政治上的朋友，一個不願見，連一封信也不願通了。我在祭父文曾經說過：

　　　　……近歲父雖在野，而於國家大計民生大政，猶復筆書口講，期有一日一人能行，志宏神王，不減壯年。而通之地方與事業關連於政治之維繫者，在在都有；故兒仰體父意，強抑周旋，不辭勞瘁，冀有所效耳，今皆已矣，尚復何心問世。……

　　我父生我很晚，他希望我成立做事的念頭自然很殷切。我二十一

歲從美國回來以後，就幫着他處理對內對外的事情。他管束我教導我，和從前小時候一樣的嚴厲方正；可是講到辦事方面，他很能容納我所有的意見，譬如有一件事，我父已定了一個辦法，我認為不妥的時候，可以詳細將不妥的理由和我的辦法說出來，我父一聽，如認為有理，確比他的辦法好，他就立刻拋棄他的主張，用我的意見。就是向來我所管的事，他從不來干涉，我向來所用的人，也從不來進退。在不責善的見解以外，又有劃清辦事界限和責任的意思。所以我一生最崇拜我父，他是我的知己；我父也最信用我，我是他的忠僕。雖然是父子的天倫，確做到友誼上的了解，意趣間的和諧。

我父在日，見我也一樣的不愛財貨。他就說：「我死後非但沒有錢給你，恐怕還有債留下來給你揹。我難得有一個和我一樣不愛錢財的兒子。」我從小到長大，對僕役向來沒有怒罵的行為，對朋友也是很和善的相交。我父常對我說：「你有達心而懦的大病；心裏是很明白瞭亮，可是面甜不好意思得罪人，將來恐怕要吃這個虧。」到了我父七十以後，常常對我母和我說：「我不願意日後我家子孫做官，我願意出幾個明事理的讀書人。」

為名父之子難，為有事業之父之子更難。我既不能早日有所樹立以慰藉我父，讓我父晚年得充分的休養。又沒有學問德行以繼承家學，徒然辜負我父撫教之恩，和天給我的優越的地位，真成了終天之恨了。

我十九歲生長女非武，到了二十二歲生長子融武，我父很歡喜，做了一首詩。

> ……同輩屢見孫，遲遲我舉子，及我抱男孫，曾元數隣里。……懇懇室人賢，樛木葛虆虆，兒生共歡戚，緜嬰謅考妣，謂待娶新婦，早稻抵晚米。……頃辰入五月，日時卯相趾，家僮闔戶呼，疾報生孫喜。……老牛未脫犁，舐犢先愛舐。……翁庭尚非溢，父寵且加寬。翁顛皓白時，推戲諸孫裏。（〈長孫融武生〉）

又有一首，希望融武愛國讀書的小詩。

> 愛國須讀書，書能正人智。但為敦敏人，不望露神異。（〈融孫周晬口號〉）

我父平時沒有事，就抱他看魚，教他說話。

> 雛孫愛指小魚看，三寸江湖曷與寬。孫問幾時長似我？魚長或作應龍蟠。
> 學語未能工，聽人語特聰。阿婆誇似父，差慰晚兒翁。（喜融詩）

融兒三四歲的時候，他也曉得祖父很愛他，一看見祖父，就要他抱。頑皮的時候，別的人都管不住，只要祖父面色一沉，他也就放規矩了。祖父喪事中，他也曉得跟着家人痛哭。

民國十三年（1924）夏，我父在一件文字上，表示我一家的為人：

> ……我家外面，看似富貴人家，然卻不是尋常富貴人家；又似農村人家，然又不是尋常農村人家；是讀書為善守禮務本人家；不喜虛華，不談勢利。……我是天地間一個獨來獨往一空倚賴的老書生。……我兒子，是我家庭一個慈祥孝弟識事理有分曉的好子弟。……我兒之母，是女界中一個知處家有耐性的善女人。……

第十二章　家書

　　我國人向來注重家信；因為寫家信的人是骨肉至親，體例是質直無文，無論說甚麼話，都可以暢言直道，沒有絲毫隱飾的必要，凡處世交友講學，都可以隨意寫去，真切有味。我父止生我一子，自然愛護異常，何況四十多歲方才生我。所以望我成立做人，比甚麼也殷切，導我於正，無微不至。我有好幾回離開我父，出外遊學遊歷有事，少則三二月，多則一兩年，我父總有家信給我：問我求學身體情形；告訴我國事家事怎樣；教我要注重農事；戒我勿熱中好名。嚴正之中寓慈愛之情，封封如此，我每回接到我父的信，都要看上幾遍幾十遍。我現在將歷年的信分成六類：一，節儉；二，注重農事；三，講論學問；四，國事實業事；五，做人處世；六，慈愛。每類揀擇幾封，但是在一封信裏邊，同時也有關涉他事的話，只能就大體歸類，無從細分。從這許多信裏邊，可以看出我父治家教子的法則。

　　我父給我母的信，我也揀幾封；還有幾副對子，幾首詩，也歸入各類中。

　　一，節儉：這類裏共總八封信，前邊有七封都是我父寫給我母的。

　　賬房開來家用，云須四千四五百元，福食一項，即須

二千，大為不合。余為按人核計，至多不過一千二百元，又他項尚有可省者數百元，大約每年用度以三千二百元為限，亦已不小，另有訊復帳房。望卿在家加意管理，加意節省，每日菜蔬，一腥一素已不為薄。須是將債還清。又為徐夫人造成女子學校；又籌足幾個小學經費；尊素堂之事方了。卿當明白此義。衣服不必多做，裁縫即可省，切切。早晚門戶火燭千萬小心。書房須帶去看看。不可在房中常用煤油茶爐。（宣統元年正月）

余昨來滬，三四日即回通。外間各省擾亂，移家者紛紛。能安居有飯吃有衣穿者，便是幸福。余家須一切謹慎勤儉。余有暇即歸，不必系念。（民國元年九月）

新綿褲頗合身，惟收口腰身略緊；舊褲寄回，須拆開洗過重修，交衭處勿多去，鋪綿絮仍可穿。寄回字畫已函知孔昭馴。（民國二年十月）

傳習所繡服十月初可成，一定十月十三日送吉期，珠花即用亦勿過貴。今日時局，今年歲收，能少奢一分好一分，亦惜福不享盡之福；須知此意。（民國四年八月）

喜事過，家中女僕亦可酌減一二。家中今年用度之費，過於平常不止一倍，以後須加節省。凡人家用度，若但出入相當，已不足以豫備非常之急，若復過度，則更不合處家之道。新婦在家，汝宜為之表率，俾知處亂世處窮鄉居家勤儉之法。（民國四年十一月）

外間亂事，不久終要發生；我所處大不易，昨日幸而來通。接京電不允辭局職，今日來得及再辭。（民國四年十二月）

寄回上半年借債所收之墾牧股票五千元摺據五件，望令帳房登記入冊，摺據收好。自今年起，三年內墾牧所收花息；全須還債，不足者別業設法湊足之。寄回舊鞋一雙

可照做，惟底須用舊布包成百葉五層，便冬天著。絨線襪已成否？（民國六年九月）

伯父與余兩宅平安，諸小兒亦好。融孫性質將來似是辦事才，較兒似剛斷。尊素濠南濠陽東西林家用，現節省以不出萬為準，連應酬須萬二千，不得不因時消息也。（民國十二年十月）

二，注重農事：

古之后稷，由農業農學而知農政，周公則知農業而明農政，皆聖人也。漢時人才多，由於人人從農起，故人皆有業而知自重，故士有氣節。今之學生，前者人人有做官思想，故學法政者多；後則稍知趨實業，而又但以實業為名，仍以博官；試以事乃毫無閱歷，徒知要高俸而已，社會厭之而其人乃不復能入社會，成廢人矣；此輩人多，世安得治？頃北京警廳調查謀事人有十七萬之多，此十七萬人設家有五口，即八十五萬人，皆不耕而食，不織而衣者，皆上中級游民也。國安得不窮？安得不亂？政界傾軋排擠之風，即由此盛，聞之可醜，覩之可羞，思之可痛。父在京是以日日勸人歸田也。（民國三年六月）

吾衰猶未甚，汝學尚須求。先業農為分，虛名士所羞。毋忘經訓熟，要共國人憂。弧矢寧能遠，遊乎念美洲。（〈怡兒二十生日示訓〉）

人言秋氣令人悲，搖落山川信有之。宋玉偏傷梧欲刈，陶潛亦愛菊無知。百年此日看金注，四海何人對酒巵。為語兒曹須學稼，南山豆落是農期。（重陽日置酒與退翁並令諸子侍）（民國五年）

賴吳存張，兼祀吳以報吳，古者致敬發情，斯為禮

意。惟祖肇考，敢忘祖而忝祖，今日力田奉祭，猶是農家。（張氏家廟吳氏祔祠聯）（光緒二十二年）

過爾優逸，恐弗堪事。　吾不田舍，復在何人。（廳聯集陶侃妻師德語）（光緒二十九年）

三，講論學問：

寄文改還，兒勤學父所喜慰，但勿過銳，以致妨身。能於辛苦中得有樂趣，則天機自活，此在游息以牖神智耳。（民國三年三月）

詩尚不惡，但組合處未能細入。昔人言詩文之要曰：一經，一緯，一宮，一商；經緯以絲織言，宮商以樂律言，經緯主色主意，宮商主音，若更加之以一出一入，一彼一此，則文章之道，與文章之妙盡矣。兒且留意於經緯二字，即以意組織，若能明白色相音節，則已進矣。所謂宮商者，質言之，同一字也，有時宜用陰平，有時宜用陽平；同一意也，有時宜用此字，有時宜用彼字耳。（民國三年五月）

函來並文稿，俱看過。曾氏家書有大字小字兩本，可看大字者，其中頗有益於看書作文寫字論事做人之道。論文氣尚暢，筆亦不弱，惟嫌積理淺，布置之法未善，而本原在先無如何之主觀，所謂無道德者指何等人，必先有之，前後左右乃有擊射之處也，此則沈先生所最講者，若多從沈一年，文必更進耳。學問要勤苦，亦要從容，其法在漸進而有恆，到得有味時，便能以甘償苦。將來讀書，尚須為兒請一良師，農事須常常留意。（民國三年七月）

求學得苦中之樂，便是忙中之暇，兒知味此言乎？（民國三年十一月）

　　本月九日訊昨夜到，今晨為兒批注論文，可照父批暇日作之，亦瀹發心思之一法。用功但須按定日程，靜心為之，不可過銳，過銳既慮不足持久，亦慮有妨身體。左胾酸痛，恐是氣滯，或由坐時過多所致，每日須是散步游行一時半時。兒所云溫故知新極是。溫故知新，比日知其所無月無忘其所能二語，為進一步。子夏所云是為初學，大約教授西河時示學子者。孔子所云則中學以上之程度矣，兒須知之。父望兒學術進，及望兒氣體健，此但能寧靜即得之，不獨可以進學，可以衛生，並可以養成德器也。父患腰痛數日，近已愈矣，勿念。國事外間所傳，大半皮毛，或且無實。要之政軌未合，財已無源，每一念之，若乘漏舟在大風濤中，心膽悸慄，亦不必為兒言，兒腦力不能勝此等憂慮也。（民國三年十二月）

　　學山谷書，須知山谷之所學。山谷用俯控之筆，得之瘞鶴。褚河南書永徽聖教序即俯控之筆，可體玩也。山谷書於平直處順逆處須注意，須更觀山谷謹嚴之字，乃能悟其筆法。家中過年有家常瑣事，兒亦須學習，可於陰曆小除夕歸，新年三日到通。到通時路上須帶點心，就雙橋茶館買開水食之。（民國四年正月）

　　學山谷書，頗能形似，可看。頃所言，欲兒精進也。近來學山谷書者，鄭太夷嫌縱，陳弢菴嫌拘，兒若從山谷所得法處下手，用重筆正鋒直入，三五年後，可接蹤鄭、陳矣。（民國四年正月）

　　除夕元旦及初四日詩訊共五紙，知兒之念父也，皆今日到。兒學山谷書，進步殊速，父心至喜。兒須知父母見子之善而喜，則不善之憂可例矣。詩改好仍寄去，兒細味之，即詩之律也。兒想是小車到通。（民國四年正月）

　　兒詩句有瑕有瑜，腹儉之病，在以多讀書治之；心粗

之病，在養氣使靜；推而至一言也須顧首尾，一事也須兼常變，度正負。（民國十二年九月）

　　來詩三十二首，頗有長進，但音律仍未入細，氣格尚未堅卓，以兩三夕為改完。總之做人要苦，做詩也要苦，苦即樂也；未有不審慎而能成人，不勤博而能成詩者也。賣字之書，二三日內可了，收入萬二三千，已用了。一笑。（民國十二年十月）

四，談國事實業事：

　　宋尚能調和南北，忽然被賊，南北猜疑益甚，國事至可危。昨中央任父以導淮，本須北行，因此停頓。無人倫道德之國，未有不覆者，父十餘年前，謂中國恐須死後復活，未必能死中求活，求活之法，惟有實業教育，兒須誌之。慈善雖與實業教育有別，然人道之存在此，人格之成在此，亦不可不加意，兒須誌之。父今日之為，皆兒之基業也。父輓宋聯云：何人忍賊來君叔。舉世誰為魯仲連。（民國二年三月）

　　到京所聞無佳狀，父意亦不欲草草便去，必盡吾之忠告與誠意。法人卜夏勸業銀行事可成，乃一佳耗，不知究竟如何？人非有農工商正業，必不能自立於世，今以所觀察，尤願兒注重實業。雅師曾習牧亦佳遇，父已屬程家齊冬間為築新牧場堤矣，地可千畝，羊可牧數百頭也。兒母當已愈，愈後起居須調理。世變紛紛不定，居家做人，總宜和厚儉慎。兒可告母，父一路無恙，能歸則早晚必歸也。（民國三年六月）

　　政海腥潮，萬惡萬孽，父之仕止，自不可無首尾起訖，或不待蓴菜之秋風也。兒宜自勉於學，將來仍當致力於農，此是吾家世業，世界高格，不願兒墮仕路之惡鬼趣

也。天熱睡起皆宜早，宜以英文之暇，溫理論孟，最好譯以英文，亦兼治之法，但恐文法尚不足用耳。有訊回，告汝母父安。（民國三年六月）

歐禍行將及亞，我國如嬰兒如破船，何堪當暴夫入漩渦也，思之輒悸。父無恙勿念，家中平安否？（民國三年八月）

今夏大旱，卻是意外事，然計劃工程人不能早儲應用物料，亦是辦事少經驗之失，我亦諒之。但須辦事人一不說謊，而委過於人，一有此經驗，下次即長進，世上中人以下者多，不能深責，旁觀人亦勿輕說便宜話，看人辦事得失，亦可長自己見識也。歐洲戰禍方亟，而日又圖危青島，其禍必中國受之，然亦無法。正坐無有源之錢無有紀有兵，兒須兢惕，十年內中國日在存亡呼吸之頃，而父所憂則主權者喜智術，行政人無常識，大危象也。兒宜少出獨遊，靜心力學。（民國三年八月）

歐禍及亞，殆無寧歲矣。中國財政，將益陷於困難，社會無經濟之源，實業從何發生？然人舍實業，尤無生路，我觀浩浩人海，將來溝中之瘠，不知凡幾也，念之懍然。願兒知此意，別業勢不能中止而意竊悔之，為來日之艱也。家中可告汝母，刻意節儉，為自立之圖，非常之備，此等事總在平日有分曉，若臨時便無可措手。父現於義不可引退，青島事設有眉目，便思辭部而就局，作一周折。（民國三年八月）

日人無禮要求之款至二十餘，令人不復可耐，然不耐亦無法。一二月內，必有變相，臨難而去，父所不為，到此地位，只有靜觀其變，以義處之而已。兒須知無子弟不可為家，無人才不可為國，努力學問，厚養志氣，以待為國雪恥，外間事且勿告汝母，恐其擔心憂慮無益也。（民國四年二月）

　　周視五日，大半無複路，竟矣；農墾真可為也。何尚平機墾絕適，尚平甘心埋茆草窠中，可喜。頃與學灘亦一言而決。睫在眼前常不見，事都纇然，可慨。廿七日行，廿六日船必放來，一路迎上可也。（民國九年二月）

　　縣道必須迅做，請縣督促，麥熟前能至四揚為第一，不妨一面闢路，一面查地編號登記，分別捐助與分等給價，可不候查明動工。（民國九年二月）

　　今明日工程地勢可以看完。廿七日擬回，各處建築工程若何？須令各自進行，兒亦可常常去看視。（民國九年二月）

　　史蒂芬昨夜去，晤談頗愜，惟聞美以英、法各國借美之款太多，金融亦不十分寬裕。新運河關連各鹽墾之圖亦與史看，並為言明公司名目矣，此不過留一影子，為將來說話張本，然恐未必有效，或以為做他處之楔子。（民國十一年七月）

　　余頃大生一廠與淮海頗費計劃。季誠作三頗著勤勞，亦見忠懇。大約八月難關三重已過其二，其一日內當亦可過，而花太貴，紗以雙十節風潮之恐懼，工商觀望，皆不進行，甚難著手，銀根之緊，自不待言。大豫可望售田成就，丁劉二人頗誠實。一廠之二層難關，即賴以渡過也。雙十節明日即是，奉、直必有事，奉必發難，昨滬各報徵余意見，余答之曰：政變自政變，江浙自江浙，雙十節自雙十節，如是而已。此南通內外之大局也。（民國十二年十月）

　　法事畢至何國？德宜注意，注意其資本家，須與討論若何復活自存之道。至美約須十三年一月，前在通之美人須訪談，細心體察。（民國十二年十月）

　　得兒後訊，並詩三十五首，知兒近狀。前數十日各報及傳來之訊，言兒到巴黎後之狀況亦不少，父頗放心。茲

以所欲為兒言者如下：總之國無農業銀行，無可辦農墾之理，當日氣太盛，致有此失，而累及大生、淮海，今仍不得不從長期借貸入手。解圍樹幟，決非枝枝節節所能也，記之。大生一廠陰本月七日開秤，擬十六日開機。二廠有中、交合組之說，尚未成事實。父今益覺人生無一日不在憂患之中，無一日可高談大眠也。（民國十二年十月）

江浙和平，亦八面竭力做成，而近日忽發生徐國樑之事，爭點所在，箭鋒相直，恐和平必因而破裂，然絕無可以解救。銀根商業，恐惶已見，若大生因此又被掣動，亦無如何，好在我心坦然，早已空成毀之相。（民國十二年十月）

齊、韓、李於大生頗為力，殊可感；論省股則亦應有之義務也。（民國十二年十月）

行亦未可太速，前訊已言之，恐調查不細，費紬再計。江浙和平終必破裂，破裂則為害於工商業甚大，然亦無法。論政爭則不亂不並，不並不定。論地方則一亂即難定。此所以兩難也。（民國十二年十一月）

一廠勉強年內可度，年外頗難。二廠正在籌措，將定未來，尚未宣布開車之期，其實一廠僅缺二百萬元，二廠淮海電廠缺一百五十萬元為最少數，若合共得四百萬元即可活動。上海銀根本緊，又有兵事風聲，益覺恐慌，是非唯一注意輸入外貲不可，除日外止有美，皆如泡如電，急亦無用，不如任之，又不可徒任，有法可想，須是平心靜氣四面想去，兒須知此意。（民國十二年十二月）

前寄倫敦之訊，計可次第收覽，日內度可由英至美，報載某處演說，亦曾提及棉產地，不知別有所商否？以歐洲戰後情形測之，恐無力及外，最後惟冀美國。美以福德為第一，大賚次之，此須有說入之機會矣。以墾業論，不

得大宗助力，終是跼蹐。目前大豫、大豐何嘗不廉價出賣，終覺一鱗一爪，濟不得多少事。（民國十二年十二月）

父日盡人事，兒亦盡人事而已。南通墾業能大舉與否？我視為關係中國前途命脈，中國有此福否？我家有此福否？此中有天，非人所能强也。（民國十二年十二月）

一廠現尚强支，費力不小，廠定陰曆本月十九日開秤，此事齊、韓皆非常勤力。今於友輩中察得真有休戚相關，臨難不卻之忠者。吳寄塵、張作三、江知源、章靜軒數人耳。徐、李皆外表，做現成事耳。門外人吳廷範為最，甬人氣象，遠勝鎮人也。（民國十二年十二月）

江浙差可平安，我與各方曾豁露言之，殆頗得力，或於大局有萬一緩和之希望，須過年再看耳。（民國十二年十二月）

五，做人處世：

父逃議長，推讓久香，外人不知，橫生訾議，久香今日亦到廠談此事也。世變未知所屆，唯守正而處中者，可以不隨不激，此種道理，易經最富，聞島校課國文亦讀是書，然則兒可略窺之矣。（民國二年三月）

今晚連得兒兩訊甚慰。許世叔昨到通，父勸其暫耐；亦勸告共和黨人勿再作無謂之鬨，不知聽否？參眾兩院父均辭矣，目前稍緩發表。世道日趨於亂，人心亦趨於惡，君子處之，唯有中正澹退，兒若觀易，當能悟父所言。兒處人須時時記定泛愛眾而親仁一語，尤須記謹而信一語，所謂論語孟子信得一二語，便終身受用不盡也。平日勿雌黃人物，勿隨眾浪擲可貴之時間，作無益，害有益，兒須思父之晚境，兒之朝境，悉在此時也。（民國二年三月）

　　黃讀中國書太少，亦不盡能講解，明年當為另覓一人，高尚自治活潑，談何容易？如此教員乃第一流，吾未之見也，兒譽黃之言，父尚未見其事實也；譽人亦不可過，此關自己審判力及語言程度。孔子曰：吾之於人也，誰毀誰譽，如有所譽，其有所試。（民國三年七月）

　　得兒一月四日訊甚慰。以兒所紋，能使父如在家庭如行通海間村路也，訊中未及雅大師如何？是一缺點。凡人年少，須有賢友名師之督教乃得正軌，否則須經憂患，乃得困心衡慮之效。父十六歲以前，受鄉里小兒之輕。十八歲後，受通、如儕父之辱。故在青年未嘗一日高興，及作客於外十餘年，身世崎嶇，名場蹭蹬，亦無一日可以高興，以是遂寡少年之過。今父不能常與兒處，每一設想，便覺感慨橫集，覺得兒所處境，磨練之資料太少也。使兒心喻此理，時時體察國勢之未安，父境之艱鉅，及兒將來負荷之重大，亦得一半理想憂患之資料。（民國四年二月）

　　在滬及舟中又知議會種種幻象，汙濁昏擾甚矣。開會期近，兒其堅辭，以全我父子之清白。即使會場不允，亦聲明不可奪志之心，為必不到會之決。今日但冷而風不大，工次或無蚌，能歸必即歸，江中見海關測水之船，可速丹老來議江事也，天晴縣道如平，汝母可回尊素一視。（民國十年八月）

　　兒經今年之閱歷，當悟人生信用，作事作人一而二二而一，若人格無虧，則事即艱厄，不至失敗，即失敗而非墮落，反是則事敗而人隨之矣，兒須時時加檢。（民國十一年六月）

　　我意今年必平澹寂靜，乃為大方。人子孝親，以養志為大，我志如是，兒能體之，能為之，我心愉快，即養志也。兒須知之，萬勿為俗說所動。（民國十一年五月）

兒滬行後，余後一日即歸，與兒母道兒此行眾人之尊重，即是眾人之督責，兒母亦知此義也。兒至香港而西貢而新加坡電俱接到，計現航大西洋中，風浪如何？氣候如何？興趣如何？都以為念。（民國十二年七月）

兒見各國元首要人，務須誠篤謙謹而以禮自持，固不可亢，亦不可卑，事已即行，恐多意外。（民國十二年八月）

昨又寄倫敦使署轉兒一訊，連日得在德在荷在瑞寄回之明信片，知兒行程速而意興不惡，考察繁而酬應極苦。然做人做事，正須於動中能靜，忙中能閒，方於事有見處，於身有益處，此卻不易。然只要耐，能耐則自然視忙如閒，視動如靜矣。此須看《禮記》及儒書，非詩文可助矣。今日季誠可來，事更後告，以後欲每半月發一訊，已另訊託陳任先轉寄，妥否？候兒訊來再定。（民國十二年九月）

我與汝母皆健適。我雖為紡墾煎熬，然時以讀書酬對古人自慰，亦時吟詠自遣。家用節縮，按豫計尊素、濠南、濠陽、東西林每年不過萬元，而濠南居五千，尊素居三千，濠陽一千，東西林合一千。孫輩生自富貴，我以為慮，當時去訓迪，亦為汝母言，汝母心亦明白，而終帶姑息之愛，只有漸化耳。（民國十二年十月）

姑息養姦，柔懦召侮，古人之言，真龜鑑也。又知古人女德無極，婦怨無終之言，真不誣也。（民國十二年十月）

前聞兒言，有若遇機會，亦願久留於外，藉增閱歷之語，我以為亦可稍避內地塵垢，未為非計，然所謂機會者，過之云耳。得撫萬訊言，渠已密薦，其告鏡湖又似兒與通問，已有所屬者，此則殊欠審慎，蹈社會之俗例，非我意矣。與人交，豈可使人輕，豈可不自重，兒前訊語我，

一國終須有政府，勸勿隨眾建言，我已測見兒之意向。兒詩「有養志方為孝，時危敢好名語」，我以為然，何為言與行不侔，而汲汲近名也。方當壯年，正宜強自樹立於純白之境，未可妄自菲薄也。千萬慎言慎動，後宜切戒切記。（民國十二年十一月）

　　贈人詩斷不可無分寸，此見人心地品地，所改詩須玩味。（民國十二年十一月）

　　南通困阨尚不知何時出脫，日來父早作夜思。父意在望大援，心卻日自參於盈虛消息之道以自廣，不憂不懼也。兒在外自有職務，不必分慮，飲食起居，都宜慎重，言語舉止，尤宜加意。詩抄寄去。思家一絕，改本須玩。（民國十二年十二月）

　　屢見來訊，有見道語，有識時語，亦有自喜語。見道識時，庶幾成人。涉自喜，則猶有童之心未化，此大不可。事之得失，寸心自知，自知失，當自砭自救，自知得，可自慰，不可自喜。慰者，謂免於失耳，喜者，乃幸其得；慰與喜，進退只一步，不可不察。哲學乃各學之空氣靈光，尤不可不知。今以兒回國後所要者，示於後：

　　一，見人與人談，不可有盈滿之色，高興之態，誇大之語。

　　一，與省當局宜自處禮讓，不可便為人請託干求。

　　一，非確信之事，不可遽發十成語之議論。

　　一，近聞政府有任為駐外公使之說，卻可就，以其可學也；可斷世紛也。

　　一，屬各同行友即分編報告，時文保之編。

　　一，到處應酬勿雜，廣眾說話勿多。

　　一，勿輕聽人上條陳，出立意；說政治，穩靜第一。（民國十三年四月）

德布機重製者已至，尚未至通，試後再告。前日之訊
何人消滅？須誠告，華盛頓兒時對姊言，可念也。（民國
十三年七月）

六，慈愛：

父廿九日來滬，得兒十七日訊，為之愴然。父昨又寄
去一詩及改兒之詩，早晚當收到。父豈不欲兒常在側，顧
世事日變，非有學問不能有常識，即不能有聲望。居今之
世，若無學問常識聲望，如何能見重於人，如何能治事，
如何能代父，故不得不使兒閱歷辛苦，養成人格，然後歸
而從事於實業教育二途，以承父之志，此父之苦心也。
兒今在校，須定心求學，不必常常思家，常思則苦，胸襟
即不開展，亦有礙於身體。校規即不嚴，但得自己律身
嚴，則焉往而不可。做人須自做，專恃校規管束，教師督
促，非上等人格也。（民國二年三月）

昨夜十時半至家，被雨十餘里，睡已近一時，與兒母
猶說兒也。兒須知此行為男兒有事四方之第一次，兒須自
重，時時念父母教汝愛汝之言，父無多屬。與澤秉作別，
亦須交相勖勵，此古人臨別贈言例也。追送此訊，作父至
滬濱與兒握手親額。（民國四年三月）

一時間連改三詩，頗覺有味，兒可盡觀之，分函轉
送。欲兒以好箋小字，全寫七人詩，置閣上也。（民國九
年正月）

我冬天寫字，精力覺不及前，然止不能多寫耳，非不
能寫也，勿念。此時甚寒，歐行如何？兒飲食起居，千萬
留意自衛。（民國十二年十二月）

　　新會橙十二枚，半給非孫，半給融孫，均令留皮供藥。（民國十三年十一月）

　　最後我再抄三首我遊美啓行以前我父給我的詩，詩中有無限我父身歷的世味人情，和鞭策我期望我的慈愛之情意。

　　大道炳六籍，散著區宇間，未嘗限中國，蛙井拘墟觀，道不在言語，知鮮行尤艱，履之必有始，豈不在憂患。兒生今二十，墮地覆載寬，恆虞紈袴氣，薰人毛髮端。便旋習應對，俯仰求為官。兒志殊落落，恥為時詬訕。知恥者生氣，遂若春萌菅。駕言適異域，求覽方員還，誰謂世味劣，正要行路難。

　　出門但一步，便不父母近，男子重自立，父母會有盡。即言行旅遭，豐悴無一準，古人苦求學，力備不為損，況乃赀扉足，蓋海浮遂穩。父年二十時，低首被俗窘。兒今眾攙舉，邀絕華峯隼。攙舉夫何如，人已兩當省。蠻貊何足異，忠信植行本。世亂何足嗟，仁恕修塗軫，大智無小明，大勇無小忿。萬里兆舉足，尋丈由寸引。

　　少日苦貧賤，父不及兒福，兒所不及父，正坐苦不足。父當辛苦時，但覺分所屬，歸來父母憐，摩撫看垢服，伯父相慰藉，兒母共委曲，忘苦一家事，熙熙有和樂。今惟伯父存，白首誼彌篤，助父賀兒行，望兒養頭角。愛眾而親仁，語為弟子錄，欲得眾尊貴，行止勿自辱，毋徒效大言，高舉奮黃鵠。（怡兒遊學美洲將行詩以策之）

第十三章　逝世

　　我父七十歲以後，打算一面竭力結束各事，告一段落，讓後人去辦，他可扶杖觀成，一面實踐他入山休養讀書的計劃，間或招致友好，泛舟遊山，唱和流連，消磨時日，很想和世上人事隔離得愈遠愈好。他那時身體，雖是康強，腰腳也很健步，起居飯食，還能簡刻和往常一樣。但是因為早年用功過度，中年又有憂患煎迫，大魁之後，即遭大故，所以他有：「不堪重憶科名事，宮錦還家變雪衣」的詩句，心境上很受了重大打擊。後來對於四十年以來的政治，希望每為失望所沮喪。到了辦實業教育，在創立興盛的時候，心力已經用盡，遇到困頓的難關，更為焦心竭慮，有無限說不出的苦楚；所以表面看來雖是精力很旺，其實內裏漸漸的衰頹了。民國十五年（1926）夏，六月初旬起，天氣就燥熱異常，一連熱了半個多月，最熱的時候，在一百度以外，我父就到西林梅垞去避暑養息，每天還做一首詩消遣。到二十三日起，覺得遍體發熱，也不以為意，次日清早，還偕同了工程師去察看江堤，計劃修建很緊急的石楗。到廿九日下午，病勢漸重，人才支持不住，就請了平日常醫病的俞、金二君去診脈，都說脈象虛滑，暑濕夾痰，來勢洶洶，很可擔心。我母及伯父和我三人，就商定接我父回城，便於延醫服藥，當夜電邀上海寶隆醫院德醫白魯門托克博士（Dr. Blumenstock）

來通，診斷為胃腸炎，吃了一點藥水，當夜回滬。次日又請了上海奧醫賴司賚博士（Dr. Basley）來治，診斷為心臟衰弱，連打強心針。又請了中醫沙健庵、劉祖權二先生來診，說暑濕內陷，恐怕要脫，漸入險境。又請了朱君苣臣來運氣，按摩三次。陳君端白新從德學醫返國，奉了他父親陶遺先生的命到通省視珍治，和奧醫仔細商量用藥。到七月十四以後，一天比一天險迫起來，家人至戚，固然人人愁淚相對，束手無策。而各處問病的函電，自早至晚，來得不絕。地方上前來探問的，早晚也總有幾十人齊集濠南，看了醫生一刻一個報告，說脈搏平勻些，有力些，熱度低些，大家就安慰起來。一看到醫生不好的消息，又都愁眉落淚了。十五、十六兩夜的月亮很佳，天空一些雲也沒有，潔淨無比，月光照得滿園景色異樣的皎白，好像雪後一般，樹頂的宿鴉，以為天曉，個個驚噪起來。我不時走到樓欄旁邊，跪下來禱告求福，我向來不是一個信仰上帝或菩薩的人，但是到了這慘痛沒法的當口，也只有跪下來，恭敬至誠的求天保佑，第一求我父病慢慢的由漸退而痊好起來，第二求減少我父病中的痛苦；我接連跪禱三四回，每回求禱一二刻鐘，醫生看見了，遠遠地望著幫我下淚。我有生以來，優游遊於天高地厚當中，過的是安樂順境，比不得人家過慣愁慮感傷的生活，逢到了苦難臨頭，反不覺得有甚麼異樣難受。我直到這時候，方才親身嘗受了那人世間的愁苦傷痛的真滋味。到了十七日早晨，醫生方才堅決的向我說：「你父親的生命，已難有把握了。」他說完了就走近牀邊，握著我父的手，作別而去。我父還望著他，表示感謝不捨的樣子，不到一刻，我父忽然咬緊了牙根，握緊了雙拳，面色慘變，好像還在那裏依仗了他的神明魄力，和那病魔作最後的奮鬥。到了中午，我父聲息漸漸的微細了，兩目漸漸的合閉了，那曉得一個人的長逝的光景，和燈光日光一樣；燈光到了油盡，日光到了西天，都是慢慢的逐漸的熄滅了，沉下了。我到這時候，心腸傷痛，好像刀割，觳觫如死囚受刑，眼淚也哭不出了。感想到我父的關係，不是一人一家所託命，他所造成的事業和地方，也何嘗不倚賴他，差不多我父眼睛一閉，我

和家就立刻慘痛孤露起來，地方和事業，也就像風中落葉飄動起來。大凡世上的金錢財寶，甚麼損失都是有價的，有限的；惟獨天地間的人類的長逝，那損失是無價的，無限的。我父一生刻刻為人羣謀利益，國家謀建設，鞠躬盡瘁，身體力行。今一旦長逝，豈不是國家人民無價的無限的損失麼？張軼歐先生有一副輓聯是：

　　國家損失此為大！中外推尊誰與儔？

　　我父在十四那天，還要筆寫字，可是執了筆，動不來了。自從起病到瞑目，從來沒有提一件家事，說一句私話。關於我父的後事，早三四天我母就和我商定，一齊都豫備好了。我父殮時的裏衣，是拿大生紗廠所織的南通大布做的，我父神主是我自己題的。訃文上不用一切銜名。

　　我父逝世消息傳出以後，各處的輓唁函電，如雪片而來，許多地方，不約而同的開會追悼，舉國都有木壞山頹的哀感。丁文江先生[1]在上海追悼會演說：「……數年前余在美時，美前總統羅斯福死後，凡反對之者，無不交口稱譽。今張先生死，平日不贊成他的人，亦無不同聲交譽。可見哀悼偉人，心理皆同。……」到同年十一月一日出葬，那天清晨，天氣異常晴爽，朝陽漸升，光芒四射，蔚藍的天穹，明淨到一片雲都沒有，霜露凝蓋樹上，愈覺澈亮，寒肅之氣，侵人肌骨，好像天有意給我父一個光明冷峻的結局。素車白馬，四方來會葬的，和地方上人，共有萬餘人，都步行執紼。凡樞車經過的地方，那沿路觀望的鄉人，有數十萬都屏息嗟歎，注視作別，送我父到他的永遠長眠之地，這墳地是我父生前自己所擇定的，已經種了不少的樹木，前面直對着南山。墓上也不銘不志，只在墓門橫石上，題為「南通張先生之墓闕」。

1　丁文江（1887–1936），字在君，江蘇泰興人，地質學家、政治家。

附錄

嗇翁自訂年譜

卷上

　　清咸豐三年癸丑（1853），五月二十五日，卯時，生於海門常樂鎮，今敦裕堂前進之西室。一歲。

　　余家自先高祖由石港遷金沙場東五里廟河南頭總。清嘉慶元年先曾祖卒，先祖年裁八歲。先祖兄弟三人，府君第三，家頗溫飽。先長伯祖既娶分爨，就田於餘中；次伯祖不勤農業，外出不歸；先曾祖母特愛府君，幼從學村塾。年十六歲時，在塾聞母猝病，急歸省，已噤不能處分後事。既葬，家日蝕於前，嫁長姊之族誘之博，覆焉。外曾祖東台栟茶吳聖揆公為小瓷商於金沙場，無子，止一女，習知府君忠樸被紿家落，憐之，贅為婿如子，命生子兼祧吳氏。時當嘉慶中葉，嗣胤日繁，慮為外家累，乃遷西亭。旋外曾祖亦遷海門常樂鎮，兼治小農，先祖命先君月走七十里一省視，有事則留數日或旬，事竟始歸以為常。外曾祖父卒，外曾祖母高年獨居，聞人稱先母在室之勤孝，命先祖父祖母為先君聘娶，而侍外曾祖母，申外曾祖命，生子後吳。先母金氏，故與外曾祖母同貫東台也，時為清道光之季。先君始娶於葛，生伯兄譽（小名長源）。三十年金太夫人生仲兄暮（小名長慶），咸豐元年生叔兄謷（小名長春），三年謇生（小名長泰）。

十一月，先祖卒，年六十有六。

四年甲寅（1854），二歲。

葛太夫人生弟警（小名長發）。

五年乙卯（1855），三歲。

七月，外曾祖母殷卒，年八十有一。

六年丙辰（1856），四歲。

通海大旱蝗，蝗自北至，作風雨聲，輒蔽天日，落地積厚二三寸，戶外皆滿。先君先母指謂此害人物，饑民滿道，見袖餅囓者輒擾。先母雜蠶豆作飯，見乞者恆輟箸予之；余時能俛檻拾棒擊蝗矣。

冬，先君始教識《千字文》。

七年丁巳（1857），五歲。

正月，三叔父來，知余已識字，命背誦《千字文》，竟無譌，三叔父喜，先君先母亦喜。遂命隨伯仲叔父三入鄰塾，從海門邱畏之先生大璋讀，命名吳起元，名仲兄吳慶華，叔兄吳首梅。

八年戊午（1858），六歲。

仍從邱先生讀。

夏大水，塾前橋與水平，余隨三兄上塾，行後過橋落水；邱先生訝少一人，亟出視，見水涌動，伏橋援之起。

九年己未（1859），七歲。

仍從邱先生讀。

七月，仲兄與鄰兒嬉，溺水殤，年十歲。

十年庚申（1860），八歲。

仍從邱先生讀。

三月，先祖母吳卒，年六十有四，先君治喪於西亭。余與叔兄輒據案習字記小賬，一族兄挈遊城隍廟，入後宮，神夫婦二偶像坐特高，重宇陰閟，族兄命揖，甫揖，坐上筆筒籤筒翻倒作聲，余驚而啼，道士奔集，撫而慰之。自是先母戒後勿入廟。先母挈叔兄與余往東台，追薦先外祖母之喪。

十一年辛酉 (1861)，九歲。

仍從邱先生讀。

清同治元年壬戌 (1862)，十歲。

仍從邱先生讀。

二年癸亥 (1863)，十一歲。

自五歲至是七年，讀《三字經》、《百家姓》、《神童詩》、《酒詩》、《鑑略》、《千家詩》、《孝經》、《學》、《庸》、《論》、《孟》，畢，始授《詩經‧國風》二冊。學屬對三四五字，非特不知四聲，並平仄聲亦不了解，先生命屬對，法以上下左右晝夜黑白相對，如是推類。先君見以「日懸天上」，對師所命「月沉水底」句而喜，謂可讀書，謀於三叔父，明年延師於家。是年江南猶陷於寇，避地之人時有至者；余聞人誦〈滕王閣序〉於市募錢，久之耳熟，問先君曰：「若豈不以關山難越四語訴苦乎？」先君頷焉。

三年甲子 (1864)，十二歲。

八月，湘軍克江寧復之。先君於住屋外別治一室，室外有五柳，因名「仿陶書屋」。

正月，延西亭宋蓬山先生效祁授叔兄五弟與謇三人讀，無僮僕，洒掃糞除諸役，皆三人任之。先生檢視前所讀書，音訓句讀多誤，令自《學》、《庸》、《論》、《孟》始，盡易新本，授令重讀，既背更授，自日三十行，漸增至六七十行或百行；亦授四聲，或就《三字經》、《四字鑑》、《千家詩》，為說故事。一日，先生在塾，有武弁騎而過門外者，先生舉「人騎白馬門前去」命對，應曰：「我踏金鰲海上來。」先生大喜，先君亦喜甚，歸告金太夫人，太夫人曰：「兒誠可喜，但勿過譽之，成敗未定也。」

是年五月，先生應歲科連試，復病足，罷課幾兩月。

六月，先君命與叔兄五弟隨傭工鋤棉田草，大苦，乃益專意讀書。至州，三叔父家側有藥王廟，庭有皂莢樹。余用泥水匠堊帚，大書「指上生春」四字於扁鵲神龕之後背，字大一尺七八寸；廟中有硯工朱姓，

大稱善，逢人便告張氏第四子能書。

十一月，先生應江南鄉試，子璞齋先生琛獲中，先生又為摒擋諸事，計在塾教授，不足六閱月也。在塾之日，先君必朝夕起居致敬禮。

四年乙丑（1865），十三歲。

三月，二叔父卒，年四十有六。是時宋先生年五十有八，故患喘，夜寐恆短，感先君先母於其服食起居，忠敬有加；又以上年曠課久為歉，督余益嚴，日授生書，嘗再量難易為多寡，讀則抗聲授之，讀而譌則稱獎之。余兄弟故與同寢室，牀相接，即寢寐未熟間，問他事或問旦所讀書義若何，意愜，則次日告先君而稱許。是歲讀《論》、《孟》、《詩》、《書》、《易》、《孝經》、《爾雅》竟。學為五、七言詩，試帖自二韻至六韻，制藝作講首。先生每歸，必挈與俱，亦令至西亭詩社，分題作詩，或限字為詩鐘。

五年丙寅（1866），十四歲。

讀《禮》、《春秋左傳》作八韻詩，制藝成篇。第一題為：「有心哉，擊磬乎？」州試題也；先生命先作一破，余破：「磬能傳心，心以磬傳矣。」遂命賡續終篇。

五月，餘東竈民，以禁米出江，並與鹽商爭蕩之故，鄉人推諸生許朝楨為首，抗不遵禁，毆傷州役；州移鎮營會緝，仍抗鬬，傷營兵，兵有墮水死者，知州以匪亂報督撫請兵。巡撫李鴻章檄提督張紹棠、吳慶華統二營臨剿，逮許戮焉。事解，而鄉人之驚惶逃徙徧數十里，匝月不絕。

六月，先生以兵警歸，未幾病卒。時方盛暑，先君聞訊，即挈余兄弟星夜赴其喪，任經紀喪費。先君命至西亭從宋紫卿先生琳讀，宿膳其家。先生，蓬山先生之從子也。

六年丁卯（1867），十五歲。

仍從學於西亭，間從璞齋先生問業，讀《周禮》、《儀禮》，苦《儀禮》難讀，亦不甚了解。余先世祖父，由口口相傳為三姓街張氏；顧三姓街族譜久不修，而先世又率務農。先君性慷爽，貧時亦濟人急，

既業商稍裕，益事周恤里人，因目為富。通俗，凡三世無隸名學官為生員者，名為冷籍。子弟與試，則學官及廩膳生中之為認派保者，必鉤聯多索費。三姓街族人兆彪字嘯谷者，以武舉經商起家。自兆彪習武中舉，族習武中舉者，咸同兩朝，先後殆十餘人。兆彪嘗憾族自道、咸後無文士，其於族派，則先君同輩行也。嘗語紫卿先生：令余應試，而其人為兩宋先生所慊，先君惟兩宋先生之言是從。璞齋先生有素所諗之如皋人張駉，因欲余認駉為族，先試如皋，不得當再試通。

七年戊辰（1868），十六歲。

仍從學於西亭。

正月，璞齋先生介紹張駉與先君晤識。駉兄駒，駒子銓前卒，計以余為銓子，報名註籍，試但一場，取有名而已；試文與駉孫易寫，一試即返，州試如之。許院試售，以錢二百千；不售，但為任駉子與孫之試費。以是為計大巧而值大廉，先君疑不可。璞齋先生謂茲事法當然，不然不諧；且戒毋令先叔知而泄，乃名余曰育才。駉孫故以貧，讀書於縣之撫幼塾，塾不徵學資而給食，就學子弟以字分次其入塾之年。駉孫名育英，故蒙其字而名余。余與先君心皆不安，顧已應縣州試，無如何也。

十月，應院試，學試為鄞縣童侍郎華。題為「裨諶草創之，世叔討論之，行人」，榜發，取中二十六名附學生員，由是酬駒以二百四十千；資不足，則署券而從。而居不泄之功，索報者實緜有徒，自此家無寧歲矣。先是州試，余取列百名外，同時通范鑄少余一歲，取第二。璞齋先生大訶責，謂「譬若千人試而額取九百九十九；有一不取者，必若也」。余至西亭，凡塾之窗及帳之頂，並書「九百九十九」五字為誌；駢二短竹於枕，寢一轉側即醒，醒即起讀，晨方辨色，夜必盡油二盞；見五字即泣，不覺疲也，至是余售而范落。識海門秦煙鋤駕鰲、劉馥疇逄吉、張子沖雲搏、黃香山錫齡，張、黃長於余，秦、劉長且十年以上，秦又父執也，與為友。

八年己巳（**1869**），十七歲。

仍從學於西亭，頗苦籍事索酬之應付。時而歸，並以文質里中徐石漁先生雲錦，先生，外舅之族也。是歲讀《綱鑑易知錄》、《通鑑鋼目》。識如皋顧延卿錫爵、仁卿錫祥、陳子璹國璋、黃少軒毓齡、通范銅士鑄（銅仕後更字峀堂更名當世），顧、陳、黃並同案為縣生員，與為友。

九年庚午（**1870**），十八歲。

仍從學於西亭，科試一等十六名。

七月，從紫卿先生應江南鄉試；試卷，房考備薦。

先是蓬山先生示意先君，欲以孫女訂婚而未舉，先生既卒，璞齋先生室孫夫人愛余甚，而婚亦未訂；榜後，孫夫人之兄見余落卷，乃促訂。顧舉兩說為約：一須居城；一與合買宅同居。孫屬紫卿先生致其說，先生致書先君而語余，余曰：「人子娶婦以養親也，娶而異居，不能養親，不孝；多分兄弟之財以自適，不弟。不孝不弟，不足當蓬山先生與孫夫人之愛，幸謝。」先生曰：「吾書非汝所應答，須歸白乃父。」歸白先君先母，韙余言；顧先君念蓬山先生與孫夫人之義，婚謝而任其買宅所值之半。

冬，先君為訂海門徐氏婚。徐氏初議婚在三年之前。徐氏故農家，富有田業，前議徐氏婚時，余以貧富不相若，白母謝緩。至隸學籍後，議婚者百餘家，母以問余，余謂：「一秀才值不得如許勢利。」母意：「家有田，欲得婦知田事。」至是前議者復為言，母請周媼往覘。直九月收棉，徐女方持衡冊課佃入，媼與其母他談，女處事不間。媼返語母，遂定婚。

十年辛未（**1871**），十九歲。

從海門訓導無錫趙菊泉先生彭淵學。先生以清道光己酉舉人，教授其縣，門下稱盛，知名之士，率從問業。晚就訓導職來海門，海門士亦多從之遊。先君欲余往從，丐友為請。先生令先呈所業，得許可。正月下旬往訓導署，先生令盡棄向所讀之文，以桐城方氏所選四

書文，及所選明正、嘉、隆、萬、天、崇文授讀，每課藝成呈閱，則乙抹過半，或重作，乙抹如前，訓督嚴甚，乃大憤苦。踰半年，抹漸少，復命從事朱子《四書大全》，自是益進，讀宋儒書。張駒子鎔關通如皋教諭丹陽姜堉南、訓導太倉楊泰瑛，冒銓名控逆。姜、楊簽傳。海門師山書院院長王崧畦先生汝騏，楊同縣中表也，余試書院，亦被稱錄，因付書為地。四月杪，單舸往，不聽申訴，押於學宮，索重賂。先君請於璞齋先生，先生謝不能為力，余家實亦不支，而金太夫人鬱致疾。閱三月，先君多方貸集百數十金，延某甲往說，僅獲放歸。

十月，學院江夏彭侍郎久餘臨通，乃自檢舉被罔之誤，請褫衣頂歸原籍，侍郎憫焉，付提調知州桐城孫先生雲錦察究本末。先生以海門釐局總辦漢軍黃太守筱籬海安、宣城屠太守晉卿楷皆有書，訟余冤，乃屬璞齋先生理解之，仍謝不顧。先生具白侍郎，規咨部移籍，而別具揭劾姜、楊。未兩月，先生受代去，以屬後任，終其事，後任追寢劾案。方侍郎以案付提調時，仍令應試，試取一等十一名。侍郎語提調：「文可第一，慮且移籍，避眾忌，故抑置，須勉自晦。」友人黃少軒試名在余後，欲為余謀補廩請貢而遞及之，余以方求去，卻不可。始識海門周彥升家祿，與為友。歲終，先君送學膳費於趙先生，先生恤余貧，不受。

十一年壬申（1872），二十歲。

仍從學於海門趙先生署，亦從徐先生問業。以如皋生員歸通州原籍，本彭侍郎與孫先生委曲玉成之意，然殊周折，法須先銷張鎔冒名控案，以余昔為出繼，今所為後者有後，聽歸宗，須原試時廩生保證，由學官知縣加勘轉州，州詳院咨部，部可乃可。而學官讎也，知縣袒學官者也，廩生仰學官鼻息者也，余既委曲得廩生保結，至如而楊泰瑛欲阻余歸通；則又關通如皋知縣周際霖，據撫幼塾董阻留之稟簽傳。是時余正以求楊詳州，在如慮入羅網，深夜昏黑，冒風雨出城，沿濠獨行。濠甫浚，泥淖積，路高下崎嶇，燈滅蓋不能張；又懼墮坎陷，蹲視數尺外，有無水光，徐進，不十步輒一蹲，歷三四時，行二里許，

將黎明矣，抵友人家，叩門，衣履表裏濡濕，借而易焉。小坐天明，雇小車間道疾至通，展轉銷縣案，得楊印文，州為詳院咨部。當是時，外避讎敵之陰賊，內慮父母之憂傷，進亟學業之求，退念生計之觳，時在海門，時至如皋，時至如皋之馬塘，時至通州，一歲殆無寧日。比部文回，仍令補具「世系圖」。趙先生復命多看名家制藝；入冬，於余文時亦有所許可。師山書院院長太倉孫子福先生壽祺屢置余文前列。是歲讀《通鑑》。始識江都束織雲錦、畏皇綸、無錫陶季亮廷瑞，與為友。季亮故趙先生弟子。

十二年癸酉（1873），二十一歲。

仍從學於趙先生海門署。歸籍須補之「世系圖」、里鄰親族及廩保結，呈學轉州詳院，文既具，自賫至蘇州，投於院，胥速院咨部。夏，部報可；首尾已三年，家益不支。伯兄求先君析居，產物悉均分；因籍事所負千金之債，則余與叔兄任之，計盡賣產抵負，猶不足。

科試，取一等第十五；鄉試不中。孫先生知余貧，約明年去江寧為書記。旋屠先生總辦大河口鹽局，亦招為書記。余以孫先生約在前，且旅省便應各書院試，乃謝屠先生。

是年讀《三國志》，方望溪、姚惜抱集，終。

十三年甲戌（1874），二十二歲。

二月，孫先生命僕來邀。十八日隻身乘小舟與來人同行，過東溝，謁謝屠先生，倉卒解纜，將至黃天蕩過江，東風大疾，舵折舟橫幾覆，舟人號呼，下流一空柴船，乘風倏至，得救。入夾江燕子磯，過至草鞋峽宿。明日至江寧，執弟子禮見孫先生於剪子巷。先生館余別院，兼與其二子東甫孟平、亞甫仲平共學。給余月十金，先生發審局差，俸月裁五十金耳。

三月朔，投考鍾山書院，校官課者，丹徒韓叔起弼元，擯不錄，余負氣投書，求示疵垢，無一人知。望課借他名再試，鍾山院長臨川李小湖先生聯琇取第一。復以他名試經古課於惜陰書院，院長全椒薛慰農先生時雨亦取第一。二先生皆傳見。既投韓書事泄，薛先生亦詰

韓。語孫先生，先生索觀書稿，曰：「少年使氣，更事少耳，須善養。」
余慚謝，即日先生為余謝韓。

四月朔，復投課，取亦第一，始詣韓謝。從李先生聞治經讀史為
詩文之法。孫先生介見涇縣洪琴西先生汝奎，石埭楊仲乾先生德亨，
洪先生云：「須耐煩讀書，耐苦處境。」許借書看。

五月，隨孫先生勘淮安漁濱河積訟案；因得馮氏、丁氏說《淮河
利病書》，因更求潘、靳書。

七月，隨孫先生赴江陰鵝鼻嘴砲台工程局，局借君山下圓覺庵。

八月，孫先生介見鳳池書院院長武昌張廉卿先生裕釗叩古文法，
先生命讀韓昌黎，須先讀王半山。讀《晉書》。

十月，歲試，取一等四名，經古五名，補增廣生。學院翰林院侍
講學士長樂林錫三先生天齡。

歸以旅寧所得俸百金，奉先君還債，先君先妣命陳祖先位前而訓
之曰：「通海鄉里，老師宿儒，授徒巨室，終歲所得，不過如此，（時銀
一兩，當錢一千六百文；百金，則一百六十千；合俗所謂二百卦也。）
汝何能一出門即得之？此孫公念汝貧，望汝向上，如此須以為恩，勿
以為分，但恩不可輕受，當永記。」又訓之曰：「家中債，有父母在，
可漸理，勿以為念；冀非分財，辱父母。」余悚泣，計所還債，裁五之
一耳。度歲仍窘，以婚事故，循俗釀會二百千。

十二月二十一日徐夫人來歸。方與徐氏定婚時，徐故富，閱二三
年，以二子習賈喪資過當，頓落，至斥田產償負。不足，夫人自請於
祖母，願以許給之奩田百畝，鬻以補所乏。祖母不可，乃受三之一，
並謝衣飾。余家與近，故聞之。既歸，廟見第三日即衣布，黎明起省
翁姑。先妣喜語余曰：「新婦殊有志氣。」余亦私喜婦得親歡。歲除為
調解他人事，典質衣物。

是歲始有日記。

清光緒元年乙亥（1875），二十三歲。

正月四日聞清穆宗崩，新君為醇賢親王子，於大行帝為弟。慈安、

慈禧兩太后秉政，懿旨俟今上生子後穆宗，國號初聞曰永康，既改光緒。自是每歲十二月歸，正二月出以為常。

二月，理裝瀕行，母以所聞人言切誡曰：「聞譽當如聞毀，則學進；聞毀當如聞譽，則德進。他日任事，亦當如此。」在家始從李先生言作書學撥鐙法，然僅能施之寸以上之事。

七日過江由福山經帶橋至江陰工次，見孫先生。讀《明季稗史》。

三月，聞慈安嘉順太后崩。鵝鼻嘴砲台之築，任工程者，慶軍統領提督廬江吳公小軒長慶也；夙以儒將著稱於淮軍，平生輕財禮士，孫先生於吳公為父執。去年吳公見所與往來函牘，因識余，至是數過從與談。而孫先生於余逢人遊揚，頗招同輩之忌，諷刺或見詞色，余不欲以新間舊。六月，借住惜陰書院肄業避之，薦海門秦少牧兆鵬為代。

八月，應恩科鄉試之後，以文呈李、薛二先生，贊許焉。吳公邀至軍中候榜，以余與軍中試人文，送學院林學士評騭甲乙，置余於甲。余以文字利鈍不可知，辭而歸。吳公有贈未受。吳公補直隸正定鎮總兵。榜放，仍不中。讀《朱子名臣言行錄》。

十月九日，至海門為趙先生壽；先生諄諄慰勉，勿染名士氣。

十一月，孫先生調河運差，問「能偕行否」，先君先母以明年本省有鄉試，不欲余遠行，謝。

叔兄與里中諸友商辦下沙災賑，先君質衣為助；並倡捐建長樂市石橋。識涇縣朱芸階禮元、嘉興錢新甫貽元、海寧王欣甫豫熙，與為友。

二年丙子（1876），二十四歲。

正月二十四日，叔兄送至通，往江寧，仍借惜陰書院肄業，院在清涼山麓，橫列三院，右為薛先生所居，中祀前總督陶文毅公，後樓三楹，故空無人，上年曾借肄業者。在通時聞零陵王子敷先生治覃訓子曰：「遇富貴人不患無禮，而患無體；遇貧賤人，不患無恩，而患無禮。」其勗余曰：「文字驕人，貧賤驕人，富貴驕人，皆可鄙；然貧賤

之驕，可免於諂；但忿疾則不可，有圭角亦不可。」所引為呂新吾先生語，以余前辭合肥某公聘也。

孫先生赴河運差，將行，延懷遠楊黼臣先生齡榮課東甫兄弟，先生長制藝，余因亦從之問業。吳公知余在惜陰，令劉筱泉長蔚來邀，客其軍幕，治機要文書，不以他事涵，俾致力制藝，月俸二十金。余至軍，面陳須科試後踐約。旋歸，代秦丈授徒於竹行鎮黃氏。

四月，應科試，經古制藝正覆四場，皆第一，補廩膳生，不應優行試。點名，林公問故，學官枝梧對，林公嘿然，顧冊無名，無如何。

閏五月，由通赴浦口，吳公亦以不與優行試為疑，詰焉。余乃告以學官須先具贄而後舉，卻以未舉義不當先贄之故。吳公首肯者再，乃為特築茅屋五間於其堂後，為讀書兼治文書之所。

六月，內人訊：母病瘍劇，叔兄刲臂和藥進而愈。總督侯官沈幼丹尚書葆楨檄吳公帶兵查辦建平教案。時江、皖民間，盛傳紙人翦辮事，疑天主教堂為之，故有仇教之獄。吳公以余鄉試近，留未俱行。讀《陸宣公奏議》、《日知錄》。識海州邱履平心坦、含山嚴禮卿家讓、江寧顧石公雲、鄧熙之嘉緝，與為友。鄉試仍黜，楊先生中解元。從張先生治古文。以明年正月父壽六十，須早歸，薦畏皇為代，候至而歸。籍事所負債，尚未了，度歲仍典質。

三年丁丑（1877），二十五歲。

正月，為先君六十稱慶。

二月，往浦口，至海安鎮，值孫先生奉總督密札，查辦海門廳同知王家麟稟揭紳士黃景仁、民人楊點以徵賦由單訌變案，王湎於酒，為蠹吏所蒙而護短，而黃、楊則為民請命者，廳人皆冤之，具告孫先生，至省復為言於李先生。案經孫先生偵察得實，平反昭雪，總督褫王職，定讞。軍中課日讀《史記》、《前漢書》。始於軍中識泰興朱曼君銘盤、無錫楊子承昌祐，因子承識武進何眉孫嗣焜，與為友。吳公有天津之行，畏皇偕。

三月，遊攝山，山有崛嶸碑，由湖南岳麓書院摹刻者。觀石壁宋

代題名，有題曰：曲轅子，不知何代人也。孫先生總辦通州鹽務。

五月，蝗見江北各縣，與曼君合陳總督，請通飭捕蝗。吳公南旋，總督檄以軍隊捕，公部勒各營，輒未明起，躬自督視，指授方法，蝗滅搜蝻。

七月，遊定山，因代友作〈安徽學院觀風試〉、〈太白酒樓賦〉二篇，取第一第三；為學使內閣學士壽陽祁公子禾世長所知，與吳公書，甚稱道，惕然引愧。

八月，某甲告余，吳公欲為合肥某、廬江某及余與曼君納貲為部郎，意若何？曼君意稍動，余語曼君：「彼二人為吳公鄉里後輩，容有是請，而公有是許；我二人特宴會之陪客耳，不可於進身之始藉人之力，且安知我二人之必不以科名進，徒留此迹無謂。」曼君乃云然。甲告公，再三返，終謝之，顧公意自忠厚。

九月，學院檄學官慎舉優行，學官遂首以余應，歲試經古制藝，正覆四場，皆第一。

十月初，試事竣，計在家度歲，彥升、煙鋤與論某近事，各有觀感。余曰：「觀人於不得意時，於不得意而忽得意時，於得意而忽不得意時，經此三度，不失其常，庶可為士。」彥升規余日記議論多須改。

十一月，具呈學官，詳改今名。彥升後有〈更名篇〉見規，謂謇有直言、蹇吃二義也。孫先生權知江寧府。

十二月，連年年盡輒窮，今年更甚，索逋與告貸者，兩難為應也。

四年戊寅（1878），二十六歲。

正月，室人病未愈，以軍中之趣，十七日啟行，先君先母以謙謹節儉加勉，尤拳拳於愛身。

二月，至浦口，增月俸為二十四金。聞李先生以八日卒，過江致弔。趙先生乞休歸無錫，作敍送之。

三月，知室人病大愈。

四月，江北蝗再見，吳公仍以兵法部勒督捕。

五月，吳公五十初度，同人屬為序。

六月，叔兄子德祖溺水殤。

七月二十六日，女淑生，十月二十六日殤。

九月，至無錫，起居趙先生，因訪楊子承同遊惠山。先生索觀近作制藝，謂「佳者獨抒己見而不背法，可希作者，但場屋不可如此。士三年一試，經不得率爾人幾度挫折」。留二日歸，歸後母病。

十一月二十七日，金太夫人六十生日，嚴戒謝客曰：「汝兄弟勉學為好人，使人歸美父母，勝於俗之稱壽萬萬。」乃僅治酒食餉戚族子姪。聞學院林公卒於官，繼任者，吏部侍郎仁和夏子松先生同善。

十二月，至江陰，弔林公之喪，而喪已前至蘇；會軍書促迫，遂折由上海附輪船赴浦口度歲。

五年己卯（1879），二十七歲。

仍客浦口軍幕。

正月，薦崇明施仲厚祖珍於黃提督。吳公以總督檄督兵開朱家山河；河載兩山間，關浦口、六合兩縣水利，訟幾百年，而總督今決之者也。吳公駐工，余不時往。

三月，叔兄報捐縣丞。呈請總督飭江陰以下水師船救生。

閏三月，歸至通。

五月，應科試，經古制藝，正覆四場，皆第一；優行試亦第一。夏公命見，見謂：「初至江陰，屬幕賓磨勘前任校試卷，見子前試諸作，傳觀交響，余適至，詢何名，則子前名育才也，因告諸賓。」又謂：「前使病危時，手開優生名單，密封付家屬，於交印時送來，子名首列；比至通臨試，視冊不見子名，疑事故不到，不意已更名也，可謂摸索得之，而前官愛士之誠，正不可沒。」聞之悚感。

七月，為畏皇被辱於白塔河鹽卡，揭訟於總督。應總督巡撫學政三院會考優行生試。

八月，榜放，余第一，次丹徒張祥書、婁縣王保衡、無錫楊楫、江寧葉文翰、吳縣鄒福。總督侯官沈公幼丹葆楨，巡撫固始吳公子健元炳也；吳以事未至，試時總督學使兩院點名，比榜放，沈公已寢疾，

入謁不獲見，令人傳語：「文不可但學《班書》，當更致力《史記》。」時近鄉試，有二人送房考荐卷關節，皆謝之，試仍黜。謁夏公於江陰試院，謂余曰：「科名不足輕重，要當多讀書，厚根柢，成有用之才。」

十一月，歸，知叔兄以事至東台。母病感冒，醫始謂傷寒，易一人，謂冬溫，進表解之劑，無汗；某醫以麻黃一錢、桂枝五分續進，而氣喘作。十七日母語余曰：「病殆不起，善事汝父；汝大舅家累重，須看顧；有錢須先還債；窮苦人須周濟，不必待有餘；科第為士人歸宿，門戶名號，自須求之，但汝性剛語直，慎勿為官；汝婦能理家事，我無慮；汝作事勿放浪，好好做人。又我平日雖誦經禮佛，但身後勿營佛事妄費。」十八日未刻卒，年六十有一，急足告叔兄，後二日歸。

十二月，吳公遣人來告，沈公卒官。易簀之前，沈公命幕友陳幼蓮、部郎宗濂傳語余，身後為作一文。吳公不知余之喪母也。

六年庚辰（1880），二十八歲。

正月十八日，治金太夫人喪，開弔。讀〈士喪禮〉。二十六日先君病，與叔兄日夜侍，五日而愈。延太倉諸生王幼園元鑫度葬地於餘西、金沙、通城東三處；定用城東小虹橋耕陽原地，本范氏墓外之餘地也，四畝弱。歸白先君，以海門田八畝易之，而移其租，訂易地券。吳公升授浙江提督，專使贈葬費百金。

三月十日，先君行遣奠祖奠禮。十一日，啟母殯就途。十三日辰刻葬，雨，午後晴，閱二日歸。十八日出門，先君與家人泣於室，叔兄送二里而別。

三月二十日，與肯堂、曼君同舟至浦口。

四月，吳公有陛見之行，余與楊子青安震、彭苐亭汝淭偕。張先生以事去山東，肯堂以事至揚州，同發。四月七日，自清江浦開車，經眾興順河集、沿河集、峒峿、紅花埠、新安鎮、李家莊、郯城、青駝寺、伴城、沂州府、鰲陽、垛莊、公家城、蒙陰、羊流店至泰安。張先生往濟南，先生於驟車中，輒握牙管，懸空作書，老輩之專勤如此。從吳公登岱，題名快活嶺下，題曰：「光緒六年四月，浙江提督廬江吳長慶

入覲道此，偕樂平彭汝澐、崇明楊安震、通州張謇登岱陟頂。慶於茲山凡六遊，而陟頂且三度矣。」遊岱廟，觀漢柏並唐槐，槐只一，大可數圍，中心已空。聞廟祝言：傍枝尚活。其時初春，葉色青葱，為賦二詩。次日復行，經站台、張夏、晏城、禹城、二十里鋪、桑園、德州、連鎮、南皮、滄州、新集、唐官屯、靜海至天津，休息三日。又行經楊邨、石馬頭、俞家圍至京，寓內城東安門內沙灘關帝廟。

五月，吳公入覲。與友遊承光殿、紫光閣，觀功臣畫像。旋移寓南橫街南下窪觀音院，遊陶然亭、龍泉寺、法源寺、馴象所。在京觀音院，哭夏先生故幕賓杭州汪子樵以詩。識桐廬袁爽秋昶、合肥張藹卿華奎，與為友。出都，舟行至天津，海道回南。夏先生病痢卒於官。繼任者，侍郎瑞安黃漱蘭先生體芳。法蘭西寇越南，復侵我領海，海疆戒嚴。冬，吳公奉朝命幫辦山東防務，公留軍六營於浦口、下關、吳淞；移軍六營駐登州、黃縣。余偕過揚州，從尹元仲德坤借二百金，寄家度歲。始識閩縣鄭蘇戡孝胥與為友。

七年辛巳（1881），二十九歲。

仍客軍幕在登州。始駐試院度歲，既移駐蓬萊閣。與周彥升、楊子青、王少卿輩，偕吳公至濟南，與巡撫商海防事。

四月，項城袁慰廷世凱至登州，吳公命在營讀書，屬余為是正制藝，公語余曰：「昔贈公以團練克復廬江，為賊所困，命赴袁端敏公軍求救；端敏以詢子姪，子文誠公以地當強敵，兵不能分，主不救；姪篤臣以紳士力薄，孤城垂危，主救；遷延時日，而廬江陷，贈公殉，嗣與文誠絕，不通問；而與篤臣訂兄弟之好。端敏後命隨營讀書以示恤，義不應命，今留慰廷讀書，所以報篤臣也。」慰廷為篤臣嗣子，先是以事積忤族里，眾欲苦之，故挈其家舊部數十人赴吳公，以為吳公督辦海防，用人必多也；而防務實無可展佈，故公有是命，旋予幫辦營務處差。軍事簡，多讀書之暇，與曼君、彥升、怡菴諸人時有唱酬。讀《老子》、《莊子》、《管子》。

八月，葛太夫人卒，年六十有六，聞訊奔喪歸，在家度歲。

八年壬午 (1882)，三十歲。

正月，臺諫奏參江寧貓兒山命案誣枉，朝命刑部大臣至寧審勘，孫先生以前官江寧知府，曾預承審，解淮安府任聽勘。余往省，致楊點「公如被冤願生死追從」之言。

三月，讞定，先生僅薄譴而已。薦肯堂於冀州知州吳摯甫先生汝綸。

六月二十四日，丁提督至登州，持北洋大臣張總督振軒樹聲書，告日本干涉朝鮮內亂事。次日，吳公往天津，與偕。吳公奉督師援護朝鮮之命。五日即回防，屬余理畫前敵軍事，時同人率歸應鄉試散去，余丁內艱獨留，而措置前敵事，手書口說，晝作夜繼，苦不給。乃請留袁慰廷執行前敵營務處事。

七月三日，拔隊，聞命至是七日耳。草〈諭朝鮮檄〉。朝鮮參判金雲養允植同行。四日，從吳公乘威遠船，自登州行至煙台，會鎮東、日新、泰安、拱北四船同發於煙台，大風，泊威海衛。六日，東渡。七日晨，抵朝鮮南陽府。八日，入內港馬山津，前遣水陸探員次第回。九日，黎明登岸，慰廷頗勇敢。十日行五十里，至魚鱗川。十一日行七十里，宿果川，行經水原府，蓋王京南一都會也。其北門外，道路廣坦，松陰交翠，萬石渠迎，輶館水木尤勝。十二日，軍渡漢江，至距京七困屯子山壁焉。十三日，吳公入京，晤王生父李昰應，午後昰應至軍，因宣示朝旨，執送南陽軍，傳登兵船赴天津。十六日因國王密請，督軍攻勦枉尋里、利泰院二處，廛宇連屬，亂軍所在也；陣斬數十人，禽一百餘人，余察其中有父子兄弟之偎依共命者，言語不通，殺則易妄，白吳公請國王迅命捕盜將，及司法判書馳至軍，訊別首從或非辜，得罪人十戮焉，餘盡釋縱。移駐枉尋東廟，廟祀關壯繆，尚有南廟，祀同。二十四日，吳公謁國王李熙。王饋饗余與慰廷，別贈余三品冠服。余以為考古冠服沿革之資，賤謝之。物今存博物館。二十六日，公遣兵迎還王妃。

八月，日使花房義質謁公，朝鮮自以五十萬償日訂約矣，日廷旋以

竹添光鴻代花房。竹添能為詩文，其書記嘉藤義三亦通漢文。李相於
憂中回直隸督任，張公、吳公謀專摺特保薛叔耘、何眉孫與余，余堅謝
而寢。彥升頗以保薦未優為憾，叔兄以籌辦南中轉運保知縣。聞無錫
趙先生卒。李相欲以慶軍屬馬建忠，而命公回天津，余力勸公引退，並
請奏解本職住京，公初韙之，旋以袁子九、周玉山之言而止。有〈壬午
東征事略〉、〈乘時規復流虬策〉、〈朝鮮善後六策〉。回南度歲。

九年癸未（1883），三十一歲。

仍至漢城軍幕。吳公屬蘇松太道劉芝田瑞芬寄千金於余家。蓋援
朝之初，公有建策速定其亂者酬賞三千金之諭，此猶其意也。余念卻
則慮違公意，又似余病其少者，乃聲明作為無息之借貸。

八月，叔兄至漢城軍中。通海歲歉。

十一月，與敬夫理通海花布減捐。

十二月，得瑞安黃先生訊論時事。讀段桂氏《說文》。

十年甲申（1884），三十二歲。

正月，先君命與馥疇諸君議散賑平糴事，從烟台萬霞如、龔小石
借四百金，助平糴。通海辦濱海漁團。

二月，訂妾常州陳氏。聞盛昱嚴劾樞臣，並及兩廣總督張振軒，
朝局一變。時恭親王秉國，高陽李相國為輔，高陽又當時所號為清流
者之魁杓。自昱劾罷恭邸、高陽，政權歸醇親王、孫毓汶輩。自恭王
去，醇王執政，孫毓汶擅權，賄賂公行，風氣日壞，朝政益不可問，由
是而有甲午朝局之變，由甲午而有戊戌政局之變，由戊戌而有庚子拳
匪之變，由庚子而有辛亥革命之變；因果相乘，昭然明白，以三數人
兩立之恩怨，眩千萬人一時之是非，動幾甚微，造禍甚大。經言，治
國平天下始於正心誠意，是固儒者事矣。故談朝局國變者，謂始於甲
申也。

三月，於常樂議立社倉。

四月，中法議和。吳公調防奉天金州，促往；因俾滬至煙台附海
鏡兵輪，行至金州，則公已病甚；公自朝鮮分其軍三營界慰廷留防後，

自統三營至奉，不兩月，慰廷自結李相，一切更革，露才揚己，頗有令公難堪者，移書切讓之。以五弟屬廣東陸路提督蔡綏庭金章。

閏五月，吳公命長子保德歸應拔貢試，阻之不克，公次子保初刲鷹療父，不效，二十一日公卒。

軍事在朝鮮者，由吳提督兆有繼統；在金州者，由黃提督仕林繼統，賓客星散。彥升以公先有贈予五百金之手諭，因索三百金先去；皖人某甲，又以公有幕客各贈薪水三月之遺示，不及候代任，亟向糧台索取，且欲例外多取，糧台不可，則羣怨袁恕堂鴻，袁開縣人，頗孤立；叔兄謂其無他私弊，眾因遷怒叔兄，勢甚洶洶，余於諸方反復曉譬，七月事乃明白，余先歸。粵督屬蔡提督見招，並促即往，辭之。北洋又以粵督之託，屬袁子九見招，子九並述北洋意，亦辭。在金州，識同知紹興陳鶴洲，非世俗勢利人也。還尹元仲前借二百金之本及息。

九月，聞張總督振軒卒於粵軍防次。為海門定拔貢事。

十月，至淮安起居孫先生，留十日歸；先生約明年將移官江寧，子弟迴避不能應試，命亞甫與余同北應順天鄉試。

十一年乙酉（1885），三十三歲。

正月，外舅與長子先後卒。

二月，娶妾常州陳氏。

三月，至江寧，為孫先生襄校府試卷，拔江寧沈厚圻、上元邱廷鑾。

四月，由上海北上，亞甫前二日行，遇於天津。因袁子九還粵督聘金四十兩。至京，先寓楊梅竹斜街和含會館。弔問夏厚庵。移寓內城東單牌樓觀音寺胡同文昌關帝廟。

識黃仲弢紹基，王可莊仁堪、旭莊仁東，梁節庵鼎芬，沈子培曾植、宗室伯熙盛昱、濮止潛子潼、王荓卿頌蔚、張伯紀雲官、丁恆齋立鈞，與為友。

六月，國子監考到，取第一名，錄取第四名。與伯熙談朝鮮之危，

不亟圖存，必為人有，因以前策示之，共太息而已。聞通海水災，常樂社倉一時難成。聞叔兄擬應鄉試，以補監四成，無資而罷。應順天鄉試。

九月十一日，聽錄，中第二。清代鄉人北榜中第二者：順治甲午盛于亮、乾隆庚午方汝謙，至余共三人。房師商城黃編修梅岑彝年，座師潘尚書祖蔭、翁尚書同龢、左都御史宗室奎潤、童侍郎華，童，院試座師也。潘、翁二師期許甚至，翁尚書先見余優貢試卷；試前，知余寓距其宅不遠，訪余於廟，余一答謝。同榜舊識錢新甫貽元、沈子封曾桐、楊叔嶠銳、屠敬山寄。讀王氏《說文釋例》、《古文辭類纂》。朝鮮復有內訌，奸人將通款於俄，其王上表乞援，李相力持聽其自主不援之議。宗室準仲萊聘教其弟，其弟本科同榜也，謝之。潘師命為《鄉試錄》前序，翁師命為後序。

十月，知蔡提督兵散，五弟歸。星亂如織，連三夜，為伯熙擬陳朝鮮事。制藝問業於黃先生，先生以言事被譴，先有談相者語先生，防有蹉跌。先生曰：「數定乎？不如我去尋蹉跌。」移居南半截胡同含山嚴禮卿編修家讓處。歲除，以用餘之三十餘金，分贈友人。

十二年丙戌（1886），三十四歲。

候試都下，會試不中，注選教諭，潘師留課其弟，辭。爽秋以杜口不論時事見規。

四月，與同年劉仲魯若曾及曼君出都，至保定起居張先生，晤延卿。

五月，南旋。讀《管子》、《晏子》。

八月，璞齋先生以知縣候補山東卒，為理料其歸喪諸事。至江寧，孫先生介謁總督曾沅甫國荃。叔兄謀資引見，不諧。先君謀為鄉里興蠶桑，集資購桑秧於湖州，賒於鄉，並送《蠶桑輯要》。

十三年丁亥（1887），三十五歲。

叔兄欲求河運差，引見，又不遂。孫先生由江寧調任開封知府。

三月，在家與家人育蠶。曾總督以江寧書局分校《漢書》見屬。

閏四月，購柏秧六百餘本，槐秧二百餘本，分給鄉人；又從袁恕堂乞得油桐子千粒下種備給。

五月，至安慶，偕孫先生往開封任，由樅陽、孔城、六安州、順河集、馮家集、太和縣、淮甸、新鎮、周家口、大林港、張市、朱仙鎮。

六月十六日，至開封，寓江蘇會館。孫先生命擬《開封到任觀風示》，並觀風題十道。

八月十四日，河決鄭州東石橋，初三十餘丈，次晨，孫先生往決口查災，決口越二日，寬至二百餘丈，全河奪汴、穎、汝、渦而下灌，橫經四五十里，災民四散奔逃，不可數計。上南廳工員吳縣人李祁積怨於民久，至是破腹而投河流。與東甫乘舟經中牟二三堡察看水勢，凡隄不決處，所存之料，大率空虛，匪徒且乘危掠奪，饑民災民，倚土搭柳枝棲止，官猶禁焉。聞決口外五六里，人畜死無算。歸告先生，淚下如雨，立詣巡撫請設賑局，河道山東人鞠捷昌不主設局，先生苦爭，因與藩司鞠道有隙。先生曰：「官不做可也，眼前災民，不能不救。」讀《胡文忠公集》。

九月，倪撫軍屬為主河工計劃，擬疏塞大綱。山東京官有任河自覓路入海者，有主復銅瓦廂者，意仍由江蘇境耳；不知舊黃河下游已淤塞無路。上書潘、翁二師，力陳其不可。復看潘、靳書，及考宋明史；凡河決，開封以上者無不大浸淮北，而淮揚轉輕，前無道及者。高陽李相國鴻藻奉命勘河，河督易李子和鶴年，任河務者，並巡撫為三矣。河工局移楊橋廟工，余之應倪公聘也，先與之約，余為孫先生來，不能因撫院而去，第今事棘，工有事則住工次，回城則住府廨，因舉何眉孫為代，促之來。力白李公，乘全河奪流大治河，復禹故道，李公驚憚焉。北洋令西人賈海來勘，所言大概與余同，復格不行，則請以切灘取直法治河南險工之河。按前河督梅啟照開方圖，加以最近測自祥符上汛以西鄭州五堡、雞心灘河分南北兩支處，始至下汛北頭堡、雞心灘，亦分南北兩支處止，居中就勢引直，南自廣武山尾以東至滎澤、三堡、雞心灘七里，接至鄭州六堡之間二十里，自八堡至中

南頭堡七十里，三堡至二十六堡三十里；北自祥河三堡南支，至下北十堡四十里，共一百六十七里；可使南而滎、鄭、中、祥，北而祥汎五處四十三四里，至險之工化而為夷，濬用機器，施工較易，復不行，蓋狃於舊河工之說也。是河患終無衰止之日，余去志益決，且恐不速矣。老於河工者主塞決，而臬司賈、河道鞠皆東人，又唱為年內不能興工之說。

十一月十六日，與東甫俱歸，由陳留、杞縣、睢州、寧陵、歸德、馬牧集、揚集、碭山、黃口、合集、徐州、張集、雙溝、龍集、高作、洋河、眾興至清江浦而鎮江。

十二月，風雪，附江輪，頓衣物於廊，危坐守之，雪不止，坐達旦，至蘆涇港下；雪猶盛。

十四年戊子（1888），三十六歲。

贛榆知縣陳玉泉廷璐延長選青書院，兼修縣志。太倉知州獨山莫善徵祥芝，延長婁江書院，謝之，薦彥升為代，仍約過江一談。刺史子偲先生弟也，故非常吏，留數日，令子楚生棠族孫少儒自賢從學，刺史亦欲以修志見屬，因與王先生及子翔商志例。刺史復借五百金於叔兄，益以孫先生所借，乃得於四月摒擋入都，以江西候補知縣引見。

三月，至贛榆選青書院。求宋、明、清名志讀之，殆十之六七，乃從事修志。

五月，歸。聞亞甫卒，慟焉。

七月，叔兄往江西，十二月，得解京饟差。為海門任復溥善堂事，詣護院藩司貴筑黃子壽先生，臬司湘鄉陳舫仙湜為請。

十五年己丑（1889），三十七歲。

正月二十六日，皇帝舉行大婚典禮。作《棉譜》。輯志例，欲成《志通》一書。

正月，北上應禮部會試，不中，挑取謄錄四十名；房考內閣侍讀長白小舫熙麟。倪撫以鄭工合龍，保六品銜教諭即選，列保之前，倪撫問所欲得，答以無功，無所欲，故就已注選之教諭而祓飾之云爾。

叔兄以到省期滿甄別，試問江西水利，叔兄嘗讀《江西通志》，論獨詳，取第一，得南昌縣幫審。

七月，至蘇州弔莫知州之喪。

九月，病。嫺兒病痢殤，嫺本叔兄女，室人以淑殤而育之者。始識山陰湯蟄先壽潛，與為友。

十六年庚寅（1890），三十八歲。

小虹橋先母所葬墓地，前以海門田與范氏易者；地隔，范氏收租不便，而墓地不定，固亦非計，因議照時償地價，而范氏歸我庚辰所與易田之契，至是閱十一年。

二月，應禮部會議，薦而不中，房考雲南高蔚光；高語余：「場中誤以陶世鳳卷為余，中會元。」翁尚書命留試學正官，非余意，久於京無力，謝歸。

五月，病既愈，侍先君病十晝夜。

七月，叔兄得良口釐差。

八月，卻安徽沈撫延為其子課讀之聘。先君復病瘍。

十一月，潘尚書卒於官；尚書故兼順天府尹，辦直隸災賑極劬瘁，順天屬民尤感之，謚文勤。識烏程蔣書箴錫紳，與為友。

十七年辛卯（1891），三十九歲。

至東台校縣試卷，修縣志，時王欣甫權知縣。治《周易音訓句讀》成。

九月，省叔兄於江西。

十八年壬辰（1892），四十歲。

正月，徐先生卒。桐城孫先生卒，赴至，為位而哭。海門鄉人，聞而會者數百人，楊點至服斬衰服，哭尤哀。通人以先生豁免附城三稅局，故亦為設祭，復合詞上總督、巡撫，請奏付國史循吏傳。室人復為納妾管氏。叔兄得奉新差。應禮部會試，仍不中。爽秋為言：「闈中總裁房考競覓余卷不得，以武進劉可毅三場策，說朝鮮事獨多，認為余，中會元。」計余鄉試六度，會試四度，凡九十日；縣州考、歲科

試、優行、考到、錄科等試，十餘度，幾三十日；綜凡四月，不可謂不久，年又四十矣，父母必憐之，其不可已乎？乃盡屏試具。翁尚書留管國子監南學，盛祭酒述南學諸生，願為捐納學正，留管學，儀徵阮引傳、李智儔，國子監官也，復來為說，並感而辭。

八月，叔兄署知貴溪縣，往省。

十二月，營柳西草堂。為叔兄遣女歸束氏，婿日琯，畏皇子也。

十九年癸巳（1893），四十一歲。

崇明知縣延長其瀛洲書院，得士婺源江謙。

十月，為海門增學額詣學院，詣宗室侍郎玉岑溥良。聞可莊卒蘇知府任所，十二月往弔。

同、光兩朝京師所謂清流者，奉李高陽為魁，而張之洞、張佩綸、陳寶琛、黃體芳皆其傑；友好中盛昱，王仁堪、仁東，張華奎，梁鼎芬，黃紹箕，文廷式皆預焉。可莊溫重簡雅，不露圭角，實令器，出知鎮江府，勸民荒山種樹，整治地方；移知蘇州，亦得士心，享年不永，可慟也。

先是孫先生知余與諸人善，令取諸命造推算，語余曰：異哉，伯熙、可莊、仲弢、道希諸君，仕不達不久，而壽不永；子培、子潛必外為監司，後乃皆驗。說子培、子潛與李仲約說相同。李尚及爽秋、芾鄉亦驗也。

二十年甲午（1894），四十二歲。

聞曼君卒於旅順張仲明光前軍中，為經紀其喪事；曼君既卒，其妾生子，未卒之前，遺命小名買奴名驥之，為安其母子生計。聞濂亭師卒於保定蓮池書院，設位而祭。是年慈禧太后六十萬壽，舉行恩科會試。叔兄於江西奉委慶典隨員，函請於父，命余再應試，父年七十有七，體氣特健，因兄請命曰：「兒試誠苦，但兒年未老，我老而不耄，可更試一回。兒兄弟亦別久，藉此在京可兩三月聚，我心亦慰。」余不敢違，然意固怯，遲遲乃行。室人請於父，為定梁氏、吳氏二姬。

二月二十三日，至都，試具雜借之友人，榜放之前，不聽錄。中

六十名貢士，房考：山東滕縣高仲瑊編修熙喆，總裁：高陽李尚書鴻藻，嘉定徐總憲郙，錢塘汪侍郎鳴鑾，茂名楊副憲頤。三月十六日，覆試第十名。二十一日殿試四策，問河渠、經籍、選舉、鹽、鐵；具本朱子學說對。閱卷大臣八人：張相國之萬、協揆麟書、李尚書鴻藻、翁尚書同龢、薛尚書允升、唐侍郎景崇、汪侍郎鳴鑾、侍郎志銳。二十四日，乾清宮聽宣，以一甲第一名引見。二十五日，傳臚。順天府尹於午門酌酒揖騎，以儀仗送歸第。假南通會館，供張迎使。二十八日，朝考。黃先生過余慰問，余感母與趙、孫二先生之不及見；又感國事，不覺大哭。先生至，亦悽然。

五月，叔兄奉父命歸。二十八日詣禮部翰林院聽宣，到衙門。

六月，大教習到任，沿明故事，詣院上書，分教習侍講歸安馮修盦文蔚。大課第一。二十六日，太后萬壽朝賀；日本以是日突壞我北洋兵艦二。

七月一日，上諭聲罪日本。朝議褫海軍提督丁汝昌，李鴻章袒之，朝局大變。初五日妾陳氏卒。

八月十八日，隨班賀太后加徽號，朝鮮正使李承純、副使閔泳喆猶進賀表，聞我軍潰平壤，退安州，日兵揚言，分道入寇。

九月，翰林院五十七人合疏請恭親王秉政；又三十五人合疏劾李鴻章；余獨疏劾李：戰不備，敗和局。聞父胃病痁愈而未復，心滋不寧，而國事方亟，不可言去。十八日亥刻，聞父十七日丑刻之凶聞，十九日晨行，過天津，即附海輪，二十七日，由上海抵家；入門伏地慟絕，寢苫喪次，一第之名，何補百年之恨，慰親之望，何如侍親之終，思之泣不可抑。

卷下

清光緒二十一年乙未（1895），四十三歲。

聞畏皇病卒於吳淞班復齋廣盛軍中。張孝達由湖廣總督移督兩江，奏請朝旨任余總辦通海團練，鑒鄉先輩辦團練籌款之弊，不任募捐，以書二十四櫃，付典肆抵質銀千圓，分助通海團練，為鄉人倡。

四月二十一日，葬先君暨葛太夫人於城東王字河東。聞天津和議成，和約十款：一、韓自主；二、割全台、奉天九州縣；三、換約後三個月撤軍；四、賠二萬萬兩，換約後，半年還五千萬，再半年還五千萬，餘六年清還，加息五分；五、蘇、杭、沙市通商；六、內地皆通商；七、兩月內派員會同劃界；八、駐兵威海，每年給兵費五十萬，賠款清後撤；九、俘虜彼此送還；十、限六個月議通商詳款，現停戰期滿，展限至四月十四日，以便期內換約；蓋賠款割地之辱兼之。見台民憤抗佈告天下之文。

閏五月，通海團練撤防。

六月，至江寧詣南皮，論下不可無學，學不可無會，若何實地進行。

七月，南皮留談商務歸，有籌闢海門濱海荒灘之議。舉債營先君遺言欲舉之家廟、義莊、社倉、石路、石橋；書箴籌策之助為多。

八月，聞東甫卒，東甫無世俗氣，有治事才，失此良友，可痛。戶

部有減官俸加釐捐議，言於御史熙麟，疏論其不可，並請奏飭江北州縣，悉復道光朝林文忠撫蘇時之溥善堂，免地方因人命被吏胥之擾累。

十月，節盦約與康長素、黃仲弢列名開強學會，南皮為會長。長素初名祖詒，更名有為，與節盦皆粵人，皆舊識。節盦為陳蘭甫先生弟子，康為朱九江先生弟子。康教授廣州，門徒甚眾，有梁卓如啟超，其高足弟子也。中國士大夫之昌言集會，自此始。

十一月，辭書局總校。

十二月，南皮聘繼黃先生長文正書院。辭崇明瀛洲書院。為通海花布商議辦認捐事，至繁複而膠葛，口舌辨難，文牘疏解，幾於十反。歲終，計負債已七千餘圓，而所以謀竟先志者，尚未終；先志者，父事也；負債者，子事也；父有志，而子不能竟，安用子為？家祭陳告，必以二年成之。

二十二年丙申（1896），四十四歲。

正月，認捐事垂成矣，司局持酷議，限商認繳之數，必解制錢，不論年歲豐歉；若短，必州廳具結認賠，以是終不成；乃知以急策斂財者，不善其後，未有不病民者，於曾、胡何責也。叔兄為南皮調湖北任宜昌川鹽加釐局坐辦。

二月，至江寧，任文正書院院長，先往安慶弔東甫之喪，謁孫師母還，校孫先生年譜雜記，東甫前屬也。江謙、江導岷、束日琯、陸宗、郭文徹、文儀、潘世杰、沈書升、從子亮祖從學於書院。應兼安徽巡撫沈仲復秉成安慶經古書院院長之聘。復通州孔廟樂舞，設采芹會，並建海如泰合習廟樂之議；請學院龍資生侍郎湛霖延瀏陽唐某等為樂舞教員。議城濠魚堰。

二月，翁尚書罷毓慶宮值。

三月，與兩江總督新寧劉峴莊坤一議興通州紗廠。先是南皮以中日馬關約，有許日人內地設工廠語，謀自設廠，江南北蘇州、通州各一，蘇任陸鳳石潤庠，通任余，各設公司，集資提倡，此殆南皮於學會，求實地進行之法。余自審寒士，初未敢應；既念書生為世輕久矣，

病在空言，在負氣，故世輕書生，書生亦輕世。今求國之強，當先教育，先成養能辦適當教育之人才，而秉政者既闇蔽不足與謀，擁資者又乖隔不能與合，然固不能與政府隔，不能不與擁資者謀，納約自牖，責在我輩，屈己下人之謂何。踟躕累日，應焉。初號召發起人，應者：沈敬夫、劉一山、潘鶴琴、郭茂之、陳維鏞、樊時薰六人合組；而余任通官商之郵，案既定，遷延不效，由汪知州撤樊、陳二人。李相使俄，慈禧太后召見，李摺呈五十七人禁勿用，首文廷式。李出京，御史楊崇伊劾廷式罷遣。

四月，聞丁恆齋外放沂州知府。聞慈禧為穆宗立端王之孫溥儁為子。

五月，歸。

七月，家廟義莊上樑。延太倉李虎臣以炳同至江寧，課從子亮祖、仁祖。

八月，辭安慶經古書院讓黃先生，先生故長文正書院，以南皮去辭而讓余。

九月，為紗廠事歸，規度廠基於州城北唐家閘陶朱壩。

十月，改議通紗廠官商合資，官以久擱滬上之機估值五十萬兩為本，由商集資五十萬兩合之。

十一月二十三日，行家廟落成禮，奉四代主入廟。梁姬、吳姬來歸。

二十三年丁酉（1897），四十五歲。

長文正書院。

正月，至三姓街家廟，祭始遷祖。祭金沙西亭通城祖考墓、宋蓬山先生墓。謁孔廟。家廟行焚黃禮。祭東台外祖父母墓。從子亮祖娶於沈氏。辦掘港、豐利二場災賑。

翰林院述掌院語，與京友連電促到院，均辭。

二月，同書箴、敬夫、立卿、一山至滬，與潘、郭會議，定三月內集資二十萬造廠。與室人同至江寧。

三月，至武昌，與南皮說通廠事。

四月，吳、梁二姬至江寧，室人歸。通海蠶桑，為釐捐總局所阻閡。

六月，宋紫卿先生卒。從子亮祖病卒。通紗廠以潘、郭屢報集股有成數屢不效，七月乃與盛宣懷議所訂用之官機四萬八百椉，合領分辦，冀按二萬四百椉之值二十五萬兩；由商集二十五萬兩；數輕而易舉也。新寧橄商務局以潘、郭集資屢不效，屢請退，撤之；於是通廠之責，乃專在余。是時余僅集六萬餘兩，寧商務局桂道嵩慶許任募十萬兩，亦口惠無實。

八月，三叔父卒，自迎養常樂以來，已十餘年，曾以《農政全書》法，從先君索田二十餘畝試種不效，舉止遂失常度，至是卒。

九月，海州延兼書院，辭。梁、吳二姬歸。叔兄至江寧。

十月，以通廠集資事至滬，旅費乏，鬻字。

十一月，定造廠包工價九萬兩。約書箴至廠為助。定廠約。遣從子仁祖從學於湖北方言學堂。叔兄在京山唐心口多寶灣堤工。試海門蘆稷煉糖。成〈歸籍記〉。

二十四年戊戌（1898），四十六歲。

長文正書院。

正月，營所居常樂鎮二十八圩社倉。十八日酉時，怡兒生。

二月七日，從孫延武生。編《本支系譜》。劉總督以所條陳海門墾荒事入奏，委道員錢德培來勘視。

三月，紗廠興工。為新寧擬〈變通開墾海門荒灘奏略〉。

閏三月，人都銷假，補散館試。常樂鄉民誤會社倉意，毀倉董許聘三之家。副都統景祺奏行間架稅；同時又行中允黃思永奏請之昭信票。二十六日見翁尚書言間架稅之弊甚於昭信票。二十八日，見申戒昭信票之諭旨。

四月，復見尚書言之，尚書立命駕往戶部，曰：「改過不恡，不可以需賊事。」因請電傳九督撫。請翁尚書停江北米糧捐，為草〈留已收之昭信票款於各省辦農工商務奏〉。上翁尚書〈理財標本急策〉。恭親

王奕訢卒，度朝局將變。十八日，保和殿試散館，十事對九，賦「霈澤施蓬蒿」試帖。試時謄至第四韻，四川胡峻越余坐前過觸几，激墨點污卷如豆，既刮重寫，乃脫一字，臨行知之，復刮三十字重寫，疵纇殊甚，列二等三十七名。始用初花眼鏡。聞近常樂鎮之冀某扇眾燬常樂社倉。二十二日，見翁尚書所擬變法諭旨。為翁尚書擬大學堂辦法。二十七日，見翁尚書開缺回籍之旨。見文武一品官及滿漢侍郎補授者，均具摺謝太后之旨。二十八日，徐致靖昨保舉之康有為、張元濟召見。二十九日，乾清宮引見，德宗神采凋索。詣翁尚書，已治裝謝客，因請見，引朱子答廖子晦語，勸速行。識宗室伯弢、編修壽富，與為友，竹坡侍郎寶廷子也。

五月，旅費竭，賣字二百金，即止。聞江南米貴，每石銀八圓。十三日，送翁尚書於馬家鋪。是時通紗廠股本，經惲祖祁助募，共只十八萬兩耳，尚缺七萬，而建築將成，就京募有二三萬可望，鄉人某毀阻不諳。

六月二日，赴翰林院聽宣。辭孫尚書奏派大學堂教習。三日丑刻，詣翰林院清閟堂請假，卯刻出京，合甲午計前後在官一百二十日。五日候船於天津，船以上海有甬人與法人爭地之鬨不開，詣卜肆，卜人云：「七日行。」果應。在京聞康有為與梁啟超諸人圖變政，曾一再勸勿輕舉，亦不知其用何法變也。至是張甚，事固必不成，禍之所屆，亦不可測。康本科進士也，先是未舉，以監生至京，必徧謁當道，見輒久談，或頻詣見，余嘗規諷之，不聽。此次通籍，寓上斜街，名所居為萬木草堂，往晤，見其僕從伺應，若老大京官排場，且賓客雜遝，心訝其不必然，又微諷之，不能必其聽也。回通議九場丈墾事。

七月，唐侍郎景崇以經濟特科薦。新寧奏設商務局、商會；各省之有商務局、商會，始此。屬總理商務局商會，辭不獲允。

八月二日，鄭太夷被薦，召見賞道員，充總理衙門章京。六日，太后復臨朝，逮捕康有為，有為逃。各國兵艦集天津，詣總理衙門，問上病狀。袁世凱護理北洋大臣。德宗有疾，召京外醫。逮捕梁啟超，

啟超亦逃。楊深秀、楊銳、林旭、譚嗣同、劉光第、康廣仁被戮；徐
致靖永禁；張蔭桓、李端棻戍新疆；逮文廷式；褫湘撫陳寶箴、吏部
主事陳三立、編修江標熊希齡職。為新寧擬〈太后訓政保護聖躬疏〉，
大意請曲赦康、梁，示宮庭之本無疑貳，此南皮所不能言。劉於疏尾
自加二語，曰：「伏願皇太后、皇上慈孝相孚，以慰天下臣民尊親共戴
之忱。」乃知沈文肅昔論劉為好幕才，掌奏語到恰好，蓋信。

九月，商務開局。聞南皮奏上《勸學篇》，意持新舊之平，而何啟
訐其騎牆，徐桐咎其助新，人盡危矣。

十月，聞剛毅、許應騤承太后之意旨，周內翁尚書於康、梁獄，
故重有革職永不敘用，交地方縣官編管之諭旨。通廠集款仍無增益，
求助於南皮無效，告急於新寧，亦委謝不顧，乃辭廠，辭商務局。答
委蛇慰留，飭通知州、海同知協募。知州則出示諭董，簽役四出而已，
無少效，亟止之。聞太倉王先生卒。

二十五年己亥（1899），四十七歲。

仍長文正書院。政府任為學部諮議。

二月，省翁尚書於老塔前宅，公約遊虞山興福寺、連珠洞、三峯
清涼寺。至無錫祭趙先生墓。

三月二十九日，廠紗機裝成，試引擎。始有客私語：廠囪雖高，
何時出煙？茲復私語：引擎雖動，何時出紗？辭商務局總理。

四月十四日，開車紡紗，召客觀之。

五月，叔兄查賑吉安水災。聞黃先生卒於瑞安。廠終以本絀不支，
僅有之棉不足供紡，賣紗買棉，時苦不及，留滬兩月，百計俱窮，函電
告急於股東者七次，無一答，仍以賣字給旅費。苦語相慰者，眉孫、
太夷二人而已。不得已有以廠出租三年之表示，慈谿嚴某、涇縣朱某
必欲短折租價，久復辨論。六月四日議訂之〈草約〉，六日惡其無禮不
諧。蓋商股本止十八萬有奇，官機作股二十五萬，合四十三萬。余謂：
「開辦以來，五年度用不及萬，以是請照五十萬論租。」嚴、朱云：「可
特別重酬，而租不可越四十三萬之外。」以為股本實止四十三萬，且以

余為可貨也，無禮甚惡之。盛某、祝某復欲租，議兩日亦不諧。十九日重訂嚴、朱約，列說告江督，取進止，江督不可嚴說，然款不繼，非白手所能進取，而又不可中止，惟有忍氣待時，堅志赴事，更無他策。幸紗價日長，時十二支躉銷六十五兩，零銷六十七兩。

七月，至杭州招股無效。總督屬蘇松、常鎮、蕪湖、九江四關道，各督銷局，海州分司助募廠股，亦無效；惟正陽關督銷沈愛蒼瑜慶、海州分司徐星槎紹垣投資二萬耳，他人不募而訾其非。紗廠至此，強支已四月。

八月，叔兄調任貴谿治民教鬩亂事，時貴谿全縣法天主教堂盡燬，縣民所在揭旂書：「官逼民」三字，衣書：「大清國光緒義民」七字；連近五縣，留漕公用，聞兄再任，咸約不動丁漕，待處分。

九月，紗廠以售值日起，展轉買棉供紡，得不停輟。至江寧，新寧拱手稱慶。對之曰：「棉好，地也；機轉，天也；人無與焉。」曰：「是皆君之功。」曰：「事賴眾舉，一人何功？」曰：「苦則君所受。」對曰：「苦乃自取，孰怨？」曰：「但成，折本亦無妨。」對曰：「成便無折本可言。」曰：「願聞所持之主意。」曰：「無他，時時存必成之心，時時作可敗之計。」曰：「可敗何計？」對曰：「先後五年，生計賴書院月俸百金，未支廠一錢。全廠上下內外數十人，除洋工師外，一切俸給食用開支，未滿萬金耳。」新寧俛首拊掌，嗟歎久之。聞太后立端王子溥儁為上子，兼祧穆廟；明正內禪，改元普慶，人心惶惶。新寧奏國事乞退疏，有「以君臣之禮來，以進退之義止」語，近代僅見。葬從子亮祖於金太夫人墓昭位。

二十六年庚子（1900），四十八歲。

正月蓄鬚。延書籛到廠為助。聞有今上三十萬壽開科之說，庚子例有正科，今以國慶加為萬壽乎？為內禪乎？不可得而知，要為多故之兆。叔兄補宜春縣，貴谿教案定。

二月，新寧入覲。十六日大雪盈尺。日人岩崎西村、僧長谷川至院論學，因借小住。

三月，得彥升、眉孫訊，聞政府羅織黨人，甘陵之禍將及，屬遠避。余與康、梁是輋非黨，康、梁計劃舉動，無一毫相干者，內省不疚，何憂何懼，謝之。選文正書院課藝。聞意園先生卒，為位祭而哭之。

四月，重修常樂二十八圩社倉成，定〈社倉約〉。為從子仁祖娶於顧氏。

五月，北京拳匪事起，其勢熾于黃巾、白波。二十二日聞匪據大沽口，江南震擾，江蘇巡撫李秉衡北上。言於新寧招撫徐懷禮，免礙東南全局。愛蒼至寧，與議保衛東南。陳伯巖三立與議迎鑾南下。蟄先至寧，議追說李秉衡以安危大計，勿為剛、趙所誤，不及。至滬與眉孫、愛蒼議，由江鄂公推李相統兵入衛。與眉孫、愛蒼、蟄先、伯巖、施理卿、炳燮議合劉、張二督保衛東南。余詣劉陳說後，其幕客有沮者，劉猶豫，復引余問「兩宮將幸西北，西北與東南孰重」？余曰：「無西北不足以存東南，為其名不足以存也；無東南不足以存西北，為其實不足以存也。」劉蹶然曰：「吾決矣。」告某客曰：「頭是姓劉物。」即定議電鄂約張，張應。

六月，聞德使被匪戕於京。李秉衡、鹿傳霖皆以義民目拳匪者，先後俱西。聞匪陷天津，聶士成陣亡。蝗見通、海，與海同知約罄各社倉麥，給鄉民麥一升，易蝗一斗，所居常樂鎮不為災。

七月十二日始，太白經天十日。聞二十一日兩宮西狩。聞瀏陽唐才常在鄂被捕，屬鄂友言於南皮曰：「光武、魏武軍中焚書安反側事，可念也。」識武進劉厚生垣。

八月，再說新寧退敵迎鑾。詔求直言。請新寧聯合南皮劾罷端、剛、李；疏具不上。

閏八月，李、劉、張、袁始聯劾端、剛、趙；詔解端差使，剛、趙交部議。鹿傳霖入軍機。廠紗銷暢，然棉以輸出多而亦貴，計各國未有紗織而自營植棉者，非上策；乃擬營墾牧公司。

九月，從新寧借南京陸師學堂畢業生江知源導岷、章靜軒亮元、洪雋卿杰，至呂四測量通、海沿海荒灘。

十月，外交使團堅促回鑾。

十一月，子培約為東南士民上政府行新政書。聞李相議和約十二款已定。墾地荒灘圖成。

十二月，作通海荒灘墾牧初議並章程。聞昭雪徐、立、許、袁；追革徐桐、剛毅、李秉衡。

新寧電約眉孫、子培、蟄先同至江寧商要政。

二十七年辛丑（1901）四十九歲。

正月，為前海門訓導趙菊泉先生就學署建趙亭。十二日至上海詣眉孫，眉孫以連日草要政議，昨午後三時，方據案，擲筆遽卒。代人擬爭西安俄約電：一、全國通商；二、東三省開門通商；三、聽占而不認畫約；四、讓吉、黑而奉天開門通商。與子培談外交，子培曰：「無往不收，無垂不縮，書家秘旨也；已進不退，已伸不縮，禪家密語也。神明二法，為外交政策之要。」子培鈎深致遠之才，但有時迂迴耳。

二月，作〈變法平議目補〉，與新寧論曰：「變法須財與人：財不勝用也，行預算，審稅目而已；人不勝用也，設學堂，行課吏而已。毋襲人言，法當改，但無財無人。」

三月，省翁尚書於里第。辭文正書院，舉丁恆齋自代。為趙先生建趙亭於海門訓導署後，有遺像碑。同督藩委徐乃昌、陳樹涵勘呂四墾牧公司地。定墾牧公司集股章程，七易稿。

五月，請新寧以洋務要咨調叔兄回籍，助營紗廠，江西巡撫李勉林興銳不允，以東鄉刁民抗糧，調任東鄉。予與叔兄訊曰：「今日民之刁不刁，視昔日糧之抗不抗；若東鄉向不完糧，謂之刁可也；若自有不能完之故，官曰刁民抗糧；民不日災區求緩乎？當察情實，明是非。」

兄為民教事，代民負債六千金，上諭傳旨嘉獎。

七月，墾牧公司得股十四萬。南皮以叔兄辦宜昌賑，保薦補缺後以直隸州用。南皮約偕沈子培往武昌商復新政諭旨，並籌興學事。江水大漲，通海災。為新寧訂初高等兩級小學中學課程。

八月，以江生導岷任墾牧公司事。

十月，蕩棍滋事，劫草於公司第一堤。

十一月，定公司基，二十三日開工，第一堤中西區成。與湯壽潛論蕩棍掠奪公司蕩草；廳同知顢頇，知州敷衍，余答之曰：「毒，與其悶也寧發；官，與其昏也寧滑；事，與其鈍也寧辣。」

敬夫以與同事不洽，堅辭。歲歉糧貴。

二十八年壬寅（1902），五十歲。

正月，墾牧公司定以平糶招工，購糧於海州、樊汊、舟山、崇明、奉天。規劃棉油廠於唐閘港北。

二月，叔兄過班道員，李巡撫特別保送吏部引見。新寧邀議興學次第，為先定師範中小學，新寧韙之；藩司李有棻、糧道徐樹鈞、鹽道胡延阻焉。乃謀於羅叔蘊振玉及壽潛，通州自立師範，計所儲紗廠任事以來未支之公費，六年本息幾二萬，敬夫及他友助集復可萬餘，歸，遂決立師範學校。仍勸新寧立高等師範。

三月，與沙健庵元炳議建油廠。

四月一日，墾牧總公司建築開工。試種台州海濱柴子，柴耐鹹，籽可為油，故試之。

五月，江西李巡撫委叔兄為省學堂正監督，奏留原省，乃請假兩月回蘇考察學務。與叔蘊議女師範學校。與健庵會議私立初等師範學校開辦章程。訂墾牧公司招佃章程，五易稿。規定就千佛寺址而廣之，於西南水中填增地四之一，建師範學校；採日本學校建築法，自繪圖度工為之。寺有明萬曆時碑，故因靜海軍城廢址，先建文昌閣；寺與閣南北相負，閣東尚有書院，廢久不可辨識。

七月九日，師範學校開工。江西李巡撫調粵督，柯逢時護理，電促叔兄回，兄再辭得請。

二十九日至八月一日，大風潮，墾牧新堤大損。五弟卒。

九月，新寧卒於官。作〈中國師範學校平議〉。勸州人先試合營勸業銀行，以助實業，有議無成。

十月，南皮移督兩江，邀與沙君元炳往議學校。

十二月二十七日，營西坨，開工，室人任督察之役。

二十九年癸卯（1903），五十一歲。

正月，西坨大門上樑。權厝五弟於外家墓側。師範學校先設講習科。

二月，師範教員王靜安與所延日本人木造高俊、吉澤嘉壽、之丞至。江督魏光燾邀議學校。

三月，定墾牧公司辦事規程。師範生達孚第一。

四月一日，行師範開校禮。定計東游，考察農工及市町村小學校。二十五日，附日本博愛丸東渡，二十八日抵長崎，周歷東京、西京、青森、札幌諸地。自丙戌會試報罷，即謂中國須興實業，其責任須士大夫先之。因先君意事農桑，竭八年辯論抵抗奮進之力，僅成一海門蠶繭業。甲午後，益決實業教育並進迻用，規營紡廠，又五年而成。比欲東遊，以資考鏡，不勝讒謗之眾。

是年正月，南陵徐乃昌寄日本駐寧天野領事致博覽會請書至，乃行。師範日教員木造以日俄將戰之憂，自戕死，遺書述故。

六月，叔兄為曾祖父母、外曾祖父母，謇為祖父母請封典。

七月，為蘇松道擬定中國商民公司旗式。營呂四鹽業公司。四修族譜。營呂四漁業公司。

八月十八日，移居西坨，以東坨歸叔兄。營墾牧公司海復鎮。與總督委員俞明震議加稅免釐。議海門學費。十二日，日俄宣戰。與沈子培書論世界憲法。與江督論中國漁業公司關係領海主權，宜合南北洋大舉圖之；不能，則江、浙、直、東；又不能，則以江浙為初步。

三十年甲辰（1904），五十二歲。

正月，延日女教員兼保姆森田政子開塾於家，課怡兒及鄰童十人；怡兒年七歲。為人草同度、量、衡、銅圜、鹽、魚、製造奏。草變通鹽法奏。商部屬主全國商會公司，謝之。

二月，以呂四鹽業事呈鹽院。

三月，試仿日本鹽田。營冶業。規裏運河入海之道。河為淮之支

流，舊至呂四大刀壩而止，大漲則掘通之，漲過復築，苟且甚。朝旨賞三品銜，為商部頭等顧問官。與合肥蒯光典論立憲。見滇督丁振鐸、黔撫林紹年請變法之電奏。

四月，為南皮魏督擬請立憲奏稿，經七易，磨勘經四五人，語婉甚而氣亦怯，不逮林也。定南洋漁業公司辦法。

五月，與許鼎霖、丁寶銓議建宿遷玻璃公司，訂集股章程。以請立憲故，南皮再三屬先商北洋，湯壽潛亦以為說。余自金州歸後，與袁世凱不通問者二十年，至是始一與書；袁答：「尚須緩以俟時。」

五月十七日，省翁尚書病於常熟南涇塘第，歸後聞翁尚書二十日卒。

六月，刻《日本憲法》成，以十二冊由趙竹君鳳昌寄趙小山慶寬徑達內庭。此書入覽後，孝欽太后於召見樞臣時諭曰：「日本有憲法，於國家甚好。」樞臣相顧，不知所對，唯唯而已。瞿鴻禨旋命其七弟來滬，託鳳昌選購憲法各書，不知趙故預刻憲法之人也，舉告為笑。樞臣奉職，不識古義，泄政，不知今情，以是謀人家國，寧有幸乎？營上海大達外江輪步公司。營新育嬰堂於唐閘。請魏督奏設督辦南洋漁政專員。

七月，規度崇明大生第二廠。

八月，與湯壽潛弔翁尚書。立海門常樂鎮初等學校。印《日本憲法義解議會史》，送鐵侍郎良，與談憲法。營天生港輪步。因許鼎霖之說，營鎮江螺絲山筆鉛公司。設翰墨林印刷局。關四揚壩河。通五屬合請設學務處。規學校公共植物園。

三十一年乙巳（1905），五十三歲。

正月，與鄂督江督書，請爭江淮省事。先是，嘗議劃豫東蘇皖四省毗連州縣，建徐州行省，蓋為中原腹地治安計也。蘇撫端方懵然入奏，部懵然因其說而易名為江淮，以漕督為巡撫，非驢非馬矣。故請爭之，朝士亦以為言，乃去巡撫而置提督；既又以提督兼兵部侍郎銜，節制鎮道以下，紛紛然莫得要領也。營鐵工廠，與冶廠合；以《史記・貨殖傳》鐵冶連文名之。以工人子弟眾，設藝徒豫教學校。

二月，應徐家匯法教會震旦學院之請為院董。朝鮮金澤榮自其國移家來通，任以翰墨林書局督校。

三月，以崇廠建築須甎，合新舊法，規營甎窯。與許鼎霖至宿遷，規玻璃公司廠於六塘河上井龍頭地，並視察白土山、青山泉、賈家汪煤礦、利國驛鐵礦。過山陽晤丁寶銓與鼎霖會議淮、海、揚、通合營自治事。寶銓親老須仕，至是仍北上，阻之不得。言於江淮巡撫，設淮屬師範學校。登雲臺山。

四月，總督周馥涖通，視察墾牧公司、大生紗廠、師範學校。

七月，颶風大潮，墾牧七堤皆傷損。

八月，政府遣五大臣考察歐洲各國憲法，臨行炸彈發於車站，傷斃送行者十餘人，是時革命之說甚盛，事變亦屢見。余以為革命有聖賢、權奸、盜賊之異：聖賢曠世不可得，權奸今亦無其人，盜賊為之，則六朝五代可鑒，而今世尤有外交之關係，與昔不同；不若立憲，可以安上全下，國猶可國，然革命者讎視立憲甚，此殆種族之說為之也。江蘇學會推為會長。增設城廂初等小學校。江蘇人民爭自築鐵路。怡兒就學於師範附屬小學校。

十一月，宗室載澤、端方，戴鴻慈、尚其亨、李盛鐸等復出洋考察憲法。先是，鐵良、徐世昌輩於憲法亦粗有討論，端方入朝召見時，又反覆言之，載振又為之助，太后意頗覺悟，故有五大臣之命。既盛宣懷倡異議，袁世凱覘候風色不決，故延宕至三月之久，重有是事也。因公共植物園營博物苑。

三十二年丙午（1906），五十四歲。

內子徐夫人於其母家近處營初等小學校。始教怡兒學詩。規劃意大利秘拉諾賽會，以中國東南海漁界圖往與會。漁界所至，海權所在也。圖據《海國圖志瀛寰志略》為之。中國之預各國賽會也，自維也納、費爾特爾、巴黎、倫敦、大阪、安南、散路易斯七會之後，至是乃第八次。略有可考者，巴黎之會，戶部費十五萬；大阪之會，各省費十萬；散路易斯之會，戶部費七十五萬；此次合沿海七省，僅

費二萬五千金耳。以海產品物，中國漁具漁史，媵我東南海漁界圖而去，彰我古昔領海之權，本我有之目的。賽會之第一次，各省分任會費二萬五千金外，悉責江浙漁業公司任之，公司未可云完全能自立時也。組織商船學校於吳淞，推薩鎮冰任校長。議請官設工藝學校，農事試驗場，為人民範。為揚州籌兩淮自立兩等小學、中學，及尋常師範。江督允以天生港為起卸貨物不通商之口岸，委員開辦步工。籌設師範農藝之試驗場，欲習師範者，兼習農，知農事也。集通、泰、如、海官紳籌建南通五屬中學。議蘇省自築鐵路，被推為協理之一，總理為崇明王清穆，時為商部右丞，協理余與許鼎霖、王同愈。議勸南通興儲蓄銀行未行；乃擬於大生一廠設工資儲蓄處。師範學校附設土木工科測繪特班。營呂四聚煎鹽場。與端方、戴鴻慈二使說憲法，成立憲法會。與上海曾少卿輩規劃中國圖書公司。設鐵路學校於吳縣。借州舊試院設法政講習會，延吳縣楊廷棟主之。設資生鐵廠。鄭孝胥同議設預備立憲公會，會成，主急主緩，議論極紛較。余謂：「立憲大本在政府，人民則宜各任實業教育，為自治基礎；與其多言，不如人人實行，得尺則尺，得寸則寸。」公推孝胥為會長，壽潛與余副之。建唐閘、魚池、港新育嬰堂成。停崇廠甄窰。營呂四鹽業聚煎。震旦學院學生風潮，因別辦復旦學院。與許鼎霖議復淮浚運河，岑總督春煊願為上聞。營常樂頤生酒廠。規察蘇路北線，設事務所於銅圍局，局成於江淮巡撫恩壽，甫經年耳，用費五六十萬，貿然而興，忽然而止，時政之紊類是。

十二月，蘇路北線開工。任寧屬學務議長。內子與三嫂計興女學，而自任捐資為倡，因為作啓募捐。

三十三年丁未（1907），五十五歲。

崇明紗廠落成開車。

四月一日，師範紀念開模範運動會。任寧屬教育會會長。與友人合創中國公學於吳淞落成。

六月，常樂第四初等小學校成，從子亮祖婦所私立也。

七月，大生第一廠第一次股東會，武進惲祖祁曾自辛丑迄丙午，助集廠股十萬餘，開車後獲利，余分所得紅利三成之半報之，六年凡三萬八千二百餘元。二廠始興，惲為分任集股四人之一，至是欲專任二廠，而股東不可，常州股東，持之尤烈，乃秘股東異議之書，而潛為調停。惲疑余不為力，則舉廠細故結廠細人為讆言，嗾所稔股東開會。公司有股東會，例也；微惲訐亦當開。比會終，一切披露，人始寤焉。英人強借資本於江浙鐵路公司，與湯壽潛合爭於外部，拒之。

十一月，嫁女琬於侯氏。與湯壽潛、劖光典籌立憲國會事。新育嬰堂費絀，鬻字以濟。

十二月，蘇舉許鼎霖，浙舉張元濟代表赴京樞外兩署，爭商辦蘇浙路，謝外債。

三十四年戊申（1908），五十六歲。

正月，備測地方輿圖。徐夫人病。

二月，以呂四聚煎鹽價事，與淮運司趙濱彥訟，總督委知府許星璧來勘視所築之場。請開通、如、海食鹽岸成。

三月二十五日，徐夫人卒，遺言：以私資於常樂建女子小學。

五月，建先君「樂善好施」坊於常樂義莊之庭；海門同知王賓臚敍先後捐賑數，請總督聞於朝得可者也。與許鼎霖營宿遷耀徐玻璃公司。辭鐵路協理，專任北線規劃。營通屬中學成。朝旨為立憲之備，令各省設諮議局，任籌備事。

十月二十一日，德宗崩，立醇親王子溥儀為嗣，醇親王為監國攝政王，年號宣統。二十二日，慈禧太后崩。

十二月九日，葬徐夫人於八窰口文峯塔院東新阡。

清宣統元年己酉（1909），五十七歲。

正月，營呂四十七八總船閘，以通淮委河。淮委河者，闢墾牧公司第一隄、牧場堤間之地為之。淮水支流經裏運河入海者，至此乃有道歸納。今成此閘，以利蓄泄。江督端方至通視測繪、警察、學會、農會、女師、新嬰、改良私塾與監獄、國文專修、江岸保坍等十一事，

與商款紲救濟之法。先是，綜凡紡織業外之公司合為實業公司，以羈其出入，至是去一切駢冗職員，人欠者清釐，欠人者停利拔本。

二月，至江寧，度江蘇諮議局地址。至清江浦，視蘇北線路工，住慈雲寺。至鎮江、揚州，勸集路股。梁姬歸。

三月，改地方監獄。

四月，滬嘉路開車。二十六日，在江寧開諮議研究會，各縣議員到者二百三十餘人；余得票一百九十六，當選為會長。議三事：一田賦征銀解銀；一銅圜流弊；一籌集地方自治經費。

五月，從子仁祖以候補郎中入都，分郵傳部。自三月以來，恆患不寐，服紫丹參方始瘳。巡撫瑞澂商任叔兄以蘇州農工商局事，意極誠摯，卻之不可，歸商叔兄，應之。

七月，議通自治事項。度支部員戴兆鑑、錢志鑠來詢考呂四鹽場事。

八月三日，諮議局開會，到會者九十五人，決選余得五十一票為議長，副議長仇繼恆、蔣炳章。教育總會常會推太倉唐文治為會長，余為之副。

商瑞巡撫合各省請速組織責任內閣；又合奉、黑、吉、直、東、浙、閩、粵、桂、皖、贛、湘、鄂十四省諮議局，請速開國會。諮議局分類選舉審查員。

九月一日，諮議局開會，督撫同涖，外賓與觀者五人。中國圖書公司成，被推為總理。

與浙人論請開國會事；浙某言：「以政府社會各方面之現象觀之，國不亡無天理。」余曰：「我輩在，不為設一策而坐視其亡，無人理。」為江寧商業高中兩等學校監督。

十月，與瑞澂計營江西瓷業公司。

十一月，七省諮議局代表會於上海立憲公會，上書請願國會。

十二月，以導淮之請展轉無效，議設江淮水利公司，先事測量。合十六省代表，議合籌改變鹽法，設場聚製，就場徵稅，為公共實業；合立法政學校，為公共教育。州廳會定墾牧鄉通海界。獎公司良農

四十餘人。朝旨國會不得請,世續、鹿傳霖沮之。周家祿卒。

二年庚戌(1910),五十八歲。

正月,集常樂社倉各圩社長,說社倉與小學校教養相關,仍應按畝捐麥。定農科學課,初等單級課本。度視女校工程。

二月,至江寧諮議局。草地方自治經費預算,釐正地方稅界限,請由國會議。定寧、揚、徐、淮、海、常、鎮、蘇、松、通、海十一屬議員公寓,寓夾諮議局左右為之。余以所得議長公費建通海公寓,助者海門沈燮均數逾千;如皋不及千;泰興僅二百;靜海附通不計也。湯壽潛、趙鳳昌為余言社會聯美。為江北提督王士珍策墾海州葦蕩營地。為狼山鎮標規度移營,營故在南濠外,地窪屋隘,無軍容可言,總督端方論通自治少之,余曰:「此與監獄衙署皆行政事,營可移,長官宜任籌給費用。」端方允任三之一,令總兵任一,地方任一。總兵安有錢,地方乃任其二。度西郊地移焉。江寧開南洋勸業會,端方始創其議,事未成而去。至是豐潤張人駿繼其任。議設飲食出品所。議設勸業研究會。

四月,讓商校監督於黃思永。

五月,江北提督雷震春至通,言葦蕩營地可墾,須官為之。告之曰:「不論官,民,軍;正須先治堤渠,規劃水道,勿負此地。」計定江岸保坍。規於軍、劍山植林,令師範生分隊從事,名學校林。觀勸業會直隸館,頗感袁世凱才調在諸督上。

六月,議設全國農業聯合會。

七月,湯壽潛以劾盛宣懷革職。

八月,美男女賓達賚及華爾特夫婦等四十餘人至諮議局參觀,開歡迎會;是為國民外交之始。議大生明年設織布廠。

九月,營博物苑池上謙亭。

十月,趙鳳昌、熊希齡與約達賚、華爾特在滬談中美商會共營銀行、航業、商品陳列所、設商品調查員四事。通州地方議會選舉,舉為議長,辭。叔兄亦辭董事會。

十一月，雪海門宋季港孫五郎為妻謀殺之冤。至湖北見各省督撫合請國會內閣電奏，大較錫良、瑞澂、李經義、袁樹勳、程德全、丁振鐸為切要，趙爾巽、孫寶琦、增蘊、陳夔龍、周樹模次之。

十二月，為呂四彭鼎定善後事。鼎病臨卒，捐產十餘萬於州場，遺書請為恤其嫠妾孤女，故集其族戚，本其遺屬而小變更之，定保管規約。著《說鹽》。

三年辛亥（1911），五十九歲。

正月，遇楊士琦於上海，北洋屬以外債可借否問張、湯、鄭。楊晤鄭。鄭曰：「必可借，不借不能興中國。」湯曰：「必不可借，借則國亡。」余曰：「借自可，但當問用於何事，用以何法，用者何人。當則借，不當不借。」楊曰：「然則南方借債可分三派。」楊述余前年語，「亟立憲非救亡，或者立憲國之亡，人民受禍輕於專制國之亡耳」。問今視昔何如？余曰：「此前年語，今視我社會動作，恐人民經不得亡，亡後擔不得恢復。」

二月，沈燮均卒。

四月，滬、漢、粵、津各商會議組報聘美團，及中美銀行航業事，推余入都，陳請報聘。政府以海陸軍政權及各部主要均任親貴，非祖制也；復不更事，舉措乖張，全國為之解體。至滬，合湯壽潛、沈曾植、趙鳳昌諸君公函監國，切箴之；更引咸、同間故事，當重用漢大臣之有學問閱歷者。趙慶寬為醇邸舊人，適自滬回京，屬其痛切密陳，勿以國為孤注。是時舉國騷然，朝野上下，不啻加離心力百倍，可懼也！

五月，道漢口議租辦紗、布、絲、麻四廠，先成紗廠，劉柏森任其事。北上過彰德，訪袁世凱於洹上村，議論視二十八年前大進。論治淮曰：「不自治，人將以是為我罪。」又曰：「此等事國家應做，不論有利無利，人民能安業，即國家之利。」十二日，至京住東單樓二條胡同蒙古實業公司，即翁尚書故宅，中歸袁昶，昶卒，肅王等以之為實業公司。十五日，攝政王語慶王欲召見，午後內庭交片翰林院，傳知於十七日召見。因謁澤公洵濤兩貝勒、徐相，並陳召見陳說民隱是義

分事；但此行以公推而來，必不可得官而去；召見後求勿涉及官祿，請先上達。十七日八時，引見於勤政殿；王命坐，云：「汝十餘年不到京，國事益艱難矣。」對：「丁憂出京，已十四年。先帝改革政治，始於戊戌，中更庚子，至於西狩回鑾，皆先帝艱貞蒙難之日，今世界知中國立憲，重視人民，皆先帝之賜。」王語甚嘉獎，對：「自見乙未馬關訂約，不勝憤恥，即注意實業、教育二事，後因國家新政須人奉行，故又注意地方自治之事。雖不做官，未嘗不做事，此所以報先帝拔擢之知。此次因中國報聘美團事，又有上年美商與華商所訂中美銀行、航業二事，被滬、粵、津、漢四商會公推到京，陳請政府，蒙上召見，深感懾政王延納之宏，求治之殷。今國勢危急，極願攝政王周咨博訪，以求治安之進行。」王云：「汝在外辦事多，閱歷亦不少，有話儘可說。」對：「謇所欲陳者，外交有三大危險期，內政有三大重要事。三期者：一、今年中俄伊犁條約；二、宣統五年英日同盟約滿期；三、美巴拿馬運河告成，恐有變故。三事者：一、外省災患迭見，民生困苦，朝廷須知民隱，諮議局為溝通上下輔導行政之機關；二、商業困難，朝廷須設法振作，金融機關須活；三、中美人民聯合。」王云：「都是緊要，汝說極是，可與澤公商量辦去。」又說：「四川鐵路收歸國有，須寬恤民隱。」餘說尚多，計時逾三刻。謁慶王於其邸，極陳東三省之重要危迫，亟宜彊力自營，不當聽人久久鼾睡。趙督所謂二千萬，實至少而至不可已之數，王但應課其用之得當覈實與否，不可掣其肘。復為言國民疾苦之甚，黨人隱忿之深，王處高危滿溢之地，丁主少國疑之會，誠宜公誠虛受，惕厲憂勤，不宜菲薄自待，失人望，負祖業。語多而摯。王為掩面大哭。於此見此公非甚昏愚，特在廷阿諛者眾，致成其闒茸之過，貪黷之名，可閔哉！學部唐尚書奏任為中央教育會會長，張元濟、傅增湘為副，再辭不獲，乃許任半月。澤公約盛宣懷與余議收四川鐵道為國有方法。盛以調查川人用於鐵道工款中為川紳所虧者三百餘萬，政府不應受此虧數，應以實用者給還川人。余曰：「輸出者川之人民，虧挪者川之紳士，當然一面查追紳士，一面允給川

人。」盛主在給數中扣出。澤公復問余，余曰：「如所言未嘗非理，但甲商與乙商言，當如是；政府與人民有涵覆之義，且收民路歸國有，政策也；政策以達為主，不當與人民屑屑計利。且聞川人爭路款，頂戴先帝諭旨，勢洶洶而意未悖，尤須審慎。」澤公無言。

六月四日，去奉天，劉垣、江導岷、孟森、許振、王敢等同行。觀宮中藏物，並瓷器、文淵閣書。七日，總督趙爾巽集議東事，部署實須二千萬。八日，觀農事試驗場，美工程師巴克所試大農法。九日，由長春南滿鐵道，經東清鐵道去哈爾濱。長春滿目皆日勢力，哈爾濱滿目皆俄勢力。鐵道管理，俄不及日遠甚；華人所住長春、哈爾濱之區，則整潔並不及俄、日。十三日，由昂昂齊至齊齊哈爾，住黑龍江巡撫周樹模公署。十四日，見昂昂齊俄人初等小學校。附滿州里車回哈，自烟筩屯、小河子至安達，沿途所見皆荒地。十六日，自哈回長春。次日至奉天，以鐵道被水，繞由營口。遼河內口水勢不減黃浦，因訪詢水道源流，有溝通松遼之觀念。十九日至京，張、傅皆至。二十二日，中央教育會開會，議國庫補助初等小學校案。

閏六月，開會，議江謙所提國庫補助行省各府推廣師範學校案，八日止。余與會適滿半月。

十日出京，至天津觀各馬路工、罪犯遊民工廠、圖書館畢。袁為總督時，氣象自不凡，張南皮外，無抗顏行者。十四日，行至煙臺，登岸觀盲啞學校、張裕酒廠。十八日，至滬。往蘇詣程巡撫說東事。

七月，州自治開會。墾牧公司第一堤設初等小學校。

八月，霍邱、泗州人來議測淮事。規度天生港果園，始購地。大生一廠股東會議決織廠及儲蓄押匯銀行事。二廠股東會議決通知大清、交通兩銀行籌還本事。去鄂規大維紗廠，十三日至。十八日夜十時後，漢口獲革命黨人二，因獲名冊，徹夜閉城大索。十九日十時城啟，余即過江，六時甬友邀飲於海洞春。八時登舟，見武昌草湖門工程營火作，橫亙數十丈不已，火光中時見三角白光激射，而隔江不聞何聲。舟行二十餘里，猶見光熊熊上燭天也。二十日，至安慶，應巡

撫朱家寶約議導淮也。次晨見時，知武昌即以十九日夜失守，總督避楚豫兵輪，安慶籌防無款，新軍率不可信，勢處大難，無暇更說導淮事矣。是夜即行。二十二日，江寬舟中遇諸宗元，益知十八、十九兩日之情狀，知禍即發於按籍大索。自黃花岡後，革命風潮日激日厲，長江伏莽滋多，終有暴烈之日，大索但促之而已。二十三日，至江寧，即詣將軍鐵良，說亟援鄂，一面奏請速頒決行憲法之諭。鐵屬先商總督張人駿。二十四日，詣張。張大詆立憲，不援鄂，謂瑞能首禍，自能了，不須人援。余謂武昌地據上游，若敵順流而下，安慶又有應之者，江寧危矣！張曰：我自有兵能守，無恐。余度再說無益。烏乎！大難旦夕作矣！人自為之，無與於天；然人何以憒憒如此，不得謂非天也。二十五日，至蘇，巡撫程德全甚韙余請速佈憲法開國會之議，屬為草奏。倉卒晚膳，回旅館，約雷生奮、楊生廷棟二人同作。時余自書，時屬二生書，逾十二時稿脫。二十六日，至滬。二十七日，旋寧。

　　三十日，由諮議局徑電內閣，請宣佈立憲開國會。江寧自鄂來者，盛稱革命軍人之文明，謠言大起。張督又猜防新軍，令移駐城外，而人各給槍彈五枚，新軍乃人人自危。余知之，亟走請藩司樊增祥白張，言其不可，於是人又各增給十枚。

　　九月一日，以廠事去滬，未預諮議局開會行禮。二日回通，聞長沙宜、昌失。五日，商會會議，設地方協防團。九日，聞湘、晉、陝獨立。十四日，國民軍據上海，蘇州、杭州宣告獨立。蘇人迫程德全為都督，杭人迫湯壽潛為都督，以安獄市。十六日，聞藩司樊增祥挈家至滬，總督張人駿號於人：「我作總督，糊塗而來，本無主見，今更一籌莫展，聽諸君為之，但求將我送至下關耳。」張勸督全部入城固守，挾鐵良、張人駿同住北極閣督戰。十八日，國民軍令兵艦運兵至通，通與之約，毋擾地方。十九日，去滬，知一月之中，獨立之省，已十有四，人心皇皇，亂象日劇。一國無可計，而非安寧一省，不能保一縣安寧，是非可閉門而縮屋矣。二十三日，蘇人組織臨時議會，保守秩序。與湯壽潛、熊希齡、趙鳳昌合電張家口商會轉內外蒙古贊成

共和，覆電照允。二十五日回通。通小有震恐，旋定。二十七日，知袁世凱任內閣。二十八日，廷寄任張謇為農工商大臣、東南宣慰使。時勢至此，何宣何慰？即電堅辭。三十日至滬，即去蘇應臨時議會。

十月一日，省議會開會，仍被選為議長。十二日，聞江寧下。十五日，見北京取消召見及專任內閣之報。十七日，見隆裕太后垂簾、攝政王歸藩之報。二十日，聞黨人外有黨，黨人中有黨，紛歧複雜。二十四日，去辮髮寄家。二十五日，程都督與湯壽潛、陳其美同至江寧，調和諸軍，組臨時政府。數日，江寧以客軍之擾，居民大恐，程德全於上海集眾議，欲江寧回復秩序，須置官任民事；欲置官任民事，須客軍出發；欲客軍出發，須籌備財政；財政之可急籌而得用者惟鹽。共推余任江蘇兩淮鹽政；余要上海、鎮江、清江三都督共認而後任。建標本二策：標則軍政府賣鹽，而給還商本及息；本則實行設場聚製就場征稅。眾決先行標策，次並合淮南各場。

十一月，屬各商會先籌二十萬圓，資客軍出發。各軍有截鹽以自便者，欲辭鹽政事。與程德全、章炳麟、趙鳳昌議創統一黨。孫文自海外回，晤之。各省代表公推孫任臨時總統。十三日，南京組織臨時政府，初成立，亟需軍政各費，欲責商會更助五十萬，余勸勿擾商，自任為籌。眾推任實業部，秩序正紊，有何實業也？二十一日，至上海訪唐紹儀，旋見汪精衛。

十二月二日，見隆裕太后不日遜位之報。十三日，籌款五十萬成。十七日，見袁內閣有議遜位後優待條件之權。二十日孫、黃計以漢冶萍與日人合資，書爭不得，則告以抵借猶可，合資不可。答，約已簽；乃再三辭實業事。二十八日，見清宣統帝奉太后遜位宣詔之報。

民國元年壬子（1912），六十歲。

正月，規度狼山麓森林苗圃。第三次修山路。北京臨時議會推袁世凱為臨時總統，十日就職。自程德全辭都督任，地方公推武進莊蘊寬繼其後，至是亦辭。二十二日，至蘇續開省議會，住留園。

二月十六日，聞蘇州兵變。二十六日，南京臨時政府解散。

　　三月，統一黨與民社、國民協進會、國民公黨、國民公會、共進會合併為共和黨。二十三日開成立會。

　　四月，英人葛雷夫李治來觀江岸。十九日，至蘇，知昨夕諸無知少年謀變，破露未成。

　　五月，以蘇省公佈沙地充公保坍案，籌為南通借款保坍。屬人分往奉、直、東、晉、秦、豫、蜀調查鹽政鹽業近況。規建狼山東觀音像鐵亭。二十二日，歸常樂扶海垞。二十五日，生日，先是移宴客費三千圓，倡建第一養老院，戚友益捐助之，規地於城南白衣庵東。更為新育嬰堂建樓十七幢，以廣育嬰之額。

　　六月，沿江梟匪鄭建榮、夏昆五等謀聚眾為亂，戕絲魚港董事左懋修，叔兄被地方推任民政長，遣兵撲之；部分初定，請解職，交繼任田寶榮。十七日，通中央隊再戰勝梟，前後二十日，亂大定。二十七，規建醫院、殘廢院、盲啞學校。二十九日，定用工部營造尺，清丈全縣地畝。

　　七月，蘇省各軍月餉不繼，鹽局百方籌措，陳其美索尤亟，竭蹶應付，十日而定。二十一日，至江寧。二十二日，渡江乘津浦車北上。二十四日，至津，見共和黨諸人，觀河海工程，訪歐工程師平爵內。二十八日，入京。

　　八月，詣袁慰廷，說改革鹽法。與交通部人說清通及蘇路事。十八日，與陸徵祥說國際學會之不可已。二十八日，由津漢路回。

　　九月二日，在黎都督處聞人建遷都之議。三日旋通。故湘、鄂、贛、皖四省為淮鹽運銷引岸，至是各省截鹽資軍餉，法盡破裂，所以支拄蘇省各軍維持秩序者，僅持江蘇、兩淮之收入而已。政府授余及汪兆銘勳二位，辭。七日，電請撤消鹽政。規就東嶽廟改建圖書館。電陳籌增淮北鹽池，鹺業銀行，就南通設鹽場警察長尉教練所。規建醫院。十八日，辭鹽政。二十日，三辭鹽政。

　　十月十四日，國務院許辭鹽政職。十六日，離職。規建貧民工廠，其費以鹽政照前總督兼鹽政應得之公費六萬六千餘圓為之。凡三廠：

一儀徵十二圩，一東台，一南通。

十一月，許鼎霖來申導淮前議，為程德全、柏文蔚草請導淮開墾呈。政府任余督辦導淮，會辦二人：蘇，許鼎霖；皖，柏文蔚。

十二月二十八日，聞南、北行將分裂。

二年癸丑（1913），六十一歲。

正月，怡兒往學於青島治裝，六日挈兒去寧；九日，怡兒行，楊仲達、許澤初同往。時局日擾，人情日詭激，士氣日鄙薄，議長不可為。十二日去寧至滬，許鼎霖電留，卻之。十三日鼎霖至滬，復為言不可為之故，仍卻之。人言鼎霖方冀取代，是不必取而可代者，焉用冀為？

與湯蟄先詣沈子培、鄭蘇戡談；湯、沈大忤。辭黎都督、夏壽康請預憲法起草員會。袁勸就兩院議員，皆辭。省議員亦辭。規築軍山氣象台。規建唐閘紡織學校及公園。以先室徐夫人遺囑，規新育嬰堂第一幼稚園。

二月，以二廠紅獎餘資助劉、徐外，規常樂女子初等小學校，亦先室遺言也。墾牧海復鎮成。規以一堤東區地，令退伍兵耕作。

三月，成大生紗廠儲蓄處。尊素堂起藏書小樓三間。二十日，聞宋教仁在滬寧車站被刺，惜之。旋北方有電向民黨解釋，即與趙鳳昌、汪精衛、黃克強調解，迄無效。

四月，家廟後岸坍駁以石。聞揚州徐懷禮為日本骨董客炸死；揚人方為營生祠未竟。

五月，博物苑藤東水榭成。

六月十二日，聞江寧復獨立。十五日，聞陳其美、鈕永建等合攻上海製造局，鄭汝成守甚力，攻者連七晝夜屢挫，至二十五日而罷。十日之中，滬南居民，傷夷損失至重；松江學生死尤冤。陳、鈕復據吳淞中國公學為司令部，學中物為雜軍損毀殆盡。

七月，徐部將與鎮軍戰於鎮。江寧獨立取消，報館何海鳴第三次獨立。張勳督師與徐部合攻江寧，大戰於天保城。袁疊電屬組閣，力辭，薦熊希齡。袁任熊希齡組閣。連電屬任農商，辭強益迫切。張勳

軍人人辮髮,由是辮髮者率冒張軍名,大肆虐於江寧。以眾意電請勿任督蘇,違民願,並賑撫寧民。設幼稚園、傳習所於新育嬰堂開學。袁電復以農林工商見屬。叔兄辭清鄉局長。養老院落成開會。分家所有書三之二送圖書館。視貧民工廠工程。

九月七日,約湯壽潛、劉垣、孟森、雷奮來商進止。十一日,去滬,十四日返。十五日,行抵浦口,十六日北行,十七日至天津,十八日至京。熊、梁諸人同至公府,訂大政方針。二十一日,定寓順治門內街西際公府。二十二日,先到工商部,後到農林部,定間日至一部。

十月七日,公府令解散國民黨。八日,國務院會議各部職權。十日與梁任公至公府,論維持國會之法。由公府電各省速集候補議員。十一日,提議工商保息法。遊北海,規制與南海略異,瓊島石多南產,殆金人取之艮嶽者為多,於此見遼、金、元、明、清五朝之帝力。庚子聯軍,王子禁軍,兩度之劫塵,可勝慨歎!外交部開國際法會因論加稅免釐事。訂農林工商官制,並《礦法》。二十八日,與美公使說導淮借款事。被推漢冶萍公司總經理。

十一月,日人滄知商組中日興業公司。公府改導淮總局為全國水利局。公府議漢冶萍事,余謂漢冶萍關係中國礦業,必應保持,是一事;盛宣懷有無弊混,必應徹查,是又一事;未可牽併。被任為全國水利局總裁,院訂局官制。院議決自營葫蘆島。院議文官甄別法。

十二月,遷至水利局,局前繡工科之所在也,街南即工商部。院議定《公司條例》。三十日為陽曆一月二十五日,有例假,偕馬良、張相文、管國柱、許振至香山靜宜園,住韻琴軒。

三年甲寅(1914),六十二歲。

正月一日,與馬、張、管、許徧遊靜宜園諸勝。三日回城,涖文官甄別會。五日,規定度量衡製造所。院會議。詣美使館,簽導淮借款字。劉垣辭次長,以周家彥代。府令停止地方議會。府令公佈《國幣法》。詣荷使館,談河海工程事。十八日,熊希齡以湘、皖都督反對之電,辭財政總長,並辭內閣。總理呈有「既不能平、勃交歡,即當為

藺、廉相避」云。十八日，熊希齡免官，孫寶琦代。楊士琦來，問閣員與總理同進退之說。余曰：「始來以府院並有連電之約；就職之日，即當眾宣言，余本無仕宦之志，此來不為總理，不為總統，為自己志願。志願為何？即欲本平昔所讀之書，與向來究討之事，試效於政事。志願能達則達，不能達即止，不因人也。」二十六日，教育汪大燮、司法梁啟超連帶辭職。

二月一日，以延長建昌油礦、漢冶萍盛宣懷借日款全案，宣示請觀之人。院議通過《礦業條例》。六日，開約法會議選舉會。二十二日，約法會議開幕。美國紀念巴拿馬運河通航，在舊金山舉行博覽會。我國由部令各省徵集物品，派員參加。並組織遊美報聘實業團出發。

三月六日，呈請南行覆勘淮河。部事請司法章宗祥代。九日行，十日至江寧，十一日回通。三嫂邵夫人，前四日卒。十四日，視大生新廠工。二十四日，大有晉鹽墾公司成立。

四月三日，與荷工程師貝龍猛同勘淮河，自通出發。七日至清江浦，計定與工程師分途進勘。十日由西壩行，十二日至板浦，十四日至十隊洋橋，視大德、大阜、公濟、垣鹽圩。十七日，由燕尾港、灌河至陳家港，夜聞土匪槍聲。十九日，過響水口、武漳河壩至西壩。二十一日，勘惠濟閘至楊莊。二十三日，至眾興劉老澗，勘亨濟閘，過宿遷至耀徐。勘六塘河頭。二十六日，自揚莊過馬頭至高良澗、老子山。二十九日，至龜山，山有淮瀆廟，觀巫支、祁井至盱眙經大柳屯長十六里之柳林，至浮山、五河。

五月一日，至臨淮、蚌埠，易小輪至懷遠，登荊山、塗山視淮流如掌上，禹以兩山為淮之門，雖萬古不能易也。二日由津浦路回。規部立三棉作試驗場之一於狼山前馬廠圩。部荷工程師方唯因至通。余於通無住處，分博物苑西北地營濠南別業。聞英人助我禁煙。屬江謙往任南京高等師範校長，校址為前兩江師範。二十八日回京。

閏五月一日，至濟南觀紡廠及展覽會。二日，至京。四日，詣公府。十五日，法人卜夏薩科孟說中法勸業銀行。二十日，至津觀展覽

會。請變通礦區稅則，由部公佈《商人通例施行細則》，《公司條例施行細則》，並《商業註冊公司註冊規則》。勘視度量衡製造所。束日珀、李禎為編《詩錄》八卷。

六月，通咨各直省農林局場設觀測所。與卜夏訂勸業銀行約及辦法。十日，聞歐洲奧、塞戰事起，德助奧。部礦師德人梭爾格請假赴青島充兵役。十二日府令公佈國內公債條例。中法勸業銀行約以歐戰停止，美導淮借款約同，案存部局。府宣佈中國中立。二十一日，勘大照山後種畜牧場。二十四日，美工程師以與淮關係，至開封測黃河。二十七日，忽有三、四十人自上海突犯南通，薄城，叔兄部分中央隊長王敢、警察長楊懋榮擊走之，禽二十餘人。

七月，部公佈《狩獵法》。公府令裁江北護軍使，設淮揚鎮守使。公佈《商會法》。與內務部計南通江岸保圩。

八月四日，孔廟大祀演禮，公府特定祭服。九月丑正二刻，詣孔廟，卯正隨班分獻行禮。冠用殷冔制，上衣下裳，大帶；韡万頭，用明制，後改用履。十一日，請假回南勘視淮災。十七日，以假期熊希齡、梁啟超、諸宗元約同觀梅蘭芳劇。二十日，法人卜夏至部，簽定勸業銀行約。二十一日，行至江寧，暫借省議會設河海工科專校。

九月九日，伯兄卒。十八日，上辭職書，別與張一麐訊，令薛弢去京。

十月四日，公府未允辭職。十七日，徐家匯教會薦美人雅大摩司任小河石門種畜牧場技師。

十一月九日，仍北上。十二日至京。十六日，陽曆四年一月一日也。規定水利局權限。

十二月，克利斯浦銀行代表布洛邊白啟祿來談紡織事。三十日，與張相文、秦瑞玠、許振、薛弢等四人往香山，宿梯雲山館。

四年乙卯（1915），六十三歲。

正月一日，遊山探玉乳泉，得香山東無量殿側關帝廟廢址九楹，垣牆無恙，地兼曠奧，雲攬林泉，誌之。二日，回京。十一日，為南通

教育慈善公益，請許自覓地十五萬畝於泰屬，免繳地價。十四日，報可。十八日，請假。

二月，查勘魯、皖林牧試驗場。辭部職。二十三日，行至山東崗山，次日易小車，看五峯山林地僅一百餘畝耳，有松柏數千株，有清凌泉，泉有松柏子味。至泰山。二十五日，登泰山，至曲阜謁孔林、聖廟，詣孔教總會。二十七日，至小溪河，勘石門山牧場。二十八日，至江寧。農會植紀念樹。

二月，為部延雅大摩司赴澳買種羊，許怡兒隨雅大摩司夫婦遊澳，十七日始乘瀛洲去香港。

三月三日，得雅大摩司馬尼喇十五日電，怡兒有疾先回。十六日，見許解部職之令。視乙種農校工。

四月，在通。

五月，濠南別業成，入居之。

六月，北行，怡兒侍。管姬得心疾，擅投大悲庵為尼。先是，知公府延東西外人為政事顧問，近復有籌安會，倡議者為嚴復、孫毓筠、劉師培、楊度、胡瑛、李燮和，莫測其宗旨。言者謂其將佐命於帝制也。劉師培欲因諸宗元請入會，宗元拒之，而陰以告。自有此會，而帝制之謠日盛。美國設萬國水利會，請中國派員與會，余自請行，府以年老不允。

七月，具呈請假，並請下各省疏通溝洫培植林木令。

八月，府允假。聞湘人賀振雄請誅籌安會六人。粵人羅文榦辭高等檢察廳長職。入府反覆苦勸，歷二小時。十日特別快車行，至江寧即附商輪歸。周視氣象台、各廠、育嬰堂、公園、江岸工程。至墾牧大有晉視墾務。築博物苑壺外亭。再辭部局職，不允。

九月，鹽政署英人丁恩、日人高周來通說就場征稅，韙余所議，而格不能行，官商皆尼之云。

十月，令管國柱入京回，帝制事益亟。十七日，袁有決定改用君主之申令。

十一月，為怡兒治婚事，用古冠昏禮，訂儀節。余之為怡兒擇婦也，蓋審之又審，必禮法舊家，必仕而不貪劣，商農而不儈儈者；必女曾治舊學有新知識者，遲遲數年。友人為言石埭陳氏。陳，舊家也，其祖父仕而有正直聲，女曾讀經書，曾卒業徐家滙教會女學，試屢前列，乃聘焉，而不知其幼喪母，既聘而知之。十二日，延太倉王康壽為冠禮大賓，吳縣沈壽為昏禮儐相，演禮。十三日，命怡兒冠而親迎。十四日，行饋饗禮。十五日，率怡兒夫婦回常樂，行廟見禮。十七日，見嵩山四友之申令；具電咨政事堂，三辭部局職，得復允解部職，不允辭局職。二十二日，電政事堂四辭局職並參政，得復允。二十六日，聞改元洪憲，叛跡益露矣。

十二月，重葺狼山觀音院，增殘廢院設置。二十日，以常樂鎮將治道路，故遷葬外曾祖及仲兄、五弟並陳氏妾墓。

五年丙辰（1916），六十四歲。

正月，懲從子念祖，其二子一令入紡織學校，一令入乙種農學校。十四日，聞袁又取消帝制，計帝制首尾八十三日。聞黔又獨立。

二月，規天生果園工程。殘廢院開，收四十九人。規築林谿精舍。聞桂又獨立。

三月，墾牧加浚北河，以暢淮支流經裏運河入海之路。聞粵又獨立，浙亦獨立。內閣徐世昌勸北上，謝之。十五日，得信復有人欲擾通，訊中具名者，某甲某乙，皆通產，好勇疾貧人耳。十六日，匪人率眾至通，鎮守使管雲程獲治之。

四月，聞袁病劇。

五月，劉垣、張嘉璈來說維持中國銀行事，被舉為股東聯合會會長。六日，聞袁病卒。二十九日，聞蔡松坡病劇。

六月，呂四鹽業公司主任鮑誠庠卒，精勤不苟君子也。三日，見恢復舊約法府令。

七月，林谿精舍成。

八月，海匪以舟犯墾牧，中央隊來，合墾牧警察隊擊四散。

九月，規大有晉、三合口、遙望港水道。二十八日，移女工傳習所於城南。

十月，蔡松坡卒於日本。

十一月，盲啞學校、氣象台開幕。十八日辰時，女孫生，名之曰非武。

十二月，在通。

六年丁巳（1917），六十五歲。

正月，鬮黃泥馬鞍山河。南通五山故為公有，近山村農，率樵薪於山，因傷及木，山如童然。前令師範第二次卒業生各植數千株為學校林，苗採諸遠方，村人樵採如故，苗日以蹙；無已，呈官請領軍、劍、黃、馬四山分歸師範農校。然不範以河，不能保林之生存也，遂先買環山之地，規度河道，至是興工。十一日，先君百歲生忌。十五日，農校開露天棉作展覽會。二十六日，視軍山河工。

二月，遣怡兒遊學美洲。

閏二月，復規城郊馬路。

三月，視大豫、大有晉河工、閘工。視墾牧海神廟前涵洞工。新育嬰堂十週募捐。

四月，聞天津有臨時政府之說。國會解散。圖書館落成開幕。

五月二十八日，以博物苑謙亭借沈壽養病。

六月，湯壽潛卒。十一日，怡兒遊學美洲啟行。十八日，怡兒附亞細亞皇后船由滬出發。

七月，政府對德、奧宣告立於戰爭地位。公園落成，作歌。

八月，怡兒至美華盛頓、紐約。顧錫爵卒。沈同芳卒。二十一日，沈壽以七月回傳習所復病，至是仍移苑。

十月，視大豫、大有晉墾牧閘涵工。

十一月，規視東奧山莊、西山村廬之建築。

十二月，規建濠陽小築。

七年戊午（1918），六十六歲。

正月六日，割濠陽小築之半借沈壽住。視西山村廬工。

二月，余被華成公司股東推任為總理，路遠不能去，至是屬朱慶瀾為協理，管雲程佐之。規呂四聚煎地。

三月，從子仁祖以夜半救火觸寒得疾。

四月六日，仁祖卒。聯合各實業組織實業銀行。改築觀音院三層樓，奉藏百五十餘名家畫繡之象。

五月，怡兒遊美歸，本欲其留學三年；遽歸，非吾意也。

七月，為從孫景武聘沈右衡次女。

九月二十五日，政府佈告我國參與歐戰。

十月，電陸徵祥，屬於歐洲會議提出改定稅法及徹消領事裁判權。

十一月，在滬開主張國際稅法平等會成立會，被推會長，並代表往歐，辭未往。金太夫人百歲生忌。撰《繡譜》成。

十二月，歐洲和平會議，經各國議決，英、法、美、意、日各派五人列席，中國派三人，政府派陸徵祥、胡維德、施肇基、顧維鈞、王正廷輪流列席。孟昭常卒於大連灣，書生致力實業而有遠識者，又失此人！

八年己未（1919），六十七歲。

正月，北京組織國際聯盟同志會成立，公推梁啟超為理事長，余及熊希齡諸君為理事。聞顧維鈞於歐洲和平會當選為國際聯盟股審查員；王正廷當選為交通股審查員。政府統計我國因歐戰損失，共為一千零九十二萬八千九百九十七圓。營東奧山莊及張公坡後張樹。叔兄修葺西寺成，為種松二於前殿。

二月，以導淮計劃書集徐、海、淮、陽人會議。視呂四鹽業公司北堤。

三月，規築三廠南青龍港閘。政府有將公佈削實業教育費加議員歲費之說。又巴黎會議有中國青島將簽約之說，均電諫止。

四月初九日午時，第二女孫生，名之日柔武。

五月，氣象台練習七人畢業。規劃蠶桑講習所於狼山閘橋北。規劍山植林區，軍山石塢。

六月，被任運河督辦。規築小漾港閘。規建更俗劇場。規定海門常樂第三紡織廠。營鑲山梅坨。

閏七月，設工商補習學校、交通警察養成所。

八月，內務部通令各縣，自本年秋丁祭祀孔仍用跪拜禮。蓋自民國以來，祀孔即改行鞠躬禮，至本年春祀，尚沿用如故。東奧山莊落成。公議清理全縣田畝納稅魚鱗冊事。墾牧繼設初等小學校。設伶工學校落成。

九月，觀音院延浙僧太虛講法華經。

十月，大有晉、大豫、遙望港九孔大閘落成。

十一月，淮海實業銀行通總行開幕。劇場梅歐閣成。

九年庚申（1920），六十八歲。

正月，定歲時團拜之例。成新南公司。

二月，規建圖書館西樓成。以運河工程局事往揚，怡兒侍行。十三日開局。沈恩孚、黃炎培至揚組織蘇社，意以社為策進各縣量力自治。十七日行，十八日至華成鮑家墩，周視公司地。規華成農事試驗場。視偉業公司機墾成績，績不惡而費較大。二十八日，至東台視母里師範學校，地，叔兄所購也。規闢沿海各場南北串場大河，承轉西水入海。

四月，美人杜威來演講。

五月，卜李保圩生壙地。十一日卯時，第三男孫生，名之曰融武。伶社生試藝開音樂會。十八日，至墾牧規建薑枝港閘。聞津、保之間，皖、直兩系軍隊接觸，去電勸止不效。二十九日，兩軍於涿州，開始戰圖，凡十一日，皖系負。

六月，集地方公議築沿江七十里長堤。聞某軍有窺通之說，戒備。訂《縣志》。

七月，為警察局視肥料場，野狗闌地。

八月，至滬視衣周塘池。以直、魯、豫、晉之災去滬，與紡織廠、銀行、錢莊、鐵業，合籌一百萬圓為助賑協會，先擇北省二三縣實行工賑。二十四日，繡織局與女工傳習所同時落成，沈壽移住局後。

　　九月一日，繡工本科第一次完全五年畢業生九人。二十一日，縣自治會舉行第一屆開會式。二十九日，為叔兄稱壽於千齡觀。觀在南公園，余為叔兄築，亦供地方之凡行慶禮者。

　　十月，國務院聞縣自治會成立，來電調取會章，為編訂自治法規之依據。繡織局設計海外貿易，與女士謝珩議髮網事。

　　十一月，三廠前會雲閘成。二十八日，滬人來說織機、玻璃、糖廠三事。

　　十二月，通燧火柴公司成。被任為吳淞商埠局督辦，蘇人督促就任。作串場大河施工計劃書，泰縣凌生植支云：「河與運河平行，可名新運河。」

　　十年辛酉（1921），六十九歲。

　　正月，省道始成，自常樂試行汽車至通。俱樂部新築成。四日，至吳淞視商埠局，開幕宣言，申誡局中人員，不得於埠內置地。八日，至常熟謁翁文恭墓，為修墓廬。九日，至蘇遊鄧尉，清巡撫宋犖所建之香雪海亭已圮，捐資勸蘇人重修。十日，至無錫謁趙先生墓。十一日，至揚州。十二日，視高郵切灘工。十四日，旋通。

　　二月十六日，公葬荷蘭工程師特來克、崑山張庸於劍山南麓。檢舊存文字，訂為九錄：曰政聞；曰實業；曰教育；曰自治；曰慈善；曰文；曰詩；曰雜；曰外；屬束曰琯與丹徒陳生邦懷任之。

　　三月，東奧山莊家廟落成致祭，祭物惟備。十七日，海門淮海分行開業。因至墾牧規建高等小學校，擴充第二堤國民小學校。

　　五月三日，沈壽卒，以其願葬於通之遺言，地方亦為規公葬於黃泥山東南麓。以鹽務署禁止灶民煎鹽，限三年禁絕，與淮南數百萬灶丁生命有關，電請政府緩行，准照北鹽舊例改煎為晒；並電江蘇督軍省長設法維持。

　　六月十一日，第四女孫生，名之曰粲武。

　　七月一日，以腰有時酸，試德醫手術療治法於林谿精舍，臥息十日。通電勸南、北息爭。十七日後，間日或二日輒大雨。中、日、菲

遠東運動會推任名譽會長。二十七日，營馬鞍山我馬樓。

八月，政府聘為太平洋會議高等顧問，適以水災待治正亟，不能赴美，電辭。十二日始，連大風雨五日，江、淮並大漲，運河堤工日夜告警。二十一日，去揚。二十三日，與會辦韓國鈞、道尹胡翔林同勘堤河。先自七月十九日開車邏壩，二十一日開新壩，二十三日開南關壩三口，共廣一百九十六丈，泄水流量每秒鐘已四千餘立方尺，下七縣已成澤國，極目無際。高寶城人復請開昭關壩，下七縣守壩之人五六千，臥壩上以死爭。余至，告以當開否，須周視八縣，權害之輕重大小緩急，不能即許不開。既入高郵，則沿泄要求開壩者殆萬人，至承天寺，則人圍寺數匝。有王鴻藻者，嗾人詰責，分起迭進，勢非得請不已。余與韓亦告以必周視八縣，權害之輕重緩急，不能即許開。而郵人威脅無禮已甚，卒以堅決卻之，自六時至十二時止。二十三日，視寶應災狀，旋至邵伯。二十四日，至興化。二十五日，至東台，前二日派往鹽城、阜寧勘災人回，報告鹽災重，阜不成災。二十六日，至海安，平均計下河各縣平地水深五六七尺，勢已滔天，昭關壩必不可開，以省省長；而東台之王家港為泄水要道，淤塞已久，非即開不可。二十七日，即令余文蔚組織測量隊，刻日出發。

九月十日，治沈壽公葬。得高郵河工報，水退五尺餘。

十月，張一麐、張紹曾、沈恩孚、黃炎培、史家修以國是會議約去滬。

十一月至滬，國是會議徒議而已！十四日，往東台視濬治王家港工。二十六日，以書屬美工程師來，因求助於義賑會。二十日，蒿枝港合中閘落成。

十二月，至大有晉規同興區水道。

十一年壬戌（1922），七十歲。

正月二日，自常樂鎮至通，知叔兄於一日電京、省請禁南通交易所。茲事發生於辛酉七月，由實業中少年，歆於上海某儈所倡之交易所，用譎詐暴富而起。有問余者，余以約略記憶之德、日前事告之，

誠宜慎重。若輩旋以振興市場說聳叔兄而推總其事，叔兄偶不察，為之動聽。九月始業，朝霎夕豐者不乏人，乃羣趨若狂，至能攝鄉愚埋窖鏰澀之金，余以為懼，言於叔兄，兄亦覺其非，又恨為所賣弄，故有此舉。然弊雖截斷，而資財出入震動於廛市亦不少，無如何也。三日，籌繼去年災後之賑。十四日，大雷震，小雨。

二月，治黃泥山圓覺精藍。叔兄贖金沙高曾祖墓側先祖鬻於瞿氏之地，計時恰一百二十年。擬即其地建墓祠，並張氏私立小學校，教其鄉之子弟。

三月，江、常、太、寶、崇、海、通、如、靖九縣開治工會於上海。奉、直戰起，電勸息爭不效。聞江浙搆兵之風說，電兩省督軍勸閟。決懲交易所僨事首禍之人。

四月一日，召集各鹽墾股東開會。先是，五六年間繼大有晉、大豫而成立之鹽墾公司為大賚、大豐、大綱、華成、新南、新通，粗有設施而未成立之公司為遂濟、通遂，尤稚者為通興，蓋歆於墾牧公司日進不已之墾利而為之。此十餘公司外投袂而起者，漲脈僨興，各涎一地，假以號召，尚七八處，有先時不知其名，余以為危，止之不能。其屬於通系者，率捉注於大生，大生以棉為紡織必需之原料，有裨於本計，又嘗有所捉注而資之。且冀墾地所入可償歲息，他無所恐也。詎墾利緩而負債重，工程未施，恃天孟晉。適己未、庚申、辛酉，蟲、雨、風、水連災三年，墾無所獲，債息緊逼，乃有踔決肘見之象，此皆余夙昔自治銳進之說之為咎，至是增一至大之閱歷。股東會議設鹽墾紡織總管理處。建第三養老院成。

五月，被推為交通銀行總理。二十日，久旱因縣知事請，祈雨。二十三日，合中等學校開運動會於白塘廟新場。二十五日生日，中外賓雜遝而至，梅畹華亦來。公府遣少將羅澤暐來。

閏五月十六日，教育慈善事資竭，又鬻字。

六月，叔兄修北土山福田寺落成，土山亦縣風景之一也。怡兒奉政府特命任調查美、英、法、德、荷、比、意、瑞、日九國實業，作

使行之訓。從嫂倪卒，年九十五。

七月八日至十日，連三晝夜颶風為害。十四日，第五女孫生，名之曰聰武。二十日，颶風、大雨又作，二日而止。

八月，叔兄曾孫生，叔兄命名慎修。三姓街張氏近修族譜，其輩行字，前曰：「昭茲來許，繩其祖武。」後曰：「慎乃儉德，惟懷永圖。」余其字輩也。

九月，政府特命進勳一位，辭。電政府維持招商局。屬陳邦懷續校《九錄》。

十月，眾議地方認集贖膠濟路款。沈曾植卒於滬。

十一月，命怡兒入京。日賓來，告以中、日須公誠親善。十二日，規張家港生壙地。營濠南別業西樓。

十二月，日海軍對馬艦長池田他人來。二廠管工員小訌，令實業警衛團張清鑑往輯解之。

十二年癸亥（1923），七十一歲。

正月，作〈商榷世界實業書〉及〈鹽墾水利規劃告股東書〉。路工處開會。

二月，看張佩綸《磵于集》，自是峭直刻深一流；然敢決有為，當時信雋才也。作〈紡織公司股東會宣言書〉。與退翁瞿知事同至絲魚港看江堤十八里。自訂七十前《年譜》，根據癸酉以後日記；惟日記有缺失者。聞海軍閩人言自衛。甘肅楊漢公等來，問甘肅宜棉之荒地。

三月，女師範紀念會。美國人六自滬來參觀，宴之。往掘港視墾，培原區低濕，宜種稻。連日鹽墾公司股東會。汽車往墾牧三小時即達，二十年前須三日，交通便否，關係如是。視墾牧高小校。視閘工及各堤，汽車且行且止，歷一時半。臨城匪劫車，將引國際交涉。

四月，師範開廿週紀念會。為融孫延保姆蔣女士。自編《年譜》竣。看劍山後整地。為人作小楷書。答孟純孫、凌植支信，說隴海路線。黃生、勵生追悼會。以大生一二三廠股東會事去滬，三生於一二，二生於一，一之始甚棘，繼漸紓而效見，亦二十餘屆，自頃十年大水

災，十一年紡業大厄，蟊蠹生於內，豺虎攖於外，將如始創時；余委地披揭，俾眾不疑，坦坦示人，人少少解，蓋又一險難也。連日董事股東各會。酬酢極煩冗。

五月，第三幼稚園遊藝會。通明、淮海、大達、鹽墾各開董事股東會。連日雨，河大漲。作臨城票、建福火、新華車三詩，皆近事也。生日謝客，客猶有至者；置酒城南，午後觀劇。

聞各鄉水災之警告。周視城南、南山各處。東京帝國大學教授吉野作造，九洲帝國大學教授田中貞次來參觀，云將以南通自治，介紹其國人。

六月，與退翁、作三、怡兒等計實業事，並地方水利規劃。聞無知鄉人毀墾牧聞。怡兒去滬，為各公司開會事。至天生菓園視魚苗。譚鑫培子小培挈其子來，演藝索詩。至海門溥善堂開會，海人之復溥善堂，自清光緒十一年始議；十三年始請於總督，梗於吏胥，屢進屢止；旋以屬余，復前崧巡撫批駁了案，蓋黃貴筑護撫之力；成矣，與胥吏戰，又數年，惟楊梅汀是賴；至光緒二十年而定，廿三年而大定。專制時代，成地方自衛事之難如是！會後回尊素堂。視察家廟及二宅梅雨泛濫狀。

七月七夕，宴客公園蘇來舫，舫繕治新成。與客泛湖有詩，並為客改詩。全縣水利談話會後，開大會。怡兒出使隨員朱、席、許等來辭行，與退翁合宴之。連日訓示怡兒考察門類，並令兒至英、日，訪候湯姆斯、內藤虎次郎、西村時彥諸君，皆老友。保坍工程師特來克母尚在，亦命兒至荷慰問之。二十九日，怡兒往滬遠行，挈孫兒女送之港埠，九時展輪，汽車與大慶平行並進，至大堤橋轉灣而分，不復見矣。數萬里之行，歷四大洋，如何不念，但為後生計，亦豈宜縮屋而終也。

八月至滬，聞黎黃陂至。黎欲來晤，乃先詣之，為言江浙和平之重，勿有聽人舉動之事。晤香港人英籍何曉生東說和平事。七日午後二時，送怡兒行，送行人甚盛。五時啟碇。視謝霖甫病於筱崎醫院。晤英總領事巴爾登。

九月，怡兒至法，得途中所發各信及詩。往如皋壽沙健庵六十，有詩。

十月，縣人圮城為路，有詩。鬻字助慈善。作楊點墓碑。由滬無線電傳怡兒在巴黎演說關稅，極有價值。得蒙、哈、纏回王公抗議股籌邊使文件。怡兒遍遊歐大陸各國，復至英。滬校演講競進會至通開會，余主席。江、浙和平有潰決勢，電各方勸阻。日對馬艦司令野村吉三郎來。看《國語》，四十年前所讀者。

十一月，連日消寒集有詩。各法團賀鎮守使張仁奎六十，寫紀壽碑字。

十二月，以港務會議事至滬。史量才約觀梅劇。港務會議通過草案，與部局七代表同勘浦東楊思橋濱口。結束淞埠事，改設參事。視袁保圩生壙地工。新疆督軍楊增新、綏遠馬都統各遣人來，談設紗廠事。怡兒由英往美。余自少作客以來，必歸常樂度歲，至是以實業多未了事，怡兒又遠出，孫兒女天寒來往不便，故先歸致終歲之祀，而回通度歲於濠南別業。一月以來，無日不為實業言籌款，至是猶呶呶世事可厭，然非儒理。

十三年甲子（1924），七十二歲。

正月元日立春，余生以來三度矣。先像前行禮後，接見賓客，旋至廠。以中、交兩行會議事去滬。

二月，計議實業地方各進行事。視袁保圩工。九九消寒會至此終。石港百歲陸翁來，宴之。

三月三日，修禊梅垞，各有詩。改怡兒詩四十五首，寄東京使署轉。至我馬樓磊石。大風女師校友會、伶社評議會、師範運動會，皆到。十七日，滬電怡昨夜抵吳淞口外，怡兒到滬，應廿五團體歡迎會，演說三小時之久。怡回通，與退翁各挈兒孫接之天生港，朋好到者二百餘。

四月，連日各公司開會。全縣高小聯合運動會。去如皋預省道通車禮。政府任怡兒駐智利國全權公使。路工處考試汽車夫。

五月，與退翁、瞿知事遊鍾秀山，有詩。生日，公府派水利總裁常耀奎來。

六月，觀維摩詰諸經講義，太虛所講也。以舊藏畫十二辰展覽於中公園。

七月，至西林寫碑。復初入住濠陽。

八月，江、浙和平無望，戰事開始。商會設救濟江南災民會，余典衣捐二千。

九月，鬻字十五日。江、浙軍激戰。盧、何避日。

十月，北方局勢激變。至金沙看七鄉保衛團操，及滄園菊花。

十一月，勸齊退。束劭直母九十，往賀。濬公園魚沼，築藕堰。

十二月，西山視我馬樓、虞樓工。盧與奉軍南下。滬杭復有軍事。歲除廟祭。得閱徐師父子詩文稿，元尹真清才，充其所至，而永其年，一歸熙甫也。為之三歎！

十四年乙丑（1925），七十三歲。

正月，作徐徵君並元尹孝廉遺著敘。聞江、陰常州間仍劇戰。齊無錫一戰後出洋，自直、皖分裂北洋系，皖再挫於直，至是皖復合奉而勝直；頻年一彼一此，南北之民，皆受其禍，顧今猶未已也。齊部旅長陳孝思來見。作〈義犬鐶銘〉。

二月，讀《詩經》。十九日，孫中山卒於京，作輓聯。

三月，開會追悼中山。奉軍旅長畢庶澄來見，八年前薦於馮華甫，今入軍官教育團；將往無錫，令其保護大成巷趙師家。至虞樓、天生等處看桃花，有詩。

四月，奉天陶鉅迢來；張雨亭參謀也。至墾牧看五六七堤外灘地。

閏四月，在村廬寫碑。各公司開會。為各校學生演說。

五月，腕屈鬱拇筋痛，不能作書。農旱望雨。氣象台報颶起閩、粵海中，將至，果然。

掘港西方寺僧範成與海門周紫垣來，作金輪度世法，申問三世夙因，說及先府君，先太夫人身後事；見示府君並轉人道，為濟南千佛山僧名普靜；太夫人生淨土邊地，無有退墮云。生日頗有客至，大非吾意；然世法不得不周旋。內爭消息又緊，勸不效。

六月，各校暑期講習會開會，演說。以電氣治右腕。海門西三區保圩會開會。吳寄塵偕李升伯來，李任一廠經理。

七月，公園星河舫成，乘之納涼，有詩。十七日，先室徐夫人七十冥生，有詩。聞墾牧一四堤受風潮損壞。

八月，又用電治腕。莫楚生六十生日，宴之。至農大演說分科治農。南公園看警察隊操法。藤縣高熙喆避兵禍來。

九月，孫與奉軍戰，屢勝至寧。重陽集飲公園，聽呂四樂工舊樂。生平不喜作詞，看弇州山人稿，忽興動，始為小令學焉。

十月，寶山人來，以復吳淞商埠相強，峻卻之。十八日卯時，八窰口室人吳夫人生壙破土，寅初即起。

十一月，孫馨遠、徐又錚過訪。孫、徐同遊東奧山莊，為備蔬餐。吳子玉再起，合張雨亭戰馮。伶社評藝會。

十二月，武進李毅士來畫像。唐駝來種蘭。吳約怡兒任參贊及外交副處長，令辭。

十五年丙寅（1926），七十四歲。

正月，拜廟後雨大霧重。臨《書譜》。視女校工。約客我馬樓觀燒，有詩。怡兒生日，友好合饌於千齡觀俱樂部二處。時局又變，翻覆其矣。

二月，清明令人分祭特來克、張景雲、沈壽三公墓。駐長江日艦隊司令永野修身至，邀宴其艦上。以九千九百元幣，釋教育局沙田案之誾爭，即以購得沙田產權助男女兩師範。

三月，女師範廿週紀念會。視墾牧水泥工。

四月，怡在京、漢，疊電促回。各公司開會。英駐長江艦隊司令嘉美麟及少將高梅倫等來見。內人去滬醫齒。為火柴聯合會事言於省府，以紓其厄。通海官紳會勘縣界，至老洪港返經竹行鎮，今昔五十年矣！

五月，端午餉客泛舟，有詩。保圩會十七樁沉簰，往觀。十日，政府特任怡兒為揚子江水道委員會會長。連日燥熱，往梅垞。《臨懷素》。讀《左傳》。熱至一百度，日課一詩。至姚港東，視十八樁工。

年表

年	歲	政局	文事	事蹟	親友
清咸豐三年癸丑（1853）	一（五月二十五日卯時生）	太平軍戰事中。		生於江蘇海門常樂鎮。	祖父卒。
四年甲寅（1854）	二	湘軍曾國藩起。			五弟警生。
五年乙卯（1855）	三				外曾祖母卒。
六年丙辰（1856）	四	英艦攻廣州中英中法訂《天津條約》。	始識《千字文》。		
七年丁巳（1857）	五	英法二軍合攻廣東。	入邱氏學塾名吳起元。		

年	歲	政局	文事	事蹟	親友
八年戊午 (1858)	六	中俄、中美、中法 訂《天津專約》 英法軍佔領大沽。	在邱氏塾。	落水獲救。	
九年己未 (1859)	七		在邱氏塾。		二兄瀅水卒。
十年庚 (1860)	八	英法軍佔領天津， 攻北京，帝避熱河。	在邱氏塾。	任東台弔外祖母喪。	外祖卒。
十一年辛酉 (1861)	九		在邱氏塾。		
同治元年壬戌 (1862)	十		在邱氏塾。		
二年癸亥 (1863)	十一		讀完《三字經》、《百家姓》、 《神童詩》、《酒詩鑑略》、《千 家詩》《孝經》《學》、《庸》、 《論》、《孟》；學屬對。		
三年甲子 (1864)	十二	湘軍攻克江寧。	延西亭宋郊祁先生任家設塾。	至通州城。	
四年乙丑 (1865)	十三		讀完《詩》、《書》、《易》、《爾 雅》；學詩 試帖、制藝、作講首、學作 詩鐘。	至西亭。	二叔父卒。

年表

年	歲	政局	文事	事讚	親友
五年丙寅 (1866)	十四		讀《禮》、《春秋左傳》，作八韻詩，制藝成篇。		宋先生卒。
六年丁卯 (1867)	十五		從宋紫卿璞齋先生問業。讀《周禮》、《儀禮》。		
七年戊辰 (1868)	十六		改名張育才，字樹人。如皋縣試、州試、院試皆取附學生員。	誤入如皋張駉族籍應試。	識秦煙鋤、劉馥疇、張子冲、黃香山。
八年己巳 (1869)	十七	中日訂《天津條約》。	讀《綱鑑易知錄》、《通鑑綱目》	頗苦籍事索酬之應付。	識徐石漁先生、顧延卿、仁卿、陳子蕃、黃少軒、范肯堂。
九年庚午 (1870)	十八	發生天津教案。	科試取、鄉試不中。		訂海門徐氏婚。
十年辛未 (1871)	十九		學於海門訓導署。院試取。讀桐城方氏所選《四書》文及朱子《四書大全》、宋儒書。	仍苦籍事紛纏。	識無錫趙菊泉先生、太倉王菘畦先生、江夏彭久餘先生、桐城孫海岑先生、周彥升。
十一年壬申 (1872)	二十		讀名家制藝、讀《通鑑》。		識太倉孫子福先生、束繼雯、畏皇陶季完。

年	歲	政局	文事	事蹟	親友
十二年癸酉 (1873)	二十一		科試取、鄉試不中。 讀《三國志》及方望溪、姚惜 抱集	卒歸籍通州，至江寧應孫海岑先 生書記。	成室。 識臨川李小湖先 生、全椒薛慰農
十三年甲戌 (1874)	二十二		南京惜陰、鍾山二書院皆取第 一名。 歲試取。 補增廣生。 讀《王半山集》、《韓昌黎集》、 《晉書》。	隨孫先生勘案准安及江陰炮台 工程。 是歲起有日記。	先生、武昌張濂卿 先生。
光緒元年乙亥 (1875)	二十三	慈安、慈禧太后 秉政。 慈安太后卒。	思科鄉試不中。 作書學撥鐙法。 讀《明季稗史》及朱子《名臣 言行錄》。 讀《楚辭》及《王漁洋集》。		識盧江吳長慶提 督、朱芝階、錢新 甫、王欣甫。
二年丙子 (1876)	二十四		科試取補補膳生。 鄉試不中。 讀《陸宣公奏議》、《日知錄》。 從張先生治古文。	至吳長慶提督軍幕。	識邱履平、嚴慶 卿、顧石公、鄧 熙之。
三年丁丑 (1877)	二十五		改名謇，字季直。 歲試取第一名。 讀《史記》、《前漢書》、 《近思錄》。	遊狼山、定山。	父親六十壽。 識朱曼君、楊子承、 何眉孫。

年表

年	歲	政局	文事	事蹟	親友
四年戊寅 (1878)	二十六			遊惠山。	母親六十壽。女淑生十日殤。林公錫三卒。讓夏子松先生。
五年己卯 (1879)	二十七		科試取貢元。 三院會考取第一名。 鄉試不中。		母親卒。 沈公幼丹卒。
六年庚辰 (1880)	二十八	法國侵越南。	讀〈士喪禮〉，作述訓。	遊泰山至京，移軍登州。	識瑞安黃漱蘭先生、袁爽秋、張謇卿、鄭太夷。
七年辛巳 (1881)	二十九	《伊犁條約》成立。	讀《老子》、《莊子》、《管子》。		母親葛太夫人卒。 讓先生卒。
八年壬午 (1882)	三十	新疆改省。 日本干涉韓亂，派兵往援。	著《東征事略》、〈乘時規復流虬策〉、〈規復朝鮮芻策〉。	至濟南。	趙先生生卒。
九年癸未 (1883)	三十一	中法開戰。	讀段、桂氏《說文》。	薦范肯堂於吳摯甫先生。 隨吳公軍援護朝鮮。	吳公卒。
十年甲申 (1884)	三十二			仍至漢城軍幕，理通海花布減捐。 散賑平糶，議立常樂社倉。 辦通海濱海漁團。 定海門拔貢事。 辭直、粵李、張二督招。	

年	歲	政局	文事	事蹟	親友
十一年乙酉 (1885)	三十三	中法媾和。《北京條約》成立。曾國荃署兩江總督。	國子監考到取第一名。順天鄉試中南元。讀王氏《說文釋例》、《古文辭類纂》。		納陳氏妾。識潘尚書、翁尚書。識黃仲弢、王可莊、旭莊、梁節庵、沈子培、王伯熙、濮止潛、王蒪卿、張伯紀、丁恂齋。
十二年丙戌 (1886)	三十四		禮部會試不中。讀《管子》、《晏子》。	興海門鹽梟。	
十三年丁亥 (1887)	三十五	帝親政。	曾總督國荃以江寧書局分校《漢書》見屬。讀《胡文忠集》。	購柏槐秧分給鄉人。隨孫先生由安慶至開封。規討黃河決口工。	
十四年戊子 (1888)	三十六		長嶺備選青書院兼修縣志。長大倉書院兼修縣志。讀末、明、清名志。		
十五年己丑 (1889)	三十七	印藏條約成立。	禮部會試挑取謄錄。作《稆譜》。輯志例欲成《志通》一書。		識湯蟄先
十六年庚寅 (1890)	三十八		禮部會試不中。		潘公卒。識蔣書蔵。
十七年辛卯 (1891)	三十九		至東台校縣試卷。修縣志。治《易音訓句讀》成。	曾叔兄江西。	

年表

年	歲	政局	文事	事蹟	親友
十八年壬辰 (1892)	四十		禮部會試不中。	辭翁、盛二公留管國子監南學。	納管氏妾。孫先生生卒。
十九年癸巳 (1893)	四十一		長崇明瀛洲書院	為海門增學額。	識江易園。
二十年甲午 (1894)	四十二	中日戰爭開始。張之洞總督兩江。	禮部會試中殿試賜進士及第，授翰林院修撰。		父親卒。張廉卿先生卒。朱曼君卒。
二十一年乙未 (1895)	四十三	北洋海軍敗亡。中日媾和成。劉坤一總督兩江。	長南京文正書院。長安慶經古書院。	復通州孔廟樂舞；設採芹會。議興通州紗廠。議辦花布認捐。總辦通海團練。議城自掘濠。列名開強學會。營家廟、義莊及鄉里社倉、石路、石橋。建海門墾關荒灘。籌備海防經費議。	束畏皇卒。
二十二年丙申 (1896)	四十四	李鴻章使俄，京漢鐵路成。		設紗廠。通唐家閘。家廟落成。	納吳、梁二氏妾。
二十三年丁酉 (1897)	四十五	德國強佔膠州	成〈歸籍記〉	經濟廠事。試海門蘆蔗煉糖。辦如皋災賑。	三叔父卒。從子亮祖卒。

年	歲	政局	文事	事蹟	親友
二十四年戊戌 (1898)	四十六	慈禧太后再秉政。 成立遼東半島租借讓定書。 恭王卒。	保和殿試散館以經濟特科薦。 編本支系譜。	紗廠開工。為劉督擬開墾海門荒地奏。 創辦常樂二十八圩社倉。 議九場文墾事。 總理兩江商務局商會。 上翁相〈理財標本急策〉。 為劉督擬〈太后訓政保護聖躬疏〉。	怡兒生。
二十五年己亥 (1899)	四十七	俄國設立關東州。		紗廠開車出紗。任學務議官。	
二十六年庚子 (1900)	四十八	義和團發生，各國聯軍攻北京。 和議旋成。		創辦通海墾牧公司。 廠紗暢銷，至此大效。 代劉督訂初、高等二學課程。 為劉、張議定東南互保策。	
二十七年辛丑 (1901)	四十九	李鴻章卒。	著《變法平議》。	經營墾牧公司。 抗事西安俄約。	何梅生卒。
二十八年壬寅 (1902)	五十	帝及太后還京。 滿漢通婚。 禁纏足。 劉坤一卒。 魏光燾總督兩江。		設立通州師範及女師範。 創辦油廠、麪廠及實業公司。 勸通州人設勸業銀行。	五弟卒。

年表

年	歲	政局	文事	事讀	親友
二十九年癸卯 (1903)	五十一	江寧鐵路契約成立。	四修族譜。 著《東遊日記》。	經營師範。 創辦呂四鹽業公司及漁業公司。 營墾牧公司海復鎮。 議設全國漁業公司。 遊歷日本。 移居常樂新宅。	
三十年甲辰 (1904)	五十二	日俄戰爭中立。		設立學校公共植物園。 設立通五屬學務處。 創辦鎮江筆鉛公司。 試仿日本鹽田。 營冶業。 創辦上海大達輪步公司及天生輪步公司。創辦新育嬰堂及翰墨林書局。 規運河入海道。 關四揚嘴河。 草〈同度量衡銅圓鹽魚製造奏〉。 草〈變通鹽法奏〉。 商部屬主全國商會公司。 定南洋漁業公司辦法。 為南皮、魏督擬請立憲奏稿，七易始定。 朝旨賞三品銜為為商部頭等顧問官。	恰兒上學。 翁公卒。 蔣書箴卒。 范愃堂卒。

年	歲	政局	文事	事蹟	親友
三十一年乙巳 (1905)	五十三	改革刑法、軍制。 周馥總督兩江。		設立工人藝徒學校。 議設淮屬師範學校。 設立城廂初等小學。 設立博物苑。創辦鐵工廠、甌窰。 耀徐玻璃廠成立，沿途視察煤鐵礦。 與江鄂商船學校成立開學。 吳淞商船學校成立。余議立為龍門師範籌款五千元。 被推震旦學校校董。	韓人金滄江來依。
三十二年丙午 (1906)	五十四	中英藏約成立。 下預備立憲呂		請兩江設工藝學校農事試驗場。 為揚州籌兩淮自立小學、中學師範。 設立南通五屬中學。 設立鐵路學校。 設立法政講習所。 師範附設土木工科測繪特班。 設立中國圖書院。 助成復旦學院。 營頤生酒廠。 主持赴意大利賽會事。 創辦工人儲蓄場。 創辦呂四眾備立鹽場。 成立預備立憲公會。 被推寧屬學務長。 被推蘇省鐵路公司協理。	

年表

年	歲	政局	文事	事蹟	親友
三十三年丁未 (1907)	五十五	發佈地方官新制。端方總督兩江。		常樂各小學校次第成立。助成中國公學。大生第二廠成立開車。被推籌揚教育會會長。	
三十四年戊申 (1908)	五十六	帝及太后相繼卒。醇王攝政。		開通遏如食岸成。測地方輿圖。各省設諮議局籌備立憲。	徐夫人卒。
宣統元年己酉 (1909)	五十七	請願速開國會。張之洞卒。張人駿總督兩江。		營呂四十七、八總船閘。改地方監獄。籌備諮議局事開研究會。滬嘉路開車。聯合十四省請速開國會。議設導淮公司。被推江寧商業高等監督。被推江蘇教育總會會長。被推諮議局議長。	周彥升卒。
二年庚戌 (1910)	五十八	資政院成立。	著《說鹽》	規植學校林於南五山。江寧南洋勸業會成，設勸業研究會。設全國農業聯合會。議設織布廠。被推地方議會議長。	

年	歲	政局	文事	事蹟	親友
三年辛亥 (1911)	五十九	革命軍武昌起義。程德全全江蘇都督。		設墾牧小學。各商會議組遊美報聘團事代表至京。至東三省視察。被推任中央教育會會長。清廷簡任農工商部大臣兼江蘇宣慰使。	沈敬夫卒。
民國元年壬子 (1912)	六十	南京民國政府成立。孫文任總統。繼政府遷北京。袁世凱任總統。莊蘊寬江蘇都督。		設立幼稚園、傳習所。設立圖書館。設立盲啞學校。創立鹽場警察長尉教練所。定用工部營造尺清文全縣地畝。規度狼山森林苗圃。第三次修山路。設立第一養老院醫院、殘廢院。擴充新育嬰堂。任實業部長兼兩淮鹽政總理。授勳二位一等嘉禾章。	

年表

年	歲	政局	文事	事蹟	親友
二年癸丑 (1913)	六十一	宋教仁被刺。 二次革命。 袁世凱任正式總統。		設立唐閘紡織學校。 設立幼稚園二處。 規以墾牧一堤東區地令退伍兵耕作。 設立唐閘公園醫院。 被推慎冶萍總理。 辭省議員、眾議員、參議員。 辭憲法起草委員長兼全國水利總裁。 任農商總長兼全國水利總裁。 公佈商借款。 議導准借款。	怡兒往學青島。
三年甲寅 (1914)	六十二	公佈新約法。 歐洲大戰開始。 馮國璋江蘇都督。		助成南京高等師範後擴設東南大學。 成立大有晉鹽墾公司。 議設中法勸業銀行。 規部立各試驗場。規定度量衡製造所。 覆勘准河。 派員任美籌建巴拿馬運河博覽會中國陳列館。 組織遊美實業報聘團出發。 營滬南別業。	怡兒往遊南洋羣島。 長兄卒。 三嫂卒。

年	歲	政局	文事	事蹟	親友
四年乙卯 (1915)	六十三	中日交涉起。 袁謀帝制失敗。 蔡鍔起義雲南。		為南通公共事業請許見地自營基金免繳地價。 查勘魯皖林牧試驗場出京。 特令褒揚南通自治。 美國召集國際水利會議，欲自前任國席，未果。 解各職。	怡兒成婚。婦安徽石埭陳際泰女。
五年丙辰 (1916)	六十四	黎元洪任總統。 袁世凱卒。 蔡鍔卒。 李純江蘇督軍。		殘廢院落成。 新育嬰堂十週紀念會。 被推中國銀行聯合會會長。 營天生果園及林溪精舍。	長女孫非生。
六年丁巳 (1917)	六十五	張勳復辟失敗。 馮國璋任總統。 對德宣戰。		定孚校林案。 圖書館落成。 建各鹽墾公司河工開工。 開露天棉作展覽會。 復造城郊馬路。 闢軍劍黃泥馬鞍山河。 公園落成。 營濠場小築。	遣怡兒任美遊學。 湯壽先卒。 沈友卿卒。
七年戊午 (1918)	六十六	北京召集新國會。 徐世昌任總統。 歐戰停止。 《凡爾賽條約》成立。		規呂四聚煎地。 改建觀音院。 被推全國主張國際稅法平等會會長。 任華成鹽墾公司總理。	怡兒自美回。 從子仁祖卒。 孟庸生卒。

年	歲	政局	文事	事蹟	親友
八年己未 (1919)	六十七	五四愛國運動發生。 齊燮元督江蘇軍。		設立伶工學社。 設立工商補習校。 設立交通警察所。 設立墾牧初等小學。 設立蠶桑講習所。 創辦大生三廠及淮海銀行總行。 設立更俗劇場。 建青龍港閘及小漾港閘。 遙望九孔大閘成。 清理全縣田畝納稅魚鱗冊事。 規劍山莊西山村廬及梅咤。 營東奧山莊西山村廬及梅咤。 任江蘇運河督辦。	次女孫生。
九年庚申 (1920)	六十八	直皖軍戰爭。 廣州政府取消。	訂縣志。 著《繡譜》。	各專門合併為南通大學。 置基產費四十五萬。 繡織局女工傳習所落成。 圖書館新樓成。 伶社開音樂會。 創辦新南公司。 設立蘇社。 設立縣自治會。 規闢申場大河。 議築沿江七十里長堤。 進行北方工賑。 通電主和。 被推中國礦學會及中國工程師學會會長。	孫融武生。 三兄七十歲。 雷繼興卒。

年	歲	政局	文事	事讚	親友
十年辛酉 (1921)	六十九	廣州新政府成立。華盛頓太平洋會議。		設立墾牧高等國民小學為中國科學社得社所。全縣縣道通車。闢王家港道河建閘。嵩枝港河開成。通電主和。政府聘為赴美專使團高等顧問，辭。被推遠東運動會名譽會長。任吳淞商埠督辦。	第四女孫生。
十一年壬戌 (1922)	七十	奉直軍戰爭。黎再任總統。青島交還。		維持招商局。設鹽墾紡織管理處。設立第三養老院。開治江會於上海。通電主和。被推為交通銀行總理。被推中國紗廠聯合會會長。晉授勳一位一等大綬寶光嘉禾章。兼任江蘇新運河督辦。	內人五十歲生日。往遊西湖。怡兒任考察各國實業事使。第五女孫生。

年表

年	歲	政局	文事	事蹟	親友
十二年癸亥（1923）	七十一	孫文就元帥於廣州。臨城劫車案發生。曹錕任總統。	自編七十以前年譜。	師範廿週紀念會。第三幼稚園成立。作〈紡織公司股東會言書〉。作〈鹽墾水利規劃報告股東書〉。地方路工處成立。規劃全縣水利。上海港務會議。巡視江堤。鬻字助慈善。	生壙動工。
十三年甲子（1924）	七十二	江浙軍戰爭。奉直軍再戰爭。段祺瑞任執政。楊宇霆江蘇督辦。		計議實業地方改進事。滬中、交兩行會議。視察墾地。濬公園河。再鬻字助賑。通電主和。	怡兒回。怡兒任駐智利國全權公使。
十四年乙丑（1925）	七十三	孫文卒於北京。五卅事件發生。孫傳芳江蘇總司令。		海門保坍會成立。	內人生壙動工。
十五年丙寅（1926）	七十四 8月24日（陰曆七月十七日）午時逝世	國民革命軍由廣東北伐。		女師範廿週紀念會。會勘通如海縣界。視察保坍會築堤工程。	怡兒任揚子江水道委員會會長。